国家级教学成果奖
普通高等教育“十一五”国家级规划教材

中国人民大学会计系列教材·简明版

财务管理

（第6版·立体化数字教材版）

主　编　王化成　佟　岩
副主编　黎来芳　于　悦　姚　燕

中国人民大学出版社
·北京·

总　序

中国人民大学会计系列教材（简称系列教材）自1993年推出至今，已近30年。这期间我国经济高速发展，会计制度与会计准则发生巨大变化，大学会计教育无论规模还是质量都有了长足进步。回顾近30年的发展历程，系列教材中的每一本每一版，都在努力适应会计环境和教育环境的变化，尽可能满足高校会计教学的需要。

系列教材第1版是由我国当时的重大会计改革催生的。编写时关注两个重点：一是适应我国会计制度的变化，遵循1992年颁布的“两则两制”的要求；二是教材之间尽可能避免重复。系列教材包括：《初级会计学》《财务会计学》《成本会计学》《经营决策会计学》《责任会计学》《高级会计学》《财务管理学》《审计学》《计算机会计学》。

自1997年10月起，系列教材陆续推出第2版。为适应各院校的课程开设需要，将《经营决策会计学》与《责任会计学》合并为《管理会计学》。

自2001年11月起，系列教材陆续推出第3版。根据国家修订的《会计法》、国务院颁布的《企业财务会计报告条例》、财政部修订和颁布的企业具体会计准则以及颁布的《企业会计制度》等进行修订。

自2006年7月起，系列教材陆续推出第4版。进一步修订了教材与2007年1月1日开始实施的《企业会计准则》和中国注册会计师审计准则之间的不协调之处，并将《计算机会计学》变更为《会计信息系统》。

自2009年6月起，系列教材陆续推出第5版。对《高级会计学》《财务管理学》《财务会计学》等的框架结构做了较大调整，新增《会计学（非专业用）》一书。

自2012年6月起，系列教材陆续推出第6版。针对教育部强化本科教育实务性、应用性的要求，新增“简明版”和“模拟实训”两个子系列，并为《初级会计学》和《成本会计学》配备实训资料。

自2014年4月起，系列教材陆续推出第7版。深入阐释了财政部自2014年1月先后发布或修订的多个会计准则。新增《财务报表分析》一书。为适应会计准则的变化，《财务会计学》修订加快，推出第8版。

自2017年8月起，系列教材陆续推出第8版。体现了营改增、会计准则、增值税税率变化等最新动态，其中《初级会计学》修订至第10版，《财务会计学》修订至第12版，并新增《政府与非营利组织会计》，在“简明版”中新增《会计学》《中级财务会计》。为适应数字化对教学的影响，《财务会计学》率先推出“立体化数字教材版”。

自2020年11月起，系列教材陆续推出第9版。根据《普通高等学校教材管理办法》《高等学校课程思政建设指导纲要》对教材的要求，以及数字时代线上线下教学相结合的特点，重点体现立体化数字教材、课程思政内容。此外，为了应对人工智能、大数据等技术对会计实践和教学的影响，拟新增《智能会计》。至此，形成了如下课程体系：

主教材（11本）	学习指导书（7本）	模拟实训（5本）	简明版（8本）
《会计学（非专业用）》	√		《会计学》
《初级会计学》	√	√	
《财务会计学》	√	√	《中级财务会计》
《财务管理学》	√	√	《财务管理》
《成本会计学》	√	√	《成本与管理会计》
《管理会计学》	√	√	
《审计学》			《审计学》
《会计信息系统》			《会计电算化》
《高级会计学》	√		
《财务报表分析》			
《政府与非营利组织会计》			《政府会计》
			《会计专业英语》

系列教材在近30年的出版历程中，以高品质荣获众多奖项，也多次入选国家级规划教材。2001年，系列教材入选由教育部评选的“经济类、管理类专业和法学专业部分主干课程推荐教材”；2003年，系列教材入选“普通高等教育‘十五’国家级规划教材”；2005年，系列教材以“精心组织，持续探索，打造跨世纪会计精品教材（教材）”荣获“第五届高等教育国家级教学成果奖二等奖”；2008年，系列教材入选“普通高等教育‘十一五’国家级规划教材”，其中《会计信息系统》被教育部确认为2008年度普通高等教育精品教材，《审计学》被教育部确认为2009年度普通高等教育精品教材，“简明版”中的《财务管理》被教育部确认为2011年度普通高等教育精品教材；2012年，系列教材入选“‘十二五’普通高等教育本科国家级规划教材”；2014年，系列教材以“以立体化教材建设支撑会计学专业教学改革（教材）”荣获“2014年国家级教学成果奖（高教类）二等奖”。

当前中国高等教育，培养什么人、怎样培养人、为谁培养人是根本问题，立德树人成效是检验高校一切工作的根本标准。具体到会计学专业，在会计准则国际趋同的大背景下，要着力培养既能立足祖国大地又有国际视野的时代新人。基于此，系列教材积极融入习近平新时代中国特色社会主义思想，深刻把握会计专业学生培养目标，积极应对数字化对教学的冲击和挑战，更加重视学生的长远发展，以及学生基本素质和能力的培养，尤其是培养学生发现问题、分析问题和解决问题的能力。

系列教材是在我国著名会计学家阎达五教授等老一辈会计学者的精心呵护下诞生，在广大兄弟院校的大力支持下逐渐成长的。我们衷心希望系列教材能够继续得到大家的认可，也诚恳地希望大家多提改进建议，以便我们在今后的修订中不断完善。

中国人民大学会计系

致读者

作为个体的人，幸福的人生恐怕离不开如下三个方面：身体健康，财务自由，精神愉悦。那么，如何实现财务自由呢？它取决于我们的挣钱能力和理财能力。前者是经由卓越的工作来赚钱，后者是经由卓越的财务管理来赚钱。

财务，通俗地讲，就是关于钱财（或财富）的事务；财务管理，就是关于钱财（或财富）的管理。从学科的角度来看，财务管理是一门让钱来生钱，让企业价值提升的学科。

大多数人没有意识到，生活中你挣了多少钱固然重要，但更重要的是你是否会让你的财富增值。我们都听说过有人买彩票中奖的故事，他们一夜暴富，但不久又陷入贫穷，为什么呢？因为他们不懂财务管理。有的职业运动员也一样，他们在职业生涯顶峰时每年能挣几百万甚至上千万美元，但后来却穷困潦倒，为什么呢？因为他们不懂财务管理。

罗伯特·清崎等在《富爸爸 穷爸爸》一书中讲道："由于学生们在学校时并没有获得财务技能，所以成千上万受过良好教育的人虽然取得了事业的成功，却发现自己仍然在财务问题上挣扎……大多数人不明白自己为什么会遭遇财务困境，这是因为他们不明白现金流。一个受过高等教育且事业有成的人，同时也可能是财务管理上的文盲。"可见，懂财务管理非常重要，因为财务管理的核心是告诉你如何正确理财，如何让钱生钱，如何让财富增值。

我从 1988 年研究生毕业留在中国人民大学会计系财务管理教研室任教，已经有 30 多个年头了。30 多年来，我一直从事财务管理的教学和科研工作，构建了中国特色的财务管理理论体系和教材体系。为了让读者更好地学习财务管理相关内容，中国人民大学出版社到我的多个课堂采集录音录像资料，并收集了最近几年我在不同场合的学术报告、演讲视频和新冠肺炎疫情期间的多次视频公开课，汇集成了集教材、专著、读物和音视频资料于一体的"王化成教授财务管理学习中心"。我相信，这个中心一定会对读者学习财务管理相关的知识、提升用财务思维解决问题的能力有重要的帮助。

王化成教授财务管理学习中心

一、教材

1993 年以来，我在中国人民大学出版社出版了与本科生、研究生相关的多本财务管理教材，经过数年的修改和沉淀，有四五本教材成为畅销教材，现简要介绍如下。

1. 财务管理（第 6 版·立体化数字教材版）

这本书最早可以追溯到中国人民大学和加拿大麦吉尔大学联合出版的管理学丛书中的《企业财务学》。20 世纪 90 年代初，为了适应社会主义市场经济条件下企业管理的需要，培养德、智、体全面发展的管理人才，中国人民大学和加拿大麦吉尔大学联合组织出版中加管理学丛书，《企业财务学》即是其中一本，于 1994 年出版。后因多种原因，中加管理学丛书没有再版，本书后续版本列入"21 世纪会计系列教材"继续出版。从第 4 版开始，本书列入"中国人民大学会计系列教材·简明版"，应部分院校老师的要求，将书名改为《财务管理》。

经过 20 多年的沉淀和前面 5 版的不断修改，呈现在读者面前的第 6 版已经成为一本成熟的教材。因其基本定位是入门的财务管理教材，所以力求简明扼要，通俗易懂。为适应数字时代的学习方式，从第 6 版开始，本书将通过多种方式，提供音视频资料，形成立体化数字版教材。我们深信，这次尝试不仅有利于读者更好地学习财务管理方面的知识，也有利于读者拓展思路，提高分析问题、解决问题的能力。当然，从传统的纯纸质版教材到立体化数字版教材，我们虽努力探索，但尚无成熟经验，期待广大读者提出更多宝贵意见。

2. 财务管理学（第 8 版）

1991 年，中国会计体系正在酝酿重大变革，有关会计准则取代传统的会计制度已经提上改革日程，中国人民大学阎达五、阎金锷、王庆成、贺南轩等老一辈会计学家，敏锐地认识到会计政策的变革必然会对会计教育进而对教材建设带来巨大影响，决定动员全系力量，组织编写中国人民大学会计系列教材。初期规划的教材共 9 本，《财务管理学》便是其中一本，委托荆新和我担任主编，王庆成教授、马英麟教授担任主审。经过主编、主审多次讨论，确定编写大纲，由荆新和我组织会计系的老师一起编写，初稿于 1992 年 6 月完成，经过主编统稿，主审审阅，反复修改数次，于 1993 年 12 月顺利出版。

本书第 1 版是根据中国人民大学会计系列教材的总体要求编写的，涵盖了财务管理原理、筹资管理、投资管理、营运资金管理、收益分配管理和财务管理专题等财务管理的核心内容。我们在编写本书时，确立的基本原则包括：(1) 积极吸收西方国家市场经济条件下财务管理的理论和方法，体现一定的超前性；(2) 认真总结吸收我国财务管理的精华，保持合理的继承性；(3) 按新的思路安排教材的理论结构和内容体系，力争一定的开拓性。第 1 版是实行"两则两制"后最早推出的财务管理教材，由于具备上述特点，受到相关高校教师的一致好评，在短短几年时间内销售 30 多万册。

第 1 版出版以后，我们根据现代财务管理理论的发展和我国制度背景的变化，对教材进行了结构和内容上的持续改进，现在已经修订到了第 8 版，从第 3 版开始，教材由荆新、王化成、刘俊彦担任主编。30 年来，这本教材在众多高校教师和学生的关怀下，茁壮成长，主教材和相关辅导材料总销售量连创新高，成为中国非考试类最畅销的财务管理教材。

我们正在准备第 9 版的修订工作，自 2018 年以来，我国经历了证券法的修改、注册制的改革和科创板的推出，资本市场环境又发生了重要变化。2020 年年初爆发的新冠肺炎疫情，也给教育教学带来重要影响。不久前我们开会讨论第9版的修订思路，主要包括：(1) 增加短视频、音频、文献阅读等相关内容，通过教材，倡导线上线下相结合的教学改革；(2) 根据资本市场政策的变化，更新教材内容，体现最新法律制度的要求；(3) 适当增加财务管理与相关学科的互动融合，推动学生整合性思维方式的提升，不断产生创新理念。

3. 高级财务管理学（第4版）

20世纪90年代，越来越多的高校设立了财务管理专业，为此，中国人民大学组织出版了21世纪财务管理系列教材。按照当时系里的工作安排，《高级财务管理学》由我担任主编。

在财务管理专业的课程体系中，设一门“高级财务管理”，这基本上是财务管理学界的一个共同观点。但是，何为高级财务管理？高级财务管理应包括哪些内容？人们的看法并不一致。我在英国访问期间，借阅了很多高级财务管理方面的书籍，但基本都是专题或论文的汇集，高级财务管理方面的教材很少。近几年，国内出版了一些高级财务管理方面的教材，但内容差别很大。因此，高级财务管理的内容体系仍然是一个仁者见仁、智者见智的问题。

本书从财务管理假设入手，通过财务管理假设将高级财务管理同初、中级财务管理的内容进行划分。凡符合财务管理假设的内容，都放入初、中级财务管理中，凡是对财务管理假设有突破的内容，都放入高级财务管理中。按照这个原则，高级财务管理主要讲述一些专门性的问题，如企业并购财务管理、企业集团财务管理、企业破产财务管理、非营利组织财务管理、小企业财务管理等。

本书第1版于2003年出版后，受到读者的广泛关注，销售量在高级财务管理教材中遥遥领先。之后，我们陆续推出了第2版到第4版，目前正在准备第5版的修订，也将引入音频视频资料，形成立体化数字版教材。

4. 财务报表分析（第2版）

2012年中国人民大学出版社邀请我主持编写《财务报表分析》，我邀请支晓强、王建英一起担任主编，经过两年多的努力于2014年推出了第1版。4年以后，根据会计准则和资本市场的变化，我们又推出了第2版。本教材虽然只推出两版，但已经被多所高校采用，成为畅销教材。

经营管理者、投资者、债权人、社会中介机构、政府职能部门等都需要了解企业。只有了解企业，才能做出与企业相关的正确决策。因此，财务报表分析可以帮助决策者对企业财务信息进行解读、梳理、归类、总结，迅速、准确地把握与自身决策密切相关的问题。本书的目的就在于让读者掌握财务分析的基本程序、重要内容以及常用方法与技巧，使读者不仅能看懂财务信息，还能读透财务报表，运用财务数据，通过财务报表分析对企业的方方面面做出评判，对未来做出合理的预期和准确的决策。

我们认为，要想全面掌握财务报表分析，必须了解如下三个层次的内容：

第一层：财务报表分析的信息来源。包括公开披露的报告、企业内部管理报告和其他信息。其中，公开披露的报告包括财务报表、报表附注及表外信息。企业内部管理报告包括成本报表、重构的财务报表、各类分析报告等。其他信息包括与财务报表分析相关的政治制度、经济政策、管理文化、社会环境等信息。

第二层：财务报表分析的内容。包括财务能力分析与财务综合分析。其中，财务能力分析侧重于单项财务指标分析，包括偿债能力分析、营运能力分析、盈利能力分析；财务综合分析分为对单项财务指标的多重分解与多指标综合分析，具体包括杜邦分析体系、改进的杜邦分析体系、沃尔评分法等。

第三层：财务报表分析的应用。包括企业外部应用与企业内部应用。其中，企业外部应用主要包括会计政策选择分析、财务预测、公司股票估值、公司信用评估等；企业内部应用主要包括基于利润的业绩驱动因素分析、基于经济增加值的业绩驱动因素分析、基于战略的业绩驱动因素分析、内部管理报告与分析等。

本教材正是按照上述三个层次展开的，包含上述三个层次的全部内容。

二、学术专著、研究报告、通俗读物与论文

中国人民大学出版社将我在该社出版的学术专著、研究报告、通俗读物和近年发表的论文汇集到学习中心，学术专著和学术论文可供对财务理论和学术研究有兴趣的读者参考，研究报告、通俗读物和部分实务类文章可供企事业单位从事实际工作的相关人员参考。

1. 学术专著

（1）《财务管理理论结构》，2006 年出版。这是一部系统反映我学术思想的专著，在本书中构建了以环境为起点的广义财务管理理论结构。

（2）《中国上市公司盈余质量研究》，2008 年出版。本书从五个方面系统探讨了盈余质量问题：盈余质量的基本特征、盈余质量的市场反应、盈余质量的测量方式、盈余质量的影响因素和盈余质量的经济后果，是国内最早出版的盈余质量方面的学术专著之一。

（3）《控制权转移与利益流动》，2011 年出版。本书立足中国资本市场，围绕控制权转移溢价及其影响因素、控制权转移中的微观市场反应、控制权转移的财富效应及其影响因素等，全面深入地研究原控股方、新控股方等主体的利益流动状况及手段，是国内最早研究控制权转移及利益流动的学术专著之一。

（4）周守华、汤谷良、陆正飞、王化成主编：《财务管理理论前沿专题》，2013 年出版。本书以专题方式，探索了财务管理理论与实务方面的 19 个专题，可作为高等学校相关专业研究生财务管理课程的教材或参考书目。本书汇集了国内财务管理方面的一流学者，对相关重要专题的理论渊源、经典文献和未来发展趋势进行了讨论。

2. 研究报告

主要是每年一度的《中国会计指数研究报告》。在系列研究报告中，我们将会计指数分成三大部分：会计宏观价值指数、会计综合评价指数、会计投资价值指数。会计宏观价值指数反映宏观经济的运行状况及其发展趋势；会计综合评价指数反映某一企业的经营业绩及其在同行业的相对地位；会计投资价值指数反映企业的投资价值。研究报告的相关内容对读者正确理解投资环境、评价企业经营业绩和评估企业投资价值具有重要意义。

3. 通俗读物

主要是即将出版的供管理者阅读的财务管理书籍。这本读物主要面向非财务背景的企业管理人员，属于财务管理普及型读物，希望帮助高层管理人员理解财务管理的原理、方法及实务。在本书中，除讲授基本原理外，还运用大量经典案例，讨论财务管理的现实问题。

4. 论文

主要是近年我在各类学术期刊发表的与财务管理相关的文章，大体上分成三个部分：(1) 财务管理学术论文，可供对财务管理学术研究有兴趣的读者参考；(2) 财务管理实务论文，可供实际工作者参考；(3) 财会教学改革方面的论文，可供财务管理教师参考。

三、视频资料

近年来，我在视频课程录制方面做了一些努力，目前录制的视频主要包括三类：(1) 专门录制的财务管理课程视频，在录音棚录制，主要讲授课程的基本原理和方法；(2) 课堂上录制的课程，主要是在我讲课的 MBA、EMBA、学术研究生和部分本科生课堂上录制的课程，中国人民大学出版社进行了后期制作；(3) 公开课程，主要是会计名家公益大讲堂讲授相关专题的视频资料和新冠肺炎期间的一些网络公开课程的视频资料。

1. 财务管理：价值创造原理与方法

本课程是我在中国人民大学为 MBA 和 EMBA 学员上课时由中国人民大学出版社现场录制，主要面向高层管理人员，核心问题是讨论财务管理如何帮助企业实现价值创造。

财务管理
价值创造原理与方法

主要内容包括：财务管理创造价值的路径有哪些？如何看懂财务报表及其注意的关键问题？如何评价企业业绩和价值？如何合理利用企业杠杆？如何理解上市公司的控制权转移和利益流动？数字经济时代的财务管理有何特点？等等。

2. 如何理解财务杠杆

这是我在中国人民大学给 MBA 学员上课时重点讨论的一个话题，分为教师版和实务版。教师版没有知识铺垫，主要帮助教师理解如何组织课堂讨论。实务版面向实际工作人员，帮助理解杠杆的使用及国家的降杠杆政策。考虑到有一部分非财务背景的听众，实务版对基础知识做了一些铺垫。

王化成教授轻松讲透杠杆问题（教师版）

王化成教授轻松讲透杠杆问题（实务版）

阿基米德说：“给我一个支点，能撬动整个地球。”这就是著名的杠杆原理。本课程涉及的主要内容有：如何深入理解财务管理中的杠杆现象？怎样通过市盈率判断一个企业的战略？如何理解杠杆是把“双刃剑”？如何理解国家的降杠杆政策给企业财务管理带来的影响？过去百年美国杠杆系数变化对我们有哪些启示？

3. VUCA 时代财务人员的战略准备

王化成教授谈VUCA时代财务人员的战略准备

这是我在中国人民大学为 MBA 和 MPAcc 学员讲授入学导向课程的基础上由中国人民大学出版社录制后制作的一门课程，主要涉及财务人员的终生职业规划和战略思考，探索如何为成功的人生做好战略准备。

主要讨论的问题包括：什么是成功的人生？如何实现人生目标？如何用三因素理论对企业估值？人生价值由哪些因素决定？如何在回报、风险和成长中找到平衡？大智移云时代，财务人员需要什么知识储备？如何从传统学习升级为创新学习？如何提升复杂环境下创造性解决问题的能力？等等。

4. 教学改革的系列视频课程

基于人格养成和能力提升的财务管理教学改革系列公开课

在新冠肺炎疫情期间，应部分高校老师的要求，我开设了关于财务管理教学改革的系列视频课程，命名为“基于人格养成和能力提升的财务管理教学改革系列公开课”，包括以下四讲：

第一讲：线上线下相结合的财务管理教学

第二讲：基于案例教学的能力提升探索

第三讲：基于问题讨论的能力提升探索

第四讲：为成功的人生做好战略准备——兼谈多学科交融的财务管理教学

我们相信，这些新课程对讲授财务管理课程的教师开展教学改革有重要参考价值。

王化成教授谈企业的价值创造

王化成教授谈控制权与资本运营

金融 · 财务名家公益直播之王化成教授：财务管理与价值创造

金融 · 财务名家公益直播之王化成教授：互联网平台企业的财务管理

5. 其他视频资料

这些材料包括三方面内容：

（1）专题性讲座。如王化成教授谈价值创造，王化成教授谈控制权与资本运营，等等。

（2）微型案例。主要包括即将推出的财务管理方面的典型案例。

（3）公益讲座视频。主要包括我在各学校开设的会计名家公益大讲堂的讲座和新冠肺炎疫情期间开设的网络公开课程。

上述教材、专著、读物和视频课程都由中国人民大学出版社组织出版，感谢中国人民大学出版社对作者的信任和支持，感谢编辑陈永凤老师所做的专业、细心的策划和组织工作。

王化成

前　言

本书自2004年首版以来，得到了广大读者的认可与厚爱，成为高等院校经济管理类各本科专业和MBA财务管理课程的重要教材，入选“普通高等教育‘十一五’国家级规划教材”，被评为“教育部普通高校教育精品教材”。同时，我们根据财务管理内容的变化和读者建议，对本书不断进行修改和完善。2007年，我们根据财务管理理论与实务发生的变化，对教材作了适当修改，推出了第2版。在2010年的第3版中，本书编入“教育部经济管理类核心课程教材”系列，书名由《企业财务学》更名为《财务管理》。第4版在保留第3版整体框架的情况下，对全书内容进行了系统更新，编入“中国人民大学会计系列教材·简明版”系列。第5版对部分政策变化、数据资料进行了更新。

本书的特点主要有：

(1) 结构合理，内容新颖。财务管理按内容可以分为基本原理、通用业务和特殊业务。我们认为，作为一本入门教材，基本原理是基础，通用业务是重点，特殊业务是补充。本书第1～3章属于基本原理部分，力求把基础知识讲解清楚；第4～9章属于通用业务部分，内容为全书重点，力求将通用业务讲深讲透；第10章属于特殊业务部分，只是概要介绍相关内容。这种安排既全面介绍了财务管理的内容，又突出了重点。我们在编写本书时查阅了国内外大量文献，引入了一些最新研究成果。

(2) 形式灵活，引人入胜。为了避免单纯理论叙述的生硬晦涩，本书采用了灵活新颖的编写方式。在每一章正文前安排了一个与该章内容有关的小案例，在每一章结束安排了至少一个案例并辅以案例思考题。各章正文中设计了“复习与思考”专栏，章后设计了本章小结、重要名词、思考题等内容，使各章的主要理论内容都有的放矢，为读者更深刻地理解和应用理论知识起到引导作用。这种安排也能提高读者的兴趣，做到引人入胜。

(3) 深入浅出，便于自学。现代财务管理运用了许多较深奥的数学模型，我们不是简单地罗列公式，而是通过实例、图表等对数学模型进行具体分析。本书在安排相关章节时，也尽量遵循由浅入深、循序渐进的原则。这些都便于读者自学，更好地理解财务管理的理论和方法。

本书第6版结合法律法规、资本市场等方面的变化进行了修订，主要变动包括：

(1) 根据《中华人民共和国公司法》《中华人民共和国证券法》《上市公司证券发行

管理办法》等法律法规的变化，对相关内容进行了修订。

（2）根据市场环境的变化更新了部分章节引例和章后案例题的素材。

（3）首次尝试立体化教材建设，立体化的基本素材包括以下方面：

1）三段短视频材料。在本书的每一章，我们都至少提供三段短视频，内容涵盖本章思维导图、知识拓展、法规速递、问题讨论、经典案例等相关内容。

2）其他相关视频资料。根据教材相关内容及致读者中提到的视频资源，提供相关的视频课程，供有兴趣的读者观看使用，这些内容部分收费、部分免费。

3）Vcase财务管理实验材料。为了方便基础知识学习后的实际应用，开展理论教学、案例教学和试验教学三位一体的立体化创新模式，本书的主要章节都配有一个Vcase课后实验材料。本部分实验材料由沈阳跃客科技有限公司提供，供读者免费使用。

（4）对部分篇章结构和内容进行了调整，如第1章补充了财务管理的环境等。

本书第6版由王化成、佟岩主编，黎来芳、于悦、姚燕副主编。参加本书第6版编写工作的有王化成、佟岩、黎来芳、于悦、姚燕、刘桂香、许艳芳、王百强。

本书对企业财务管理活动进行了系统、全面的阐述，内容丰富、通俗易懂，既可以作为高等院校经济管理类专业学生学习财务管理的教材，也可以作为MBA学生财务管理课程的教材，还可以作为财务会计人员和经济管理人员在职培训的教材和自学参考书。

感谢沈阳跃客科技有限公司创始人、总裁付伟先生对本教材的信任。多年前，在我们互不认识的情况下，他依据本教材的章节框架，投入人力、财力等各种资源，精心制作了大量实验案例。后经东北财经大学刘永泽教授引荐，我们有机会见面，他很多创新想法和对工作认真的态度，给我留下极深的印象。在本次立体化教材修改的关键时刻，也是在疫情最严重的时候，他组织人员为本书主要章节提供免费的实验案例。

感谢各位读者和高校老师长期以来的帮助和支持。教材体系的改革和教学内容的改革都是持续不断的过程，在本版教材中，我们虽然进行了一些改革的尝试，但成功与否，仍然需要实践检验。我们期待读者有更多的反馈意见，谢谢大家。

王化成

目　录

二维码目录

致读者

第 1 章　总　论

第 2 章　财务管理的基础概念

第 3 章　财务分析

第4章　企业投资管理（上）

第5章　企业投资管理（下）

第6章　企业筹资管理（上）

第7章　企业筹资管理（下）

第8章　营运资金管理

第9章　企业分配管理

第 10 章　财务管理专题

第1章 总论

Chapter 1

学习目标

- 理解企业的财务活动和财务关系。
- 掌握财务管理的目标。
- 了解企业价值的实现。
- 理解财务部门的外部环境和内部环境。

引例

窗外阳光明媚，健达公司的王总坐在办公桌旁却满脸阴云。昨天公司的股东大会上表决了两个并购方案，结果都没有通过。一个方案是以王总为核心的董事会提出的，准备并购一家互联网科技公司“卓游”。该公司属于朝阳行业，不过业务仍在开发中，还没有盈利，而且健达公司需要向卓游公司继续投入大量资金拓展其市场份额。健达公司的大股东否决了这个议案，认为健达公司作为食品公司，没有必要进行大规模多元化，更何况还要付出这么大的代价。大股东代表虽然没有明说，但王总从他的表情上明显可以看出潜台词：这次并购纯粹是你们这些高管瞎折腾！

第二个并购方案是大股东极力推动的，准备把大股东的一块休闲食品资产注入健达，大股东认为这是增强公司核心竞争力的有效措施。王总闭上眼睛揉了揉太阳穴，大股东代表慷慨陈词的样子好像就在眼前。可是，随后的表决让大股东一下子泄了气，王总想到这不禁露出一丝微笑。因为这一并购涉及大股东，大股东作为关联方需要回避表决，是否能够进行这次并购将由参加会议的小股东，以及没有来参加会议的小股东通过现场和网络投票决定。出乎大股东意料，也出乎王总意料，小股东以高票否决了这个提案。王总会后拉住一个认识的小股东聊了两句，这个小股东的语气和神色跟大股东否决第一个并购方案时几乎一模一样：谁知道他们大股东想干啥？不让买互联网，非把自己的资产塞进来，肯定没好事！

企业中的财务活动都需要有目标的引导，但股东和管理者、大股东和小股东之间的目标经常存在冲突。通过本章的学习，你将对健达公司这次股东大会出现的情况有更加深入的认识。

1.1 财务管理的概念

思维导图
总论

财务管理是企业组织财务活动、处理财务关系的一项经济管理工作。为此，要了解什么是财务管理，必须先分析企业的财务活动和财务关系。

1.1.1 企业财务活动

企业财务活动是以现金收支为主的企业资金收支活动的总称。在市场经济条件下，拥有一定数额的资金是进行生产经营活动的必要条件。例如，企业生产经营要用资金购买厂房、设备、原材料，还要为管理人员和工人定期支付工资，要向国家缴纳税款等，这些是资金的支出活动。此外，企业为经营活动筹集资金、售出生产的商品都会带来资金的流入，这些是资金的收入活动。企业的经营活动不断进行，就会不断产生资金的收支。资金的收支构成了企业经济活动的一个独立方面，这便是企业的财务活动。企业在经营过程中，要有计划地协调和控制好资金的收支，如果长期入不敷出，企业生存将难以维系。

企业财务活动可分为以下四个方面。

1. 企业筹资引起的财务活动

在商品经济条件下，企业要想从事经营，首先必须筹集一定数量的资金，企业通过发行股票、发行债券、吸收直接投资、向银行借款等方式筹集资金，表现为企业资金的收入。企业偿还借款、支付利息、支付股利以及付出各种筹资费用等，则表现为企业资金的支出。这种因资金筹集而产生的资金收支，便是由企业筹资引起的财务活动。

当企业面临多种筹资渠道可供选择时，就需要财务人员来解决用什么方式筹集资金以及不同种类的资金分别占总资金多大比例等问题。财务人员在面对这些问题时，一方面要保证筹集的资金能满足公司经营与投资的需要，另一方面要使筹资风险处于公司的掌控之中，即一旦外部环境发生变化，公司不至于因偿还外债而陷入破产。

2. 企业投资引起的财务活动

企业筹集资金的目的是把资金用于生产经营活动以取得盈利，不断增加企业价值。企业把筹集的资金用于内部购置固定资产、无形资产等，便形成企业的对内投资；企业把筹集的资金用于购买其他公司的股票、债券或与其他企业联营进行投资，便形成企业的对外投资。而当企业变卖其对内投资的各种资产或收回其对外投资时，则会产生资金的收入。这种因企业投资而产生的资金收支，便是由企业投资引起的财务活动。

企业在进行投资活动时，希望实现的目标是将有限的资金投入收益最大的项目。那么是进行内部投资、扩充资产，还是进行外部投资，获得价值增值？是进行短期投资尽快回笼资金，还是着眼长期投资，期待以逸待劳的长期回报？这些都是财务人员进行决策时要考虑的问题。同时，由于今天的投资通常要在未来才能获得回报，因此财务人员在分析投资方案时，不仅要分析投资方案的资金流入与流出，同时还要分析公司为获取相应的报酬需要等待多久。此外，投资项目很少是没有风险的，因此财务人员需要找到一种方法来对这种风险因素加以计量，从而判断选择哪个方案，放弃哪个方案，或者是将哪些方案进行组合。

3. 企业经营引起的财务活动

企业在正常的经营过程中，会发生一系列的资金收支。首先，企业要采购材料或商品，以便从事生产和销售活动，同时还要支付工资和其他营业费用；其次，企业售出产品或商品后，便可取得收入，收回资金；最后，如果企业现有资金不能满足企业经营需要，还要采取短期借款方式来筹集所需资金。上述各方面都会产生企业资金的收支，此即属于企业经营而引起的财务活动。

在日常经营活动中，主要涉及的是流动资产与流动负债的管理问题。流动资金的周转与生产经营周期具有一致性，在一定时期内，资金周转越快，就可以利用相同数量的资金生产出更多的产品，取得更多的收入，获得更多的利润；资金周转过慢，且没有稳定的流动负债进行补充时，不但会影响产出，严重时还会导致资金链断裂，使企业陷入困境。因此，如何加速资金周转，提高资金利用效率，是财务人员在这类财务活动中需要考虑的问题。

4. 企业分配引起的财务活动

企业在经营过程中会产生利润，也可能会因对外投资而分得利润，这表明企业有了资金的增值或取得了投资回报。企业的利润要按规定的程序进行分配。首先，要依法纳税；其次，要用来弥补亏损，提取公积金；最后，要向投资者分配利润。这种因利润分配而产生的资金收支便属于由企业分配引起的财务活动。

在分配活动中，企业当期的利润首先可以弥补符合法律规定的五年以内的以前年度亏损，然后依法缴纳企业所得税并弥补超出五年的以前年度亏损，如有余额则可用来进行分配。一方面，投资人要获得相应的回报；另一方面，企业也要留存一部分资金用于未来发展。财务人员需要确定利润支付率的高低，即将多大比例的税后利润用来支付给投资人。过高的利润支付率会使较多的资金流出企业，从而影响企业扩大再投资的能力。一旦企业遇到较好的投资项目，将有可能因为缺少资金而错失良机。而过低的利润支付率又可能引起投资人不满，对于上市公司而言，这种情况将可能导致股价下跌，从而使公司价值下降。因此，财务人员要根据公司自身的具体情况确定最佳的分配政策。

上述财务活动的四个方面，不是相互割裂、互不相关的，而是相互联系、相互依存的。这四个方面构成了完整的企业财务活动，也是财务管理的基本内容：企业筹资管理、企业投资管理、营运资金管理、利润及其分配的管理。

1.1.2 企业财务关系

企业财务关系是指企业在组织财务活动的过程中与各有关方面发生的经济关系。企业在进行筹资活动、投资活动、经营活动、利润及其分配活动时，需要与各利益相关主体形成广泛的联系，通过财务管理活动组织和协调好各种财务关系，以确保财务活动的顺利进行。企业的财务关系可概括为以下几个方面。

1. 企业与其所有者之间的财务关系

这主要是指企业所有者向企业投入资金，企业向其所有者支付投资报酬所形成的经济关系。企业所有者主要有以下四类：国家、法人单位、个人和外商。企业所有者要按照投资合同、协议、章程的约定履行出资义务，以便及时形成资本金。企业利用资本金进行经营，实现利润后，应按出资比例或合同、章程的规定，向其所有者分配利润。企业与其所有者之间的财务关系，体现了所有权的性质，反映了经营权和所有权之间的关系。

2. 企业与其债权人之间的财务关系

这主要是指企业向债权人借入资金，并按借款合同的规定按时支付利息和归还本金所形成的经济关系。企业除利用资本金进行经营活动外，通常还要借入一定数量的资金，以满足经营和投资需求，扩大企业经营规模。企业的债权人主要有：债券持有人、贷款机构、商业信用提供者、其他出借资金给企业的单位或个人。企业与其债权人的关系体现的是债务与债权关系。

3. 企业与其被投资单位的财务关系

这主要是指企业将其闲置资金以购买股票或直接投资的形式向其他企业投资所形成的经济关系。企业向其他单位投资，应按约定承担出资义务，参与被投资单位的利润分配。企业与其被投资单位的关系体现的是所有权性质的投资与受资关系。

4. 企业与其债务人的财务关系

这主要是指企业将其资金以购买债券、提供借款或商业信用等形式出借给其他单位所形成的经济关系。企业将资金借出后，有权要求其债务人按约定的条件支付利息和归还本金。企业与其债务人的关系体现的是债权与债务关系。

5. 企业内部各单位之间的财务关系

这主要是指企业内部各单位之间在生产经营各环节相互提供产品或劳务所形成的经济关系。企业在实行内部经济核算制的条件下，供产销各部门之间，以及各生产单位之间相互提供产品和劳务要进行计价结算。这种在企业内部形成的资金结算关系，体现了企业内部各单位之间的利益关系。

6. 企业与职工之间的财务关系

这主要是指企业向职工支付劳动报酬的过程中形成的经济关系。劳动报酬包括工资、津贴、奖金和股权激励，以及代替职工缴纳的各种保险和公积金，通常按照职工提供的劳动数量和质量支付劳动报酬。这种企业与职工之间的财务关系，体现了职工和企业在劳动成果上的分配关系。

7. 企业与税务机关的财务关系

这主要是指企业要按税法的规定依法纳税而与国家税务机关所形成的经济关系。任何企业都要按照国家税法的规定缴纳各种税款，以保证国家财政收入的实现，满足社会各方面的需要。及时、足额纳税是企业对国家的贡献，也是对社会应尽的义务。因此，企业与税务机关的关系反映的是依法纳税和依法征税的权利义务关系。

复习与思考

企业财务活动的四个方面分别涉及哪些财务关系？

1.2 财务管理的目标

财务管理的目标是企业理财活动所希望实现的结果，是评价公司理财活动是否合理的基本标准。为了完善财务管理理论，有效指导财务管理实践，必须对财务管理目标进行认真研究。因此，在研究公司财务管理决策活动之前，应首先了解财务管理的目标。

1.2.1 以利润最大化为目标

利润最大化是西方微观经济学的理论基础，经济学家以往都是以利润最大化这一概念来分析和评价企业的行为和业绩。

以利润最大化作为财务管理的目标，有其合理的一面。公司追求利润最大化，就必须讲求经济核算，加强管理，改进技术，提高劳动生产率，降低产品成本。这些措施都有利于资源的合理配置，有利于经济效益的提高。目前，我国企业的业绩评价在很多情况下还是以利润为基础。例如，企业在增资扩股时，要考察公司最近三年的盈利情况；在考核企业经理人员业绩时，也以利润指标为主。但是，在长期的实践中，利润最大化目标暴露出许多缺点。

第一，利润最大化没有考虑项目收益的时间价值。例如，有 A，B 两个投资项目，A项目的利润是100万元，B项目的利润是110万元，如果以利润最大化为目标，则B项目显然是首选。但如果A项目的利润在投资当年就可获得，B项目的利润要10年后才能实现，则选择B项目是否真的是最优决策呢？利润最大化忽略了货币时间价值，没有明确今天收获110万元和10年以后收获110万元的区别。对于同一笔资金，流入企业的时间越早，其价值越大。因此，货币时间价值的存在要求公司在进行财务决策时不能仅以利润最大化作为标准。

第二，利润最大化忽略了企业经营的不确定性和风险。这可能会导致企业不顾风险大小去追求最多的利润。仍以A，B两个投资项目为例，假设B项目的利润也是在投资当年就可获得，A项目的100万元全部为现金收入，而B项目的110万元全部是应收账款。在利润最大化目标的指导下，企业很容易做出投资B项目的决策，但应收账款显然存在不能收回的风险，如果赊欠方的信用恰好很差，该决策的正确性就值得质疑。在现实中，不同项目蕴含的风险会有差别，高风险的项目往往要求高收益作为补偿。因此，如果在财务管理中忽略风险因素将导致错误的决策。

第三，利润最大化没有考虑利润和投入资本的关系。正如“世上没有免费的午餐”，任何一项资金的使用都要承担相应的成本。会计利润在计算时仅考虑了债权人投入资金的成本（借款利息），却忽略了股东（所有者）提供资金的成本。如果一个公司可以在一项新的投资中获得6%的利润率，这会提高公司的利润，帮助企业实现利润最大化的目标。然而，如果短期政府债券的利率是8%，那么公司还应该投资这个新项目吗？答案显然是否定的。如果有别的机会能赚取更多的利润，股东就不会选择继续将资金投入该公司。换句话说，选择利润率为6%的投资项目将损害股东的利益。

第四，利润最大化往往会使企业财务决策带有短期行为的倾向。如果以此作为评价财务活动是否合理的唯一标准，则财务决策都将围绕眼前利益，而不考虑是否有利于公司未来发展。例如，随着国家环保标准的提升，对化工企业废渣废料的排放规范会越来越严格，假设某化学颜料厂为达到国家的排放标准必须在今年投入100万元购建废渣处理设备，此设备现在每年能为企业节省2万元的罚款，而同样的100万元可以用来购买原料扩大生产，这将为今年带来20万元的利润。在利润最大化目标的指导下，企业会毫不犹豫地将资金投向后者，以获得今年20万元的利润提升。然而，以后企业将面临越来越严格的环保规定，从第二年起每年将为其排放的废渣支付10万元以上的罚款，甚至将被勒令停业改造，这将为企业带来无法承受的损失。以利润最大化为目标可能会带来短期效益的提升，可这种获益如果不具有持久性，企业目标的实现就将成为空谈。

第五，利润不能准确反映真正实现的企业价值。利润是企业经营成果的会计度量，而对同一经济问题的会计处理方法具有多样性和灵活性，这使得利润有时并不能反映企业的真实价值。例如，有些企业通过出售资产增加现金收入，表面上增加了利润，但企业财富并没有增加；其他会计政策或会计估计的选择也可能影响企业的利润。

由此可见，将利润最大化作为公司财务管理的目标，只是对经济效益浅层次的认识，存在片面性，因此，现代财务管理理论认为，利润最大化并不是财务管理的最优目标。

复习与思考

为什么说以利润最大化为目标是对经济效益浅层次的认识，存在片面性？

1.2.2 以股东财富最大化为目标

股东财富最大化是指通过财务上的合理运营，为股东创造最多的财富。股东财富的表现形式是其拥有和控制的资源在未来获得更多的净现金流量。对上市公司而言，股东财富可以表现为股票价值，股票价值一方面取决于企业未来获取现金流量的能力，另一方面也取决于现金流入的时间和风险。这一价值由股东所持有的股票数量和股票市场价格两方面来决定。在股票数量一定时，当股票价格达到最高时，股东财富也达到最大。因此，股东财富最大化又演变为股票价格最大化。

与利润最大化目标相比，股东财富最大化目标具有以下优点：

第一，股东财富最大化考虑了现金流量的时间价值因素，因为股票价格受企业每股预期收益大小以及收益取得时间的影响。

第二，股东财富最大化考虑了风险因素，因为风险高低会对股票价格产生重要影响，所以，企业在做财务决策时也会进行风险和收益的权衡。

第三，股东财富最大化反映了资本与报酬之间的关系。因为股票价格是对每股股份的一个标价，反映的是单位投入资本的市场价格。

第四，股东财富最大化在一定程度上能够克服企业在追求利润上的短期行为，因为股票价格很大程度上取决于企业未来获取现金流量的能力。

虽然股东财富最大化的观点被普遍认可，但随着债权人、员工、供应商、政府等利益相关者在企业运营中的作用越来越重要，以及一些损害利益相关者事件的发生，股东至上的观点受到越来越多的批评，于是有人提出了利益相关者利益最大化的观点。利益相关者利益最大化观点的支持者认为，企业不能单纯以实现股东利益为目标，而应把股东利益放在与其他利益相关者（如借款人、国家、管理者、员工、供应商等）的利益相同的位置上，即要实现包括股东在内的所有利益相关者的利益。

但是，股东财富最大化观点的支持者提出，追求股东财富最大化实际上并不损害其他利益相关者的利益，恰恰相反，它是以保证其他利益相关者的利益为前提的。因为企业满足股东财富最大化的结果也增加了企业的整体财富，其他利益相关者的利益也会得到更有效的满足。如果企业不追求股东财富最大化，利益相关者的利益也会受损。另外，根据法律规定，股东所持有的财务要求权是“剩余要求权”，是在其他利益相关者的利益得到满足之后的剩余权益，企业只有向供应商支付了货款，向员工支付了工资，向债权人支付了利息，向政府支付了税金之后，才能够向股东支付回报。

从契约经济学的角度，企业是各种利益相关者之间契约的组合。通过签订书面契约，管理者、员工、供应商等可以保护自己的利益免受股东侵害；即使没有与某些利益相关者（如政府）订立书面契约，企业仍然要受法律和道德的约束。而且，如果企业违反了契约的规定，利益相关者就会中断与企业的交易，企业最终会遭受损失。

基于以上几点可以认为，在对股东财富最大化进行一定约束后，股东财富最大化将成为财务管理的最佳目标。这些约束条件是：(1) 利益相关者的利益受到了完全的保护以免受股东的盘剥。(2) 没有社会成本。这是指公司在追求股东财富最大化的过程中耗费的成本都能够归结于企业并确实由企业负担。例如，企业在追求股东财富最大化的过程中如果造成严重的环境污染，而这种环境污染又是由政府动用财政资金来治理的，这就产生了社会成本。

在以上这些假设前提下，企业在使股东财富最大化的过程中将不存在与利益相关者的利益冲突。因此，经营者就能专注于一个目标——股东财富最大化，从而实现公司价值最大化。

股东财富最大化目标对于上市公司来说是比较容易衡量的，但对于非上市公司而言，如何运用这一原则呢？从理论上说，这些公司的价值等于公司在市场上的出售价格，或者是投资人转让其出资而取得的现金。对一个正常经营中的企业而言，很难用这种整体出售的价格来衡量。因此，从实践上看，可以通过资产评估来确定非上市公司价值的大小，或者根据公司未来可取得的现金流入量进行估值。

复习与思考

企业为股东创造财富与花费时间、金钱努力满足各利益相关者的利益是否存在矛盾？为什么？

1.2.3 代理问题

代理问题阻碍了企业财务管理目标的实现。现代企业的一个重要特征是所有权与经营权分离。当单一投资者的投资和借款无法满足企业快速发展扩张的需求时，就需要引入合伙人共同投资，或者在证券市场上公开发行上市，以筹集更多资金。当股东数量扩张时，原有的单一股东所有和控制企业的模式将被打破，股东们将聘用职业经理人来管理企业事务，代理问题也因此产生。

1. 委托-代理关系

作为企业的所有者，不是每个股东都能对公司的管理和决策亲力亲为。股东委托企业的经营者管理企业，经营者作为代理人，代表股东的利益，并因他们提供的服务得到相应的报酬，这就产生了股东和经营者之间的委托-代理关系。企业从债权人那里借入资金，债权人凭借债务契约对这笔资金和相应的利息拥有求偿的权利，但同时也将资金的支配和使用权交予企业的所有者，由此产生了债权人与股东之间的委托-代理关系。

所有者期望实现股东财富最大化，债权人的目标是企业到期能够还本付息，而作为代理人的企业经营管理人员则毫无疑问地将追求自身利益最大化。委托人和代理人目标的差异在经营者进行决策时很可能会发生冲突，例如，经营者会利用职权谋求更多的在职消费，或为了不失去工作，而放弃那些有较高潜在收益但存在失败风险的项目。由此可见，这种委托人和代理人目标的不一致和信息不对称导致了代理问题的产生，即委托-代理关系是代理问题产生的根源。

2. 代理成本

股东和经营者之间代理问题的存在妨碍了股东财富最大化目标的实现，甚至可能严重损害股东的利益。为此，股东会采取措施来防止经营者行为的偏离，从而产生了代理成本。代理成本包括①：

（1）监督成本。指委托方为了规范经营者的行为而产生的成本，不仅包括考评和实施监督的成本，还包括为控制代理方行为而制定预算约束、激励政策和运营守则等产生的支出。

（2）约束成本。指代理方向委托方保证不采取侵害委托方利益行为时产生的担保成本，以及一旦违约代理方将支付给委托方的补偿。

（3）剩余损失。在绝大多数委托-代理关系中，不仅会有监督成本和约束成本，而且代理方的决策可能与委托人利益最大化的决策有偏差，这个差异就是剩余损失。

由此可见，只要委托方与代理方的利益目标不一致就会产生代理问题，进而诱发代理成本。因此，为实现特定约束条件下的股东财富最大化目标，就需要一方面努力使股东和经营者的利益趋同，从根本上解决代理问题，如采用股权激励机制；另一方面，采取措施减少经营者做出损害股东利益行为的机会，如加强监督。

1.3 企业价值的实现

财务管理是为了实现企业价值创造，因此，企业财务管理活动始终要围绕提升企业价值的目标展开。

1.3.1 企业价值的存在

股东将资金投入企业，资金通过四项基本财务活动在企业内部和外部进行流转、交换，最终获得价值增值。

企业价值反映在资产负债表的基本框架和结构中。如果股东在某一时点想从财

① Micheal C. Jensen，William H. Meckling. Theory of the Firm: Managerial Behavior, Agency Costs and Ownership Structure. Journal of Financial Economics, March 1976.

务的角度浏览一下公司及其经营活动，那么资产负债表将满足这种需求。它反映了企业的资产、负债以及所有者权益情况，股东能从中获得其投入资本账面价值的信息。股东（尤其是大股东）将资本投入企业，期望获得资本价值的增值，除获得红利分配外，股东最关注的就是资本利得，对上市公司来说体现为股价上涨，对非上市公司来说体现为权益增加。图 1－1 展示了企业资产负债表的概念化图示。

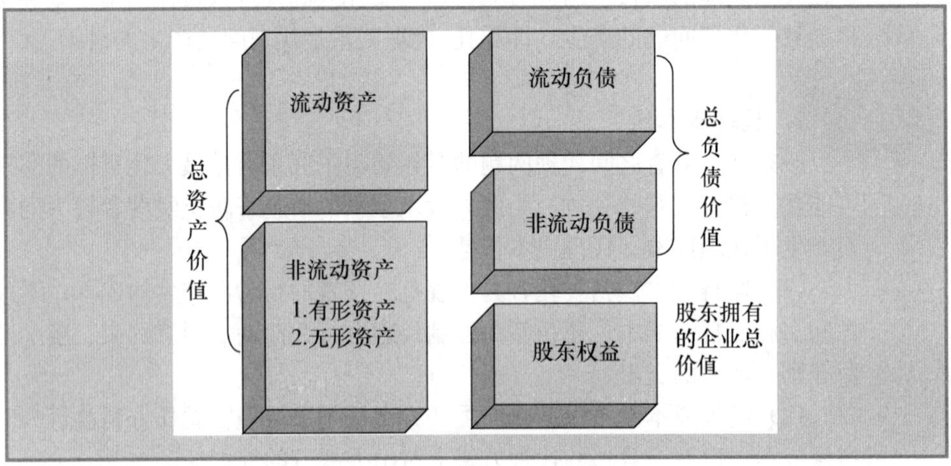

图 1－1 企业资产负债表的概念化图示

资产负债表的左侧列示企业的资产，分为流动资产和非流动资产。流动资产是指企业可以在一年内或者超过一年的一个营业周期内变现或者运用的资产，如现金、存货；非流动资产是指除流动资产以外，存续时间很长的资产，如土地、厂房。有些非流动资产是有形资产，机器设备、办公楼就属于有形资产，而其他非流动资产没有实物形态，称作无形资产，如专利、商标等。企业投资一项资产之前，需要通过融资获得资金。资产负债表的右侧列示了融资的模式，企业可以通过举债或者发行股票来融资。与资产的分类相对应，负债分为流动负债和非流动负债，流动负债是短期的负债，在一年内需要偿还；非流动负债是长期负债，偿还期超过一年。股东权益代表的是企业资产价值与负债价值之差，即对企业资产的剩余索取权。

资产负债表反映了企业在报表时点对资产和负债的结构安排，是静态结果。在生产运营过程中，会不断有资金流入和流出企业，各部分保持着一种动态的均衡。企业投资者拥有的企业总价值是扣除负债价值以后的资产剩余价值。由于负债通常为契约模式，即在借款时便约定了偿还的期限和金额，因此负债价值可确定。那么，财务管理的根本任务实质上可以理解为利用有限的资金，使资产的剩余价值不断增值。

1.3.2 企业价值的创造

1. 企业价值创造的内在机理

图 1－2 说明了企业价值创造的过程。企业与政府和金融市场间存在资金流

转。企业利用从金融市场上募得的资金和收到的政府补贴进行投资。在生产运营过程中，企业创造了更多的资金，这些资金一部分以税收的形式缴纳给了政府，一部分以支付股利和偿还债务、利息的形式流向了股东和债权人，还有一部分作为留存收益保留起来，留待以后用于再投资。

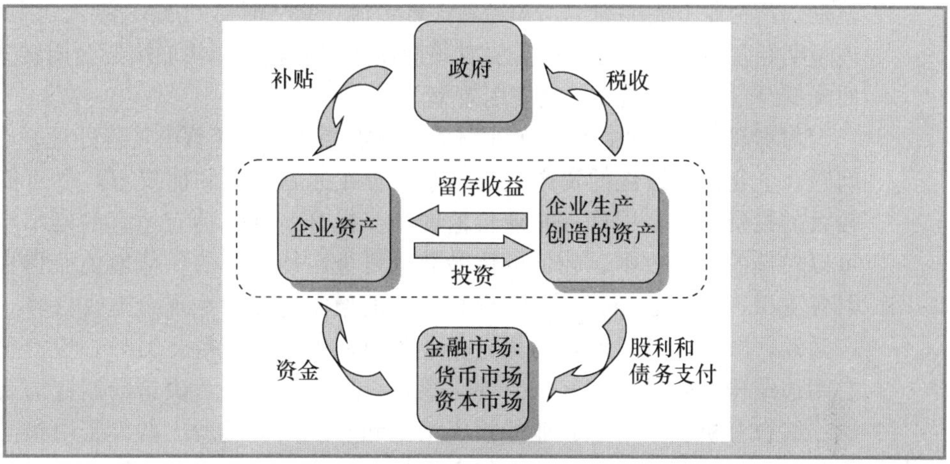

图 1-2　企业资金的循环周转图

我们可以在企业循环往复的资金流转过程中抽离出一个独立的完整周期进行考虑，也就是当企业筹集的资金在其生产经营过程中发挥作用后，再流回资金提供者的前后时点，如果企业的资产增加了，就说明企业获得了价值增值。当然，这只是帮助我们抽象地理解股东价值创造的过程，事实上，企业真正的价值创造过程要复杂得多。

2. 财务管理活动的价值创造

从资产负债表的基本框架结构中可以看出，为实现财务管理目标，财务管理活动需要关注以下几个问题：

（1）企业应该投资何种资产？是长期的还是短期的？这个问题决定了资产负债表左侧的资产结构。当然，资产的种类和百分比取决于业务的性质，我们运用资本预算和资本支出来描述长期资产的投资和管理过程。财务管理活动中的投资活动就是在不同的投资项目中进行选择，以获得最优资产组合的过程。

知识扩展
财务管理与价值创造①

财务管理与价值创造*②

（2）企业怎样为资本支出筹集资金？对这个问题的回答决定了资产负债表右侧项目的构成，也就是资本结构。各种筹资方式的成本、偿还期限、资金的使用限制、风险等因素不同，财务管理活动中的筹资活动就是在短期负债、长期负债和股权融资之间进行选

① 对相关内容感兴趣的读者，可付费扫码学习下面的完整视频。
② 带 * 号的视频为付费项目，含部分免费试看内容，下同。

择，以形成最优资本结构的过程。

（3）企业如何管理短期经营性现金流？从资产负债表的角度来看，对短期经营性现金流的管理与净营运资本有关，净营运资本的定义为流动资产与流动负债之差。企业在生产经营中通常会发生现金流入与现金流出之间不匹配的情况，也就是说，企业不能准确地预知经营性现金流在某一时点到底有多少。因此，在管理短期经营性现金流时，就需要对短期债务进行规划，并加快资金周转速度，从而降低经营风险，提高资金使用效率。

为实现财务管理目标，企业财务人员需要在日常经营中妥善处理好以上三个问题。企业投资最优的资产组合，意味着在控制风险的前提下，尽可能地获得较大的投资回报，以确保企业价值的稳步提升；企业拥有适宜的资本结构，就可以较低的资本成本、较低的风险获得资金，使企业的保值增值获得更有力的财务支撑；与企业经营发展需求相匹配的稳健的经营性现金流可保障正常的生产活动，减少经营风险，为提升企业价值提供业绩支持。另外，资产负债表左右两边结构的安排是相互联系的，投资、筹资以及经营决策的制定需要统筹兼顾、综合分析。不考虑企业的投资情况和资产结构而做出的筹资决策必然存在缺陷。同样，忽略资本结构，仅根据投资对象情况做出的投资决策也很可能带来损失。

除此之外，财务管理目标的完成还需兼顾多方利益主体的需求，因此，将企业创造的价值在利益主体间进行合理分配也是财务管理活动的一个重要方面。企业上缴税金、发放工资、进行公益捐赠、派发股利等行为都能在一定程度上提升企业形象，助其朝合理的财务管理目标更快地迈进。

以上借助资产负债表结构简要介绍了企业如何通过财务管理活动创造价值。然而，企业作为一个独立、复杂的运营主体，其财务管理决策的制定除了要考虑资产负债表的结构因素，还要考虑所处的环境、自身业务特征等因素。总之，财务管理是一项十分重要而又复杂的管理活动，只有四种财务管理活动互相协调、统筹规划，才能确保企业健康发展，实现价值最大化目标。

1.4 财务管理的环境

任何事物总是与一定的环境相联系而产生、存在和发展的，财务管理也不例外。财务管理的环境又称理财环境，是指对企业财务活动和财务管理产生影响的企业内外部条件的总和。不同时期、不同国家、不同领域的财务管理需要面对不同的理财环境。企业在许多方面如同生物体一样，如果不能适应周围的环境，也就不能生存。财务管理的环境涉及的范围很广，本节主要讨论外部环境中的经济环境、法律环境、金融市场环境和社会文化环境，以及内部环境中企业组织的类型和企业的组织结构。

1.4.1 财务管理的外部环境

1. 经济环境

财务管理的经济环境是影响企业财务管理的各种经济因素，如经济周期、经济发展水平、通货膨胀状况、政府的经济政策等。

（1）经济周期。在市场经济条件下，经济发展通常带有一定的波动性，大体上经历复苏、繁荣、衰退、萧条几个阶段的循环，这种循环叫经济周期。我国的经济发展与运行也呈现出特有的周期特征，存在一定的经济波动。过去曾多次出现经济超高速增长，发展过快，而不得不进行治理整顿或宏观调控的情况。鉴于经济周期影响的严重性，财务学者探讨了企业在经济周期中的经营理财策略（如图 1－3 所示）。

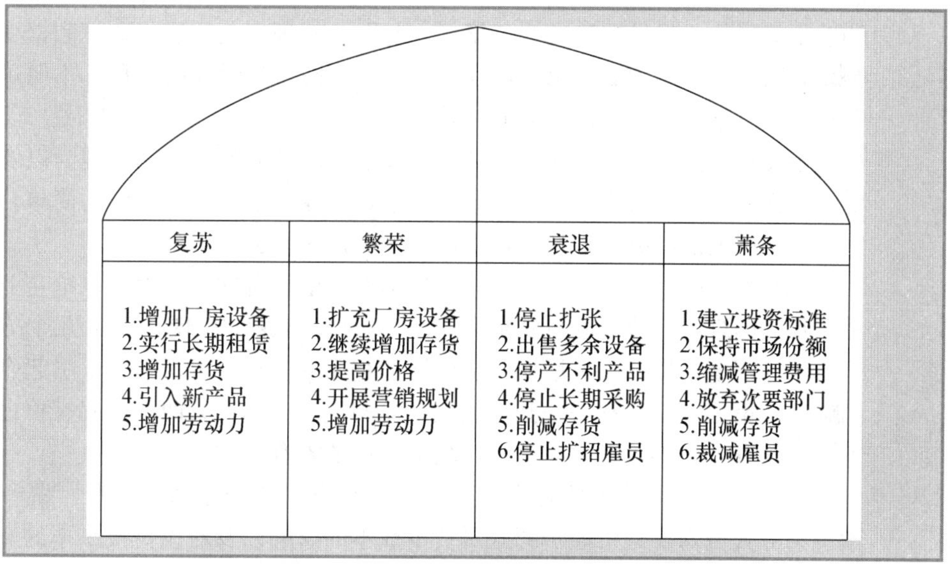

图 1－3 经济周期中的理财策略

一般而言，在经济复苏阶段，社会购买力逐步提高，企业应及时确定合适的投资机会，开发新产品，采取增加存货和放宽信用条件的应收账款管理政策等理财策略，为企业今后的发展奠定基础。在经济繁荣阶段，市场需求旺盛，企业应采取扩张的策略，如扩大生产规模，增加投资，增添机器设备、存货和劳动力，这就要求财务人员迅速筹集所需要的资金。在衰退阶段，企业应收缩规模，减少风险投资，投资无风险资产，以获得稳定的报酬。在萧条阶段，企业应维持现有的规模，并设置新的投资标准，适当考虑一些低风险的投资机会。总之，面对周期性的经济波动，财务人员必须预测经济变化情况，适当调整财务政策。

（2）经济发展水平。经济发展水平是一个相对的概念。在世界范围内说明各个国家所处的经济发展阶段及其目前的经济发展水平，是一件困难的事情。所以，我们只能按照通常的标准把不同的国家划分为发达国家、发展中国家和不发达国家三大群组，并以此来说明经济发展水平对财务管理的影响。

发达国家经历了较长时间的经济发展历程，资本的集中和垄断已达到相当的程度，经济发展水平在世界上处于领先地位，这些国家的财务管理水平比较高。这是因为：第一，高度发达的经济发展水平必然要求完善、科学的财务管理，这就决定了随着经济发展水平的提高，必然要创造出越来越先进的理财方法；第二，经济生活中许多新的内容、更复杂的经济关系以及更完善的生产方式，也往往首先出现在这些国家，这就决定了发达国家的财务管理内容要不断创新；第三，随着经济的发展，新型计算机、通信设备不断涌现，为财务管理采用更复杂的数学方法创造了条件。

发展中国家的经济发展水平不高，其经济状况一般呈现以下特点：经济基础较薄弱但发展速度比较快，经济政策变更频繁，国际交往日益增多。这些特点决定了发展中国家的财务管理具有以下特征：第一，财务管理的总体水平在世界上处于中间地位，但发展比较快；第二，与财务管理有关的法规政策频繁变更，给企业理财造成许多困难；第三，在财务管理实践中还存在财务目标不明确、财务管理方法过于简单等不尽如人意之处。

不发达国家的经济发展水平低，这些国家的共同特征一般表现为以农业为主要经济部门，工业特别是加工工业不发达，企业规模小，组织结构简单，这就决定了这些国家的财务管理呈现水平低、发展慢等特征。

（3）通货膨胀状况。通货膨胀不仅降低了消费者的购买力，也给企业理财带来了很大困难。通货膨胀对企业财务活动的影响通常表现在以下几个方面：第一，引起资金占用的大量增加，从而增加企业的资金需求；第二，引起企业的利润虚增；第三，引起利率上升，加大企业的资本成本；第四，引起有价证券价格下降；第五，引起资金供应紧张，增加企业的筹资难度。

企业对通货膨胀本身无能为力，只有政府才能控制通货膨胀。鉴于上述因素，财务人员需要分析通货膨胀对资本成本的影响以及对投资报酬率的影响。为了实现预期的报酬率，企业应该调整收入和成本。同时，使用套期保值等办法尽量减少损失，如买进现货、卖出期货或进行相反的操作等。

（4）经济政策。一个国家的经济政策，如经济发展计划、产业政策、财税政策、金融政策、外汇政策、外贸政策、货币政策以及政府的行政法规等，对企业的理财活动都有重大影响。顺应经济政策导向，会给企业带来一些经济利益，因此财务人员应该认真研究政府的经济政策，按照政策导向行事，这样就能趋利除弊。当然，由于政府的经济政策可能会因经济状况的变化而变化，因此企业在进行财务决策时，也要为这种变化留有余地，甚至预见到政策的变化趋势，这样会更好地实现企业的理财目标。

2. 法律环境

财务管理的法律环境是指影响企业财务活动的各种法律、法规和规章。

前面讨论企业的理财目标时，曾经提到企业的目标有时与其利益相关者的目标存在矛盾，这时政府将通过法律手段来规范企业的行为，如政府通过制定环境保护法与税法来约束企业由于生产而污染环境的行为。当然，企业财务活动作为一种社会行为，即使不是由于上述原因，也会在很多方面受到法律规范的约束和保护。影响企业财务管理的法律环境主要有企业组织法规、财务会计法规以及税法等。

（1）企业组织法规。企业组织必须依法成立，不同类型的企业在组建过程中适用不同的法律。在我国，这些法律包括《中华人民共和国公司法》（以下简称《公司法》）、《中华人民共和国个人独资企业法》、《中华人民共和国合伙企业法》、《中华人民共和国外商投资法》等。这些法规详细规定了不同类型的企业组织设立的条件、程序、组织机构、组织变更及终止的条件和程序等。例如，公司的组建要遵循《公司法》中规定的条件和程序，公司成立后，其经营活动包括财务活动，都要按照《公司法》的规定来进行。

（2）财务会计法规。主要包括《中华人民共和国会计法》（以下简称《会计法》）、《企业财务通则》、《企业会计准则》。

《会计法》于1985年颁布。为了规范会计行为，保证会计资料真实、完整，加强经济管理和财务管理，提高经济效益，维护社会主义市场经济秩序，于1993年、1999年、2017年先后进行修订。《会计法》从会计核算、会计监督、会计机构与会计人员等方面做出了有关规定。

《企业财务通则》是各类企业进行财务活动、实施财务管理的基本规范。我国第一个《企业财务通则》于1994年7月1日起施行。随着经济环境的不断变化，2005年进行了修订，并于2007年1月1日开始实施。新通则围绕企业财务管理环节，明确了资金筹集、资产营运、成本控制、收益分配、信息管理、财务监督六大财务管理要素，并结合不同财务管理要素，对财务管理方法和政策要求做出了规范。

《企业会计准则》是针对所有企业制定的会计核算规则，分为基本准则和具体准则，实施范围是大中型企业，自2007年1月1日起在上市公司实施，2008年1月1日起在国有大中型企业实施。为规范小企业的会计行为，财政部曾颁布《小企业会计制度》，自2005年1月1日起在全国小企业实施；2011年发布《小企业会计准则》，并于2013年开始实行。

近年来，财政部针对会计准则在执行中的重点、难点问题，陆续出台了多项修订及解释，不断补充和完善我国的会计准则体系。2010年4月，财政部发布了《中国企业会计准则与国际财务报告准则持续趋同路线图》，表达了我国与国际财务报告准则（IFRS）持续趋同的原则立场和明确态度。随着多项修订后的会计准则陆续发布，我国会计准则已经有95%以上实现了与国际财务报告准则趋同。2014年以来，财政部结合经济形势和企业经营的变化，陆续对基本准则、职工薪酬、财务报表列报等准则进行了修订。这些最新准则变化对于财务报告信息质量的提高和企业决策都有十分重要的意义。

除了上述法规之外，与企业财务管理有关的经济法规还包括证券法规、结算法规等。财务人员要在守法的前提下完成财务管理的职能，实现企业的理财目标。

（3）税法。税法是国家制定的用以调整国家与纳税人之间在征纳税方面权利与义务的法律规范的总称。税法是国家法律的重要组成部分，是保障国家和纳税人合法权益的法律规范。税法按征收对象的不同可以分为：第一，对流转额课税的税法，以企业的销售所得为征税对象。主要包括增值税、消费税和进出口关税。第二，对所得额课税的税法，包括企业所得税、个人所得税。其中，企业所得税适用于在中华人民共和国境内的企业和其他取得收入的组织（不包括个人独资企业和合伙企业），上述企业在我国境内和境外的生产、经营所得和其他所得为应纳税所得额，一般按25%的税率计算缴纳税款。第三，对自然资源课税的税法，目前主要以矿产资源和土地资源为征税对象，包括资源税、城镇土地使用税等。第四，对财产课税的税法，以纳税人所有的财产为征税对象，主要有房产税。第五，对行为课税的税法，以纳税人的某种特定行为为征税对象，主要有印花税、城市维护建设税等。企业在经营过程中有依法纳税的义务。税负是企业的一种支出，因此企业都希望在不违反税法的前提下减少税负。税负的减少只能靠财务人员在理财活动中精心安排、仔细筹划，而不能通过逃避缴纳税款的方式来实现，这就要求财务人员熟悉并精通税法，为理财目标服务。

3. 金融市场环境

金融市场是资金融通的场所。企业资金的取得与投放都与金融市场密不可分，金融市场发挥着金融中介、调节资金余缺的功能。熟悉金融市场的各种类型以及管理规则，可以让企业财务人员有效地组织资金的筹措和投资活动。

（1）金融市场与公司理财。金融市场对公司财务活动的影响主要体现在：第一，为公司筹资和投资提供场所。金融市场上存在多种多样方便灵活的筹资方式，公司需要资金时，可以到金融市场上选择合适的筹资方式筹集所需资金，以保证生产经营的顺利进行；当公司有多余的资金时，又可以到金融市场选择灵活多样的投资方式，为资金的使用寻找出路。第二，公司可通过金融市场实现长短期资金的互相转化。当公司持有的是长期债券和股票等长期资产时，可以在金融市场转手变现，成为短期资金，而远期票据也可以通过贴现变为现金；与此相反，短期资金也可以在金融市场上转变为股票和长期债券等长期资产。第三，金融市场为公司理财提供相关信息。金融市场的利率变动和各种金融资产的价格变动，都反映了资金的供求状况、宏观经济状况甚至发行股票及债券公司的经营状况和盈利水平。这些信息是公司进行财务管理的重要依据，财务人员应随时关注。

（2）金融市场的构成。金融市场由主体、客体和参加人组成。主体是指银行和非银行金融机构，它们是连接投资人和筹资人的桥梁。客体是指金融市场上的交易对象，如股票、债券、商业票据等。参加人是指客体的供应者和需求者，如企业、政府部门和个人等。

金融机构主要包括商业银行、投资银行、证券公司、保险公司和各类基金管理公司。商业银行的主要作用是资金存贷，它们从广大居民手中吸收存款，再以借款的形式将这些资金提供给企业等资金需要者。投资银行在现代公司筹资活动中处于非常重要的地位，任何公司发行债券或股票，都要借助投资银行。目前在我国，投资银行的业务主要由各类证券公司来承担。保险公司和各类基金管理公司是金融市场上主要的机构投资者，它们从广大投保人和基金投资者手中聚集了大量资金，同时，又投资于证券市场，成为公司资金的一项重要来源。目前，我国存在多家保险公司和基金管理公司，这些机构投资者在金融市场上的作用将越来越重要。

（3）金融工具。财务管理人员了解金融市场，必须熟悉各种金融工具。金融工具按发行和流通的场所，划分为货币市场证券和资本市场证券。

第一，货币市场证券。货币市场证券属于短期债务，到期日通常为一年或更短的时间，主要是政府、银行及工商业企业发行的短期信用工具，具有期限短、流动性强和风险小的特点。货币市场证券包括商业本票、银行承兑汇票、国库券、银行同业拆借、各类短期债券等。

第二，资本市场证券。资本市场证券是公司或政府发行的长期证券。其到期期限超过一年，实质上是一年期以上的中长期资本市场证券。资本市场证券包括普通股、优先股、长期公司债券、国债、衍生金融工具等。

（4）利息率及其测算。企业的财务活动均与利息率有一定的联系，离开了利息率这一因素，就无法正确作出筹资决策和投资决策。因此，利息率是进行财务决策的基本依据，利息率原理是财务管理中的一项基本原理。

利息率简称利率，是衡量资金增值量的基本单位，即资金的增值同投入资金的价值之比。从资金流通的借贷关系来看，利率是特定时期运用资金这一资源的交易价格。也就是说，资金作为一种特殊商品，其在资金市场上的买卖是以利率作为价格标准的，资金的融通实质上是资金资源通过利率这个价格体系在市场机制作用下进行再分配。因此，利率在资金的分配及个人和企业作出财务决策的过程中起着重要作用。例如，一个企业拥有投资利润率很高的投资机会，就可以发行较高利率的证券以吸引资金，投资者把过去投资的利率较低的证券卖掉，来购买这种利率较高的证券，这样，资金将从低利率的投资项目不断向高利率的投资项目转移。因此，在发达的市场经济条件下，资金从高报酬项目到低报酬项目依次分配，是由市场机制通过资金的价格——利率的差异来决定的。

综上所述，利率在企业财务决策和资金分配方面非常重要。那么，究竟应该怎样测算特定条件下未来的利率水平呢？这就必须分析利率的构成。一般而言，资金的利率由三部分构成：纯利率；通货膨胀补偿（或称通货膨胀贴水）；风险报酬。其中，风险报酬又分为违约风险报酬、流动性风险报酬和期限风险报酬三种。

第一，纯利率。纯利率是指没有风险和通货膨胀情况下的均衡利率。影响纯利率的基本因素是资金供应量和需求量，因而纯利率不是一成不变的，它随资金供求的变化而不断变化。精确测定纯利率是非常困难的，在实际工作中，通常以无通货膨胀情况下的无风险证券的利率来代表纯利率。

第二，通货膨胀补偿。通货膨胀已成为世界上大多数国家经济发展过程中难以医治的“病症”。持续的通货膨胀会不断降低货币的实际购买力，对投资项目的投资报酬率也会产生影响。资金的供应者在通货膨胀的情况下，必然要求提高利率水平以补偿其购买力损失，所以，无风险证券的利率，除纯利率之外还应加上通货膨胀因素，以补偿通货膨胀所遭受的损失。例如，政府发行的短期无风险证券（如国库券）的利率就是由这两部分内容组成的。

第三，违约风险报酬。违约风险是指借款人无法按时支付利息或偿还本金而给投资人带来的风险。违约风险反映了借款人按期支付本金、利息的信用程度。借款人如经常不能按期支付本息，则说明该借款人的违约风险高。为了弥补违约风险，必须提高利率，否则，借款人就无法借到资金，投资人也不会进行投资。国库券等证券由政府发行，可以视为没有违约风险，其利率一般较低。企业债券的违约风险则要根据企业的信用程度来定，企业的信用程度可分若干等级。等级越高，信用越好，违约风险越小，利率水平也越低；信誉不好，违约风险大，利率水平自然也高。

第四，流动性风险报酬。流动性是指某项资产迅速转化为现金的可能性。如果一项资产能迅速转化为现金，则说明其变现能力强，流动性好，流动性风险小；反之，则说明其变现能力弱，流动性不好，流动性风险大。政府债券、大公司的股票与债券，由于信用好、变现能力强，因此流动性风险小，而一些不知名的中小企业发行的证券，则流动性风险较大。一般而言，在其他因素均相同的情况下，流动性风险小和流动性风险大的证券利率差距介于1～2个百分点之间，这就是所说的流动性风险报酬。

第五，期限风险报酬。一项负债到期日越长，债权人承受的不确定因素就越多，承担的风险也越大。为弥补这种风险而增加的利率就叫期限风险报酬。例如，同时发行的国库券，5年期的利率就比3年期的利率高，银行存贷款利率也一样。因此，长期利率一般要高于短期利率，这便是期限风险报酬。当然，在利率剧烈波动的情况下，也会出现短期利率高于长期利率的情况，但这种偶然情况并不影响上述结论。

综上所述，可以看到，影响某一特定借款或投资的利率主要有以上五大因素，只要能合理预测上述因素，便能比较合理地测定利率水平。

4. 社会文化环境

社会文化环境包括教育、科学、文学、艺术、新闻出版、广播电视、卫生体育、世界观、理想、信念、道德、习俗，以及同社会制度相适应的权利义务观念、道德观念、组织纪律观念、价值观念、劳动态度等。企业的财务活动不可避免地受到社会文化的影响。但是，社会文化的各方面对财务管理的影响程度不尽相同，有的具有直接影响，有的只有间接影响，有的影响比较明显，有的影响微乎其微。例如，随着财务管理工作的内容越来越丰富，社会整体的教育水平将越来越重要。事实表明，在教育落后的情况下，为提高财务管理水平所作的努力往往收效甚微。又如，科学的发展对财务管理理论的完善也起着至关重要的作用。经济学、数学、统计学、计算机科学等诸多学科的发展，都在一定程度上促进了财务管理理论的发展。另外，诸如社会的资信程度等因素也在一定程度上影响着财务管理活动。当社会资信程度较高时，企业间的信用往来会加强，从而促进彼此之间的合作，减少企业的坏账损失。同时，在不同的文化环境中经营的公司需要对员工进行文化差异方面的培训，并且在可能的情况下雇用文化方面的专家。忽视社会文化对公司财务活动的影响，将给公司的财务管理带来意想不到的问题。

1.4.2 财务管理的内部环境

1. 企业组织的类型

在当前的市场经济环境下，企业存在于社会的各行各业，遍布每个角落。小至复印社、个体超市、餐饮连锁店，大到跨国公司，都是以企业的形态存在和经营的。然而，企业之间会有很多区别，其中，能够决定企业经营模式和财务特征的最根本因素就是企业的组织类型。本节将介绍企业组织类型中最主要的三种，即独资企业、合伙制企业和公司制企业。

（1）独资企业。独资企业是由一个人出资经营，归个人所有和控制的企业。业主自负盈亏，对企业的资产拥有所有权，独享利润。独资企业不缴纳企业所得税，其收益要归总到投资人的其他收入里一并缴纳个人所得税。这是最简单的企业形式，也是规范程度最低的企业形式，因此，其数量要多于其他任何形式的企业。大多数小型企业以独资形式设立，许多大型公司最初也是由独资企业发展起来的。

然而，独资企业存在一些难以克服的缺点。首先，所有者要对企业的债务承担无限责任，这意味着一旦发生亏损倒闭，其损失的不仅仅是投入企业的资本，还需要以个人的私有财产来抵偿债务，因此，所有者是以个人的全部财产承担企业的风险；其次，由于全部的资金都来自一个出资人，其个人财富有限，借款时往往会因为信用不足而遭到拒绝，这就决定了企业筹资会面临困难，很容易因为资金不足而遇到发展瓶颈；再次，独资企业的生命期是有限的，所有者的死亡宣告了企业寿命的终止；最后，独资企业的所有权很难转移，新的所有人必须买入整个企业，不但愿意交易的买方很难寻找，交易的价格也不易确定。

（2）合伙制企业。合伙制企业是由两个或两个以上的合伙人共同出资、共同拥有和经营的企业。合伙制分为两类：一般合伙制和有限合伙制。

在一般合伙制企业中，所有的合伙人共享利润，也共同承担损失，而且每个合伙人都对企业的债务承担无限连带责任。合伙人通常按照各自的出资比例分享利润或承担损失，具体的分配方法一般在合伙协议里予以规定，协议可采取书面或口头的形式。与独资企业相同，一般合伙制企业本身不缴纳企业所得税，收益直接分配给合伙人后，由个人对这部分收益缴纳个人所得税。另外，合伙人的股权也很难转移，因为需要其他合伙人同意，并制定新的合伙协议。以专业知识和专门技能为客户提供有偿服务的专业服务机构，可以设立为特殊的普通合伙企业。

在有限合伙制企业中，除一般合伙人外，还有一个或几个有限合伙人。一般合伙人按无限责任经营合伙制企业，有限合伙人不参与经营，也按照各自出资的比例分享利润和承担亏损，但所承担的债务仅限于其投入的资本。另外，允许有限合伙人通过转让其权益撤资，这就避免了因合伙人退伙或死亡而导致企业解散的麻烦。

合伙企业也具有开办容易、费用较低等优点，但也存在责任无限、企业寿命有限、所有权转让困难等缺点。虽然合伙企业筹措资金的能力一般优于独资企业，但仍然要受到一定程度的限制，因此，资金不足也是阻碍这类企业未来发展壮大的一道屏障。

（3）公司制企业。公司制企业是一个独立的法人实体，拥有自然人所具有的权利和义务，可以以自己的名义筹集资金，拥有财产，签订合同，可以起诉他人或者被起诉，也可以对外投资，成为合伙企业的合伙人或其他公司的股东。所有者（股东）以其出资额为限对公司的债务承担有限责任，公司则以其全部资产对其债务承担责任。成立一家公司制企业要比成立其他类型的企业难度更大，不仅要建立更加复杂的组织结构，处理更多的利益关系，还需要制定详细、具体的规章制度，以规范公司的运作。

知识扩展
人类简史与有限责任公司

具体来说，公司制企业又分为股份有限公司和有限责任公司。

股份有限公司将公司的股份划分成相等的份额，股东拥有的股权份额占总股数的比重代表了股东在公司所有权中的比重。股份有限公司可以向社会公众公开募集资金，股东也可以自由转让出资。股份有限公司可以成为上市公司，使其股份可以公开在股票市场上交易。对股东的人数只有最低要求，没有上限。

有限责任公司的股份不需要划分成相等的份额，股东拥有的出资证明书代表了其对公司的所有权。有限责任公司的成立条件较股份有限公司宽松一些，但只能由发起人集资，不能向社会公开募集资金，股东转让出资时，需要经过股东会讨论通过。股东的人数受到限制，我国《公司法》规定有限责任公司的股东人数不得超过50人。

公司制企业的一个显著特征是所有权与经营权分离。股东选举出董事会成员，再由董事会成员任命高层管理者。股东决定公司重大事项，董事会按股东要求制定发展战略，高层管理者管理公司的日常事务，为股东利益最大化服务。在大公司里，股东和高层管理者通常是两个独立的群体；而在小公司里，可能会存在兼任的情况，即很多股东同时也是高层管理者。

由于公司制企业存在所有权与经营权的分离，因此其组织形式具有独资企业和合伙制企业无法比拟的优势。

首先，所有权转移相对容易。由于公司的存在与何人持有股份无关，其生命期不依赖于投资者的状况，即投资者撤资或者死亡都不会影响公司的存续，无论投资者的股份被转售还是被下一代继承，管理层依然可以保证公司的正常运作。

其次，公司作为法人，以自己的名义举债，因此股东仅以投入的资金为限对公司的债务负有限责任。换句话说，公司的债权人对股东的私人财产没有要求权，一旦公司亏损倒闭，债权人也只能得到公司资产，资产不足以偿付的部分，也无权要求股东以个人财产偿付，而股东损失的最高额度就是他们的投资额。

由此可见，所有权易于转让、永续经营和有限责任是公司制企业的主要优点，这些优点提高了企业的筹资能力。尤其是股份有限公司，其公司的人数没有上限，如果一个公司需要更多的资金，它就可以采用发行新股的方式吸纳新的资金进入，不断扩充股东数量。由于股东的人数可以非常庞大，这就极大地扩展了公司的资金来源，有利于公司成功把握好的投资机会以更好地发展。公司实力的增强也可带动其信用水平提升，债务融资能力的提高同样也会大大拓宽融资渠道。

然而，公司制企业也存在一个缺陷，公司作为一个独立的法人，必须像自然人一样为其经营所得的利润缴纳所得税，纳税后剩下的利润再由股东进行分配，股东收到现金股利后，还需要再次缴纳所得税，这就造成了重复纳税。从股东角度来看，他们为同一笔收益缴纳了两次所得税；从社会角度来看，这种分配有失公正。

目前，公司制企业已经成为最重要的企业组织类型，本书所讲的财务管理主要是指股份有限公司的财务管理。

2. 公司的组织结构与财务经理的职责

在大型公司中，财务活动通常与公司高层管理者有关，如副总裁或财务经理及其他经理。

（1）公司的组织结构。图1－4描绘了公司内部的组织结构，并突出了其财务活动。总裁负责管理企业的生产经营。总裁下面设若干副总裁，分别负责不同部门的经营与管理。负责向财务总监报告的是财务经理和会计经理。财务经理负责筹资、投资、分配和营运资金管理；会计经理则主管公司会计和税务部门的工作。

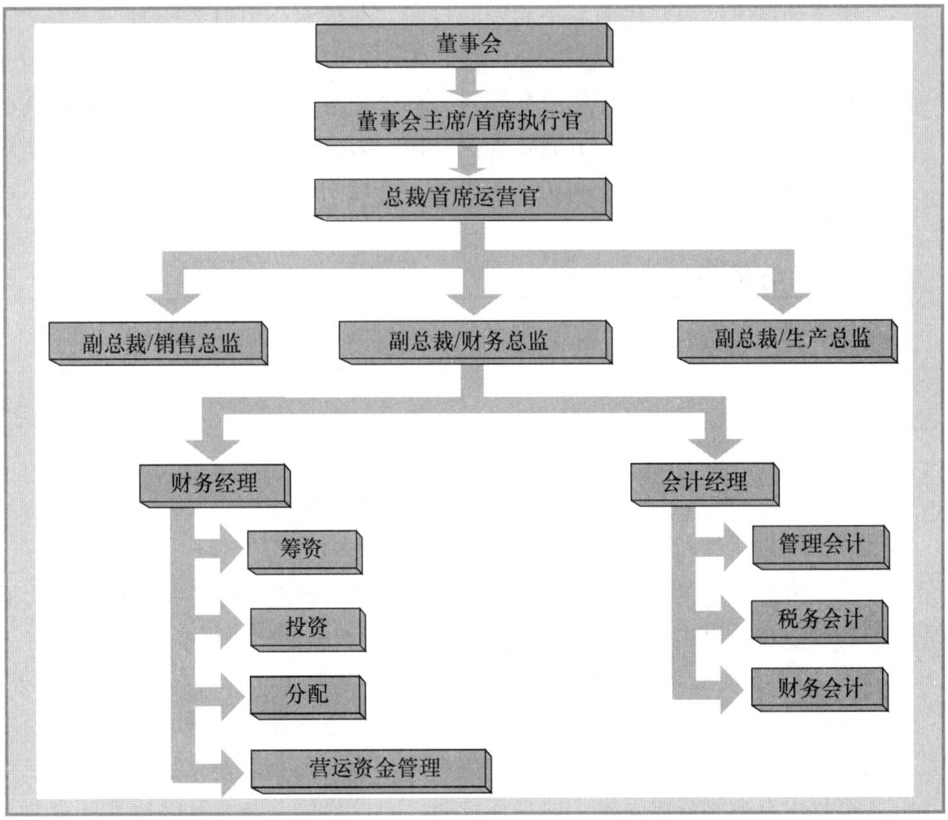

图1－4 公司的组织结构图

（2）财务经理的职责。财务经理的大部分工作是通过投资、融资、分配和营运资金管理为公司创造价值。他们的任务是围绕公司财务管理的目标来筹集和使用资金。那么，究竟如何为公司创造价值？财务经理的具体职责又有哪些？一般来讲，财务经理的具体工作分为以下四个方面：

1）制定财务计划。财务经理需要通过分析公司所处环境、预测公司未来前景来制定相应的财务计划。公司的财务行为将直接或间接影响公司的未来发展和定位，制定计划则可以使财务工作有条不紊地展开，也便于应对突发状况带来的影响。

2）做出投资和筹资决策。公司必须通过投资创造超过成本的现金，由此获得价值增值。一家经营状态稳定的公司，如果要以大致稳定的销售增长率稳步成长，就需要投资于生产经营的必需品，如厂房、机器设备、原材料等。财务经理一方面要计划公司的最优销售增长率，另一方面也要解决投资于何种资产以及投入的资金从何而来等问题。

3）协调各部门工作。财务经理不仅要主管财务部门的全部工作，还要负责与公司其他部门经理沟通和协调，以确保财务计划的顺利实施和整个公司运营效率的提升。例如，销售部门的市场营销策略以及对市场的预期将直接影响销售增长率，财务经理需考虑销售部门的计划来进行融资、投资决策；是对现有设备进行更新改造，还是投资购买新设备，则要听取生产总监的意见。总之，其他部门活动的最终结果都指向一个共同的目标，即落实公司财务计划。

4）处理公司在金融市场上的事务。公司在货币市场和资本市场上的借款、发行股票筹资、进行证券交易等行为都受金融市场影响，同时也会对其产生反作用。因此，财务经理一方面要确保公司行为符合金融市场规范，避免违规遭受处罚；另一方面也要善于利用金融市场为公司创造价值。

复习与思考

财务经理的职责有哪些？

本章小结

本章讲述了财务管理的概念、企业组织的类型、财务管理的目标、企业价值的实现等问题，包含以下要点：

1. 企业财务管理是企业组织财务活动、处理财务关系的一项经济管理工作。财务活动包括：企业筹资引起的财务活动；企业投资引起的财务活动；企业经营引起的财务活动；企业分配引起的财务活动。企业财务关系是指企业在组织活动过程中与各有关方面发生的经济关系。企业的财务关系可概括为：企业与其所有者之间的财务关系；企业与其债权人之间的财务关系；企业与其被投资单位的财务关系；企业与其债务人的财务关系；企业内部各单位之间的财务关系；企业与职工之间的财务关系；企业与税务机关的财务关系。

2. 财务管理的目标是企业理财活动所希望实现的结果，是评价企业理财活动是否合理的基本标准。财务管理目标主要有利润最大化和股东财富最大化。

所有权和控制权相分离形成了股东和经营者、债权人和股东之间的委托-代理关系。委托-代理关系是代理问题产生的根源。代理成本包括监督成本、约束成本和剩余损失。

3. 财务管理是为了实现企业价值创造，因此，企业财务管理活动始终要围绕提升企业价值的目标展开。

4. 财务管理环境包括外部环境和内部环境。外部环境主要包括经济环境、法律环境、金融市场环境和社会主义环境，内部环境主要包括企业组织的类型和企业的组织结构。

重要名词

财务管理（financial management）
财务管理目标（objective of financial management）
利润最大化（profit maximization）
股东财富最大化（stockholder wealth maximization）
代理问题（agency problem）　　代理成本（agency cost）
财务管理环境（environment of financial management）
独资企业（sole proprietorship）　　合伙企业（partnership）
股份有限公司（corporation）
有限责任公司（limited liability company）
财务经理（financial manager）

思考题

1. 企业财务活动四个方面之间的关系如何?
2. 为什么说公司制企业在融资时更有优势?
3. 该用什么标准去评价一个企业的成功或失败?
4. 追求股东财富最大化时，怎样考虑其他利益相关者?
5. 为什么说所有权和经营权分离是代理问题的根源?
6. 哪些做法有助于解决股东和经营者之间的代理问题?
7. 企业的价值创造是如何实现的?

案例题

宏伟公司财务管理目标与利益冲突案例

案例资料： 宏伟公司是一家从事IT产品开发的企业，由三位志同道合的朋友共同出资120万元，三人平分股权比例共同创立。企业发展初期，创始股东都以企业的长远发展为目标，关注企业的持续增长能力，所以，他们注重加大研发投入，不断开发新产品，这些措施有力地提高了企业的竞争力，使企业实现了营业收入的高速增长。在开始的几年间，销售业绩以年均60%的速度提升。然而，随着利润不断快速增长，三位创始股东在收益分配上产生了分歧。股东王力、张伟倾向于分红，股东赵勇则认为应将企业取得的利益用于扩大再生产，以提高企业的持续发展能力，实现长远利益的最大化。矛盾不断升级，最终导致坚持企业长期发展的赵勇被迫出让其持有的1/3股份而离开企业。

但是，此结果引起了与企业有密切联系的广大供应商和分销商的不满，因为他们中许多人的业务发展壮大都与宏伟公司密切相关，深信宏伟公司的持续增长将给他们带来更多的机会。于是他们声称，如果赵勇离开企业，将断绝与企业的业务往来。面对这一情况，其他两位股东提出他们可以离开，条件是赵勇必须收购他们的股份。赵勇的长期发展战略需要较多的投资，这样做将导致企业陷入没有资金维持生产的困境。这时，众多供应商和分销商伸出了援助之手，他们或者主动延长应收账款的期限，或者预付货款，最终使赵勇重新回到企业，成为公司的掌门人。

经历了股权变更的风波后，宏伟公司在赵勇的领导下不断加大投入，实现了企业规模化发展，在同行业中处于领先地位，企业的竞争力和价值不断提升。

案例思考题：

1. 赵勇坚持企业长远发展，而其他股东要求更多分红，你认为赵勇的目标是否与股东财富最大化的目标相矛盾？

2. 拥有控制权的大股东与供应商和客户等利益相关者之间的利益是否矛盾，如何协调？

3. 像宏伟这样的公司，其所有权与经营权是合二为一的，这对企业的发展有什么利弊？

4. 重要利益相关者能否对企业的控制权产生影响？

第2章

Chapter 2

财务管理的基础概念

学习目标

- 理解时间价值的基本概念。
- 掌握时间价值的计算。
- 掌握时间价值计算中的特殊问题。
- 理解风险报酬的概念。
- 掌握风险报酬的计量。
- 掌握资本资产定价模型。
- 掌握债券估价的主要方法。
- 掌握普通股估价的主要方法。

引例

银行贷款已经逐渐成为人们购买汽车或房子等大宗资产时筹措资金的一个重要选择。其中购房抵押贷款（按揭）作为房地产信贷的一种抵押担保方式，更是为越来越多的置业者所熟悉。这是房地产开发商、银行和置业者三方之间的一种约定，一般的方式是置业者将其所购房产（已由置业者预付部分购房款）的全部权益作为抵押向银行贷款，作为支付给开发商的房价款（扣除预付部分），置业者作为贷款人须按约定按期偿还所欠银行债务。在置业者不能按时履行债务时，银行有权处分抵押物并优先得到偿还。

我国房地产市场的蓬勃发展促使这种贷款买房的方式深入人心。对置业者来说，使用按揭形式，不必一次性或短期内支付大笔款项，可以减轻经济压力，将这种压力分摊后延，即所谓“花明天的钱买今天的房”。但是“免费午餐”是不存在的。向银行贷款不可能是无偿的，当贷款合同签订并开始执行后，置业者按期（通常是按月）向银行偿还贷款时，其所支付的款项中有一部分并不是房价款，而是银行将款项贷给置业者所收取的利息。如果对这一点没有清楚的认识，那么当置业者将贷款期限内偿还的款项简单加总时就会吃惊地发现，还给银行的款项要远远大于当初贷款时得到的金额。这是因为资金的使用不会是无偿的，要使用资金，就需要付出代价。

2.1 时间价值

2.1.1 时间价值的概念

思维导图
财务管理的基本概念

时间价值是客观存在的经济范畴。离开了时间价值因素，就无法正确计算不同时期的财务收支。时间价值原理揭示了不同时间点上的资金之间的换算关系，是财务决策的基本依据。

时间价值在西方通常称为货币的时间价值，其概念并不完全统一，传统说法是：即使在没有风险和通货膨胀的情况下，今天 1 元钱的价值也大于 1 年以后 1 元钱的价值，这就是货币的时间价值。

西方关于时间价值的概念大致可以综述如下：投资者进行投资就必须推迟消费，对投资者推迟消费的耐心应给予报酬，这种报酬的量应与推迟的时间成正比，因此，单位时间的这种报酬对投资的百分比称为时间价值。

其实，西方经济学家和财务管理学家的这些概念只是说明了一些现象，并没有说明时间价值的本质。正确理解时间价值需要把握以下三个方面：时间价值的真正来源是工人创造的剩余价值；时间价值是在生产经营中产生的；时间价值应按复利方法来计算。

综上所述，时间价值可以表述为：时间价值是扣除风险报酬和通货膨胀贴水后的真实报酬率。时间价值有两种表现形式：其相对数即时间价值率，是指扣除风险报酬和通货膨胀贴水后的平均资金利润率或平均报酬率；其绝对数即时间价值额，是指资金在生产经营过程中带来的真实增值额，即一定数额的资金与时间价值率的乘积。

银行存款利率、贷款利率、各种债券利率、股票的股利率都可以看作投资报酬率，它们与时间价值都是有区别的，只有在没有风险和通货膨胀的情况下，时间价值才与上述各报酬率相等。

为了便于说清问题，分层次、由简到难地研究问题，在讲述资金时间价值时将采用抽象分析法，即假定没有风险和通货膨胀，以利率代表时间价值，本章也将以此假设为基础。

2.1.2 时间价值的计算

1. 复利终值和现值的计算

资金的时间价值一般都是按复利的方式计算的。所谓复利，就是不仅本金要计算利息，利息也要计算利息，即通常所说的“利滚利”。资金的时间价值按复利计算，是建立在资金再投资这一假设基础之上的。

（1）复利终值的计算。终值又称未来值，是指若干期后包括本金和利息在内的未来价值，又称本利和。终值的计算公式为：

$$FV_n = PV(1+i)^n \qquad (2-1)$$

式中，FV_n 为复利终值；PV 为复利现值；i 为利息率；n 为计息期数。

例 2－1

将 100 元存入银行，利息率为 10%，5 年后终值应为：

$$FV_5 = PV(1+i)^5 = 100\times(1+10\%)^5$$
$$= 161.1(元)$$

式（2－1）中的$(1+i)^n$ 称为复利终值系数（future value interest factor），可以写成 $FVIF_{i,n}$或（F/P，i，n），复利终值的计算公式可写成：

$$FV_n = PV(1+i)^n = PV\cdot FVIF_{i,n} \qquad (2-2)$$

为了简化和加速计算，可编制复利终值系数表，详见书后附表 1，表 2－1 是其简表。表中 i 和 n 的范围及其详细程度可视具体情况而定。教学用表中的系数一般只取 3～4 位小数，实际工作中所取位数要多一些。

表 2－1　1 元的复利终值系数表

时间 n	利息率 i					
	5.00%	6.00%	7.00%	8.00%	9.00%	10.00%
1	1.050	1.060	1.070	1.080	1.090	1.100
2	1.103	1.124	1.145	1.166	1.188	1.210
3	1.158	1.191	1.225	1.260	1.295	1.331
4	1.216	1.262	1.311	1.360	1.412	1.464
5	1.276	1.338	1.403	1.469	1.539	1.611
6	1.340	1.419	1.501	1.587	1.667	1.772
7	1.407	1.504	1.606	1.714	1.828	1.949
8	1.477	1.594	1.718	1.851	1.993	2.144
9	1.551	1.689	1.838	1.999	2.172	2.385
10	1.629	1.791	1.967	2.159	2.367	2.594

例 2－1 可查表 2－1 计算如下：

$$FV_5 = 100\times(1+10\%)^5 = 100\times FVIF_{10\%,5} = 100\times1.611$$
$$= 161.1(元)$$

（2）复利现值的计算。复利现值是指以后年份收到或支出资金的现在价值，可用倒求本金的方法计算。由终值求现值叫作折现，在折现时使用的利息率叫折现率。

现值的计算公式可由终值的计算公式导出。由公式 $FV_n=PV(1+i)^n$ 可以得到

$$PV = \frac{FV_n}{(1+i)^n} = FV_n \cdot \frac{1}{(1+i)^n} \qquad (2-3)$$

式中，$\frac{1}{(1+i)^n}$ 称为复利现值系数或折现系数（present value interest factor），可以写为 $PVIF_{i,n}$ 或（P/F，i，n），则复利现值的计算公式可写为：

$$PV = FV_n \cdot PVIF_{i,n} \qquad (2-4)$$

为了简化计算，也可编制复利现值系数表，详见书后附表 2，表 2-2 是其简表。

表 2-2　1 元的复利现值系数表

时间 n	利息率 i					
	5.00%	6.00%	7.00%	8.00%	9.00%	10.00%
1	0.952	0.943	0.935	0.926	0.917	0.909
2	0.907	0.890	0.873	0.857	0.842	0.826
3	0.864	0.840	0.816	0.794	0.772	0.751
4	0.823	0.792	0.763	0.735	0.708	0.683
5	0.784	0.747	0.713	0.681	0.650	0.621
6	0.746	0.705	0.666	0.630	0.596	0.564
7	0.711	0.665	0.623	0.583	0.547	0.513
8	0.677	0.627	0.582	0.540	0.502	0.467
9	0.645	0.592	0.544	0.500	0.460	0.424
10	0.614	0.558	0.508	0.463	0.422	0.386

例 2-2

若计划在 3 年以后得到 400 元，利息率为 8%，则现在应存金额可计算如下：

$$PV = FV_n \cdot \frac{1}{(1+i)^n} = 400 \times \frac{1}{(1+8\%)^3} = 317.5(\text{元})$$

或查复利现值系数表计算如下：

$$PV = FV_n \cdot PVIF_{8\%,3} = 400 \times 0.794 = 317.6(\text{元})$$ ①

复习与思考

某公司希望 3 年后能有 180 000 元的款项用于购买一台机床，假定目前银行存款年利率为 9%。计算该公司现在应存入多少钱。

2. 年金终值和现值的计算

年金是指一定时期内每期相等金额的收付款项。利息、租金、保险费等均表

① 两种方法计算结果的微小差异是因为保留小数位数进行四舍五入带来了尾差。

现为年金的形式。年金按付款方式，可分为普通年金（后付年金）、即付年金（先付年金）、延期年金和永续年金。

（1）后付年金的终值和现值。后付年金是指每期期末有等额收付款项的年金。在现实经济生活中这种年金最为常见，故称为普通年金。

1）后付年金终值。后付年金终值如同零存整取的本利和，它是一定时期内每期期末等额收付款项的复利终值之和。

假设 A 为年金数额，i 为利息率，n 为计息期数，FVA_n 代表年金终值，则后付年金终值的计算可用图 2－1 来说明。

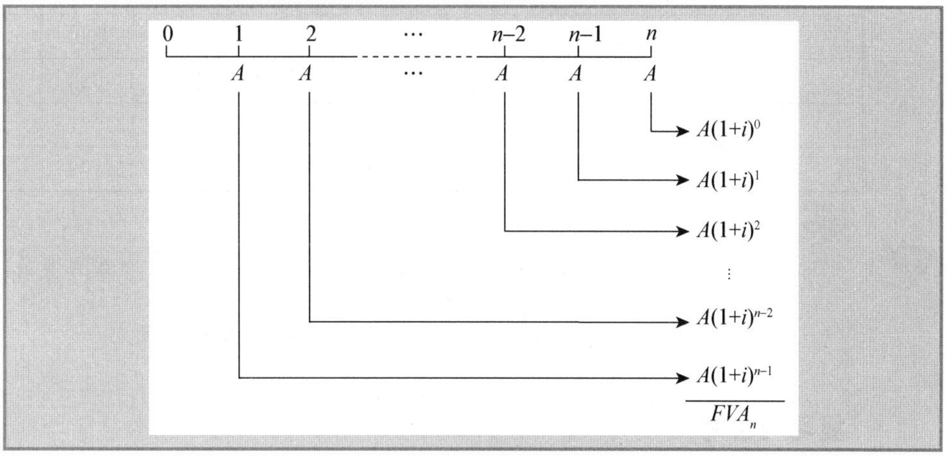

图 2－1　后付年金终值计算示意图

由图 2－1 可知，后付年金终值的计算公式为：

$$
\begin{aligned}
FVA_n &= A(1+i)^0 + A(1+i)^1 + A(1+i)^2 + \cdots + A(1+i)^{n-2} \\
&\quad + A(1+i)^{n-1} \\
&= A[(1+i)^0 + (1+i)^1 + (1+i)^2 + \cdots + (1+i)^{n-2} + (1+i)^{n-1}] \\
&= A\sum_{t=1}^{n}(1+i)^{t-1} \qquad (2-5)
\end{aligned}
$$

式中，$\sum_{t=1}^{n}(1+i)^{t-1}$ 称为年金终值系数（future value interest factor of an annuity）或年金复利系数（annuity compound factor），通常写作 $FVIFA_{i,n}$，$ACF_{i,n}$ 或（F/A，i，n），则年金终值的计算公式可写成：

$$FVA_n = A \cdot FVIFA_{i,n} = A \cdot ACF_{i,n} \qquad (2-6)$$

为了简化计算，也可编制年金终值系数表，表中各期年金终值系数可按下列公式计算：

$$FVIFA_{i,n} = \frac{(1+i)^n - 1}{i} \qquad (2-7)$$

年金终值系数表见书后附表 3，表 2－3 是其简表。

表 2-3　1 元年金终值系数表

时间 n	利息率 i					
	5.00%	6.00%	7.00%	8.00%	9.00%	10.00%
1	1.000	1.000	1.000	1.000	1.000	1.000
2	2.050	2.060	2.070	2.080	2.090	2.100
3	3.153	3.184	3.215	3.246	3.278	3.310
4	4.310	4.375	4.440	4.506	4.573	4.641
5	5.526	5.637	5.751	5.867	5.985	6.105
6	6.802	6.975	7.153	7.336	7.523	7.716
7	8.142	8.394	8.654	8.923	9.200	9.487
8	9.549	9.897	10.260	10.637	11.028	11.436
9	11.027	11.491	11.978	12.488	13.021	13.579
10	12.578	13.181	13.816	14.487	15.193	15.937

例 2-3

5 年中每年年底存入银行 100 元，存款利率为 8%，求第 5 年年末年金终值。

$$FVA_5 = A \cdot FVIFA_{8\%,5} = 100 \times 5.867 = 586.7(\text{元})$$

复习与思考

某公司每年年末存入银行 80 000 元，银行存款利率为 6%。计算该公司第 5 年年末可从银行提取多少钱。

2）后付年金现值。一定时期内每期期末等额的系列收付款项的现值之和，叫后付年金现值（present value of an annuity），通常写作 PVA_n，其计算情况可用图 2-2 加以说明。

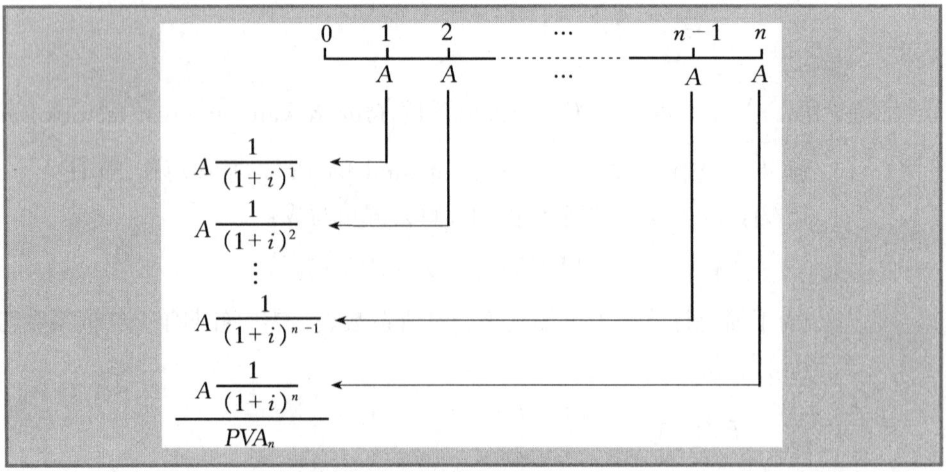

图 2-2　后付年金现值计算示意图

由图2-2可知，年金现值的计算公式为：

$$PVA_n = A\frac{1}{(1+i)^1} + A\frac{1}{(1+i)^2} + \cdots + A\frac{1}{(1+i)^{n-1}} + A\frac{1}{(1+i)^n}$$

$$= A\sum_{t=1}^{n}\frac{1}{(1+i)^t} \qquad (2-8)$$

式中，$\sum_{t=1}^{n}\frac{1}{(1+i)^t}$ 称为年金现值系数（present value interest factor of an annuity）或年金折现系数（annuity discount factor），可简写为 $PVIFA_{i,n}$，$ADF_{i,n}$或（P/A，i，n）。后付年金现值的计算公式可写为：

$$PVA_n = A \cdot PVIFA_{i,n} = A \cdot ADF_{i,n} \qquad (2-9)$$

为了简化计算，可先编制年金现值系数表，见书后附表4，表2-4是其简表。

表2-4　1元年金现值系数表

时间 n	利息率 i					
	5.00%	6.00%	7.00%	8.00%	9.00%	10.00%
1	0.952	0.943	0.935	0.926	0.917	0.909
2	1.859	1.833	1.808	1.783	1.759	1.736
3	2.723	2.673	2.624	2.577	2.531	2.487
4	3.546	3.465	3.387	3.312	3.240	3.170
5	4.329	4.212	4.100	3.993	3.890	3.791
6	5.076	4.917	4.767	4.623	4.486	4.355
7	5.786	5.582	5.389	5.206	5.033	4.868
8	6.463	6.210	5.971	5.747	5.535	5.335
9	7.108	6.802	6.515	6.247	5.995	5.759
10	7.722	7.360	7.024	6.710	6.418	6.145

在编表时，年金现值系数按下列公式计算：

$$PVIFA_{i,n} = \frac{(1+i)^n - 1}{i(1+i)^n} = \frac{1-\frac{1}{(1+i)^n}}{i} \qquad (2-10)$$

例2-4

现在存入一笔钱，准备在以后5年中每年年末得到100元，如果利息率为10%，现在应存入多少元？

$$PVA_5 = A \cdot PVIFA_{10\%,5} = 100 \times 3.791 = 379.1(元)$$

（2）先付年金的终值和现值。先付年金是指在一定时期内各期期初等额的系列收付款项。先付年金与后付年金的区别仅在于付款时间不同。由于后付年金是最常用的，因此，年金终值和现值系数表是按后付年金编制的，为了便于计算和查表，必须根据后付年金的计算公式，推导出先付年金的计算公式。

1）先付年金终值。n 期先付年金终值和 n 期后付年金终值的关系可用图 2-3 加以说明。

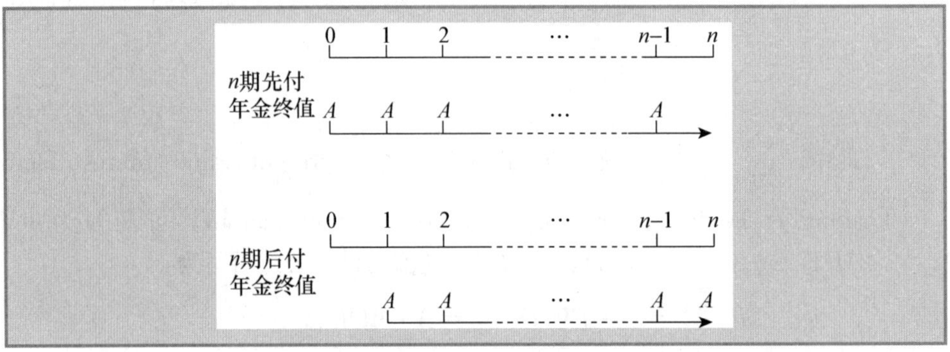

图 2-3 先付年金终值与后付年金终值的关系

从图 2-3 可以看出，n 期先付年金与 n 期后付年金的付款次数相同，但由于付款时间不同，n 期先付年金终值比 n 期后付年金多计算一期利息。所以，先求出 n 期后付年金的终值，然后再乘以（$1+i$）便可求出 n 期先付年金的终值。其计算公式为：

$$XFVA_n = A \cdot FVIFA_{i,n} \cdot (1+i) \tag{2-11}$$

此外，还可根据 n 期先付年金终值与 $n+1$ 期后付年金终值的关系推导出另一计算公式。n 期先付年金与 $n+1$ 期后付年金的计息期数相同，但比 $n+1$ 期后付年金少付一次款，因此，只要将 $n+1$ 期后付年金的终值减去一期付款额 A，便可求出 n 期先付年金终值，计算公式为：

$$XFVA_n = A \cdot FVIFA_{i,n+1} - A = A(FVIFA_{i,n+1} - 1) \tag{2-12}$$

例 2-5

某人每年年初存入银行 1 000 元，银行存款利率为 8%，第 10 年年末的本利和应为多少？

用式（2-11）计算的结果为：

$$\begin{aligned} XFVA_{10} &= 1\,000 \times FVIFA_{8\%,10} \times (1+8\%) \\ &= 1\,000 \times 14.487 \times 1.08 \\ &= 15\,645.96(\text{元}) \end{aligned}$$

用式（2-12）计算的结果为：

$$\begin{aligned} XFVA_{10} &= 1\,000 \times (FVIFA_{8\%,11} - 1) \\ &= 1\,000 \times (16.645 - 1) \\ &= 15\,645(\text{元}) \end{aligned}$$

2）先付年金现值。n 期先付年金现值与 n 期后付年金现值的关系，可以用图 2-4 加以说明。

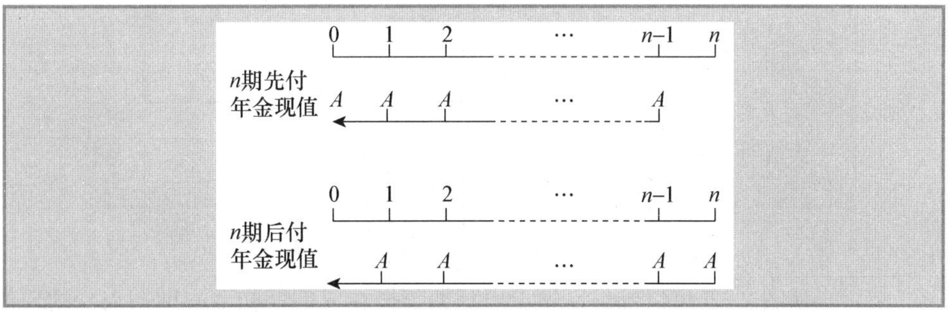

图 2－4　先付年金现值与后付年金现值的关系

从图 2－4 可以看出，n 期先付年金现值与 n 期后付年金现值的付款次数相同，但由于付款时间不同，在计算现值时，n 期后付年金比 n 期先付年金多折现一期。所以，先求出 n 期后付年金的现值，然后再乘以（$1+i$）便可求出 n 期先付年金的现值。其计算公式为：

$$XPVA_n = A \cdot PVIFA_{i,n} \cdot (1+i) \qquad (2-13)$$

此外，还可根据 n 期先付年金现值与 $n-1$ 期后付年金现值的关系推导出另一计算公式。n 期先付年金现值与 $n-1$ 期后付年金现值的折现期数相同，但比 $n-1$ 期后付年金多一期不用折现的付款 A，因此，只要将 $n-1$ 期后付年金的现值加上一期不用折现的付款额 A，便可求出 n 期先付年金现值，计算公式为：

$$XPVA_n = A \cdot PVIFA_{i,n-1} + A = A(PVIFA_{i,n-1} + 1) \qquad (2-14)$$

例 2－6

某企业租用一台设备，在 10 年中每年年初要支付租金 5 000 元，年利息率为 8%，这些租金的现值为多少？

用式（2－13）计算的结果为：

$$\begin{aligned} XPVA_{10} &= 5\,000 \times PVIFA_{8\%,10} \times (1+8\%) \\ &= 5\,000 \times 6.710 \times 1.08 \\ &= 36\,234(\text{元}) \end{aligned}$$

用式（2－14）计算的结果为：

$$\begin{aligned} XPVA_{10} &= 5\,000 \times (PVIFA_{8\%,9} + 1) \\ &= 5\,000 \times (6.247 + 1) \\ &= 36\,235(\text{元}) \end{aligned}$$

（3）延期年金的现值。延期年金是指在最初若干期没有收付款项的情况下，后面若干期有等额的系列收付款项的年金。假定最初有 m 期没有收付款项，后面 n 期每年有等额的系列收付款项，则此延期年金的现值即为后 n 期年金先折现至 m 期期末，再折现至第 1 期期初的现值。可以用图 2－5 加以说明。

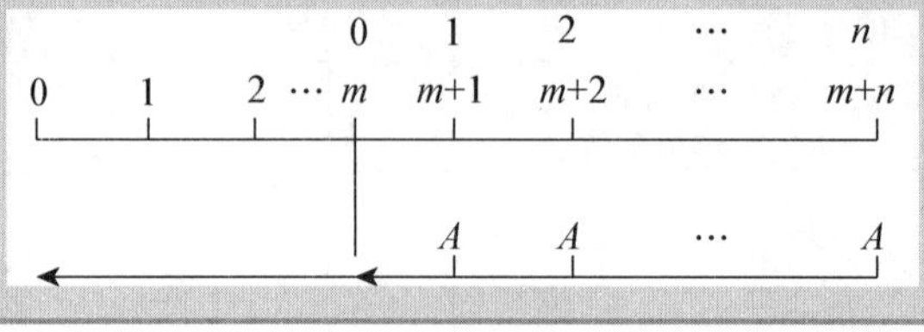

图 2-5 延期年金现值的计算

从图 2-5 可以看出，先求出延期年金在 n 期期初（m 期期末）的现值，再将其作为终值折现至 m 期的第一期期初，便可求出延期年金的现值。其计算公式为：

$$V_0 = A \cdot PVIFA_{i,n} \cdot PVIF_{i,m} \tag{2-15}$$

延期年金现值还可用另一种方法计算，先求出 $m+n$ 期后付年金现值，减去没有付款的前 m 期后付年金现值，二者之差便是延期 m 期的 n 期后付年金现值。其计算公式为：

$$\begin{aligned} V_0 &= A \cdot PVIFA_{i,m+n} - A \cdot PVIFA_{i,m} \\ &= A(PVIFA_{i,m+n} - PVIFA_{i,m}) \end{aligned} \tag{2-16}$$

例 2-7

某企业向银行借入一笔款项，银行贷款的年利息率为 8%，银行规定前 10 年不需还本付息，但从第 11 年至第 20 年每年年末需偿还本息 1 000 元，这笔款项的现值应是多少？

用式（2-15）计算的结果为：

$$\begin{aligned} V_0 &= 1\,000 \times PVIFA_{8\%,10} \times PVIF_{8\%,10} \\ &= 1\,000 \times 6.710 \times 0.463 \\ &= 3\,106.73(\text{元}) \end{aligned}$$

用式（2-16）计算的结果为：

$$\begin{aligned} V_0 &= 1\,000 \times (PVIFA_{8\%,20} - PVIFA_{8\%,10}) \\ &= 1\,000 \times (9.818 - 6.710) \\ &= 3\,108(\text{元}) \end{aligned}$$

复习与思考

某人购入 10 年期债券一张，从第 6 年年末至第 10 年年末每年可获得本息 200 元，市场利率为 9%。计算该债券的现值。

（4）永续年金的现值。永续年金是指无限期支付的年金。西方有些债券为无期债券，这些债券的利息可以视为永续年金；优先股因为有固定的股利而又无到期日，因而优先股股利也可以看作永续年金。另外，期限长、利率高的年金现值可以按永续年金现值的计算公式计算其近似值。

由于年金现值系数的计算公式为：

$$PVIFA_{i,n} = \frac{1-\frac{1}{(1+i)^n}}{i}$$

当 $n\to\infty$ 时，$\frac{1}{(1+i)^n}\to 0$，所以永续年金现值的计算公式为：

$$V_0 = A \cdot \frac{1}{i} \tag{2-17}$$

例 2-8

某永续年金每年年底的收入为 800 元，利息率为 8%，求该项永续年金的现值。

$$V_0 = 800 \times \frac{1}{8\%} = 10\,000(\text{元})$$

2.1.3　时间价值计算中的几个特殊问题

1. 不等额现金流量现值的计算

前面讲的年金是指每次收入或付出的款项都是相等的，但在经济管理中，更多的情况是每次收入或付出的款项并不相等。财务管理中，也经常需要计算这些不等额现金流入量或流出量的终值或现值之和。

假设 A_0 为第 0 年年末的付款，A_1 为第 1 年年末的付款，A_2 为第 2 年年末的付款……A_n 为第 n 年年末的付款，则其终值和现值计算公式可用图 2-6 和图 2-7 表示。

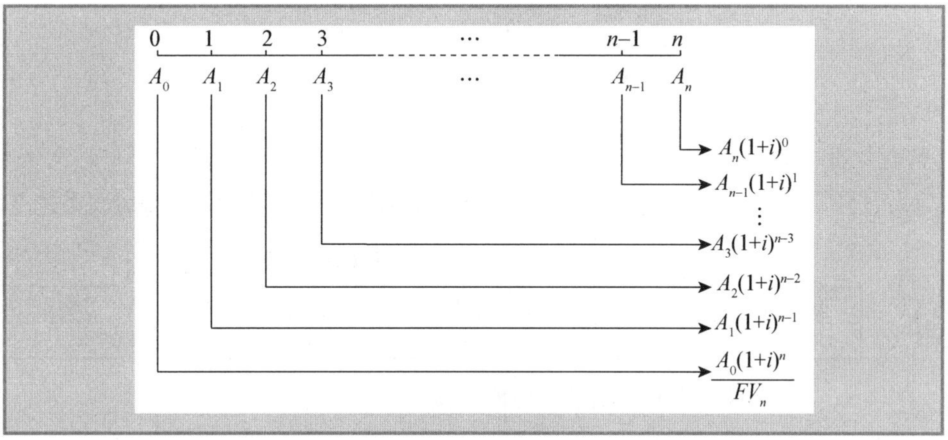

图 2-6　不等额现金流量终值计算

由图 2-6，可得

$$\begin{aligned} FV_n &= A_0(1+i)^n + A_1(1+i)^{n-1} + A_2(1+i)^{n-2} + \cdots \\ &\quad + A_{n-1}(1+i)^1 + A_n(1+i)^0 \\ &= \sum_{t=0}^{n} A_t(1+i)^{n-t} \end{aligned} \tag{2-18}$$

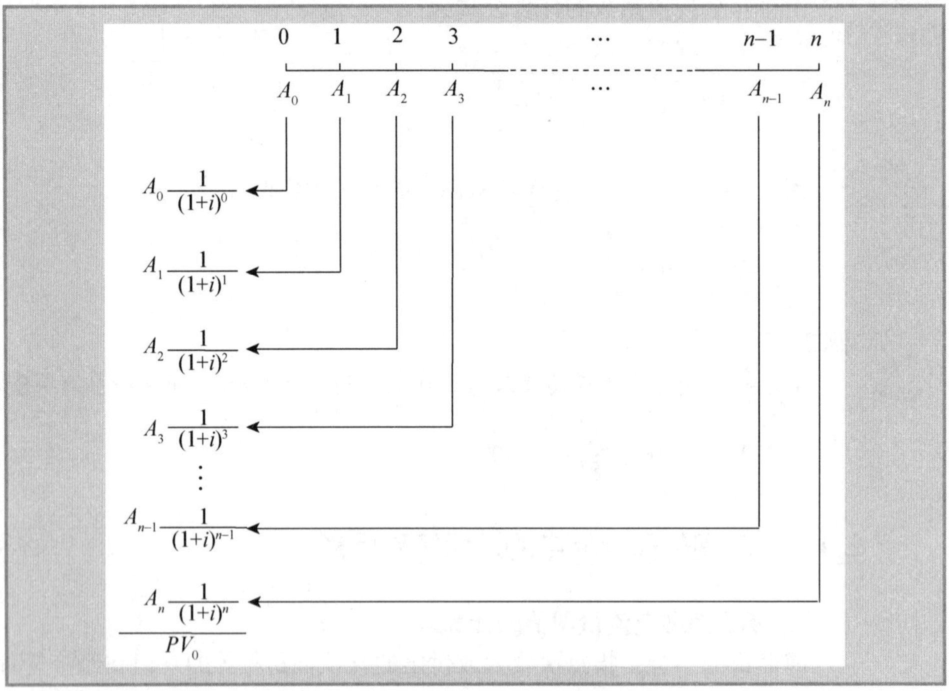

图2-7　不等额现金流量现值计算

由图2-7，可得

$$PV_0 = A_0\frac{1}{(1+i)^0} + A_1\frac{1}{(1+i)^1} + A_2\frac{1}{(1+i)^2} + \cdots + A_{n-1}\frac{1}{(1+i)^{n-1}} + A_n\frac{1}{(1+i)^n} = \sum_{t=0}^{n} A_t\frac{1}{(1+i)^t} \tag{2-19}$$

例2-9

有一笔现金流量如表2-5所示，折现率为5%，求这笔不等额现金流量的现值。

表2-5　不等额现金流量　　单位：元

年份（t）	0	1	2	3	4
现金流量	1 000	2 000	100	3 000	4 000

这笔不等额现金流量的现值可按下列公式求得：

$$PV_0 = A_0\frac{1}{(1+i)^0} + A_1\frac{1}{(1+i)^1} + A_2\frac{1}{(1+i)^2} + A_3\frac{1}{(1+i)^3} + A_4\frac{1}{(1+i)^4}$$
$$= 1\,000 \times PVIF_{5\%,0} + 2\,000 \times PVIF_{5\%,1} + 100 \times PVIF_{5\%,2} + 3\,000 \times PVIF_{5\%,3} + 4\,000 \times PVIF_{5\%,4}$$
$$= 1\,000 \times 1.000 + 2\,000 \times 0.952 + 100 \times 0.907 + 3\,000 \times 0.864$$

$$+4\,000\times 0.823$$
$$=8\,878.7(\text{元})$$

2. 计息期短于一年的时间价值的计算

终值和现值通常是按年来计算的，但有些时候也会遇到计息期短于一年的情况。例如，债券利息一般每半年支付一次，股利有时每季度支付一次，这就出现了以半年、季度、月甚至以天为期间的计息期。

前面探讨的都是以年为单位的计息期，当计息期短于一年，而使用的利率又是年利率时，计息期数和计息率均应按下式进行换算：

$$r=\frac{i}{m}$$
$$t=mn$$

式中，r 为期利率；i 为年利率；m 为每年的计息次数；n 为年数；t 为换算后的计息期数。

例 2-10

某人准备在第 5 年年底获得 1 000 元收入，年利息率为 10%。试计算：

(1) 每年计息一次，现在应存入多少钱？

(2) 每半年计息一次，现在应存入多少钱？

(1) 如果是每年计息一次，则 $n=5$，$i=10\%$，$FV_5=1\,000$，计算结果如下：

$$PV=FV_5\cdot PVIF_{i,n}=1\,000\times PVIF_{10\%,5}=1\,000\times 0.621=621(\text{元})$$

(2) 如果每半年计息一次，则 $m=2$，计算结果如下：

$$r=\frac{i}{m}=\frac{10\%}{2}=5\%$$
$$t=mn=2\times 5=10$$
$$PV=FV_{10}\cdot PVIF_{5\%,10}=1\,000\times 0.614=614(\text{元})$$

3. 折现率的计算

在前面计算现值和终值时，都假定利率是给定的，但在财务管理中，经常会遇到已知计息期数、终值和现值，求折现率的问题。一般来说，求折现率可以分为两步：第一步，求出换算系数；第二步，根据换算系数和有关系数表求折现率。根据前述有关公式，复利终值、复利现值、年金终值和年金现值的换算系数分别用下列公式计算：

$$FVIF_{i,n}=\frac{FV_n}{PV} \tag{2-20}$$

$$PVIF_{i,n}=\frac{PV}{FV_n} \tag{2-21}$$

$$FVIFA_{i,n} = \frac{FVA_n}{A} \tag{2-22}$$

$$PVIFA_{i,n} = \frac{PVA_n}{A} \tag{2-23}$$

例 2－11

把100元存入银行，10年后可获本利和259.4元，求银行存款的利率为多少？

$$PVIF_{i,10} = \frac{100}{259.4} = 0.386$$

查复利现值系数表，与10年相对应的折现率中，10%的系数为0.386，因此，利息率应为10%。

例 2－12

现在存入银行5000元，在利率为多少时，才能保证在今后10年中每年得到750元？

$$PVIFA_{i,10} = \frac{5\,000}{750} = 6.667$$

查年金现值系数表，当利率为8%时，系数为6.710；当利率为9%时，系数为6.418。所以利率应在8%～9%之间，假设x%为超过8%的利息率，则可用插值法近似计算x的值如下：

利率			年金现值系数		
8%	x%	1%	6.710	0.043	0.292
?			6.667		
9%			6.418		

$$\frac{x}{1} = \frac{0.043}{0.292}$$

$$x = 0.147$$

$$i = 8\% + 0.147\% = 8.147\%$$

2.2 风险报酬

2.2.1 风险报酬的概念

企业的财务决策几乎都是在存在风险和不确定性的情况下做出的。离开了风险，就无法正确评价企业报酬的高低。风险是客观存在的，按风险程度，可以把企业的财务决策分为三种类型。

1. 确定性决策

决策者对未来的情况是完全确定的或已知的决策，称为确定性决策。例如，新创公司将 100 万元投资于利息率为 10%的国库券，到期得到 10%的报酬几乎是肯定的，因此，投资国库券的决策就是确定性决策。

2. 风险性决策

决策者对未来的情况不能完全确定，但它们出现的可能性——概率的具体分布是已知的或可以估计的，这种情况下的决策称为风险性决策。

3. 不确定性决策

决策者对未来的情况不仅不能完全确定，而且对其可能出现的概率也不清楚，这种情况下的决策称为不确定性决策。

从理论上讲，不确定性是无法计量的，但在财务管理中，通常为不确定性规定一些主观概率，以便进行定量分析。不确定性规定了主观概率以后，与风险就十分近似了。因此，在企业财务管理中，对风险与不确定性并不作严格区分，当谈到风险时，可能是风险，也可能是不确定性。

一般而言，投资者都讨厌风险，并力求回避风险。那么，为什么还有人进行风险性投资呢？这是因为风险性投资可以得到额外报酬——风险报酬。风险报酬是指投资者因冒风险进行投资而获得的超过时间价值的那部分报酬。风险报酬有两种表示方法：风险报酬额和风险报酬率。但在财务管理中，风险报酬通常用相对数——风险报酬率来计量。

风险和报酬是一种对称关系，它要求等量风险带来等量报酬，即风险报酬均衡。简单来说，就是高风险要求高报酬，低风险只能获得低报酬。根据风险报酬均衡原则进行财务管理运作的一般目标是：在一定的风险水平下，使收益达到较高的水平；或在收益一定的情况下，将风险维持在较低的水平。

2.2.2 单项资产风险报酬的计量

1. 确定概率分布

一个事件的概率是指这一事件可能发生的机会。例如，一个企业的利润有 60%的机会增加，有 40%的机会减少。如果把所有可能的事件或结果都列示出来，且每一事件都赋予一个概率，把它们列示在一起，便构成了概率分布（见表 2-6）。

表 2-6 概率分布表

可能出现的结果（i）	概率（P_i）
利润增加	0.6=60%
利润减少	0.4=40%
合计	1.00=100%

概率分布必须符合以下两个要求：

（1）所有的概率即 P_i 都在 0～1 之间，即 $0\leqslant P_i\leqslant 1$；

（2）所有结果的概率之和应等于 1，即 $\sum_{i=1}^{n} P_i = 1$，（n 为可能出现结果的个数）。

2. 计算期望报酬率

期望报酬率是各种可能的报酬率按其概率进行加权平均得到的报酬率，它是反映集中趋势的一种量度。其计算公式为：

$$\overline{K}=\sum_{i=1}^{n}K_iP_i \tag{2-24}$$

式中，$\overline{K}$ 为期望报酬率；K_i 为第 i 种可能结果的报酬率；P_i 为第 i 种可能结果的概率；n 为可能结果的个数。

例2-13

西京公司和东方公司股票的报酬率及其概率分布情况详见表2-7，试计算两个公司的期望报酬率。

表2-7 西京公司和东方公司股票报酬率的概率分布

经济情况	该种经济情况发生的概率（P_i）	股票报酬率（K_i）	
		西京公司	东方公司
繁荣	0.20	40%	70%
一般	0.60	20%	20%
衰退	0.20	0	−30%

下面根据上述期望报酬率公式分别计算西京公司和东方公司的期望报酬率。

$$
\begin{aligned}
\text{西京公司}\ \overline{K}&=K_1P_1+K_2P_2+K_3P_3\\
&=40\%\times0.20+20\%\times0.60+0\%\times0.20=20\%\\
\text{东方公司}\ \overline{K}&=K_1P_1+K_2P_2+K_3P_3\\
&=70\%\times0.20+20\%\times0.60+(-30\%)\times0.20=20\%
\end{aligned}
$$

两个公司股票的期望报酬率都是20%，但西京公司各种情况下的报酬率比较集中，而东方公司却比较分散，所以西京公司的风险小。这种情况可通过图2-8来说明。

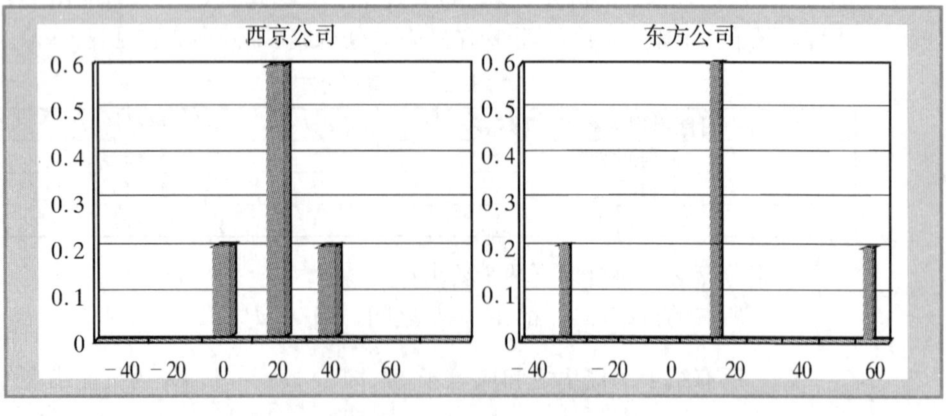

图2-8 西京公司与东方公司股票报酬率的概率分布图

3. 计算标准离差

标准离差是各种可能的报酬率偏离期望报酬率的综合差异，是反映离散程度的一种量度。标准离差可按下列公式计算：

$$\delta = \sqrt{\sum_{i=1}^{n}(K_i - \overline{K})^2 P_i} \tag{2-25}$$

式中，δ 为期望报酬率的标准离差；$\overline{K}$ 为期望报酬率；K_i 为第 i 种可能结果的报酬率；P_i 为第 i 种可能结果的概率；n 为可能结果的个数。

将例 2－13 中西京公司和东方公司的资料代入式（2－25），可以得到两个公司的标准离差。

西京公司的标准离差为：

$$\delta = \sqrt{(40\% - 20\%)^2 \times 0.20 + (20\% - 20\%)^2 \times 0.60 + (0\% - 20\%)^2 \times 0.20} = 12.65\%$$

东方公司的标准离差为：

$$\delta = \sqrt{(70\% - 20\%)^2 \times 0.20 + (20\% - 20\%)^2 \times 0.60 + (-30\% - 20\%)^2 \times 0.20} = 31.62\%$$

这说明，标准离差越小，离散程度越小，风险也越小；反之，风险越大。根据这种测量方法可知，东方公司的风险要大于西京公司。

4. 计算标准离差率

标准离差是反映随机变量离散程度的一个指标，但它是一个绝对量，而不是相对量，只能用来比较期望报酬率相同项目的风险程度，无法比较期望报酬率不同项目的风险程度。要对比期望报酬率不同的各个项目的风险程度，应该用标准离差率（又称变异系数）。标准离差率是标准离差与期望报酬率的比值。其计算公式为：

$$V = \frac{\delta}{\overline{K}} \times 100\% \tag{2-26}$$

式中，V 为标准离差率；δ 为标准离差；$\overline{K}$ 为期望报酬率。

例 2－13 中，西京公司的标准离差率为：

$$V = \frac{12.65\%}{20\%} \times 100\% = 63.25\%$$

东方公司的标准离差率为：

$$V = \frac{31.62\%}{20\%} \times 100\% = 158.1\%$$

当然，在例 2－13 中，两个公司的期望报酬率相等，可以直接根据标准离差来比较风险程度。如果期望报酬率不等，则必须计算标准离差率才能对比风险程度。例如，假设例2-13中西京公司和东方公司股票报酬率的标准离差仍为12.65%和31.62%，但西京公司股票的期望报酬率为15%，东方公司股票的期望报酬率为40%，那么，究竟哪种股票的风险更大呢？这时不能用标准离差作为判别标准，而要使用标准离差率。

西京公司的标准离差率为：

$$V=\frac{12.65\%}{15\%}\times 100\%=84.33\%$$

东方公司的标准离差率为：

$$V=\frac{31.62\%}{40\%}\times 100\%=79.05\%$$

这说明，在上述假设条件下，西京公司股票的风险要大于东方公司股票的风险。

5. 计算风险报酬率

标准离差率虽然能正确评价投资风险程度的大小，但它不是风险报酬率。要计算风险报酬率，还必须借助一个系数——风险报酬系数。风险报酬率、风险报酬系数和标准离差率之间的关系，可用公式表示如下：

$$R_R=bV \tag{2-27}$$

式中，R_R 为风险报酬率；b 为风险报酬系数；V 为标准离差率。

投资的总报酬率可表示为：

$$K=R_F+R_R=R_F+bV \tag{2-28}$$

式中，K 为投资的总报酬率；R_F 为无风险报酬率。

无风险报酬率就是加上通货膨胀贴水以后的货币时间价值，一般把投资于国库券的报酬率视为无风险报酬率。

风险报酬系数是将标准离差率转化为风险报酬的一种系数，假设风险报酬系数为5%，则两个公司股票的风险报酬率分别为：

西京公司 $R_R=bV=5\%\times 63.25\%=3.16\%$

东方公司 $R_R=bV=5\%\times 158.1\%=7.91\%$

如果无风险报酬率为10%，则两个公司股票的投资报酬率分别为：

西京公司 $K=R_F+bV=10\%+5\%\times 63.25\%=13.16\%$

东方公司 $K=R_F+bV=10\%+5\%\times 158.1\%=17.91\%$

风险报酬系数可由企业领导者，如总经理、财务副总经理、总会计师、财务部经理等根据经验加以确定，也可由企业组织有关专家确定。实际上，风险报酬系数的确定在很大程度上取决于各公司对风险的态度。

复习与思考

请说明风险报酬率的计算过程。

2.2.3　证券组合的风险与报酬

投资者在进行证券投资时，一般并不把其所有资金投资于一种证券，而是同时持有多种证券。这种同时投资于多种证券的方式，称为证券的投资组合，简称证券组合或投资组合。由于投资组合能够分散风险，因此，绝大多数法人投资者如工商企业、信托投资公司、投资基金等都同时投资于多种证券，即使是个人投资者，一般也持有证券的投资组合而不只是投资于某一个公司的股票或债券。所以，了解证券投资组合的风险与报酬有助于企业财务人员理解证券组合的基本理论，恰当地进行证券组合。

1. 证券组合的风险

证券投资组合的风险可以分为两种性质完全不同的风险，即非系统性风险和系统性风险。

（1）非系统性风险。非系统性风险又叫可分散风险或公司特别风险，是指某些因素对单个证券造成经济损失的可能性。例如，公司在市场竞争中失败等。这种风险可通过证券持有的多样化来抵消，即多买几家公司的股票，其中某些公司股票的报酬下降，而另一些公司股票的报酬上升，从而降低了风险，因而这种风险称为可分散风险。

例 2-14

假设 W 股票和 M 股票构成一个证券组合，每种股票在证券组合中各占 50%，它们的报酬率和风险的详细情况见表 2-8。

表 2-8　完全负相关（$r=-1.0$）的两种股票以及由它们构成的证券组合的报酬情况

年份（t）	W 股票 K_W	M 股票 K_M	WM 的组合 K_P
20×6	40%	−10%	15%
20×7	−10%	40%	15%
20×8	35%	−5%	15%
20×9	−5%	35%	15%
20×0	15%	15%	15%
平均报酬率（K）	15%	15%	15%
标准离差（δ）	22.6%	22.6%	0

根据表 2-8 的资料，可以绘制出这两种股票以及由它们构成的证券组合的

报酬率的示意图（见图2-9）。

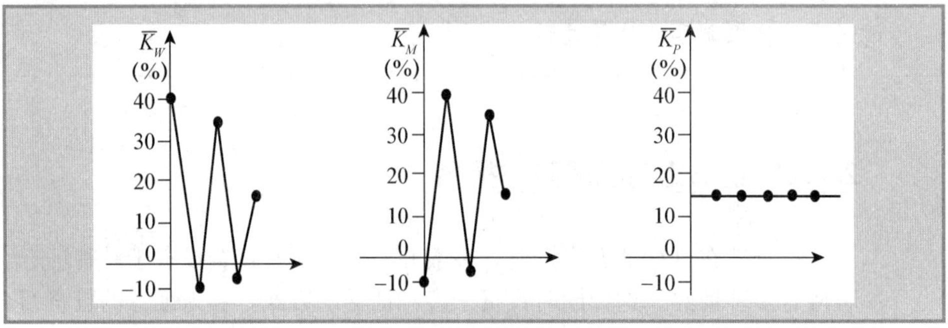

图2-9　两种完全负相关股票的报酬率

从表2-8和图2-9可以看出，分别持有两种股票，都有很大的风险，但如果把它们组合成一个证券组合，则没有风险。

W股票和M股票之所以能结合起来构成一个无风险的证券组合，是因为它们报酬率的变化正好呈相反趋势——当W股票的报酬率下降时，M股票的报酬率正好上升（并且上升与下降的幅度相同）；反之亦然。我们把股票W和M的这种关系叫作完全负相关，相关系数$r=-1.0$。与完全负相关相对的是完全正相关（$r=+1.0$），两种完全正相关股票的报酬将一起上升或下降（并且上升与下降的幅度相同），这样的股票组成的证券组合不能抵消任何风险。

从以上分析可知，当两种股票完全负相关（$r=-1.0$）时，所有的风险都可以分散掉；当两种股票完全正相关（$r=+1.0$）时，从分散风险的角度来看，同时持有两种股票没有好处。实际上，完全负相关从而消除所有风险的两种股票在现实中是很难找到的，大部分股票都是正相关（但不是完全正相关）。一般来说，随机选取两种股票其相关系数为+0.6左右的最多，对于绝大多数两种股票而言，其相关系数介于+0.5～+0.7之间。在这种情况下，把两种股票组合成证券组合能降低风险，但不能消除全部风险。

（2）系统性风险。系统性风险又称不可分散风险或市场风险，指的是由于某些因素给市场上所有的证券都带来经济损失的可能性。例如，宏观经济状况的变化、国家税法的变化、国家财政政策和货币政策的变化、世界能源状况的改变等都会使股票收益发生变动。这些风险影响所有证券，因此，不能通过证券组合分散掉。换句话说，即使投资者持有的是经过适当分散的证券组合，也将遭受这种风险。因此，对投资者来说，这种风险是无法消除的，故称为不可分散风险。但这种风险对不同的企业也有不同的影响。例如，前面所说的东方公司和西京公司在经济情况发生变化时，两个公司的风险是不同的，东方公司的风险要大于西京公司的风险。不可分散风险的程度通常用β系数来计量。

β系数是度量一种证券对于市场组合[①]变动的反应程度的指标。β系数有多种计算方法，实际计算过程十分复杂，但一般不需要投资者自己计算，而是由一些

① 由所有股票组成的证券组合叫市场组合。

投资服务机构①定期计算并公布。表 2－9 列示了美国几家著名公司的 β 系数，表 2－10 列示了我国几家上市公司的 β 系数。

表 2－9　美国几家公司 2017 年 1 月的 β 系数

公司名称	β 系数
福特汽车公司	1.36
微软公司	1.38
沃尔玛公司	0.03
埃克森美孚公司	0.64
国际商用机器公司	0.87
美国电话电报公司	0.44
杜邦公司	1.06

资料来源：Yahoo Finance (http://finance.yahoo.com).

表 2－10　我国几家公司 2017 年 1 月的 β 系数

股票代码	公司名称	β 系数
600104	上汽集团	0.09
600827	百联股份	1.88
601857	中国石油	1.40
600528	中铁工业	2.62
600730	中国高科	1.55
600650	锦江投资	2.90
600886	国投电力	0.08

资料来源：CSMAR 经济金融研究数据库，由国泰安数据服务中心编制。

证券市场作为一个整体，其 β 系数为 1。如果某种股票的风险情况与整个证券市场的风险情况一致，则这种股票的 β 系数也等于 1；如果某种股票的 β 系数大于 1，说明其风险大于整个市场的风险；如果某种股票的 β 系数小于 1，说明其风险小于整个市场的风险。

证券组合的 β 系数是单个证券 β 系数的加权平均，权数为各股票在证券组合中所占的比重。其计算公式为：

$$\beta_p = \sum_{i=1}^{n} x_i\beta_i \tag{2-29}$$

式中，β_p 为证券组合的 β 系数；x_i 为证券组合中第 i 种股票所占的比重；β_i 为第 i 种股票的 β 系数；n 为证券组合中包含的股票数量。

---

① 例如，美国上市公司 β 系数可在雅虎财经频道查询，我国上市公司的 β 系数可在 CSMAR 经济金融研究数据库、北大经济研究中心 CCER 数据库等查询。

(3) 证券投资组合风险总结。

1）一种股票的风险由两部分组成，它们是可分散风险和不可分散风险。这可以用图2-10加以说明。

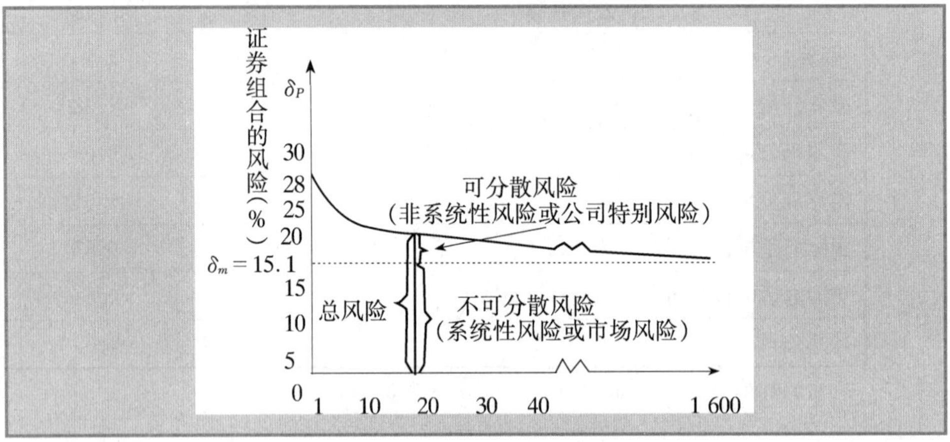

图2-10 证券组合风险构成图

2）可分散风险可通过持有证券组合来消减，大部分投资者正是这样做的。从图2-10可以看到，可分散风险随证券组合中股票数量的增加而逐渐减小。根据有关资料，一种股票组成的证券组合的标准离差 δ_1 大约为28%，市场证券组合的标准离差为15.1%，即 $\delta_m=15.1\%$。一般来讲，一个包含40种股票而又比较合理的证券组合的大部分可分散风险都能被消除。

3）股票的不可分散风险由市场变动产生，它对所有股票都有影响，不能通过证券组合消除。不可分散风险是通过 β 系数来测量的，一些标准的 β 值的含义如下：

$\beta=0.5$，说明该股票的风险只有整个市场股票风险的一半；

$\beta=1.0$，说明该股票的风险等于整个市场股票的风险；

$\beta=2.0$，说明该股票的风险是整个市场股票风险的两倍。

2. 证券组合的报酬

(1) 证券组合的风险报酬。投资者进行证券组合投资与进行单项投资一样，都要求对承担的风险进行补偿，股票的风险越大，要求的报酬就越高。但是，与单项投资不同，证券组合投资要求补偿的风险只是不可分散风险，而不要求对可分散风险进行补偿。如果可分散风险的补偿存在，那么，善于科学地进行投资组合的投资者将购买这部分股票，并抬高其价格，其最后的报酬率只反映不能分散的风险。因此，证券组合的风险报酬是投资者因承担不可分散风险而要求的超过时间价值的那部分额外报酬。可用下列公式计算：

$$R_p=\beta_p(R_M-R_F) \tag{2-30}$$

式中，R_p 为证券组合的风险报酬率；β_p 为证券组合的 β 系数；R_M 为所有股票的平均报酬率，也就是由市场上所有股票组成的证券组合的报酬率，简称市场报酬率；R_F 为无风险报酬率，一般用国债的利息率来衡量。

例 2－15

新创公司持有由甲、乙、丙三种股票组成的证券组合，它们的 β 系数分别是 2.0，1.0 和 0.5，它们在证券组合中所占的比重分别为 60%，30%和 10%，股票的市场报酬率为 14%，无风险报酬率为 10%，试确定这种证券组合的风险报酬率。

首先，确定证券组合的 β 系数。

$$\beta_p=60\%\times2.0+30\%\times1.0+10\%\times0.5=1.55$$

然后，计算该证券组合的风险报酬率。

$$R_p=\beta_p(R_M-R_F)=1.55\times(14\%-10\%)=6.2\%$$

当然，计算出风险报酬率后，便可根据投资额和风险报酬率计算出风险报酬数额。

从以上计算可以看出，调整各种证券在证券组合中的比重，可以改变证券组合的风险、风险报酬率和风险报酬额。在其他因素不变的情况下，风险报酬取决于证券组合的 β 系数，β 系数越大，风险报酬就越大，反之亦然。或者说，β 系数反映了股票收益对于系统性风险的反应程度。

复习与思考

如何计算证券组合的风险报酬额？

（2）资本资产定价模型。在西方金融学和财务管理学中，有许多模型论述风险和报酬率的关系，其中一个最重要的模型为资本资产定价模型（capital asset pricing model，CAPM）。

知识拓展
CAPM 模型

1）资本资产定价模型的一般形式为：

$$K_i=R_F+\beta_i(R_M-R_F) \tag{2-31}$$

式中，K_i 为第 i 种股票或第 i 种证券组合的必要报酬率；R_F 为无风险报酬率；β_i 为第 i 种股票或第 i 种证券组合的 β 系数；R_M 为所有股票或所有证券的平均报酬率。

例 2－16

林纳公司股票的 β 系数为 2.0，无风险报酬率为 6%，市场上所有股票的平均报酬率为 10%，那么，林纳公司股票的报酬率为：

$$K_i=R_F+\beta_i(R_M-R_F)=6\%+2.0\times(10\%-6\%)=14\%$$

也就是说，林纳公司股票的报酬率达到或超过 14%时，投资者方肯进行投资；如果低于 14%，则投资者不会购买林纳公司的股票。

资本资产定价模型通常可以用图形来表示，即证券市场线（security market line，SML）。它说明了必要报酬率 K 与不可分散风险 β 系数之间的关系。现用图 2-11 加以说明。

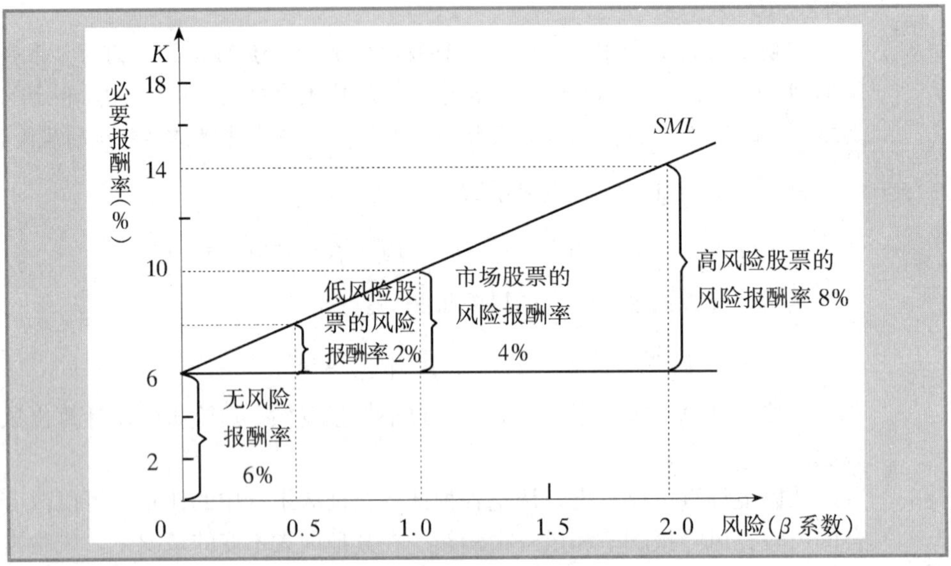

图 2-11 证券报酬与 β 系数的关系

从图 2-11 中可以看到，无风险报酬率为 6%，β 系数不同的股票有不同的风险报酬率。当 $\beta=0.5$ 时，风险报酬率为 2%；当 $\beta=1.0$ 时，风险报酬率为 4%；当 $\beta=2.0$ 时，风险报酬率为 8%。也就是说，β 值越高，要求的风险报酬率也就越高；在无风险报酬率不变的情况下，必要报酬率也就越高。

2）通货膨胀的影响。无风险报酬率 R_F 从投资者的角度来看，是其投资的报酬率，但从筹资者的角度来看，是其支出的无风险成本，或称无风险利息率。现在市场上的无风险利息率由两方面构成：一是无通货膨胀的报酬率 K_0，这是真正的时间价值部分；二是通货膨胀贴水 IP，它等于预期的通货膨胀率。这样，无风险报酬率 $R_F=K_0+IP$。在图 2-11 中，$R_F=6\%$，假设包括 3%的真实报酬率和 3%的通货膨胀贴水，则有 $R_F=K_0+IP=3\%+3\%=6\%$。

如果预期通货膨胀率上升 2 个百分点，增加到 5%，这将使 R_F 上升到 8%，这种变化显示在图 2-12 中。R_F 的增加也会引起所有股票报酬率的增加，如图 2-12 所示，市场上股票的平均报酬率从 10%增加到 12%。

3）风险回避程度的变化。证券市场线反映了投资者回避风险的程度——直线越陡峭，投资者越回避风险。也就是说，在同样的风险水平上，投资者要求的报酬更高，或者在同样的报酬水平上，投资者要求的风险更小。如果投资者不回避风险，当 R_F 为 6%时，各种证券的报酬率也是 6%，这样，证券市场线将是一条水平线。当风险回避增加时，风险报酬率也增加，证券市场线的斜率也增加。图 2-13 说明了风险回避增加的情况，市场风险报酬率从 4%上升到 6%，必要报酬率也从 10%上升到 12%。风险回避的程度对风险较大的证券影响更为明显。例如，β系数为0.5的股票的必要报酬率只增加了1个百分点，即从8%增加到9%；而β系数为2.0的股票的必要报酬率却增加了4个百分点，即从14%上升到18%。

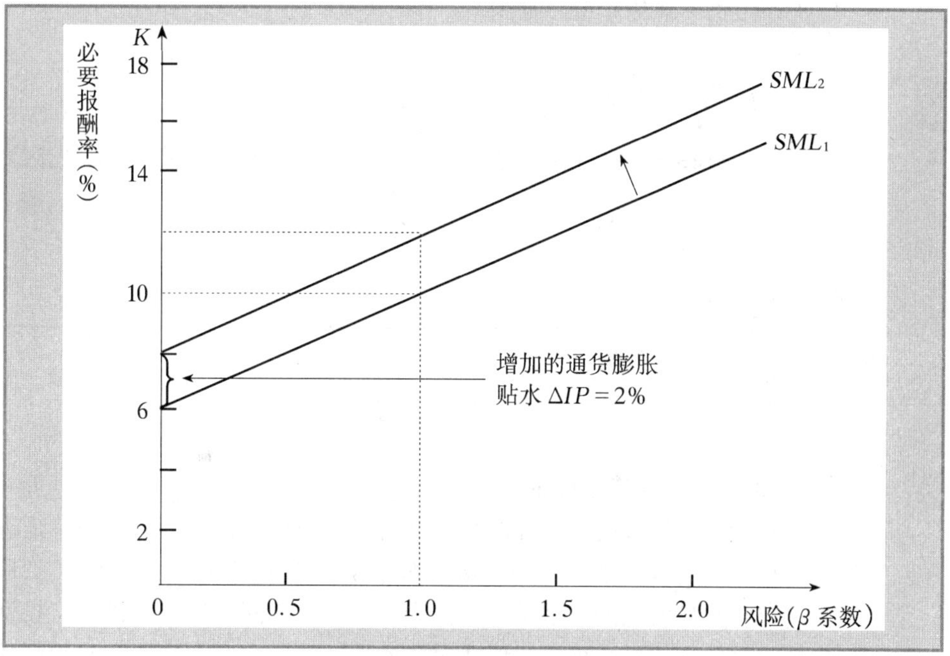

图2-12　通货膨胀对证券报酬的影响

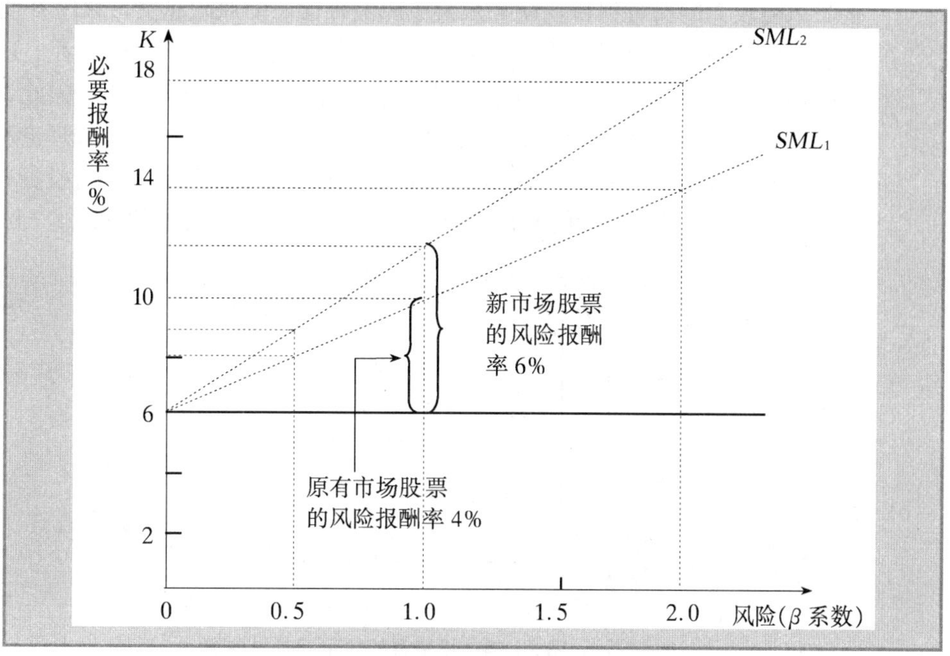

图2-13　风险回避对证券报酬的影响

4）股票β系数的变化。随着时间的推移，不仅证券市场线在变化，β系数也在不断变化。β系数可能会因一个企业的资产组合、负债结构等因素的变化而改变，也会因为市场竞争加剧、专利到期等情况而改变。β系数的变化会使公司股票的报酬率发生变化。假设林纳公司股票的β系数从2.0降为1.5，那么其必要报酬率为：

$$K=R_F+\beta(R_M-R_F)=6\%+1.5\times(10\%-6\%)=12\%$$

反之，如果林纳公司股票的β系数从2.0上升到2.5，那么其必要报酬率为：

$$K=R_F+\beta(R_M-R_F)=6\%+2.5\times(10\%-6\%)=16\%$$

复习与思考

哪些因素会影响股票报酬率？

3. 证券组合的基本理论①

（1）投资者的效用无差异曲线。马科维茨通过对投资者的行为特征进行研究发现，理性投资者一般具有两个基本特征：一是追求收益最大化；二是厌恶风险。追求收益最大化的表现是，在两个风险水平相同的投资项目中，投资者会选择预期收益较高的投资项目；厌恶风险的表现是，在两个预期收益相同的投资项目中，投资者会选择风险较小的投资项目。对于厌恶风险的投资者来说，要使之接受风险较大的投资项目，就必须给予风险补偿，即风险越大，风险补偿越高。

投资者在进行投资时总是追求效用最大化。效用最大化是投资者上述两个行为特征的综合反映，其中投资收益带来正效用，风险带来负效用。因此，投资者效用函数就取决于投资的预期收益和风险这两个因素。现代投资组合理论利用无差异曲线来说明收益和风险对投资者效用的影响程度。无差异曲线是给投资者带来同样效用的预期收益和风险的所有组合。投资者的效用无差异曲线如图2－14所示。

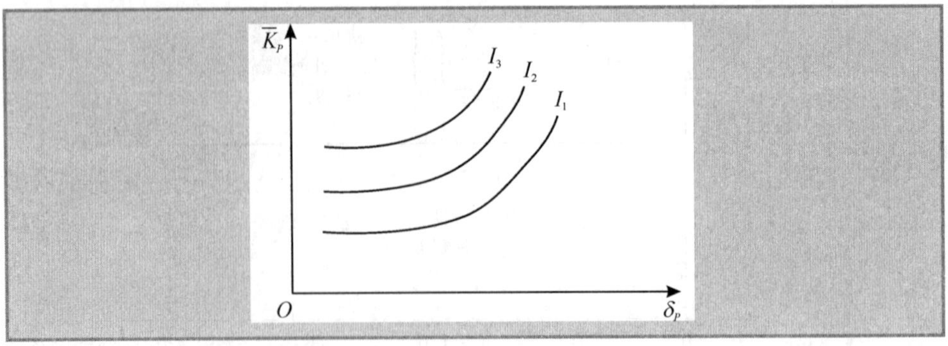

图2－14 投资者的效用无差异曲线

① 非会计、财务专业学生可不学习此部分内容。

投资者的效用无差异曲线由一组互不交叉的平行曲线组成，每一条无差异曲线的斜率都是正的，并且曲线向下凸。曲线的斜率越大，说明投资者厌恶风险的程度越高。从任一条无差异曲线来看，投资风险增加，投资者的预期收益随之上升，而且随着投资风险的增大，边际收益越来越大，这是由预期收益的边际效用递减规律所决定的。对同一个投资者来说，存在无数条效用无差异曲线，越靠左上方的曲线，效用越大，投资者总是尽可能选择最大效用的无差异曲线。例如图 2－14 中，曲线 I_3 代表的效用最大。

（2）最优证券组合的确定。

1）可行集与有效集。在证券市场上有千百种证券可供投资者选择，这些证券可以组成无数种证券组合，如何选择最优的证券组合就成为投资者面临的重要问题。所有证券组合的集合称为可行集，它在收益与风险的坐标系中形成了一个形似伞状的区域，如图 2－15 所示，所有可能的组合都位于该区域的内部或边界上。

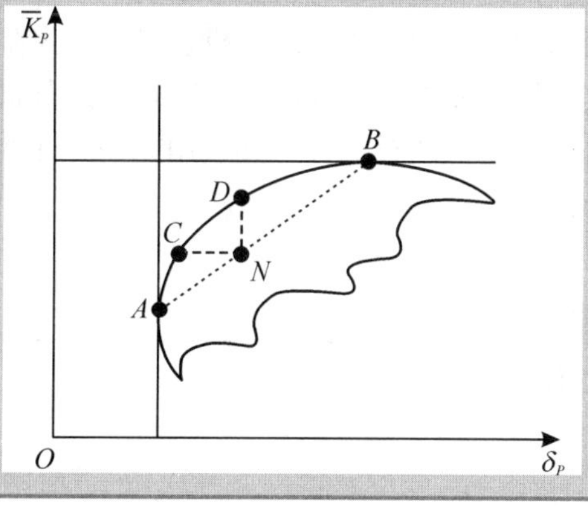

图 2－15　证券组合的可行集与有效集

在确定了可行集之后，需要确定可行集中哪些组合是有效的组合，哪些组合是无效的组合。理性投资者在进行证券组合时会遵循两项原则：在风险水平相同的证券组合中，选择预期收益较高的证券组合；在预期收益相同的证券组合中，选择风险较小的证券组合。所有能够同时满足这两项原则的证券组合的集合就是有效集。在图 2－15 中，投资者如果选择证券组合 N，则可以发现点 C 的期望报酬率与其相同，但风险更小；点 D 的风险与其相同，但期望报酬率更高。从点 A 到点 B 这条曲线上的点才是更有意义的，它们或者在既定报酬率水平上风险更小，或者在既定风险水平上报酬率更高。所以，从点 A 到点 B 的这一段向上凸的曲线就是证券组合的有效集，它是可行集的一个子集。

2）最优证券组合的确定。最优证券组合一定在有效集当中，但究竟是有效集中的哪一种组合，则因投资者的不同风险偏好而定。一个理性投资者必然会在有效集当中选择能使其效用最大化的证券组合。因此，最优证券组合是投资者的效用无差异曲线与有效集曲线的切点。在图 2－16 中，切点 Q 就是最优证券组合。

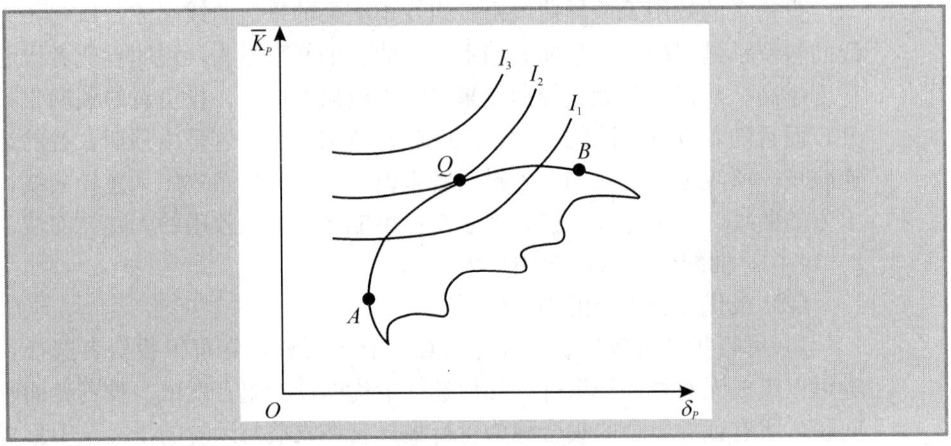

图 2-16　最优证券组合

效用无差异曲线向下凸的特性与有效集曲线向上凸的特性决定了二者的切点有且只有一个。因此，对于某个投资者来说，最优证券组合是唯一的。最优证券组合在有效集当中的位置主要取决于投资者厌恶风险的程度。风险厌恶程度越高的投资者，其效用无差异曲线的斜率越大，因此其最优证券组合越靠近点 A；反之，风险厌恶程度越低的投资者，其效用无差异曲线的斜率越小，其最优证券组合越靠近点 B。

复习与思考

如何确定最优证券组合？

2.3　证券估价

2.3.1　债券的估价

1. 债券概述

（1）债券的种类。债券有不同的分类方法，按照发行主体的不同，可分为政府债券、金融债券和企业债券。

1）政府债券。政府债券是由中央政府或地方政府发行的债券，分为中央政府债券和地方政府债券。中央政府债券也称国家债券，简称国债，是中央政府为筹集财政资金而发行的债券。地方政府债券也称地方债券，是地方政府为了某一特定目的（如修建地方公共基础设施）而发行的债券。政府债券尤其是国债的信誉很高，风险很低，因此其利率通常低于其他债券。

2）金融债券。金融债券是由银行或非银行金融机构为筹集信贷资金而发行的债券。发行金融债券必须经中央银行批准。金融债券的风险高于政府债券、低于企业债券，因此其利率一般介于二者之间。

3）企业债券。企业债券是企业为筹措长期资金而发行的债券。其中，股份有限公司和有限责任公司发行的债券称为公司债券，简称公司债。

（2）债券的基本要素。一般而言，债券包括以下基本要素：

1）债券面值。债券面值包括币种和票面金额两项基本内容。

2）债券期限。债券期限是指从发行日至到期日之间的时间。

3）债券利率。债券上标明的利率一般是年利率，且多为固定利率，近年来也有浮动利率。也有的债券票面利率为零，到期按面值偿还。

4）债券价格。债券价格可分为发行价格与市场交易价格。发行价格是指投资者在发行市场（一级市场）上购买债券时实际支付的价格。债券可以平价、溢价、折价发行，因此，债券发行价格既可能等于面值，也可能高于或低于面值。市场交易价格是指债券发行后，投资者在流通市场（二级市场）上交易债券的价格。

2. 债券的估价模型

债券估价就是对债券的价格进行估计。投资者进行债券投资时预期在未来一定时期内会收到包括本金和利息在内的现金流入，债券价格则是投资者为了取得未来的现金流入而愿意投入的资金。

因债券计息方式不同，债券估价应采用不同的模型。

（1）每年付息、到期还本债券的估价模型。典型的债券是固定利率、每年计算并支付利息、到期归还本金的债券，这种债券的估价模型是最基本的债券估价模型，其计算公式为：

$$\begin{aligned} P &= \sum_{t=1}^{n} \frac{iF}{(1+r)^t} + \frac{F}{(1+r)^n} \\ &= \sum_{t=1}^{n} \frac{I}{(1+r)^t} + \frac{F}{(1+r)^n} \\ &= I \cdot PVIFA_{r,n} + F \cdot PVIF_{r,n} \end{aligned} \tag{2-32}$$

式中，P 为债券估价；F 为债券面值；i 为债券票面利率；I 为每期利息额；r 为市场利率；n 为付息总期数。

例 2－17

大华公司债券的面值为 1 000 元，票面利率为 10%，债券剩余的存续期限为 5 年。如果当前市场利率为 12%，则该债券价格估计为多少？

根据式（2－32），可得

$$P = 1\,000 \times 10\% \times PVIFA_{12\%,5} + 1\,000 \times PVIF_{12\%,5} = 927.5(\text{元})$$

（2）一次还本付息且不计复利债券的估价模型。这种债券平时不支付利息，到期一次支付本金和利息且不计复利，其计算公式为：

$$P = \frac{F + Fin}{(1+r)^n}$$

$$=(F+Fin)\cdot PVIF_{r,n} \qquad (2-33)$$

式中，P 为债券估价；F 为债券面值；i 为债券票面利率；r 为市场利率；n 为付息总期数。

例 2-18

大华公司拟购买兴盛公司发行的利随本清的公司债券，该债券面值为 1 000 元，剩余的存续期限为 5 年，票面利率为 10%，不计复利。如果当前市场利率为 8%，则该债券价格估计为多少？

由式（2-33），可得

$$P=(1\,000+1\,000\times10\%\times5)\times0.681=1\,021.5(\text{元})$$

（3）折现债券的估价模型。有些债券以折现方式发行，没有票面利率，到期按面值偿还。这类债券的估价模型用计算公式表示为：

$$P=\frac{F}{(1+r)^n}=F\cdot PVIF_{r,n} \qquad (2-34)$$

式中，P 为债券估价；F 为债券面值；r 为市场利率；n 为付息总期数。

例 2-19

大华公司债券的面值为 1 000 元，期限为 5 年，以折现方式发行，期内不计利息，到期按面值偿还。如果市场利率为 8%，则其价格估计为多少？

由式（2-34），可得

$$P=1\,000\times PVIF_{8\%,5}=1\,000\times0.681=681(\text{元})$$

2.3.2 股票的估价

1. 股票概述

股票主要有普通股和优先股两种。企业投资于优先股，可以获得固定的股利收入，股票价格波动相对较小，因而风险较低。企业投资于普通股，股利收入忽高忽低，股票价格波动较大，因而风险较大，但投资于普通股，一般能获得高于优先股的收益。

企业进行股票投资的目的主要有两个：一是作为一般的证券投资，获取股利收入及股票买卖差价；二是利用购买某一公司的大量股票达到控制该公司的目的。在第一种情况下，公司仅将某种股票作为其证券组合的一部分，不会冒险将大量资金投资于某一公司的股票。在第二种情况下，公司会集中资金投资于被控制公司的股票。

2. 股票的估价模型

与进行债券投资一样，企业进行股票投资也要知道股票价格的估算方法。优先股的估价比较简单，其计算方法与债券基本一样，在此不再赘述。这里介绍普通股的估价模型。

(1) 股票估价的基本模型。一项金融资产的价格是由其未来现金流的现值决定的。如果投资者打算永久持有股票，则股票的未来现金流就是各期的股利收入，其股票估价模型可用计算公式表示为：

$$P_0=\sum_{t=1}^{\infty}\frac{D_t}{(1+K)^t} \tag{2-35}$$

式中，P_0 为股票现在的估价；K 为股票的必要报酬率；D_t 为第 t 期的预期股利。

如果投资者打算在未来出售股票，则股票可以为投资者提供两种形式的现金流入：股利收入和未来出售股票的收入。这种情况下的股票估价模型可用计算公式表示为：

$$P_0=\sum_{t=1}^{n}\frac{D_t}{(1+K)^t}+\frac{P_n}{(1+K)^n} \tag{2-36}$$

式中，P_0 为股票现在的估价；K 为股票的必要报酬率；D_t 为第 t 期的预期股利；P_n 为未来出售时预计的股票价格；n 为预计持有股票的期数。

在第 n 期期末购买股票的投资者可能永久持有股票，也可能在未来出售股票。如果第 n 期期末购买股票的投资者打算永久持有股票，则 P_n 等于未来所有期间股利的折现值，将其代入式（2－36），就得到式（2－35）。如果第 n 期期末购买股票的投资者打算在未来出售股票，则 P_n 等于未来股利收入和出售股票收入的现值之和，依此类推，不断迭代，最终也会得到式（2－35）。因此，式(2－35)是股票估价的基本模型，无论投资者打算持有股票的期限如何，均适用此公式。

根据不同的股利特征，可以由基本模型推导出相应的股票估价模型。

(2) 股利稳定不变的股票估价模型。在每年股利稳定不变的情况下，基本模型中各年股利均相等，运用永续年金的公式就可得到股票的估价模型：

$$P_0=\frac{D}{K} \tag{2-37}$$

式中，D 为每年固定股利；P_0 为股票现在的估价；K 为股票的必要报酬率。

(3) 股利固定增长的股票估价模型。如果一个公司的股利保持稳定的增长率 g，设上年股利为 D_0，则股票估价模型推导如下：

$$P_0=\frac{D_0(1+g)}{(1+K)}+\frac{D_0(1+g)^2}{(1+K)^2}+\cdots+\frac{D_0(1+g)^n}{(1+K)^n} \tag{2-38}$$

式（2－38）的两边同时乘以（$1+K$)/($1+g$)，再减去式（2－38），得

$$\frac{P_0(1+K)}{(1+g)}-P_0=D_0-\frac{D_0(1+g)^n}{(1+K)^n} \tag{2-39}$$

通常假设 $K>g$，当 $n\to\infty$ 时，$D_0(1+g)^n/(1+K)^n\to 0$，于是由式（2－39）化简得

$$P_0=\frac{D_0(1+g)}{K-g}=\frac{D_1}{K-g} \tag{2-40}$$

式中，D_1 为未来第1年的股利。

例2-20

时代公司准备投资购买东方信托投资股份有限公司的股票，该股票去年每股股利为2元，预计以后每年以4%的增长率增长，东方信托投资股份有限公司股票的必要报酬率为10%，则该种股票的估价是多少？

由式（2-40），可得

$$P_0=\frac{2\times(1+4\%)}{10\%-4\%}=34.67(\text{元})$$

VCase课后实验——公司债券估值

一、实验简介

基于案例资料中给定的三种不同收益方式的公司债券，获取债券票面所提供的面值、利率、期限等债券发行信息，结合折现率计算、利息及本金现金流折现等相关知识点，使用公司债券估值工具，根据债券估值流程对公司债券进行估值，最终完成公司债券估值报告中相应内容的填写。

二、实验数据和实验工具

VCase课后实验——公司债券估值

三、实验报告

为了分散企业的经营风险，公司确定本年对外投资的主要方式为购买股票、债券等有价证券，公司项目中心对市场固定收益的产品进行了调研。对于债券投资，公司通常将所处行业的标杆企业的股票和债券作为投资对象。公司要求财务中心结合项目中心选定的证券投资品种，按照8%的市场利率作为必要报酬率，对证券的投资成本、预期收益和风险进行测算，为公司对外投资提供决策依据。

1. 债券估值指标测算。

公司选定的债券投资对象为债券1、债券2、债券3，通过对公司债券的发行信息进行分析，我们使用公司债券估值模型对债券的价值进行估算，当年2月1日为评估日，估值结果如下：

序号	估值参数项目	债券 1	债券 2	债券 3	填写说明
1	折现率/每期	%	%	%	保留至小数点后两位
2	每期利息				保留至小数点后两位
3	评估日距下一付息日时长（期）				保留至小数点后两位
4	债券剩余期数				保留至小数点后两位
5	债券估计价格				保留至小数点后两位

2. 债券购买决策分析。

通过查询债券发行的市场价格，财务中心发现在评估时点上述公司债券的市场报价如下：

债券名称	债券 1	债券 2	债券 3
市场价格（每份）			

结合债券估计价格和债券的市场价格可知，上述哪个债券的投资价值最高？

3. 必要收益率对债券购买决策的影响分析。

通过上述分析可知，我们在公司债券价值评估过程中，除了设定必要报酬率以外，其他参数都是客观的。从公司投资管理上看，必要报酬率代表公司证券投资的目标收益水平，直接影响公司能够接受的公司债券投资成本。我们通过设定不同的必要报酬率下的债券估值水平，来评估折现率对债券投资成本产生的影响。

通过计算可知，不同的必要报酬率下，公司按照上述方法选择的投资价值最高的公司债券价值估值结果对照表如下：

序号	必要报酬率	债券估计价格 （保留至小数点后两位）
1	6%	
2	7%	
3	8%	
4	9%	
5	10%	

本章小结

本章主要阐述了时间价值和风险报酬两大财务管理基础概念，以及证券估价。

1. 时间价值。时间价值可以表述为扣除风险报酬和通货膨胀贴水后的真实报酬率。时间价值的计算主要包括以下几个方面的内容：

（1）复利。复利是指不仅本金要计算利息，利息也要计算利息。终值又称未来值，是指若干期后包括本金和利息在内的未来价值，又称本利和。复利现值是指以后年份收到或支出资金的现在的价值，可用倒求本金的方法计算。由终值求现值，叫作折现。在折现时使用的利息率叫折现率。

（2）年金。年金是指一定时期内每期相等金额的收付款项。年金按付款方式，可分为普通年金（后付年金）、即付年金（先付年金）、延期年金和永续年金。其中后付年金为最常见的年金形式，其他形式年金的终值或现值都可以通过后付年金的计算公式推导出来。

（3）特殊问题。时间价值计算中还有一些特殊问题，如不等额现金流量现值的计算、折现率的计算等。

2. 风险报酬。

（1）按风险的程度，可以把企业财务决策分为三种类型：确定性决策、风险性决策和不确定性决策。

（2）计算单项资产的风险报酬要经过以下几个步骤：确定概率分布；计算期望报酬率；计算标准离差；计算标准离差率和风险报酬率。

（3）证券组合的风险包括可分散风险和不可分散风险。可分散风险可以通过证券组合来消减；不可分散风险由市场变动产生，它对所有股票都有影响，不能通过证券组合消除。

（4）在西方金融学和财务管理学中，有许多模型论述证券组合风险和报酬的关系，其中非常重要的模型为资本资产定价模型（CAPM）。

资本资产定价模型的一般公式为：

$$K_i = R_F + \beta_i (R_M - R_F)$$

（5）证券组合的可行集中，在风险水平相同时选择预期收益较高的证券组合，在预期收益相同时选择风险较小的证券组合，由此形成的证券组合的集合就是有效集。投资者的效用无差异曲线与有效集的切点即为最优证券组合。

3. 证券估价。证券估价是财务管理中一个十分重要的基本理论问题，主要包括债券的估价和股票的估价两个方面。

（1）债券估价模型分为每年付息、到期还本债券的估价模型，一次还本付息且不计复利债券的估价模型，折现债券的估价模型。

（2）股票估价的基本模型对任何股票都适用。根据不同的股利特征，可以由股票估价的基本模型推导出股利稳定不变的股票估价模型和股利固定增长的股票估价模型。

重要名词

时间价值（time value）　终值（future value）
现值（present value）　复利（compound interest）
年金（annuity）　后付年金（ordinary annuity）
先付年金（annuity due）　延期年金（deferred annuity）
永续年金（perpetuity）　折现率（discount rate）
风险（risk）　报酬（return）
期望报酬率（expected rate of return）
标准离差（standard deviation）
风险报酬均衡原则（risk-return trade-off）
β系数（beta coefficient）
证券投资组合（security investment portfolio）
非系统性风险（unsystematic risk）
系统性风险（systematic risk）
资本资产定价模型（capital asset pricing model，CAPM）

思考题

1. 什么是时间价值？如何理解这一概念？
2. 什么是复利？复利和单利有何区别？
3. 什么是年金？如何计算年金的终值与现值？
4. 后付年金和先付年金有何区别与联系？
5. 何为风险报酬？怎样理解风险与报酬的关系？
6. 举例说明如何计算单项资产的风险报酬。
7. 试说明资本资产定价模型。
8. 什么叫投资者的效用无差异曲线？什么叫证券组合的可行集和有效集？投资者如何确定最优证券组合？
9. 如何进行债券的估价？不同特征的债券，其估价模型有什么区别？
10. 如何进行股票的估价？股利政策不同的股票，其估价模型有什么区别？

练习题

1. 假设你每年年底都向一个账户存入10 000元，连续4年。

要求：如果年利率为12%，那么在第7年年底你将钱全部取出，将得到多少钱？

2. 张华大学毕业后在一家投资银行找到了一份股票经纪人的工作，他的底薪是每年10万元，第一年的年薪将在他工作满一年时得到。另外，他一进入公司就会获得一笔5万元的安家费，底薪会以每年4%的增幅上涨，而且每年他都将获得一份相当于当年工资10%的奖金。

要求：张华希望能够在这家投资银行工作3年，假设折现率为12%，那么他能获得的所有收入的现值是多少？

3. 新创广告公司准备购置一辆面包车接送员工，购价为200 000元，可使用8年，期满无残值。购置该面包车每年可节约员工交通费45 000元。

要求：如果折现率为12%，试判断是否应该购置面包车。

4. M公司发行一种债券，年利率为12%，按季计息，1年后还本付息，每张债券还本付息1 000元。

要求：计算该债券的现值。

5. M公司全部用银行贷款投资兴建一个工程项目，总投资额为5 000万元，假设银行借款利率为16%。该工程当年建成投产。

要求：

(1) 该工程建成投产后，分8年等额归还银行借款，每年年末应还多少？

(2) 若该工程建成投产后，每年可获净利1 500万元，全部用来归还借款的本息，则需多少年才能还清？

6. 中原公司和南方公司股票的报酬率及其概率分布见下表。

中原公司和南方公司股票的报酬率及其概率分布

经济情况	发生概率	报酬率	
		中原公司	南方公司
繁荣	0.30	40%	60%
一般	0.50	20%	20%
衰退	0.20	0	−10%

如果同期国库券利率为10%，风险报酬系数为5%。

要求：计算投资于中原公司和南方公司股票的投资报酬率分别是多少？

7. 现有四种证券资料见下表。

A，B，C，D四种证券的β系数

证券	A	B	C	D
β系数	1.5	1.0	0.4	2.5

设无风险报酬率为8%，市场上所有证券的报酬率为14%。

要求：计算四种证券各自的必要报酬率。

8. 某债券面值为1 000元，票面利率为12%，期限为5年，某公司要对这种债券进行投资，要求必须获得15%的报酬率。

要求：计算该债券价格为多少时才能进行投资。

9. 市场上有三种证券A，B，C，可能的投资报酬率见下表。

A，B，C三种证券的投资报酬率及其概率分布

经济情况	概率	投资报酬率		
		A	B	C
1	0.2	25%	25%	10%
2	0.4	20%	10%	15%
3	0.4	15%	20%	20%

要求：

(1) 三种证券的期望报酬率和标准离差是多少？

(2) 由50%的A证券和50%的B证券构成的投资组合的标准离差是多少？

(3) 由50%的A证券和50%的C证券构成的投资组合的标准离差是多少？

(4) 由50%的B证券和50%的C证券构成的投资组合的标准离差是多少？

10. 银河公司刚刚发放了每股5元的现金股利，公司预计未来将以1%的增长率持续增长。

要求：如果你要求的最低收益率为10%，那么你对银河公司股票的估价是多少？

案例题

田纳西镇的巨额账单

案例资料：如果你突然收到一张事先不知道的1 260亿美元的账单，你一定会大吃一惊。而这样的事件就发生在瑞士田纳西镇的居民身上。纽约布鲁克林法院判决田纳西镇应向美国投资者支付这笔钱。最初，田纳西镇的居民以为这是一件小事，但他们收到账单时，被这张巨额账单惊呆了。他们的律师指出，若高级法院支持这一判决，为偿还债务，所有田纳西镇的居民在其余生中将不得不靠吃麦当劳等廉价快餐度日。

田纳西镇的问题源于1966年的一笔存款。斯兰黑不动产公司在内部交换银行（田纳西镇的一个银行）存入一笔6亿美元的存款。存款协议要求银行按每周1%的利率（复利）付息（难怪该银行第二年破产）。1994年，纽约布鲁克林法院做出判决：从存款日到田纳西镇对该银行进行清算的7年中，这笔存款应按每周1%的复利计息，而在银行清算后的21年中，每年按8.54%的复利计息。

案例解析
田纳西镇的巨额账单

案例思考题：

1. 请运用你所学的知识说明1 260亿美元是如何计算出来的。

2. 如利率为每周1%，按复利计息，6亿美元增加到12亿美元需多长时间？增加到1 000亿美元需多长时间？

3. 本案例对你有何启示？

新创广告公司的证券选择

案例资料：大兴与朋友合伙开办的新创广告公司从2006年营业至今发展十分迅速，现有一部分闲散资金准备用来进行为期一年的短期投资。通过对证券市场一段时间的考察，大兴拟定了四个投资备选方案。未来一年里，总体的经济情况大概分为衰退、一般和繁荣。大兴参考经济专家的分析，拟定这三种情况发生的概率分别为20%，60%，20%。四种投资方案在三种经济情况下的估计报酬率见下表。

四种投资方案的估计报酬

经济情况	概率	备选方案			
		A	B	C	D
衰退	0.20	10%	6%	22%	5%
一般	0.60	10%	11%	14%	15%
繁荣	0.20	10%	31%	−4%	25%

案例思考题：

1. 请帮助大兴计算各方案的期望报酬率、标准离差、标准离差率。

2. 大兴将四种方案的情况介绍给合伙人，合伙人希望他能提出具体的筛选方案以帮助大家判断。大兴想通过比较四种方案各自的标准离差或期望报酬率来确定是否可以淘汰其中某一方案，他应如何回复合伙人？

3. 你觉得这种方法可行吗？其中存在哪些问题？

第 3 章
Chapter 3 财务分析

学习目标

- 理解财务分析的基本概念、程序、判断指标优劣的标准。
- 掌握分项财务分析的各个方面，包括偿债能力分析、营运能力分析、获利能力分析和发展能力分析的各项指标的含义及计算。
- 掌握综合财务分析的方法，包括公式分析法、杜邦分析法和计分综合分析法等。

引例

复星集团自2000年以来，先后并购了国内知名的医药企业，如摩罗丹药业、汉森药业等。2008年美国次贷危机之后，复星药业又开始积极开展海外并购，2015年成功收购美国创新生物公司100%股权，2017年收购了欧洲呼吸器械公司Goldcup 80%的股权。复星集团的多次并购在业务领域上逐渐呈现多元化态势，从并购同类医药生产企业拓展到医疗保健、个人用品进而到贸易、资本市场等。

每一次并购活动都需要全面了解并购对象，做出合理评价，包括并购对象所处的行业状态、公司治理架构、业务发展情况等，尤其是公司的获利能力、营运能力、财务风险、成长性和发展前景等情况，还要根据这些资料分析并购将对复星集团产生何种影响。

这些内容很多都与本章的知识相关。财务分析是识别财务报表数据是否合理以及评价和分析企业经营状况的重要工具。当你真正理解了其中的奥妙和真谛，就会发现这不是单纯地与一些冷冰冰的数字打交道，而是剖析所有公开的信息，以探寻企业可能存在的问题或挖掘其蕴含的价值。

现在，你准备好跟我们一起进入这个奇妙的数字世界了吗？

3.1 财务分析概述

思维导读
财务分析

财务分析是财务管理的一种重要方法，在财务分析中确立的一些重要指标均在财务管理中得到了广泛应用。因此，在阐述具体的财务管理内容之前，先介绍有关财务分析的内容。

3.1.1 财务分析的基本概念

财务分析是通过对财务报表有关项目进行对比，来揭示企业财务状况的一种方法。财务分析所提供的信息不仅能说明企业目前的财务状况，更重要的是能为企业未来的财务决策和财务计划提供重要依据。财务分析中的基本概念主要有以下几个。

1. 内部分析与外部分析

（1）内部分析是企业内部管理当局进行的分析。其目的是判别企业财务状况是否良好，并为今后制定筹资、投资、盈余分配等政策提供依据。通过这种分析，可使财务主管知道企业的资金是结余还是短缺，企业资金的流动状况如何，企业的财务结构怎样，这些都是财务主管制定政策时需要考虑的因素。

（2）外部分析是企业外部利益集团根据各自的要求进行的分析。例如，银行在给企业提供贷款之前，需要对企业的偿债能力进行分析；投资人在购买企业的股票、债券时，要对企业的获利能力进行分析；供应商在以商业信用形式出售商品时，也要分析企业的偿债能力。

典型案例
财务报表关系

2. 资产负债表分析、利润表分析和现金流量表分析

（1）资产负债表分析是以资产负债表为对象所进行的分析。在分析企业流动状况、负债状况、资金周转状况时，常采用资产负债表分析。

（2）利润表分析是以利润表为对象所进行的分析。在分析企业盈利状况和经营成果时，常采用利润表分析。

（3）现金流量表分析是以现金流量表为对象所进行的分析。现金流量表是资产负债表与利润表的重要补充，通过现金流量表分析，可以了解企业现金流动状况。

从历史上看，企业的财务分析首先从以资产负债表为中心的流动性分析开始。如银行等金融机构推断其贷款的安全性时，首先要运用资产负债表分析。但是，企业的流动性分析如果不与判断收益的分析同时进行就不完整，因为企业健全的财务状况是以良好的经营活动与强大的获利能力为前提的，企业的流动性在很大程度上依赖于获利能力。因此，现代的财务分析不再只是单纯地对资产负债表进行分析，而是逐渐转向以利润表为中心进行分析。此外，随着现金流量表的不断推广，现金流量表的分析也越来越受到重视。

3. 比率分析与比较分析

（1）比率分析是指把财务报表中的有关项目进行对比，用比率来反映它们之间的相互关系，以揭示企业财务状况的一种分析方法。通常，财务比率主要包括构成比率（结构比率）、效率比率和相关比率等。构成比率是反映某项经济指标的各组成部分与总体之间关系的财务比率，如流动负债与总负债的比率；效率比率是反映某项经济活动投入与产出之间关系的财务比率，如资产报酬率；相关比率是反映经济活动两个或两个以上相关项目比值的财务比率，如流动比率。

（2）比较分析是将同一企业不同时期的财务状况或不同企业同一时期的财务状况进行比较，从而揭示企业财务状况差异的分析方法。比较分析法主要有纵向比较分析法（趋势分析法）和横向比较分析法。纵向比较分析法是将同一企业连续若干期的财务状况进行比较，确定增减变动的方向、数额和幅度；横向比较分析法是将本企业的财务状况与其他企业的同期财务状况进行比较，确定存在的差异及程度。

3.1.2 财务分析的基本程序

财务分析是一项比较复杂的工作，必须按照科学的程序进行。财务分析的基本程序包括以下几个步骤。

1. 明确财务分析的目的

企业进行财务分析有多种目的，主要包括：（1）评价偿债能力；（2）评价获利能力；（3）评价资产管理情况；（4）评价发展趋势；（5）评价综合财务状况。财务分析的目的决定了要收集多少信息，选择何种财务分析方法等一系列问题，所以必须首先加以明确。

2. 收集有关信息资料

明确财务分析的目的后，就要根据这一目的来收集有关资料。财务分析所依据的最主要的资料是财务报表，因此，资产负债表、利润表和现金流量表便是最基本的分析资料。此外，还要收集企业内部供产销各方面的有关资料和企业外部的金融、财政、税收等方面的信息。

3. 选择适当的分析方法

财务分析的目的不一样，所选用的分析方法也不相同。常用的分析方法有比率分析法、比较分析法等，这些方法各有特点，在进行财务分析时可以结合使用。局部的分析可以选择其中某一种方法，全面的财务分析则应综合运用各种分析方法，以便进行对比，从而做出客观、全面的评价。

4. 发现财务管理中存在的问题

采用特定的分析方法，计算出有关指标并进行对比后，可以发现企业财务管理中存在的问题，对于一些重大的问题要进行深入细致的分析，找出问题的原因，以便采取对策。

5. 提出改善财务状况的具体方案

企业进行财务分析的最终目的是为财务决策提供依据。在发现问题的基础上，提出改善财务状况的各种方案，然后权衡各种方案的利弊得失，从中选出最佳方案，以便不断改善企业财务状况，实现企业财务管理的目标。

3.1.3 判别财务指标优劣的标准

企业的财务分析总是通过一系列财务指标来进行的。然而，计算出的财务指标必须与一定的标准进行对比，才能判断财务状况的好坏，因此，选择财务指标的判别标准便成为一个十分重要的问题。通常，判别的标准有以下几种。

1. 以经验数据为标准

经验数据是在长期的财务管理实践中总结出来的，被实践证明是比较合理的数据。经验数据有绝对标准和相对标准之分：全部收入大于全部费用、资产总额大于负债总额等属于绝对标准；而流动比率等于2较好、负债比率在50％～70％之间比较合适则属于相对标准。

2. 以历史数据为标准

历史数据是企业在过去的财务管理工作中实际发生的一系列数据，如上年实际数据、上年同期数据、历史最好水平等。在与历史数据进行对比时，要注意剔除物价变动、会计核算方法变更等带来的一系列不可比因素，以便合理判断企业的财务状况。

3. 以同行业数据为标准

同行业数据是指同行业有关企业在财务管理中产生的一系列数据。如同行业平均数据、本国同行业先进企业数据、国际同行业先进企业数据等。通过与同行业数据对比，可以发现企业财务管理中存在的差距与不足，以便及时采取措施，赶超同行业先进水平。在与同行业指标对比时，也要注意指标之间的可比性。

4. 以本企业预定数据为标准

预定数据是企业事先确定的力争达到的一系列数据。企业事先确定的目标、计划、预算、定额、标准等都可以看作预定数据。通过与预定数据进行对比，可以发现实际数据与预定数据存在的差异，以便及时加以改进，保证预定数据能够顺利实现。

复习与思考

企业判别财务指标优劣的标准有哪些？

为了便于后面分析，下面列示了经过简化处理①的腾飞公司的三张基本财务报表②，详见表 3-1、表 3-2 和表 3-3。

表 3-1 腾飞公司资产负债表③

20×0 年 12 月 31 日　　单位：万元

资产	年初数	年末数	负债与所有者权益	年初数	年末数
流动资产：			流动负债：		
货币资金	500	625	应付票据	800	1 000
交易性金融资产	700	600	应付账款	800	600
应收账款	1 700	1 500	应付职工薪酬	600	200
存货	1 300	1 700	流动负债合计	2 200	1 800
流动资产合计	4 200	4 425	非流动负债：		
非流动资产：			长期借款	400	400
长期应收款	100	200	应付债券	600	600
固定资产	900	1 000	非流动负债合计	1 000	1 000
非流动资产合计	1 000	1 200	负债合计	3 200	2 800
			股东权益：		
			股本*	1 000	1 000
			资本公积	350	360
			盈余公积	350	400
			未分配利润	300	1 065
			股东权益合计	2 000	2 825
资产合计	5 200	5 625	负债与股东权益合计	5 200	5 625

* 每股面值 1 元，在外发行 1 000 万股。

表 3-2 腾飞公司利润表④

20×0 年度　　单位：万元

项目	上年累计数	本年累计数
一、营业收入	8 000	10 000
减：营业成本	5 000	6 000
税金及附加	0	0
销售费用	800	1 000
管理费用	700	1 000
财务费用	500	500

---

① 本章没有考虑合并财务报表的问题，股东权益及净利润不存在区分归属于母公司或归属于少数股东的情况。如果是在合并财务报表中计算有关财务比率，涉及股东权益和净利润时则要注意区分和匹配。

② 《企业会计准则第 30 号——财务报表列报》规定，财务报表由资产负债表、利润表、现金流量表、所有者权益（股东权益）变动表及报表附注构成。但由于基本财务分析中对所有者权益变动表和报表附注较少涉及，这里并没有对这两部分进行介绍。

③ 此处三张报表主要项目根据财政部《关于修订印发合并财务报表格式（2019 版）的通知》（财会〔2019〕16 号）列示。

④ 如进入合并报表的业务中含金融业务，则应从营业总收入起始，将利息收入等与营业收入区分单独列示。

续表

项目	上年累计数	本年累计数
加：公允价值变动收益	0	0
资产减值损失	0	0
二、营业利润	1 000	1 500
加：营业外收入	0	0
减：营业外支出	0	0
三、利润总额	1 000	1 500
减：所得税费用	250	375
四、净利润	750	1 125

注：腾飞公司20×0年度分配普通股股利360万元。腾飞公司所得税税率为25%。

表3-3 腾飞公司现金流量表

20×0年度 单位：万元

项目	本年累计数
一、经营活动产生的现金流量	
销售商品、提供劳务收到的现金	5 000
经营活动现金流入小计	5 000
购买商品、接受劳务支付的现金	1 200
支付给职工及为职工支付的现金	400
支付的各项税费	400
经营活动现金流出小计	2 000
经营活动产生的现金流量净额	3 000
二、投资活动产生的现金流量	
投资活动现金流入小计	0
投资支付的现金	1 000
支付其他与投资活动有关的现金	200
投资活动现金流出小计	1 200
投资活动产生的现金流量净额	−1 200
三、筹资活动产生的现金流量	
取得借款收到的现金	50
筹资活动现金流入小计	50
支付其他与筹资活动有关的现金	600
筹资活动现金流出小计	600
筹资活动产生的现金流量净额	−550
四、汇率变动对现金及现金等价物的影响	0
五、现金及现金等价物净增加额	1 250

3.2 企业偿债能力分析

企业偿债能力是指企业偿还其债务（含本金和利息）的能力。通过偿债能力分析，能够揭示一个企业财务风险的大小。企业的投资者、银行、企业财务人员都十分重视对偿债能力的分析。

3.2.1　企业短期偿债能力分析

企业短期偿债能力是指企业支付其短期债务的能力。短期偿债能力是财务分析中必须十分重视的一个方面，短期偿债能力不足，企业无法满足债权人的要求，可能会引起破产或造成生产经营混乱。企业短期偿债能力可通过下列指标进行分析。

1. 流动比率

流动比率是由流动资产与流动负债进行对比所确定的比率。其计算公式为：

$$流动比率=\frac{流动资产}{流动负债} \tag{3-1}$$

式中，流动资产是指在一年内或超过一年的一个营业周期内变现的资产，主要包括货币资金、交易性金融资产、应收及预付款项和存货等。流动负债是指在一年内或超过一年的一个营业周期内偿还的债务，主要包括短期借款、应付及预收款项、应付票据、应交税费、应付股利以及一年内到期的长期负债等。从以上分析可知，流动资产是短期内能变成现金的资产，流动负债则是在短期内需要用现金来偿付的各种债务。流动资产与流动负债对比，代表了能在短期内转化成现金的资产对需要在短期内偿还的负债的一种保障程度，能较好地反映企业的短期偿债能力。根据西方财务管理经验，流动比率等于 2 的时候较好。流动比率太低，表明企业缺乏短期偿债能力；流动比率太高，虽然表明短期偿债能力强，但也说明企业的现金、存货等流动资产有闲置或利用不足的现象。

例 3－1

计算腾飞公司的流动比率。

根据表 3－1 中的数据，计算如下：

$$流动比率=\frac{流动资产}{流动负债}=\frac{4\ 425}{1\ 800}=2.46$$

这说明腾飞公司每 1 元流动负债都有 2.46 元的流动资产作保障，流动比率高于经验值 2，短期偿债能力较强。

2. 速动比率

速动比率是由速动资产和流动负债进行对比所确定的比率。其计算公式为：

$$速动比率=\frac{速动资产}{流动负债}=\frac{流动资产-存货}{流动负债} \tag{3-2}$$

式中，速动资产是指能迅速转化为现金的资产，主要包括货币资金、交易性金融资产、应收[1]及预付款项等。在流动资产中，存货变现能力较差，所以当企业的流动资产变现时，存货极可能产生损失，此时用流动比率来反映偿债能力会出现失误。而速动比率由于在计算时不包含存货因素，所以能比流动比率更好地反映企业的短期偿债能力。根据西方财务管理经验，速动比率等于1时较为合适。

例3-2

计算腾飞公司的速动比率。

根据表3-1中的数据，可计算如下：

$$速动比率=\frac{流动资产-存货}{流动负债}=\frac{4\,425-1\,700}{1\,800}=1.51$$

腾飞公司的速动比率为1.51，高于经验值1，应该属于正常范围之内。当然，还应该结合行业和企业的具体情况进行分析，不可一概而论。

3. 现金比率

现金比率是由可立即动用的资金与流动负债进行对比所确定的比率。其计算公式为：

$$现金比率=\frac{可立即动用的资金}{流动负债} \tag{3-3}$$

式中，可立即动用的资金主要是指库存现金和银行活期存款，如果企业持有的短期有价证券的变现能力极强，也可看作可立即动用的资金。现金比率是对短期偿债能力要求最高的指标，主要适用于那些应收账款和存货的变现能力都存在问题的企业。这一指标越高，说明企业的短期偿债能力越强。

例3-3

假设表3-1中腾飞公司的交易性金融资产均属变现能力极强的证券，计算腾飞公司的现金比率。

根据表3-1中的数据，可计算如下：

$$现金比率=\frac{625+600}{1\,800}=0.68$$

4. 现金流量比率

现金流量比率是由经营活动产生的现金流量净额与流动负债进行对比所确定的比率，反映企业用每年的经营活动产生的现金流量净额偿还到期债务的能力。其计算公式为：

---

① 按照惯例，应收账款属于企业的速动资产。但当企业应收账款周转速度特别慢时，应将账龄较长的应收账款从速动资产中扣除。另外，其他应收款、其他流动资产等项目也应视其变现能力在计算速动比率时从流动资产中予以调整。

$$现金流量比率=\frac{经营活动产生的现金流量净额}{流动负债} \tag{3-4}$$

例3－4

计算腾飞公司的现金流量比率。

根据表3－1和表3－3中的数据，可计算如下：

$$现金流量比率=\frac{3\,000}{1\,800}=1.67$$

这一指标越高，说明企业偿还当期债务能力越强，企业的财务状况越好；反之，则说明企业偿还当期债务能力较差。

上述四个指标是反映短期偿债能力的主要指标，在进行分析时，要注意以下几个问题：(1) 上述指标各有侧重，在分析时要结合起来使用，以全面、准确地做出判断；(2) 上述指标中分母均是流动负债，其中包含近期到期的长期负债，应充分重视这一点；(3) 财务报表中没有列示的因素，如企业借款能力、准备出售长期资产等，也会影响到短期偿债能力，在分析时应予考虑。

3.2.2　企业长期偿债能力分析

企业长期偿债能力是指企业支付长期债务的能力。企业长期偿债能力与企业的获利能力、资本结构有十分密切的关系。企业长期偿债能力可通过下列指标进行分析。

1. 资产负债率

资产负债率又称负债比率或负债对资产的比率，是由企业的负债总额与资产总额进行对比所确定的比率。其计算公式为：

$$资产负债率=\frac{负债总额}{资产总额}\times100\% \tag{3-5}$$

企业的资产总额也就是企业的全部资金总额，资产负债率反映的是在企业全部资金中有多大比例是通过借债筹集而来的。因此，这一比率能反映资产对负债的保障程度。对债权人来说，最关心的就是借出款项的安全程度。

例3－5

计算腾飞公司的资产负债率。

根据表3－1中的数据，可计算如下：

$$资产负债率=\frac{2\,800}{5\,625}\times100\%=49.78\%$$

这说明腾飞公司的全部资产中有49.78%来源于负债。

如果这一比率很高，说明所有者投入的资金在全部资金中所占比重很小，而借入资金所占比重很大，企业的风险主要由债权人承担。因此，这个比率越高，说明长期偿债能力越差；反之，这个比率越低，说明长期偿债能力越好。但是资产负债率过低往往也是没有较好利用财务杠杆的表现。所以，在评价企业的资产负债率时，需要在收益与风险之间权衡利弊，充分考虑企业内部各种因素和外部市场环境，做出正确合理的判断。

2. 股东权益比率

股东权益比率是由企业的股东权益总额与资产总额进行对比所确定的比率。其计算公式为：

$$\text{股东权益比率}=\frac{\text{股东权益总额}}{\text{资产总额}}\times 100\% \qquad (3-6)$$

例3-6

计算腾飞公司的股东权益比率。

根据表3-1中的数据，可计算如下：

$$\text{股东权益比率}=\frac{2\,825}{5\,625}\times 100\%=50.22\%$$

这一比率反映了在企业全部资金中所有者提供了多少资金。这一比率越高，说明所有者投入的资金在全部资金中所占比例越大，企业偿债能力越强，财务风险越小。因此，从偿债能力的角度来看，这一比率越高越好。

3. 偿债保障比率

偿债保障比率是由负债总额与经营活动产生的现金流量净额进行对比所确定的比率。其计算公式为：

$$\text{偿债保障比率}=\frac{\text{负债总额}}{\text{经营活动产生的现金流量净额}} \qquad (3-7)$$

从式（3-7）中可以看出，偿债保障比率反映了用企业经营活动产生的现金流量净额偿还全部债务所需要的时间，所以该比率也称为债务偿还期。一般认为，经营活动产生的现金流量是企业经常性资金的最主要来源，而投资活动和筹资活动所获得的现金流量虽然在必要时也可用于偿还债务，但不能将其视为经常性经营现金流量。

例3-7

计算腾飞公司的偿债保障比率。

根据表3-1和表3-3中的数据，可计算如下：

$$\text{偿债保障比率}=\frac{2\,800}{3\,000}=0.93$$

一般情况下，偿债保障比率越低，企业偿还债务能力越强。

上述三项比率是反映企业长期偿债能力的主要指标，在进行分析时，要注意以下几个问题：(1) 上述指标中的资产总额都是指资产净值总额，而不是原值总额；(2) 从长远来看，企业的偿债能力与获利能力关系密切，获利能力决定偿债能力，因此，在分析长期偿债能力时，应结合获利能力指标进行分析；(3) 要充分考虑长期租赁、担保责任等对长期偿债能力的影响。

3.2.3 企业负担利息和固定支出的能力分析

企业负担利息和固定支出的能力是指企业所实现的利润支付利息或支付固定支出的能力。这是企业进行筹资决策时必须认真考虑的一个重要因素。企业负担利息和固定支出的能力通常用如下两个指标来反映。

1. 利息保障倍数

利息保障倍数是息税前利润相当于其所支付利息的倍数。其计算公式为：

$$\text{利息保障倍数}=\frac{\text{息税前利润}}{\text{利息费用}}=\frac{\text{净利润}+\text{所得税费用}+\text{利息费用}}{\text{利息费用}} \tag{3-8}$$

例3-8

假设腾飞公司的财务费用全部是利息费用，计算腾飞公司的利息保障倍数。

根据表3-2中的数据，可计算如下：

$$\text{利息保障倍数}=\frac{1\,125+375+500}{500}=4$$

这一指标反映了企业所实现的利润支付利息费用的能力。这一指标越大，说明支付利息的能力越强；反之，则说明支付利息的能力较弱。若该指标低于1，则说明企业实现的利润不足以支付当期利息费用，表明企业有较大的财务风险。

2. 固定支出保障倍数

固定支出保障倍数是企业的盈利相当于其固定支出的倍数。其计算公式为：

$$\begin{aligned}\text{固定支出保障倍数}&=\frac{\text{税前及支付固定支出前利润}}{\text{利息费用}+\text{租金}+\dfrac{\text{优先股股利}}{1-\text{税率}}}\\&=\frac{\text{利息费用}+\text{租金}+\text{所得税费用}+\text{净利润}}{\text{利息费用}+\text{租金}+\dfrac{\text{优先股股利}}{1-\text{税率}}}\end{aligned} \tag{3-9}$$

式(3-9)中的利息费用和租金都可在税前支付，而优先股股利必须在税后利润中支付，故后者应除以(1－税率)。这里的税率是指适用于企业的所得税税率。固定支出保障倍数反映了企业盈利支付固定支出的能力。

例3-9

假设腾飞公司的租金是300万元，优先股股利为零，计算腾飞公司的固定支出保障倍数。

根据表3-2中的数据，可计算如下：

$$固定支出保障倍数=\frac{500+300+375+1\,125}{500+300+0}=2.875$$

这一指标越高，说明企业支付固定支出的能力越强。

复习与思考

请论述企业偿债能力分析指标的计算公式及其特点。

3.3 企业营运能力分析

企业营运能力直接影响企业的偿债能力和获利能力。

3.3.1 资产周转情况分析

1. 应收账款周转率

应收账款周转率是由赊销收入净额与应收账款平均余额进行对比所确定的比率，有周转次数（应收账款周转率）和周转天数（应收账款平均收账期）两种表示方法。其计算公式为：

$$应收账款周转次数=\frac{赊销收入净额}{应收账款平均余额} \qquad (3-10)$$

$$应收账款周转天数=\frac{360天}{应收账款周转次数}=\frac{应收账款平均余额\times 360天}{赊销收入净额} \qquad (3-11)$$

式中，

$$赊销收入净额=销售收入-现销收入-(销售退回+销售折让+销售折扣) \qquad (3-12)$$

$$应收账款平均余额=\frac{期初应收账款+期末应收账款}{2} \qquad (3-13)$$

一定时期内应收账款的周转次数越多，说明应收账款周转越快，应收账款的利用效果越好。应收账款周转天数又称为应收账款占用天数、应收账款账龄、应收账款平均收现期，是反映应收账款周转情况的另一个重要指标，周转天数越少，说明应收账款周转越快，利用效果越好。

例3-10

假设腾飞公司10 000万元的营业收入中有80%是赊销，计算腾飞公司的应收账款周转情况。

根据表3-1和表3-2中的数据，可计算如下：

$$\text{应收账款周转次数}=\frac{10\,000\times 80\%}{(1\,700+1\,500)/2}=5(\text{次})$$

$$\text{应收账款周转天数}=\frac{(1\,700+1\,500)/2\times 360}{10\,000\times 80\%}=72(\text{天})$$

由计算可知，腾飞公司的应收账款每年可周转 5 次，周转周期为 72 天。

2. 存货周转率

存货周转率是由营业成本与存货平均余额进行对比所确定的比率，有存货周转次数和存货周转天数两种表示方法。其计算公式为：

$$\text{存货周转次数}=\frac{\text{营业成本}}{\text{存货平均余额}} \tag{3-14}$$

$$\text{存货周转天数}=\frac{360\text{ 天}}{\text{存货周转次数}}=\frac{\text{存货平均余额}\times 360\text{ 天}}{\text{营业成本}} \tag{3-15}$$

式中，

$$\text{存货平均余额}=\frac{\text{期初存货余额}+\text{期末存货余额}}{2} \tag{3-16}$$

在正常情况下，一定时期内存货周转次数越多，说明存货周转越快，存货利用效果越好；存货周转天数越少，说明存货周转越快，存货利用效果越好。但是，存货周转过快，也可能说明企业管理方面存在一些问题，比如经常缺货、采购过于频繁等。所以在实际工作中，要深入调查企业库存构成，结合企业的销售、管理等各项政策合理分析。

例 3-11

计算腾飞公司的存货周转情况。

根据表 3-1 和表 3-2 中的数据，可计算如下：

$$\text{存货周转次数}=\frac{6\,000}{(1\,300+1\,700)/2}=4(\text{次})$$

$$\text{存货周转天数}=\frac{(1\,300+1\,700)/2\times 360}{6\,000}=90(\text{天})$$

由计算可知，腾飞公司的存货每年可以周转 4 次，周转周期为 90 天。

3. 流动资产周转率

流动资产周转率是由营业收入与流动资产平均余额进行对比所确定的比率。其计算公式为：

$$\text{流动资产周转次数}=\frac{\text{营业收入}}{\text{流动资产平均余额}} \tag{3-17}$$

式中，

$$\text{流动资产平均余额}=\frac{\text{流动资产期初余额}+\text{流动资产期末余额}}{2} \tag{3-18}$$

一定时期内流动资产周转次数越多，说明流动资产周转越快，利用效果越好。

例 3－12

计算腾飞公司的流动资产周转情况。

根据表 3－1 和表 3－2 中的数据，可计算如下：

$$\text{流动资产周转次数}=\frac{10\,000}{(4\,200+4\,425)/2}=2.32(\text{次})$$

4. 固定资产周转率

固定资产周转率是由企业的营业收入与固定资产平均净值进行对比所确定的比率。其计算公式为：

$$\text{固定资产周转率}=\frac{\text{营业收入}}{\text{固定资产平均净值}} \tag{3-19}$$

式中，

$$\text{固定资产平均净值}=\frac{\text{固定资产期初净值}+\text{固定资产期末净值}}{2} \tag{3-20}$$

例 3－13

计算腾飞公司的固定资产周转情况。

根据表 3－1 和表 3－2 中的数据，可计算如下：

$$\text{固定资产周转率}=\frac{10\,000}{(900+1\,000)/2}=10.53(\text{次})$$

腾飞公司的固定资产周转率为 10.53，说明固定资产利用情况很好。这也要结合具体情况进行分析，如果企业生产能力已饱和，再扩大销售就需对固定资产进行投资，应引起财务经理的重视。

5. 总资产周转率

总资产周转率是由营业收入与资产平均总额进行对比所确定的比率。其计算公式为：

$$\text{总资产周转率}=\frac{\text{营业收入}}{\text{资产平均总额}} \tag{3-21}$$

式中，

$$\text{资产平均总额}=\frac{\text{期初资产总额}+\text{期末资产总额}}{2} \tag{3-22}$$

例 3－14

计算腾飞公司的总资产周转情况。

根据表 3－1 和表 3－2 中的数据，可计算如下：

$$\text{总资产周转率}=\frac{10\,000}{(5\,200+5\,625)/2}=1.85(\text{次})$$

要判断这个指标是否合理，需要同历史水平及行业平均水平进行对比。

3.3.2 产生现金能力分析

1. 经营现金使用效率

经营现金使用效率是由经营活动现金流入与经营活动现金流出进行对比所确定的比率，它反映了每1元现金流出所能收回的现金数额。其计算公式为：

$$经营现金使用效率=\frac{经营活动现金流入}{经营活动现金流出} \tag{3-23}$$

该比值越大，说明企业经营活动的现金使用效率越高，在企业没有其他大规模投资的情况下，现金正常流转不成问题。如果该比值小于1，则表明企业短期内缺乏足够的现金用以维持再生产的正常进行，甚至没有现金偿还短期债务。

例3-15

计算腾飞公司的经营现金使用效率。

根据表3-3中的数据，可计算如下：

$$经营现金使用效率=\frac{5\,000}{2\,000}=2.5$$

2. 现金利润比率

现金利润比率是由现金及现金等价物净增加额与净利润进行对比所确定的比率。其计算公式为：

$$现金利润比率=\frac{现金及现金等价物净增加额}{净利润} \tag{3-24}$$

该指标反映了净利润中有多大部分是有现金保证的。由于一些应收应付项目的存在，利润往往无法直观反映企业实际能够支配的现金数量，在利润很高的前提下也可能出现企业现金不足、支付困难的情况；相反，如果企业有充足的现金，即使某经营期间利润为负，短期内也不会出现无力偿还债务的情况，能够支持企业扭转困境。

该指标值越大，说明企业的净利润中现金部分越大，企业的支付能力越强。

例3-16

计算腾飞公司的现金利润比率。

根据表3-2和表3-3中的数据，可计算如下：

$$现金利润比率=\frac{1\,250}{1\,125}=1.11$$

3. 现金收入比率

现金收入比率是经营活动产生的现金流量净额与营业收入的比率。其计算公式为：

$$现金收入比率=\frac{经营活动产生的现金流量净额}{营业收入} \tag{3-25}$$

该指标反映了企业通过主营业务产生现金流量的能力。

例 3-17

计算腾飞公司的现金收入比率。

根据表 3-2 和表 3-3 中的数据，可计算如下：

$$现金收入比率=\frac{3\,000}{10\,000}=0.3$$

复习与思考

企业营运能力指标有哪些?

3.4 企业获利能力分析

获利能力就是企业赚取利润的能力。无论是投资者还是债权人都认为获利能力十分重要，因为健全的财务状况必须由较高的获利能力来支持。企业财务管理人员当然也十分重视获利能力，因为要实现财务管理的目标，就必须不断提高利润、降低风险。

3.4.1 与营业收入有关的获利能力指标

与营业收入有关的获利能力指标是指由企业的利润与营业收入进行对比所确定的比率，有两种表示方法。

1. 营业毛利率

营业毛利率是由毛利与营业收入进行对比所确定的比率。其计算公式为：

$$\begin{aligned}营业毛利率&=\frac{营业收入-营业成本}{营业收入}\times100\%\\&=\frac{毛利}{营业收入}\times100\%\end{aligned} \tag{3-26}$$

营业毛利率反映了毛利与营业收入的对比关系，是反映获利能力的主要指标。这一指标越高，说明企业的获利能力越强。

例 3-18

计算腾飞公司的营业毛利率。

根据表 3－2 中的数据，可计算如下：

$$营业毛利率=\frac{10\,000-6\,000}{10\,000}\times 100\%$$
$$=40\%$$

2. 营业净利率

营业净利率是由净利润与营业收入进行对比所确定的比率。其计算公式为：

$$营业净利率=\frac{净利润}{营业收入}\times 100\% \qquad (3-27)$$

营业净利率反映了净利润和营业收入之间的对比关系。这一指标越高，说明企业通过经营活动获取利润的能力越强。

例 3－19

计算腾飞公司的营业净利率。

根据表 3－2 中的数据，可计算如下：

$$营业净利率=\frac{1\,125}{10\,000}\times 100\%=11.25\%$$

3.4.2　与资金有关的获利能力指标

与资金有关的获利能力指标是由企业的利润与一定的资金进行对比所确定的比率，主要包括以下两个指标。

1. 投资报酬率

投资报酬率又称资产报酬率或总资产报酬率①，是企业净利润与资产平均总额的比率。其计算公式为：

$$投资报酬率=\frac{净利润}{资产平均总额}\times 100\%$$
$$=\frac{净利润}{(期初资产总额+期末资产总额)/2}\times 100\% \qquad (3-28)$$

投资报酬率反映的是企业投入全部资金的获利能力，是财务管理中的一个重要指标，也是总公司对分公司下达经营目标、进行内部考核的主要指标。这一指标越高，说明企业的获利能力越强。

例 3－20

计算腾飞公司的投资报酬率。

---

① 在本书中，我们把投资报酬率与资产报酬率或总资产报酬率等同看待，但也有一些学者认为，总资产报酬率的计算有两种口径：一种是本书采用的计算口径，即净利润/资产平均总额，另一种口径是息税前利润/资产平均总额。为了更好地与后面杜邦分析法统一计算口径，本书在分子中采用了净利润。

根据表3-1和表3-2中的数据，可计算如下：

$$\text{投资报酬率}=\frac{1\ 125}{(5\ 200+5\ 625)/2}\times100\%=20.79\%$$

2. 净资产收益率

净资产收益率又称股东权益报酬率、所有者权益报酬率、权益资本报酬率，是由净利润与净资产平均总额进行对比所确定的比率。其计算公式为：

$$\text{净资产收益率}=\frac{\text{净利润}}{\text{净资产平均总额}}\times100\%=\frac{\text{净利润}}{(\text{期初净资产}+\text{期末净资产})/2}\times100\% \qquad (3-29)$$

这一指标反映了所有者投入资金的获利能力。该指标越高，说明企业的获利能力越强。

例3-21

计算腾飞公司的净资产收益率。

根据表3-1和表3-2中的数据，可计算如下：

$$\text{净资产收益率}=\frac{1\ 125}{(2\ 000+2\ 825)/2}\times100\%=\frac{1\ 125}{2\ 412.5}\times100\%=46.63\%$$

3.4.3 与股票数量或股票价格有关的获利能力指标

与股票数量或股票价格有关的获利能力指标是由企业的利润与股票数量或股票价格进行对比所确定的比率，主要包括以下几种。

1. 普通股每股盈余

普通股每股盈余①简称每股盈余或每股利润，是由净利润扣除优先股股利后的余额与发行在外的普通股股数进行对比所确定的比率。其计算公式为：

$$\text{每股盈余}=\frac{\text{净利润}-\text{优先股股利}}{\text{发行在外的普通股股数}} \qquad (3-30)$$

每股盈余是一个非常重要的财务指标，可以反映股份公司获利能力的大小，

① 每股收益包括基本每股收益和稀释每股收益两类。基本每股收益仅考虑当期实际发行在外的普通股股份，而稀释每股收益的计算和列报主要是为了避免每股收益虚增可能带来的信息误导。在计算稀释每股收益时，要考虑公司发行可转换债券、认股权证、股票期权等情况给净利润和股票数量带来的影响。本章只介绍基本每股收益的计算，稀释每股收益的计算可参考财政部会计司编写组．企业会计准则讲解（2010）．北京：人民出版社，2010.

每股盈余越高，说明获利能力越强。但是在实际分析时还需要结合企业的股本数量、股利政策等因素。这一指标的高低会对股票价格产生较大影响。

例3-22

计算腾飞公司的每股盈余。

根据表3-1和表3-2中的数据，可计算如下：

$$每股盈余=\frac{1\,125-0}{1\,000}=1.125(元)$$

2. 普通股每股现金流量

普通股每股现金流量简称每股现金流量，是经营活动产生的现金流量净额扣除优先股股利之后，与发行在外的普通股股数对比的结果。其计算公式为：

$$每股现金流量=\frac{经营活动产生的现金流量净额-优先股股利}{发行在外的普通股股数} \quad (3-31)$$

例3-23

计算腾飞公司的每股现金流量。

根据表3-1和表3-3中的数据，可计算如下：

$$每股现金流量=\frac{3\,000-0}{1\,000}=3(元)$$

注重股利分配的投资者应当注意，每股利润的高低虽然与股利分配有密切关系，但它不是决定股利分配的唯一因素。尽管每股利润很高，但是如果缺乏现金，也无法分配现金股利。因此，还有必要分析企业的每股现金流量。每股现金流量越高，说明企业越有能力支付现金股利。

3. 普通股每股股利

普通股每股股利简称每股股利，它反映了每股普通股获得现金股利的情况。其计算公式为：

$$每股股利=\frac{现金股利总额-优先股股利}{发行在外的普通股股数} \quad (3-32)$$

每股股利是评价普通股报酬情况的一个重要指标。

例3-24

20×0年，腾飞公司发放现金股利360万元。计算腾飞公司的每股股利。

根据表3-1和表3-2中的数据，可计算如下：

$$每股股利=\frac{360-0}{1\,000}=0.36(元)$$

4. 市盈率

市盈率又称价格盈余比率，是由普通股每股市价与普通股每股盈余进行对比所确定的比率。其基本公式为：

$$市盈率=\frac{普通股每股市价}{普通股每股盈余} \tag{3-33}$$

例3－25

假设腾飞公司的股票每股市价为18元，根据例3－22，计算腾飞公司的市盈率。

根据例3－22的数据，计算其市盈率如下：

$$市盈率=\frac{18}{1.125}=16$$

企业财务人员和外部投资者都很关心市盈率。企业财务人员在做出财务决策之前要很好地考虑其财务决策对这一比率的影响。投资者在投资之前，也要对不同股票的市盈率进行对比，然后再决定投资何种股票。一般来说，市盈率高，说明投资者对该企业的发展前景看好，愿意出较高价格购买该企业股票，所以一些成长性较好的企业其股票市盈率通常要高一些。但是也应该注意，如果一种股票的市盈率过高，意味着这种股票具有较高的投资风险。

3.5 企业发展能力分析

企业发展能力是指企业未来的发展潜力和发展速度。

3.5.1 营业收入增长率

营业收入增长率是指当期营业收入相对于上期营业收入的增长比率，是反映企业发展情况的一个比率。其计算公式为：

$$营业收入增长率=\frac{当期营业收入-上期营业收入}{上期营业收入}\times 100\% \tag{3-34}$$

企业的收入来源可以有很多，但营业收入才是企业长期生存发展的基本动力。营业收入增长率可以反映出企业营业收入的增长速度，营业收入增长速度越快，则企业在一定时期内的发展潜力越大。但是也不能盲目追求快速增长，因为这种增长如果超出企业资源和能力所及，则可能埋下隐患。

例3－26

计算腾飞公司的营业收入增长率。

根据表3－2中数据，可计算如下：

$$营业收入增长率=\frac{10\,000-8\,000}{8\,000}\times 100\%=25\%$$

这个比率对于企业来说是否合适，还应该结合行业基本情况和企业经营状况等因素进行分析。

3.5.2　净利润增长率

净利润增长率是指当期净利润相对于上期净利润的增长比率，是反映企业净利润增长情况的一个比率。其计算公式为：

$$净利润增长率=\frac{当期净利润-上期净利润}{上期净利润}\times 100\% \qquad (3-35)$$

净利润一直是一个重要的财务指标，在一定程度上反映了企业的经营效率和经营成果。净利润增长率通过对不同期间净利润的对比，反映了企业净利润的增长速度以及企业的发展趋势和潜力。

例 3-27

计算腾飞公司的净利润增长率。

根据表 3-2 中的数据，可计算如下：

$$净利润增长率=\frac{1\,125-750}{750}\times 100\%=50\%$$

由计算可知，腾飞公司的净利润增长率为 50%，表明其发展速度已经十分可观。

3.5.3　总资产增长率

总资产增长率是指当期总资产相对于上期总资产的增长比率，是反映企业总资产增长情况的一个比率。其计算公式为：

$$总资产增长率=\frac{当期总资产-上期总资产}{上期总资产}\times 100\% \qquad (3-36)$$

总资产增长率通过对不同期间总资产的对比，反映出企业总资产的增长速度和企业规模的发展情况。

例 3-28

计算腾飞公司的总资产增长率。

根据表 3-1 中的数据，可计算如下：

$$总资产增长率=\frac{5\,625-5\,200}{5\,200}\times 100\%=8.17\%$$

腾飞公司的总资产增长率为 8.17%，表明其公司规模在 20×0 年有所增长。当然，总资产增长率也可能为负数，这对企业有利还是不利需要结合企业的具体情况做进一步分析。如果企业资产负增长是因为处理了无效或多余资产，从而达到了提高经营效率的目的，则这种负增长对企业的未来发展是有利的；如果企业资产负增长是由于管理不善等原因造成了资产损失，则对企业发展不利。

3.5.4 净资产增长率

净资产增长率是指当期净资产相对于上期净资产的增长比率，是反映企业净资产增长情况的一个比率。其计算公式为：

$$\text{净资产增长率}=\frac{\text{当期净资产}-\text{上期净资产}}{\text{上期净资产}}\times 100\% \qquad (3-37)$$

净资产增长率通过对不同期间净资产的对比，反映出企业净资产的增长速度和企业规模的发展情况。

例 3－29

计算腾飞公司的净资产增长率。

根据表 3－1 中的数据，可计算如下：

$$\text{净资产增长率}=\frac{2\,825-2\,000}{2\,000}\times 100\%=41.25\%$$

3.5.5 经营现金净流量增长率

经营现金净流量增长率是指当期经营活动产生的现金流量净额相对于上期经营活动产生的现金流量净额的增长比率，反映了企业经营活动产生现金能力的变化。其计算公式为：

$$\begin{array}{c}\text{经营现金}\\\text{净流量增长率}\end{array}=\frac{\begin{array}{c}\text{当期经营活动产生}\\\text{的现金流量净额}\end{array}-\begin{array}{c}\text{上期经营活动产生}\\\text{的现金流量净额}\end{array}}{\begin{array}{c}\text{上期经营活动产生的}\\\text{现金流量净额}\end{array}}\times 100\% \qquad (3-38)$$

经营现金流量是企业现金流量的重要来源。经营现金流量作为企业日常经营活动的结果，对企业的长期发展有重要意义。如果经营现金流量不足，则企业的投资和筹资活动都会受到限制，无法扩大经营规模。经营活动现金净流量增长率反映了企业经营活动产生现金能力的变化，使管理者能够发现经营活动对企业现金的影响，从而及时发现问题。

例 3－30

假设腾飞公司上年经营活动产生的现金流量净额为 2 800 万元，计算腾飞公司的经营现金净流量增长率。

根据表 3－3 中的数据，可计算如下：

$$\text{经营现金净流量增长率}=\frac{3\,000-2\,800}{2\,800}\times 100\%=7.14\%$$

3.6 综合财务分析

前面3.2节到3.5节介绍了许多财务指标，但每一个指标都仅仅从一个侧面反映企业的财务状况，有一定的片面性和局限性，因此，必须把指标综合在一起进行分析。综合财务分析的方法主要有以下几种。

知识拓展
财务分析应该注意的问题①

3.6.1 公式分析法

公式分析法是指把某些指标通过公式联系起来，从而进行深入分析的方法。这种方法的分析公式非常多，现结合腾飞公司的报表，列举几个公式来说明这种分析方法。

财务报表与财务分析*

1. 与净资产收益率有关的公式

$$净资产收益率=\frac{净利润}{净资产平均总额}\times 100\%$$

$$=\frac{净利润}{资产平均总额}\times\frac{资产平均总额}{净资产平均总额}\times 100\% \quad (3-39)$$

$$净资产收益率=投资报酬率\times 平均权益乘数 \quad (3-40)$$

其中，权益乘数是资产相对于净资产的倍数，其计算公式为：

$$权益乘数=\frac{资产总额}{净资产总额}=\frac{1}{1-资产负债率} \quad (3-41)$$

例3-31

计算腾飞公司的净资产收益率。

根据表3-1和表3-2中的数据，可计算如下：

$$投资报酬率=\frac{1\ 125}{(5\ 200+5\ 625)/2}\times 100\%=20.79\%$$

$$平均权益乘数=\frac{(5\ 200+5\ 625)/2}{(2\ 000+2\ 825)/2}=2.24$$

$$净资产收益率=20.79\%\times 2.24=46.57\%$$

或

$$净资产收益率=\frac{1\ 125}{(5\ 200+5\ 625)/2}\times\frac{(5\ 200+5\ 625)/2}{(2\ 000+2\ 825)/2}\times 100\%$$

$$=46.63\%$$②

---

① 对相关内容感兴趣的读者，可付费扫码学习下面的完整视频。

② 两种方法计算结果中的微小差异是因为保留小数位数进行四舍五入带来了尾差。

2. 与投资报酬率有关的公式

$$投资报酬率=\frac{净利润}{资产平均总额}\times 100\%$$

$$=\frac{净利润}{营业收入}\times\frac{营业收入}{资产平均总额}\times 100\% \quad (3-42)$$

$$投资报酬率=营业净利率\times 总资产周转率 \quad (3-43)$$

例 3-32

计算腾飞公司的投资报酬率。

根据表 3-1 和表 3-2 中的数据，可计算如下：

$$投资报酬率=\frac{1\,125}{(5\,200+5\,625)/2}\times 100\%$$

$$=\frac{1\,125}{10\,000}\times\frac{10\,000}{(5\,200+5\,625)/2}\times 100\%$$

$$=20.79\%$$

3. 与每股股利有关的公式

$$每股股利=\frac{股利支付额}{普通股股数}=\frac{股利支付额}{净利润}\times\frac{净利润}{普通股股数} \quad (3-44)$$

$$=股利支付率\times 每股盈余$$

例 3-33

计算腾飞公司的每股股利。

根据表 3-1 和表 3-2 中的数据，可计算如下：

$$每股股利=\frac{360}{1\,000}=\frac{360}{1\,125}\times\frac{1\,125}{1\,000}=0.36(元)$$

3.6.2 杜邦分析法

财务评价与战略评价*

杜邦分析法是在考虑各财务比率内在联系的条件下，通过建立多种比率的综合财务分析体系来考察企业财务状况的一种分析方法。它是由美国杜邦公司率先采用的一种方法，故称杜邦分析法。杜邦分析法与前面讲的公式分析法有一定的联系，但它能比公式分析法更简明、更直观地说明问题。

杜邦分析法可以用图 3-1 中的杜邦分析体系来加以说明（其中代入了腾飞公司的数据）。

从图 3-1 可以看出，杜邦分析体系是把有关财务指标以系统分析图的形式联系在一起，通过这一指标体系图可以了解如下一些问题：

（1）净资产收益率是一个综合性很强、与企业财务管理目标相关性最大的指标，它由企业的营业净利率、总资产周转率和平均权益乘数决定。可见，净资产收益率是指标体系分析的核心。

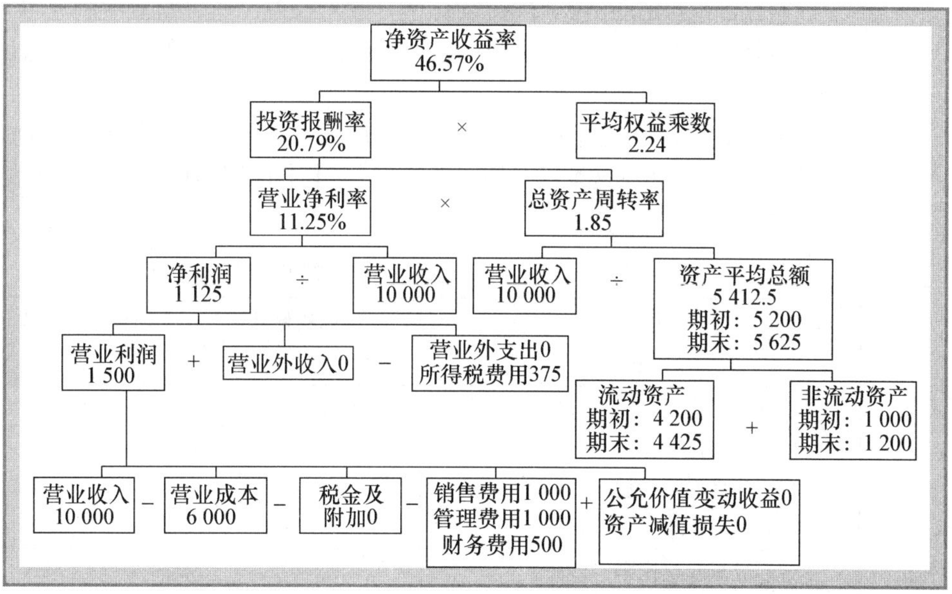

图3-1 杜邦分析体系

（2）企业的净利润是由营业收入扣除成本费用总额，调整投资收益和营业外收支净额等项目，再扣除所得税费用得到的，而成本费用又由一些具体项目构成。通过对这些项目的分析，能够了解企业净利润增减变动的原因。

（3）企业的总资产是由流动资产和非流动资产构成的，它们各自又有明细项目，通过对总资产构成和周转情况的分析，能够发现企业资产管理中存在的问题与不足。

（4）企业的总资金由所有者权益和负债两部分构成，通过对其结构的分析，能够了解企业的资本结构是否合理和财务风险的大小，从而及时发现企业筹资中存在的问题，以便采取有效措施加以改进。

3.6.3 计分综合分析法

计分综合分析法是先分析计算企业财务指标的分数，然后求出汇总数，将其与行业标准分数进行对比来评价企业财务状况的一种综合分析法。计分综合分析法的步骤包括以下几个。

1. 选择具有代表性的财务指标

财务指标有很多，如果一一计算，工作量就会很大，所以一般选择具有代表性的指标。在选择指标时应注意以下几个问题：

（1）偿债能力指标、营运能力指标、获利能力指标和发展能力指标[①]都应选

① 考虑到发展能力指标在行业和具体环境中存在较大差异，这里并没有列示发展能力指标的评分情况，仅以偿债能力、获利能力和营运能力指标为例。

到，不能只集中在某一类指标上。

(2) 最好选用正指标，如流动比率、股东权益比率、营业净利率等，而不宜选用逆指标，如负债比率。因为最后的得分越高越好，这类比率加入后会不好处理。

(3) 除根据财务报表计算的指标，还应适当选取一些非财务方面的指标，如职工平均年龄等（在这里仅介绍财务指标）。本书选用的代表性指标如表3-4第（1）列所示。

表3-4　一些具有代表性的财务指标

指标 (1)	指标的标准值 (2)	指标的标准评分值 (3)
一、偿债能力指标		
(1) 流动比率	2	8
(2) 利息保障倍数	4	8
(3) 现金比率	0.3	8
(4) 股东权益比率	40%	12
二、获利能力指标		
(1) 营业净利率	8%	10
(2) 投资报酬率	16%	10
(3) 净资产收益率	40%	16
三、营运能力指标		
(1) 存货周转率（次）	5	8
(2) 应收账款周转率（次）	6	8
(3) 总资产周转率（次）	2	12
合计	—	100

2. 确定各项财务指标的标准值与标准评分值

财务指标的标准值一般以行业平均数或企业上年数为基准来加以确定。标准评分值根据指标的重要程度来确定，越重要的分数越高，越不重要的分数越低，但所有指标的分数合计应等于100。腾飞公司财务指标的标准值和标准评分值列示在表3-4中的第（2）列和第（3）列中。

3. 计算综合分数

综合分数是由各指标的实际得分汇总得到的。各指标的实际得分按以下公式计算：

$$\text{实际得分}=\text{指标的标准评分值}\times\frac{\text{指标的实际值}}{\text{指标的标准值}} \tag{3-45}$$

例3-34

结合前面计算的腾飞公司的有关指标及表3-4中给定的标准值，计算腾飞公司的综合分数，如表3-5所示。

表3-5 腾飞公司的综合分数

指标 (1)	标准评分值 (2)	标准值 (3)	实际值 (4)	实际得分 (5)=(2)×(4)÷(3)
一、偿债能力指标				
（1）流动比率	8	2	2.46	9.84
（2）利息保障倍数	8	4	4	8
（3）现金比率	8	0.3	0.68	18.13
（4）股东权益比率	12	40%	50%	15
二、获利能力指标				
（1）营业净利率	10	8%	11.25%	14.06
（2）投资报酬率	10	16%	20.79%	12.99
（3）净资产收益率	16	40%	46.63%	18.65
三、营运能力指标				
（1）存货周转率（次）	8	5	4	6.40
（2）应收账款周转率（次）	8	6	5	6.67
（3）总资产周转率（次）	12	2	1.85	11.10
合计	100	—	—	120.84

4. 做出综合评价

在采用计分综合分析法时，分数若大于100，则说明企业的财务状况超过行业平均水平或历史相关水平，企业的财务状况比较好；反之，则说明企业的财务状况比较差。腾飞公司的得分为120.84分，超过行业平均水平，说明其财务状况较好。

复习与思考

说明运用计分综合分析法分析的过程。

VCase课后实验——偿债能力分析

一、实验简介

基于案例资料中给定的财务报表等信息，结合反映短期偿债能力、长期偿债能力的指标含义以及计算等相关知识点，使用偿债能力分析工具，对企业偿还债务（含本金和利息）的能力进行分析，并通过偿债能力分析揭示企业财务风险大小，完成偿债能力分析报告。

二、实验数据和实验工具

VCase课后实验——偿债能力分析

三、实验报告

企业的偿债能力是企业偿还债务的能力，通过对偿债能力的分析，能够揭示企业的财务风险大小。报表使用者可以通过分析企业权益结构，评估对债务资金的利用程度，从而完成企业偿债能力的分析。

1. 企业短期偿债能力分析。

(1) 根据企业短期偿债能力分析结果，计算公司主要短期偿债能力指标如下：

序号	指标名称	数值	数值填写说明
1	流动比率		保留至2位小数
2	速动比率		保留至2位小数
3	现金比率		保留至2位小数
4	现金流量比率		保留至2位小数

(2) 请结合上述指标计算，分析企业短期偿债能力。

2. 企业长期偿债能力分析。

(1) 根据企业长期偿债能力分析结果，计算主要长期偿债能力指标如下：

序号	指标名称	数值	数值填写说明
1	资产负债率	%	百分比，保留至2位小数
2	股东权益比率	%	百分比，保留至2位小数
3	偿债保障比率	%	百分比，保留至2位小数

(2) 请结合上述指标计算，分析企业长期偿债能力。

本章小结

本章介绍了财务分析的有关问题，是财务管理学习的重要基础。

1. 财务分析是通过对财务报表有关项目进行对比，来揭示企业财务状况的一种方法。财务分析所提供的信息不仅能说明企业目前的财务状况，更重要的是能为企业未来的财务决策和财务计划提供重要依据。

2. 分项财务分析包括偿债能力分析、营运能力分析、获利能力分析和发展能力分析，它们是财务分析的几个重要支柱，通过这几个项目的分析，可以了解企业生产经营情况的主要方面。偿债能力分析包括短期偿债能力分析、长期偿债能力分析以及负担利息和固定支出能力分析；营运能力分析包括资产周转情况分析和产生现金能力分析；获利能力分析包括与营业收入有关的指标分析、与资金有关的指标分析和与股票数量或股票价格有关的指标分析；发展能力分析则主要是通过观察主要财务指标的增长情况来进行分析。

3. 综合分析可以把握企业的整体情况，并将成绩或问题分解，为发挥企业潜力、解决困难和问题提供依据。综合分析法中的公式分析法、杜邦分析法和计分综合分析法等从不同角度对企业的财务状况进行综合评价，值得在实际工作中加以参考和应用。

重要名词

财务分析（financial analysis） 流动比率（current ratio）
速动比率（quick ratio） 资产负债率（total debt ratio）
营业净利率（net profit margin） 资产报酬率（return on assets，ROA）
净资产收益率（return on equity，ROE）
市盈率（price to earnings ratio，P/E ratio）
应收账款周转率（accounts receivable turnover）
存货周转率（inventory turnover） 杜邦分析法（DuPont analysis）

思考题

1. 怎样理解财务分析在财务管理中的作用？
2. 怎样分析企业的偿债能力？
3. 怎样分析企业的营运能力？
4. 怎样分析企业的获利能力？

5. 怎样分析企业的发展能力？
6. 试论述综合分析的基本方法。
7. 企业的偿债能力、营运能力、获利能力和发展能力之间有什么关系？

案例题

ABC公司的财务分析

案例资料： 下面3个表分别是ABC公司20×6至20×9年的资产负债表、20×7至20×9年的利润表和现金流量表（均为合并报表数）。

ABC公司20×6至20×9年资产负债表　　单位：万元

	20×6年	20×7年	20×8年	20×9年
资产				
流动资产：				
货币资金	49 082.52	38 194.11	63 209.13	58 225.30
交易性金融资产	—	—	—	—
应收票据	2 849.41	12 527.06	18 503.60	34 262.51
应收账款	61 533.53	62 654.34	85 700.91	62 282.12
预付款项	53 445.23	52 615.57	85 014.71	99 891.46
其他应收款	28 670.49	26 823.67	30 544.70	24 838.63
存货	53 986.67	33 355.40	61 521.53	60 581.78
其他流动资产	—	139.68	—	9 288.38
流动资产合计	249 567.85	226 309.83	344 494.58	349 370.18
非流动资产：				
长期股权投资	21 715.15	41 651.32	168 523.18	170 551.27
固定资产	85 200.31	82 078.60	149 175.04	156 915.45
在建工程	10 975.26	32 892.39	22 391.03	53 668.63
无形资产	10 562.94	10 402.02	9 510.82	8 783.16
开发支出	33.57	6.97	—	—
长期待摊费用	—	14.85	145.85	125.00
非流动资产合计	128 487.23	167 046.15	349 745.92	390 043.51
资产总计	378 055.08	393 355.98	694 240.50	739 413.69
负债及股东权益				
流动负债：				

续表

	20×6 年	20×7 年	20×8 年	20×9 年
短期借款	27 949.00	16 449.00	45 420.00	90 680.00
应付票据	—	—	—	6 000.00
应付账款	23 725.98	26 205.19	52 882.29	23 266.68
预收款项	6 356.95	4 842.80	15 581.37	5 898.34
应付职工薪酬	1 982.02	2 459.88	3 906.16	4 554.66
应交税费	6 769.29	9 142.83	6 771.59	6 599.53
应付股利	12 828.30	14 159.05	26 056.95	30 253.80
其他应付款	16 093.57	9 507.64	10 485.57	23 057.73
其他流动负债	—	—	226.73	—
流动负债合计	95 705.11	82 766.39	161 330.66	190 310.74
非流动负债：				
长期借款	—	—	—	—
应付债券	—	—	—	—
长期应付款	—	3.25	—	—
预计负债	653.92	—	—	—
其他非流动负债	274.87	−26.03	221.17	—
非流动负债合计	928.79	−22.78	221.17	—
负债合计	96 633.90	82 743.61	161 551.83	190 310.74
股东权益：				
股本	70 178.40	86 066.70	119 235.50	119 873.26
资本公积	151 642.91	152 954.07	317 301.30	317 301.30
盈余公积	32 916.03	41 559.70	70 461.01	88 604.98
未分配利润	26 683.84	30 031.90	25 690.86	23 323.41
股东权益合计	281 421.18	310 612.37	532 688.67	549 102.95
负债及股东权益合计	378 055.08	393 355.98	694 240.50	739 413.69

ABC 公司 20×7 至 20×9 年利润表　　单位：万元

项目	20×7 年	20×8 年	20×9 年
一、营业收入	482 837.80	1 144 182.32	1 155 352.10
减：营业成本	394 789.78	950 884.25	1 005 775.06
税金及附加	1 054.68	2 926.14	725.54
销售费用	5 625.69	34 775.08	36 477.02

续表

项目	20×7年	20×8年	20×9年
管理费用	44 644.59	58 861.16	50 923.94
财务费用	951.55	1 250.72	2 011.07
加：投资收益	14 308.33	−7 343.45	−8 094.28
二、营业利润	50 079.84	88 141.52	51 345.19
加：营业外收入	256.52	1 827.24	2 450.28
减：营业外支出	108.56	180.75	97.33
三、利润总额	50 227.80	89 788.01	53 698.14
减：所得税费用	7 818.81	28 004.15	13 992.17
四、净利润	42 408.99	61 783.86	39 705.97

ABC公司20×7至20×9年现金流量表

单位：万元

项目	20×7年	20×8年	20×9年
一、经营活动产生的现金流量			
销售商品、提供劳务收到的现金	363 857.28	930 530.64	670 508.81
收到的税费返还	322.98	871.91	2 008.61
收到其他与经营活动有关的现金	40 347.35	23 731.88	6 081.13
经营活动现金流入小计	404 527.61	955 134.43	678 598.55
购买商品、接受劳务支付的现金	299 680.02	722 148.92	553 338.44
支付给职工及为职工支付的现金	14 350.34	18 432.16	14 698.30
支付的各项税费	18 974.13	74 321.88	27 756.84
支付其他与经营活动有关的现金	23 750.56	70 043.31	43 737.92
经营活动现金流出小计	356 755.05	884 946.27	639 531.50
经营活动产生的现金流量净额	47 772.56	70 188.16	39 067.05
二、投资活动产生的现金流量			
收回投资收到的现金	—	—	—
取得投资收益收到的现金	530.45	530.13	5.94
处置固定资产、无形资产和其他长期资产收回的现金净额	7.50	643.00	—
收到其他与投资活动有关的现金	1 494.11	36 887.72	—
投资活动现金流入小计	2 032.06	38 060.85	5.94
购建固定资产、无形资产和其他长期资产支付的现金	32 222.27	45 090.33	49 554.67
投资支付的现金	15 858.40	229 505.00	16 275.00

续表

项目	20×7 年	20×8 年	20×9 年
支付其他与投资活动有关的现金	—	—	—
投资活动现金流出小计	48 080.67	274 595.33	65 829.67
投资活动产生的现金流量净额	−46 048.61	−236 534.48	−65 823.73
三、筹资活动产生的现金流量			
吸收投资收到的现金	2 242.88	175 824.56	2 069.45
取得借款收到的现金	17 649.00	68 820.00	134 360.00
收到其他与筹资活动有关的现金	574.93	—	—
筹资活动现金流入小计	20 466.81	244 644.56	136 429.45
偿还债务支付的现金	28 699.00	39 849.00	89 080.00
分配股利、利润或偿付利息支付的现金	2 932.05	12 973.26	25 576.59
支付其他与筹资活动有关的现金	1 448.13	460.95	—
筹资活动现金流出小计	33 079.18	53 283.21	114 656.59
筹资活动产生的现金流量净额	−12 612.37	191 361.35	21 772.86
四、汇率变动对现金及现金等价物的影响			
五、现金及现金等价物净增加额	−10 888.42	25 015.02	−4 983.82

案例思考题:

假设 ABC 公司的营业收入中 60%为赊销，20×7 至 20×9 年年末每股股票的收盘价分别为 8 元、10 元和 15 元，财务费用全都是利息费用，租金是 500 万元，优先股股利为零，20×7 至 20×9 年度分配的现金股利分别为 20 000 万元、30 000 万元、10 000 万元，发行在外的普通股的加权平均数分别为 80 000 万股、84 000 万股、90 000 万股。

请计算 ABC 公司 20×7 至 20×9 年度的偿债能力、营运能力、获利能力和发展能力指标，并尝试综合分析企业的财务状况和发展趋势。

某公司财务状况分析

案例资料: 某公司近三年的主要财务数据和财务比率见下表。

某公司近三年的主要财务数据和财务比率

	前年	去年	今年
销售收入（万元）	4 000	4 300	3 250
总资产（万元）	1 430	1 560	1 690
股东权益合计（万元）	600	650	650
流动比率	1.19	1.25	1.20
应收账款周转天数	18	22	27

续表

	前年	去年	今年
存货周转率（次）	8.0	7.5	5.5
毛利（万元）	800	700.9	520
净利润（万元）	300.3	202.36	97.5

案例思考题：

计算该公司的净资产收益率、总资产周转率和营业净利率（计算时有关平均余额数据可仅使用年末数据），并分析这几项指标发生变化的原因。

第 4 章

Chapter 4 企业投资管理（上）

学习目标

- 了解投资的意义、分类以及投资管理的基本要求。
- 掌握现金流量的概念、构成和计算方法。
- 理解各种投资决策指标的概念、计算方法、决策规则和优缺点。

引例

顺华快餐是北京一家专门派送外卖的餐饮连锁店，发展 10 年来，已在市辖区开设 20 家连锁店，外卖派送的范围覆盖了大半个北京城。从建立第一家快餐店至今，顺华就一直采取电话订餐的方式，由接线员记录送餐地址和电话，然后交由各分店制作和派送。然而，随着业务规模进一步扩大，人工成本和管理费用一路飙升。张总经理决定在入驻外卖平台的同时投资建设一套网上订餐系统，顾客可以在网上预留地址和电话，之后便可以在网上订餐，同时，电话订餐时会随来电显示顾客的地址，节省接线员记录地址的时间。订单生成后，系统会自动决定由哪家连锁店负责制作和派送，并设计最佳路线，指导送餐人员快速准确地将食物送达。这套系统需要一次性投资 50 000 元，每年的维护和升级费用为 2 000 元，投入这套系统每月可以节省人工成本 4 800 元，管理费用 2 500 元。此外，在试用的第一个月里，通过顾客反馈调查，送餐时间由原来的平均半小时缩短到 20 分钟，几乎杜绝了由于地址记录错误引起的投诉事件。

张总经理希望知道投资这套网上订餐系统是否合算。通过本章的学习，你将了解有关企业投资管理的相关知识，从而进行基本的投资判断。

4.1 投资管理概述

思维导图
企业投资管理（上）

4.1.1 投资的意义

投资是指将财力投放于一定的对象，以期望在未来获取一定利润的经济行为。在市场经济条件下，企业能否把筹集到的资金投放到收益高、回收快、风险小的项目上，对其生存和发展十分重要。

1. 企业投资是实现财务管理目标的基本前提

企业财务管理的目标是不断提高企业价值，为此，就要采取各种措施以增加利润、降低风险。企业要想获得利润，就必须拥有一定数量的资金，并把资金投放到各种资产上。

2. 企业投资是生存发展的必要手段

在科学技术、社会经济迅速发展的今天，企业无论是维持简单再生产还是实现扩大再生产，都必须进行一定的投资。要维持简单再生产的顺利进行，就必须及时对所有机器设备进行更新，对产品和工艺进行改造，不断提高员工的科学技术水平等。要实现扩大再生产，就必须新建、扩建厂房，增添机器设备，增加职工人数，提高人员素质等。企业只有通过一系列的投资活动，才能创造增强实力、广开财源的条件。

3. 企业投资是降低风险的重要方法

企业把资金投向生产经营的关键环节或薄弱环节，可以使企业各种生产经营能力相匹配、平衡，形成更强大的综合生产能力。企业如果把资金投向多个行业，实行多元化经营，则更能增加企业销售和盈余的稳定性。这些都是降低企业经营风险的重要方法。

4.1.2 投资的分类

为了加强投资管理、提高投资效益，必须分清投资的性质，对投资进行科学的分类。企业投资可作如下分类。

1. 直接投资与间接投资

按投资与企业生产经营的关系，可将投资分为直接投资和间接投资。直接投资是指把资金投放于生产经营性资产，以便获取利润的投资。在非金融性企业中，直接投资所占比重很大。间接投资又称证券投资，是指把资金投放于证券等金融资产，以便取得股利或利息等收入的投资。随着我国金融市场的完善和多渠道筹资的形成，企业间接投资将越来越广泛。

2. 短期投资与长期投资

按投资回收时间的长短，可将投资分为短期投资和长期投资。短期投资又称流动资产投资，是指能够并且准备在一年以内收回的投资，主要包括对现金、应收账款、存货、短期有价证券等的投资。长期有价证券能随时变现的，也可划分为短期投资。长期投资则是指一年以上才能收回的投资，主要包括对厂房、机器设备等固定资产的投资，也包括对无形资产和长期有价证券等的投资。由于长期投资中对固定资产的投资所占比重最大，因此长期投资有时专指固定资产投资。

3. 对内投资与对外投资

按投资的方向，可将投资分为对内投资和对外投资。对内投资是指把资金投向企业内部以购置各种生产经营性资产的投资。对外投资是指企业以现金、实物、无形资产等方式或以购买股票、债券等有价证券的方式向其他单位的投资。随着企业横向经济联合的展开，对外投资越来越重要。对内投资是直接投资，对外投资主要是间接投资，但是当对外股权投资对被投资单位达到控股时就成了直接投资。

4. 初创投资与后续投资

按投资在再生产过程中的作用，可将投资分为初创投资和后续投资。初创投资是指在建立新企业时所进行的各种投资。通过初创投资可建设形成企业的原始资产，为企业的生产经营创造必备的条件。后续投资则是指为了巩固和发展企业再生产所进行的各种投资，包括为维持简单再生产所进行的更新性投资，为实现扩大再生产所进行的追加性投资，以及为调整生产经营方向所进行的转移性投资等。

本章后面讲述的投资主要是指后续的对内长期直接投资，即为巩固和发展企业再生产，将资金投向企业内部以购置期限较长的生产经营性资产的投资，尤其是指固定资产投资。

4.1.3 投资管理的基本要求

企业投资的重要意义在于发展生产、获取利润、降低风险，从而达到增加企业价值的目的。企业能否实现这一目标，关键在于能否在风云变幻的市场环境下，抓住有利的投资机会，做出合理的投资决策。为此，企业在投资时必须坚持以下基本要求。

1. 认真进行市场调查，及时捕捉投资机会

捕捉投资机会是企业投资活动的起点，也是企业投资决策的关键。在市场经济条件下，投资机会受诸多因素影响，尤其要受市场需求变化的影响。企业在投资前，必须认真进行市场调查和市场分析，寻找最有利的投资机会。市场是不断发展变化的，对于市场和投资机会的关系也应从动态的角度去把握。正是由于市场不断发展变化，才有可能产生一个又一个新的投资机会。随着经济的不断发展，人民生活水平不断提高，消费需求日新月异，从而创造出无数的投资机会。

2. 建立科学的投资决策程序，认真进行投资项目的可行性分析

在市场经济条件下，企业的投资会面临一定的风险。为了保证投资决策正确有效，必须按照科学的决策程序，认真进行投资项目的可行性分析。投资项目的可行性分析主要是对投资项目技术上的可行性和经济上的有效性进行论证，运用各种方法计算出相关指标，以便合理确定不同投资项目的优劣。财务部门是对企业的资金进行规划和控制的部门，因此，投资项目的可行性分析离不开财务人员的参与。

3. 及时足额地筹集资金，保证投资项目的资金供应

企业的投资项目，特别是大型投资项目，必须有及时足额的资金供应。否则，企业可能会错失投资机会，甚至迫使项目中途下马，造成巨大损失。因此，在投资项目上马之前，必须科学预测所需资金的数量和时间，采用适当的方法筹措资金，保证投资项目顺利完成，尽快产生投资收益。

知识拓展
承诺升级与恶性增资

4. 认真分析风险与收益的关系，适当控制投资风险

收益与风险共存。企业价值既取决于收益，又受制于风险。因此，企业在进行投资时，必须在追求收益的同时认真考虑风险。只有在收益和风险达到较好的均衡时，才有可能不断增加企业价值，实现财务管理目标。

4.2 投资决策中的现金流量

4.2.1 现金流量的概念

企业投资决策中的现金流量是指与投资决策相关的现金流入和流出的数量。现金流量是评价投资方案是否可行时必须事先计算的一个基础性数据。一定时期内现金流入量与现金流出量之差，称为净现金流量。

理解投资决策中的现金流量，应注意以下两点。

1. 投资决策中计算的现金流量是与决策相关的现金流量

投资决策中的现金流量建立在“差量”概念的基础之上。所谓差量现金流量，是指与没有做出某项决策时的企业现金流量相比的差额。也就是说，只有当做出某项决策后会发生改变的现金流量才是与决策相关的，如果无论是否做出该决策，一笔现金流量均会发生或均不会发生，那么该笔现金流量就与决策不相关，不需要考虑。其中值得注意的有如下几个问题：

（1）沉没成本。沉没成本是指已经发生的成本。由于沉没成本已是既成事实，不可能因为投资决策而发生改变，因此属于决策无关成本，在决策中不予考虑。例如，企业为某项目进行了一定的市场调查和技术分析，这些活动花费了5万元，现在需要做出是否投资的决策，此时，5万元的前期费用就属于沉没成本，在决策中不应考虑。

（2）机会成本。机会成本是指因为选择某个投资方案而丧失的其他收益机会。当存在多种投资机会而资源又有限时，选择一个投资机会就意味着丧失其他投资机会可能带来的收益，因此，该收益的丧失是由做出的投资决策引起的，与决策相关，在决策中应予以考虑。例如，企业一间暂时闲置的厂房既可以对外出租，每年租金 10 万元，又可以用于某条新的生产线。如果企业决定将其用于新的生产线，那么由此丧失的每年 10 万元的租金收入就应当作为该生产线的机会成本予以考虑。

（3）交叉影响。如果新采纳的投资项目对已有的经营项目有促进效果或削减影响，则也应该纳入决策考虑的范围。因为企业是一个整体，当新旧项目之间有交叉影响时，只有将这种影响予以考虑，才能完整地反映出投资决策所带来的差量现金流量。例如，某饮料生产企业过去只生产橙汁一种产品，现在考虑是否增加桃汁作为新产品，在这种情况下，就不仅要计算桃汁可能给企业直接带来的现金流量，还应考虑桃汁的推出是否会影响橙汁的销量，如果有影响，应将由此减少的现金流量也纳入决策考虑的范围。

2. 投资决策中现金流量的计算一定是建立在税后基础之上的

只有扣除税收因素之后的现金流入才是企业增加的净收益，也只有扣除税收因素之后的现金流出才是企业增加的净支出。凡是由投资决策引起的计入当期收入或当期费用、损失的项目都应考虑其对所得税的影响。

4.2.2 现金流量的构成

投资决策中的现金流量一般由以下三部分构成。

1. 初始现金流量

初始现金流量是指开始投资时发生的现金流量，一般包括以下几项内容：

（1）固定资产投资。包括固定资产的购置或建造成本、运输成本和安装成本等带来的现金流出。

（2）营运资金垫支。它是指投资项目开始时净营运资金的变动，包括流动资产和流动负债的变动。例如，对存货和应收账款等流动资产的追加将带来一部分现金流出，而应付账款等流动负债的增加将导致现金流出减少。

（3）其他费用。其他费用主要是指与长期投资有关的职工培训费、谈判费、注册费等带来的现金流出。这部分现金支出通常直接计入当期费用，因此还需考虑其对所得税的影响。

（4）原有固定资产变价收入。这主要是指固定资产更新时，变卖原有固定资产所带来的现金流入。此时需要注意，如果原有固定资产出售价格与账面价值不同，则会出现出售损益，给企业带来所得税方面的影响。

2. 营业现金流量

营业现金流量又称营业现金净流量，是指投资项目投入使用后，在其寿命周期内由于生产经营所产生的现金流入扣除现金流出的数量。这种现金流量一般按年度进行计算。这里的现金流入一般是指由营业收入所带来的现金流入，现金流出一般是指由需要付现的营业成本和所得税所引起的现金流出。

3. 终结现金流量

终结现金流量是指投资项目完结时所发生的现金流量，主要包括固定资产的残值收入或变价收入、固定资产的清理费用以及原来垫支的营运资金的收回。

应当注意的是，在确定投资项目的初始现金流量、营业现金流量和终结现金流量时，不应包含与筹资相关的内容。虽然筹资的目的是投资，投资活动中使用的资金是筹资得来的，但二者不可混为一谈。投资项目的现金流量只包括与投资项目本身相关的内容，即使是为了某项投资而专项借入的资金，其本金的借入与偿还、初始筹资费用和各年利息费用的支付也不应计入投资项目的现金流量中，否则，同一个投资项目会因为是使用自有资金还是借入资金而出现截然不同的现金流量，进而可能带来截然不同的决策结果。企业筹资成本的高低的确会在一定程度上影响投资决策，但它是以折现率的形式出现的，而不是以现金流量的形式出现。如果从投资项目的现金流量中扣除各年利息，然后再按资金成本进行折现，就对筹资成本进行了重复考虑。因此，筹资活动的现金流量应在筹资管理中予以考虑，投资活动的现金流量则在投资管理中进行分析，二者通过资金成本这条纽带相互联系，而不是在现金流量上不分彼此。

4.2.3 现金流量的计算方法

初始现金流量和终结现金流量的计算比较简单，只需逐项列出然后相加即可。需要注意的是，如果初始投资时存在费用化的支出，或涉及旧固定资产的出售损益，则需要考虑它们的所得税影响。

营业现金流量的计算相对较为复杂，其计算方法主要有以下三种。

1. 根据定义直接计算

根据营业现金流量的定义，每年的营业现金流量是营业现金流入扣减营业现金流出后的净额。为了便于计算，假定投资项目每年的营业现金流入等于营业收入，而营业现金流出则等于付现成本（指不包括折旧的营业成本）和所得税之和。于是，我们得到计算每年营业现金流量的第一种方法：

$$营业现金流量=营业收入-付现成本-所得税 \qquad (4-1)$$

2. 根据税后净利倒推计算

投资项目每年的营业现金流量包括两个方面的内容：一是所获得的税后净利；二是所计提的折旧。因为折旧不需要付出现金，但抵减了当期利润，所以，在计算营业现金流量时应将其加回到税后净利中。于是，我们可以得到计算营业现金流量的第二种方法：

营业现金流量＝税后净利＋折旧　　（4－2）

式（4－2）也可以由式（4－1）推导而来，推导过程如下：

营业现金流量＝营业收入－付现成本－所得税
＝营业收入－(营业成本－折旧)－所得税
＝营业收入－营业成本－所得税＋折旧
＝税后净利＋折旧

3. 根据所得税的影响计算

由于收入要缴税，费用可抵税，因此不管是营业收入还是付现成本最终都应是税后的数据，而且不需付现的折旧也具有抵税作用。于是，我们得到计算营业现金流量的第三种方法：

营业现金流量＝营业收入×(1－税率)－付现成本×(1－税率)
＋折旧×税率　　（4－3）

式（4－3）也可以由式（4－2）推导得来，推导过程如下：

营业现金流量＝税后净利＋折旧
＝(营业收入－营业成本)×(1－税率)＋折旧
＝(营业收入－付现成本－折旧)×(1－税率)＋折旧
＝营业收入×(1－税率)－付现成本×(1－税率)
－折旧×(1－税率)＋折旧
＝营业收入×(1－税率)－付现成本×(1－税率)＋折旧×税率

以上三种方法的计算结果是一样的，可以根据已知条件选择最简便的方法。其中式（4－3）较为常用，因为它不需要计算投资项目带来的利润，而是直接根据投资项目的营业收入、付现成本和折旧以及企业的所得税税率来计算。下面举例说明投资项目现金流量的计算。

例4－1

星海公司打算购买一台设备以扩充生产能力。现有甲、乙两个方案可供选择。甲方案需投入100 000元购置设备，设备使用寿命5年，采用直线法计提折旧，5年后设备无残值。5年中每年营业收入为60 000元，付现成本为20 000元。乙方案需投入120 000元购置设备，垫支30 000元营运资金，设备使用寿命为5年，采用直线法计提折旧，5年后净残值为20 000元。5年中每年营业收入为80 000元，第1年付现成本为30 000元，往后每年增加修理费和维护费4 000元。假设所得税税率为25%。试计算两个方案的现金流量。

（1）计算两个方案的初始现金流量。

甲方案初始现金流量＝固定资产投资＝100 000(元)
乙方案初始现金流量＝固定资产投资＋营运资金垫支
＝120 000＋30 000
＝150 000(元)

(2) 计算两个方案各年的营业现金流量（以第三种方法为例）。

$$甲方案每年折旧额=\frac{100\,000}{5}=20\,000(元)$$

$$乙方案每年折旧额=\frac{120\,000-20\,000}{5}=20\,000(元)$$

$$\begin{aligned}\text{甲方案每年营业现金流量}&=60\,000\times(1-25\%)-20\,000\times(1-25\%)+20\,000\times25\%\\&=35\,000(\text{元})\end{aligned}$$

$$\begin{aligned}\text{乙方案第 1 年营业现金流量}&=80\,000\times(1-25\%)-30\,000\times(1-25\%)+20\,000\times25\%\\&=42\,500(\text{元})\end{aligned}$$

$$\begin{aligned}\text{乙方案第 2 年营业现金流量}&=80\,000\times(1-25\%)-34\,000\times(1-25\%)+20\,000\times25\%\\&=39\,500(\text{元})\end{aligned}$$

$$\begin{aligned}\text{乙方案第 3 年营业现金流量}&=80\,000\times(1-25\%)-38\,000\times(1-25\%)+20\,000\times25\%\\&=36\,500(\text{元})\end{aligned}$$

$$\begin{aligned}\text{乙方案第 4 年营业现金流量}&=80\,000\times(1-25\%)-42\,000\times(1-25\%)+20\,000\times25\%\\&=33\,500(\text{元})\end{aligned}$$

$$\begin{aligned}\text{乙方案第 5 年营业现金流量}&=80\,000\times(1-25\%)-46\,000\times(1-25\%)+20\,000\times25\%\\&=30\,500(\text{元})\end{aligned}$$

(3) 计算两个方案的终结现金流量。

甲方案终结现金流量=0

乙方案终结现金流量=固定资产净残值+营运资金收回

=20 000+30 000=50 000(元)

两个方案的现金流量如表 4-1 所示。

表 4-1 投资项目现金流量 单位：元

t	0	1	2	3	4	5
甲方案：						
初始现金流量	−100 000					
营业现金流量		35 000	35 000	35 000	35 000	35 000
现金流量合计	−100 000	35 000	35 000	35 000	35 000	35 000
乙方案：						
初始现金流量	−150 000					
营业现金流量		42 500	39 500	36 500	33 500	30 500
终结现金流量						50 000
现金流量合计	−150 000	42 500	39 500	36 500	33 500	80 500

表 4－1 中，$t=0$ 代表第 1 年年初，$t=1$ 代表第 1 年年末，$t=2$ 代表第 2 年年末，以此类推。在现金流量的计算中，为了简便起见，一般都假定各年投资在年初一次进行，各年营业现金流量在年末一次发生，终结现金流量在最后一年年末发生。

复习与思考

1. 投资决策中的营业现金流量由哪些部分构成？应如何计算？
2. 在计算营业现金流量时为何不考虑筹资成本？

4. 投资决策中采用现金流量的原因

财务会计计算企业的收入和费用，并以收入扣减费用后的利润来评价企业的经济效益。投资决策则计算现金流入和现金流出，并以净现金流量作为评价投资项目经济效益的基础。投资决策中采用现金流量而不采用利润，主要有以下两方面的原因。

（1）采用现金流量有利于科学地考虑资金的时间价值。利润的计算是以权责发生制为基础的，它不考虑资金收付的具体时间。而现金流量则反映了每一笔资金收付的具体时间。由于科学的投资决策必须认真考虑资金的时间价值，因此与利润相比，现金流量是更好的选择。

（2）采用现金流量使投资决策更加客观。利润的计算带有一定的主观性，采用不同的会计政策、会计估计可能出现不同的利润数据。相比之下，现金流量更加客观、真实，不易受到人为因素的影响。因此，在投资决策中采用现金流量更符合客观实际。

4.3 投资决策指标

投资决策指标是指评价投资方案是否可行或孰优孰劣的标准。投资决策指标非常丰富，可分为非折现现金流量指标和折现现金流量指标两大类。

4.3.1 非折现现金流量指标

非折现现金流量指标是指不考虑资金时间价值的各种指标。常见的非折现现金流量指标有两个。

1. 投资回收期

（1）投资回收期的计算。投资回收期是指回收初始投资所需要的时间，一般以年为单位。投资回收期的计算因投资方案投入使用后每年的净现金流量是否相等而有所不同。

如果投资方案每年净现金流量相等，则投资回收期可按下式计算：

$$\text{投资回收期}=\frac{\text{初始投资额}}{\text{每年净现金流量}} \tag{4-4}$$

如果投资方案每年净现金流量不相等，则投资回收期要根据每年年末尚未收回的投资额加以确定。假设初始投资在第 n 年和第 $n+1$ 年之间收回，则投资回收期可按下式计算：

$$\text{投资回收期}=n+\frac{\text{第 }n\text{ 年年末尚未收回的投资额}}{\text{第 }n+1\text{ 年的净现金流量}} \tag{4-5}$$

例 4-2

根据例 4-1 中星海公司的资料（见表 4-1），分别计算甲、乙两个方案的投资回收期。

甲方案投入使用后每年净现金流量相等，故

$$\text{甲方案投资回收期}=\frac{\text{初始投资额}}{\text{每年净现金流量}}=\frac{100\,000}{35\,000}=2.857(\text{年})$$

乙方案投入使用后每年净现金流量不相等，所以应先计算各年年末尚未收回的投资额，如表 4-2 所示。

表 4-2 乙方案投入使用后各年尚未收回的投资额 单位：元

年份	年初尚未收回的投资额	每年净现金流量	各年年末尚未收回的投资额
1	150 000	42 500	107 500
2	107 500	39 500	68 000
3	68 000	36 500	31 500
4	31 500	33 500	—

$$\text{乙方案投资回收期}=3+\frac{31\,500}{33\,500}=3.94(\text{年})$$

（2）投资回收期的决策规则。在采用投资回收期这一指标进行决策时，应事先确定一个企业要求达到的投资回收期。在只有一个备选方案的采纳与否决策中，低于企业要求的投资回收期的方案就采纳，高于企业要求的投资回收期的方案则拒绝。在多个投资方案的互斥选择投资决策中，应在投资回收期低于企业要求的投资回收期的方案中选择最短者。如例 4-1 中，假设企业要求的投资回收期最高为 4 年，则甲、乙两个方案都是可取的，因为它们的投资回收期都低于 4 年，但由于二者是互斥方案，因此应选择投资回收期更短的甲方案。

（3）投资回收期的优缺点。投资回收期的概念容易理解，计算也比较简便，但是它没有考虑资金的时间价值，也没有考虑初始投资收回后的现金流量状况。现举例说明其不足。

例4-3

A，B两个方案的预计现金流量如表4-3所示。应选择哪个方案？

表4-3 A，B两个方案的预计现金流量 单位：元

t	0	1	2	3	4	5
A方案	−60 000	10 000	20 000	30 000	20 000	10 000
B方案	−60 000	20 000	20 000	20 000	30 000	30 000

两个方案的投资回收期都是3年，但是B方案显然优于A方案。首先，在前3年内，虽然二者的营业现金流量之和都是60 000元，但是第一年B方案流入较多，而第3年A方案流入较多。其次，在初始投资收回后的第4年和第5年，B方案的营业现金流量都明显多于A方案。这两个因素投资回收期都未考虑。

2. 平均报酬率

（1）平均报酬率的计算。平均报酬率是指投资项目寿命周期内平均的年投资报酬率，也称平均投资报酬率。其计算公式为：

$$\text{平均报酬率}=\frac{\text{年平均现金流量}}{\text{初始投资额}}\times 100\% \qquad (4-6)$$

式中，分子的年平均现金流量是指项目投入使用后的年平均现金流量，等于所有营业现金流量和终结现金流量之和除以投资项目寿命。

例4-4

根据例4-1中星海公司的资料（见表4-1），计算甲、乙两个方案的平均报酬率。

$$\text{甲方案的平均报酬率}=\frac{35\,000}{100\,000}\times 100\%=35\%$$

$$\begin{aligned}\text{乙方案的平均报酬率}&=\frac{(42\,500+39\,500+36\,500+33\,500+80\,500)/5}{150\,000}\times 100\%\\&=31\%\end{aligned}$$

（2）平均报酬率的决策规则。在采用平均报酬率这一指标进行决策时，应事先确定一个企业要求达到的平均报酬率，即必要平均报酬率。在只有一个备选方案的采纳与否决策中，高于必要平均报酬率的方案就采纳，低于必要平均报酬率的方案则拒绝。在多个投资方案的互斥选择决策中，应在平均报酬率高于必要报酬率的方案中选择最高者。如例4-4中，假设企业要求的必要平均报酬率为30%，则甲、乙两方案都是可取的，因为它们的平均报酬率都高于30%，但由于二者是互斥方案，因此应选择平均报酬率更高的甲方案。

（3）平均报酬率的优缺点。平均报酬率与投资回收期类似，其概念易于理解，计算也比较简便，但是没有考虑资金的时间价值，将前期的现金流量等同于后期的现金流量。不过，平均报酬率考虑了投资项目整个寿命期内的

现金流量，而不只是考虑收回初始投资前的现金流量，这一点较投资回收期更加合理。

4.3.2 折现现金流量指标

折现现金流量指标是指考虑了资金时间价值的指标。常见的折现现金流量指标有如下三个。

1. 净现值

（1）净现值的计算。净现值是指从投资开始到项目寿命终结，所有现金流量（现金流入量为正，现金流出量为负）的现值之和。其计算公式为：

$$NPV=\sum_{t=0}^{n}\frac{NCF_t}{(1+k)^t}=\sum_{t=0}^{n}(NCF_t\cdot PVIF_{k,t}) \qquad (4-7)$$

式中，n为投资开始到项目寿命终结的年数；NCF_t为第t年的现金净流量；k为折现率（资金成本或企业要求的必要报酬率）。

由于投资项目的初始投资往往为现金流出，即为负现金流量，而投资项目投入使用后，各年的净现金流量往往为正现金流量，因此可以考虑将二者区分开来。所以，净现值计算公式还有另一种表达形式：

$$NPV=\sum_{t=1}^{n}\frac{NCF_t}{(1+k)^t}-C=\sum_{t=1}^{n}(NCF_t\cdot PVIF_{k,t})-C \qquad (4-8)$$

式中，C为初始投资额；n，NCF_t和k的含义同式（4-7）。需要注意的是，如果投资期超过1年，则C应为各年投资额的现值之和，同时t的开始年份可能不再是1，而是投资项目开始投入使用的年份。

如果投资项目投入使用后每年的净现金流量相等，记作NCF，则式（4-8）可转化为：

$$NPV=NCF\cdot PVIFA_{k,n}-C \qquad (4-9)$$

例4-5

根据例4-1中星海公司的资料（见表4-1），计算甲、乙两个方案的净现值。假设资金成本为10%。

甲方案投入使用后每年的NCF相等，可用式（4-9）计算：

$$\begin{aligned}NPV_{甲}&=NCF\cdot PVIFA_{10\%,5}-C\\&=35\,000\times3.791-100\,000\\&=132\,685-100\,000\\&=32\,685(元)\end{aligned}$$

乙方案用式（4-7）计算，如表4-4所示。

表4-4　乙方案的净现值　　单位：元

t	NCF_t	$PVIF_{10\%,t}$	$NCF_t \cdot PVIF_{10\%,t}$
0	−150 000	1.000	−150 000
1	42 500	0.909	38 633
2	39 500	0.826	32 627
3	36 500	0.751	27 412
4	33 500	0.683	22 881
5	80 500	0.621	49 991
$NPV_{乙}=\sum_{t=0}^{5}(NCF_t \cdot PVIF_{10\%,t})$			21 544

（2）净现值的决策规则。在只有一个备选方案的采纳与否决策中，净现值为正者就采纳，净现值为负者就拒绝。在多个备选方案的互斥选择决策中，应选择净现值为正值中的最大者。在例4-5中，甲、乙两方案都是可取的，因为它们的净现值都为正，但由于二者是互斥方案，因此应选择净现值较大的甲方案。

问题讨论
净现值小于零的项目可以投资吗

（3）净现值的优缺点。净现值考虑了资金的时间价值，并且能够真实反映各投资方案的净收益，但是它作为一种绝对值指标，不便于比较不同规模投资方案的获利程度，不能揭示各投资方案的实际报酬率。

2. 获利指数

（1）获利指数的计算。获利指数又称现值指数，是投资项目投入使用后的现金流量现值之和与初始投资额之比。其计算公式为：

$$PI=\frac{\sum_{t=1}^{n}\frac{NCF_t}{(1+k)^t}}{C} \qquad (4-10)$$

式中，PI 为获利指数；其他各符号的含义与净现值计算公式相同。与净现值计算公式（4-8）一样，如果投资期超过1年，则 C 应为各年投资额的现值之和，同时 t 的开始年份可能不再是1，而是投资项目开始投入使用的年份。

例4-6

根据例4-1中星海公司的资料（见表4-1），计算甲、乙两个方案的获利指数。假设资金成本为10%。

$$甲方案的获利指数=\frac{\sum_{t=1}^{5}\frac{NCF_t}{(1+k)^t}}{C}=\frac{132\ 685}{100\ 000}=1.33$$

$$乙方案的获利指数=\frac{\sum_{t=1}^{5}\frac{NCF_t}{(1+k)^t}}{C}=\frac{171\ 544}{150\ 000}=1.14$$

（2）获利指数的决策规则。在只有一个备选方案的采纳与否决策中，获利指数大于1就采纳，小于1则拒绝。在多个方案的互斥选择决策中，应在获利指数大于1的方案中选择最高者。在例4-6中，甲、乙两方案都是可取的，因为它们的获利指数都大于1，但由于二者是互斥方案，因此应选择获利指数较高的甲方案。

(3) 获利指数的优缺点。获利指数考虑了资金的时间价值，并且用相对数表示，从而有利于对投资规模不同的方案进行对比。但是，获利指数的概念不易理解，它既不属于绝对值指标，又不同于一般的报酬率性质的相对值指标。

3. 内部报酬率

(1) 内部报酬率的计算。内部报酬率又称内含报酬率，它是使投资方案的净现值为零的折现率。内部报酬率实际上反映了投资项目的真实报酬率。由于净现值有两个计算公式，因此，内部报酬率也有两个计算公式：

$$\sum_{t=0}^{n}\frac{NCF_t}{(1+r)^t}=0 \tag{4-11}$$

$$\sum_{t=1}^{n}\frac{NCF_t}{(1+r)^t}-C=0 \tag{4-12}$$

式中，r 为内部报酬率；其他符号的含义与净现值公式相同。

内部报酬率的具体计算可分为如下两种情况：

1) 如果投资项目投入使用后每年的 NCF 相等，则按下列步骤计算。

第一步：计算年金现值系数 $PVIFA_{r,n}$。由于从 NCF_1 到 NCF_n 都相等，令其等于 NCF，则

$$\sum_{t=1}^{n}\frac{NCF_t}{(1+r)^t}-C=NCF\cdot PVIFA_{r,n}-C=0$$

$$PVIFA_{r,n}=\frac{C}{NCF}$$

第二步：查年金现值系数表，在期数 n 对应的栏内，如果能找到恰好等于上面所计算的 $PVIFA_{r,n}$ 的值，则该值对应的折现率即为所求的内部报酬率 r，计算到此结束。如果在期数 n 对应的栏内，没有恰好等于上面所计算的 $PVIFA_{r,n}$ 的值，则找出与它邻近的一大一小两个值 P_1 和 P_2，它们对应着两个邻近的折现率 i_1 和 i_2。

第三步：采用插值法计算该投资方案的内部报酬率 r。由上面的计算可知，折现率与年金现值系数的对应关系为：

折现率	年金现值系数
i_1	P_1
r	$PVIFA_{r,n}$
i_2	P_2

$$\left.\begin{matrix}i_1\\r\end{matrix}\right\}r-i_1 \qquad \left.\begin{matrix}i_1\\r\\i_2\end{matrix}\right\}i_2-i_1 \qquad \left.\begin{matrix}P_1\\PVIFA_{r,n}\end{matrix}\right\}P_1-PVIFA_{r,n} \qquad \left.\begin{matrix}P_1\\PVIFA_{r,n}\\P_2\end{matrix}\right\}P_1-P_2$$

由此得

$$\frac{r-i_1}{i_2-i_1}=\frac{P_1-PVIFA_{r,n}}{P_1-P_2}$$

$$r=\frac{P_1-PVIFA_{r,n}}{P_1-P_2}(i_2-i_1)+i_1$$

2）如果投资项目投入使用后每年的 NCF 不相等，则按下列步骤计算。

第一步：首先根据经验预估一个折现率，用此折现率计算投资方案净现值。如果计算出的净现值恰好为零，则这个预估的折现率就是所求的内部报酬率 r，计算到此结束。如果计算出的净现值为正数，表示预估的折现率低于项目的内部报酬率，则应提高折现率再进行测算。如果计算出的净现值为负数，表示预估的折现率高于项目的内部报酬率，则应降低折现率再进行测算。经过反复测算，直到找出使净现值一正一负并接近于零的两个折现率 i_1 和 i_2 为止，与之对应的净现值分别为 NPV_1 和 NPV_2。

第二步：采用插值法计算该投资方案的内部报酬率 r。由上面的计算可知，折现率与净现值的对应关系为：

折现率　　　　　　　　净现值

$$\left.\begin{array}{l}\left.\begin{array}{l}i_1\\ r\end{array}\right\}r-i_1\\ i_2\end{array}\right\}i_2-i_1 \qquad \left.\begin{array}{l}\left.\begin{array}{l}NPV_1\\ 0\end{array}\right\}NPV_1\\ NPV_2\end{array}\right\}NPV_1-NPV_2$$

由此得

$$\frac{r-i_1}{i_2-i_1}=\frac{NPV_1}{NPV_1-NPV_2}$$

$$r=\frac{NPV_1}{NPV_1-NPV_2}(i_2-i_1)+i_1$$

例4-7

根据例4-1中星海公司的资料（见表4-1），计算甲、乙两个方案的内部报酬率。

①甲方案投入使用后每年的 NCF 相等，属于上述第一种情况，因此计算如下：

$$PVIFA_{r,5}=\frac{C}{NCF}=\frac{100\,000}{35\,000}=2.857$$

查年金现值系数表，在 $n=5$ 的栏中，与2.857邻近的年金现值系数为2.689和2.991，与之对应的折现率分别为25%和20%。

折现率与年金现值系数的对应关系为：

折现率　　　　　　　　年金现值系数

$$\left.\begin{array}{l}\left.\begin{array}{l}20\%\\ r\end{array}\right\}r-20\%\\ 25\%\end{array}\right\}5\% \qquad \left.\begin{array}{l}\left.\begin{array}{l}2.991\\ 2.857\end{array}\right\}0.134\\ 2.689\end{array}\right\}0.302$$

则

$$\frac{r-20\%}{5\%}=\frac{0.134}{0.302}$$

$$\text{甲方案的内部报酬率}=\frac{0.134}{0.302}\times 5\%+20\%=22.22\%$$

②乙方案投入使用后每年的 *NCF* 不相等，属于上述第二种情况，因此计算如下：进行折现率测算，具体测算过程如表 4-5 所示。

表 4-5　乙方案投入使用后折现率测算表　　单位：元

t	NCF_t	测试 14%		测试 15%		测试 16%	
		$PVIF_{14\%,t}$	$NCF_t \times PVIF_{14\%,t}$	$PVIF_{15\%,t}$	$NCF_t \times PVIF_{15\%,t}$	$PVIF_{16\%,t}$	$NCF_t \times PVIF_{16\%,t}$
0	−150 000	1.000	−150 000	1.000	−150 000	1.000	−150 000
1	42 500	0.877	37 272.5	0.870	36 975	0.862	36 635
2	39 500	0.769	30 375.5	0.756	29 862	0.743	29 348.5
3	36 500	0.675	24 637.5	0.658	24 017	0.641	23 396.5
4	33 500	0.592	19 832	0.572	19 162	0.552	18 492
5	80 500	0.519	41 779.5	0.497	40 008.5	0.476	38 318
NPV	—	—	3 897	—	24.5	—	−3 810

折现率与净现值的对应关系为：

折现率			净现值		
15%	$r-15\%$	1%	24.5	24.5	3 834.5
r			0		
16%			−3 810		

则

$$\frac{r-15\%}{1\%}=\frac{24.5}{3\,834.5}$$

$$乙方案的内部报酬率=\frac{24.5}{3\,834.5}\times 1\%+15\%=15.01\%$$

（2）内部报酬率的决策规则。在只有一个备选方案的采纳与否决策中，内部报酬率高于企业资金成本或必要报酬率就采纳，低于企业资金成本或必要报酬率则拒绝。在多个备选方案的互斥选择决策中，应在内部报酬率超过资金成本或必要报酬率的项目中选择最高者。在例 4-7 中，如果企业的资金成本为 15%，则甲、乙两方案都是可取的，因为它们的内部报酬率都高于 15%，但由于二者是互斥方案，因此只能选择甲方案，因为它的内部报酬率高于乙方案。

（3）内部报酬率的优缺点。内部报酬率考虑了资金的时间价值，反映了投资项目的真实报酬率，但它的计算过程比较复杂，尤其是在投资项目投入使用后各年 *NCF* 不相等时，一般要经过多次测算才能求得。

复习与思考

常见的投资决策指标有哪些？应如何计算？

4.3.3　指标的对比分析

1. 折现现金流量指标与非折现现金流量指标的对比分析

在 20 世纪 50 年代以前，世界各国企业在进行投资决策时多采用非折现现金流量指标。50年代以后，折现现金流量指标得到越来越广泛的运用。从70年代开始，折现现金流量指标已占据主要地位。折现现金流量指标相对于非折现现金流量指标的优势之所以越来越明显，主要有如下两个原因：

（1）非折现现金流量指标不考虑资金的时间价值，将不同时点上的现金流量同等看待，夸大了远期现金流量的影响。折现现金流量指标则考虑了资金的时间价值，将不同时点的现金流量按照一定的折现率折算到同一时点上，这样更具可比性，因而更加科学。

（2）计算机的广泛应用将过去折现指标相对复杂的计算过程变得非常容易，使得非折现指标的优势不复存在。

2. 不同折现现金流量指标之间的对比分析

（1）净现值与获利指数的对比分析。由净现值的计算公式（式（4－8））和获利指数的计算公式（式（4－10））可知：净现值为正，说明投资项目投入使用后的现金流量现值大于初始投资，则获利指数大于1；净现值为负，说明投资项目投入使用后的现金流量现值小于初始投资，则获利指数小于1。因此，在只有一个备选方案的采纳与否决策中，二者的结论总是一致的。但是，在多个备选方案的互斥选择决策中，二者可能出现分歧。当不同投资方案的初始投资规模不同时，由于净现值是绝对值指标，获利指数是相对值指标，因而二者得出的结论可能会不一致。

例4－8

两个互斥投资项目C和D的现金流量情况如表4－6所示。企业的资金成本为10%。

表4－6　项目C，D的现金流量表　　单位：元

t	0	1	2	3	4	5
C项目	－20 000	6 000	6 000	6 000	6 000	6 000
D项目	－100 000	28 000	28 000	28 000	28 000	28 000

$$NPV_C = 6\,000 \times PVIFA_{10\%,5} - 20\,000$$
$$= 6\,000 \times 3.791 - 20\,000$$
$$= 22\,746 - 20\,000$$
$$= 2\,746(\text{元})$$

$$NPV_D = 28\,000 \times PVIFA_{10\%,5} - 100\,000$$
$$= 28\,000 \times 3.791 - 100\,000$$
$$= 106\,148 - 100\,000$$
$$= 6\,148(\text{元})$$

$$PI_C = \frac{22\,746}{20\,000} = 1.14$$

$$PI_D = \frac{106\,148}{100\,000} = 1.06$$

采用净现值，应选择D项目；而采用获利指数，则应选择C项目。

（2）净现值与内部报酬率的对比分析。由净现值和内部报酬率的概念可知，如果采用企业资金成本或必要报酬率作为折现率计算出的净现值为正，那么使净现值为零所采用的折现率即内部报酬率，就应大于资金成本或必要报酬率；相反，如果采用企业资金成本或必要报酬率作为折现率计算出的净现值为负，那么使净现值为零所采用的折现率即内部报酬率，就应小于资金成本或必要报酬率。因此，在只有一个备选方案的采纳与否决策中，二者得出的结论总是一致的。但是，在多个备选方案的互斥选择决策中，二者的结论则可能不同。对常规项目来说，在如下两种情况下，二者得出的结论可能出现差异。

1）各方案的初始投资规模不同。和净现值与获利指数的差异类似，净现值是绝对值指标，内部报酬率是相对值指标，因而在投资规模不同时，二者的结论可能会不一致。

例4-9

利用例4-8中的资料，计算C，D两个投资项目的内部报酬率。

首先，计算C项目的内部报酬率 r_C。

$$PVIFA_{r_C,5}=\frac{20\,000}{6\,000}=3.333$$

查找年金现值系数表，在 $n=5$ 的栏中，找到与3.333邻近的两个值3.352和3.274，它们对应的折现率分别为15%和16%。折现率与年金现值系数的对应关系为：

$$\begin{array}{l}\text{折现率}\\ \left.\begin{array}{l}\left.\begin{array}{l}15\%\\ r_C\end{array}\right\}r_C-15\%\\ 16\%\end{array}\right\}1\%\end{array}\qquad\qquad\begin{array}{l}\text{年金现值系数}\\ \left.\begin{array}{l}\left.\begin{array}{l}3.352\\ 3.333\end{array}\right\}0.019\\ 3.274\end{array}\right\}0.078\end{array}$$

则 $$\frac{r_C-15\%}{1\%}=\frac{0.019}{0.078}$$

$$\text{C项目的内部报酬率 } r_C=\frac{0.019}{0.078}\times1\%+15\%=15.24\%$$

然后，计算D项目的内部报酬率 r_D。

$$PVIFA_{r_D,5}=\frac{100\,000}{28\,000}=3.571$$

查找年金现值系数表，在 $n=5$ 的栏中，找到与3.571邻近的两个值3.605和3.517，它们对应的折现率分别为12%和13%。折现率与年金现值系数的对应关系为：

折现率			年金现值系数		
12%	$r_D-12\%$	1%	3.605	0.034	0.088
r_D			3.571		
13%			3.517		

则
$$\frac{r_D-12\%}{1\%}=\frac{0.034}{0.088}$$

$$\text{D 项目的内部报酬率 } r_D=\frac{0.034}{0.088}\times 1\%+12\%=12.39\%$$

采用内部报酬率，应选择 C 项目。而根据例 4-8，采用净现值，则应选择 D 项目。

2）各方案现金流量发生的时间不一致。净现值和内部报酬率对投资项目使用过程中产生的现金净流量的再投资报酬率持有不同的假定：净现值假定再投资报酬率为企业资金成本或必要报酬率，内部报酬率则假定再投资报酬率为内部报酬率。这种差异可能导致两种方法对现金流入时间不同的投资项目做出不同的判断。

例 4-10

两个互斥投资项目 E 和 F 的现金流量如表 4-7 所示。企业的资金成本为 14%。分别计算它们的净现值和内部报酬率。

表 4-7　项目 E，F 的现金流量表　　单位：元

t	0	1	2	3	4	5
E 项目	−10 000	5 000	5 000	5 000	0	0
F 项目	−10 000	0	0	6 502	6 502	6 502

首先，计算 E 项目的净现值。

$$\begin{aligned}NPV_E&=5\,000\times PVIFA_{14\%,3}-10\,000\\&=5\,000\times 2.322-10\,000\\&=11\,610-10\,000\\&=1\,610(\text{元})\end{aligned}$$

其次，计算 F 项目的净现值。

$$\begin{aligned}NPV_F&=6\,502\times PVIFA_{14\%,3}\times PVIF_{14\%,2}-10\,000\\&=6\,502\times 2.322\times 0.769-10\,000\\&=11\,610-10\,000\\&=1\,610(\text{元})\end{aligned}$$

再次，计算 E 项目的内部报酬率 r_E。

$$PVIFA_{r_E,3}=\frac{10\,000}{5\,000}=2$$

查找年金现值系数表，在 $n=3$ 的栏中，找到与 2 邻近的两个值 2.106 和 1.952，它们对应的折现率分别为 20%和 25%。折现率与年金现值系数的对应关系为：

折现率			年金现值系数		
20%	$r_E-20\%$	5%	2.106	0.106	0.154
r_E			2		
25%			1.952		

则
$$\frac{r_E-20\%}{5\%}=\frac{0.106}{0.154}$$

$$\text{E 项目的内部报酬率 } r_E=\frac{0.106}{0.154}\times 5\%+20\%=23.44\%$$

最后，计算 F 项目的内部报酬率 r_F。

$$PVIFA_{r_F,3}\cdot PVIF_{r_F,2}=\frac{10\,000}{6\,502}=1.538$$

通过年金现值系数表和复利现值系数表，可得到如下对应关系：

折现率 i			$PVIFA_{i,3}$	$PVIF_{i,2}$	$PVIFA_{i,3}\cdot PVIF_{i,2}$		
18%	$r_F-18\%$	1%	2.174	0.718	1.561	0.023	0.050
r_F					1.538		
19%			2.140	0.706	1.511		

则
$$\frac{r_F-18\%}{1\%}=\frac{0.023}{0.050}$$

$$\text{F 项目的内部报酬率 } r_F=\frac{0.023}{0.050}\times 1\%+18\%=18.46\%$$

E，F 两个项目的净现值相等，采用净现值，可以任选其中一个；采用内部报酬率，则应选择 E 项目。原因是 E 项目的现金流入较早，而 F 项目的现金流入较晚，根据内部报酬率的假定，E 项目可以先行获得相当于其内部报酬率的再投资收益，故倾向于选择现金流入较早的项目 E。

下面计算不同折现率下 E，F 两个项目的净现值，计算结果如表 4-8 所示。

表 4-8　不同折现率下项目 E，F 的净现值表　　单位：元

折现率（%）	NPV_E	NPV_F
0	5 000	9 506
5	3 615	6 058
10	2 435	3 357
15	1 415	1 222
20	530	−497
25	−240	−1 877

将不同折现率下两个项目的净现值绘成净现值曲线图，如图4-1所示。

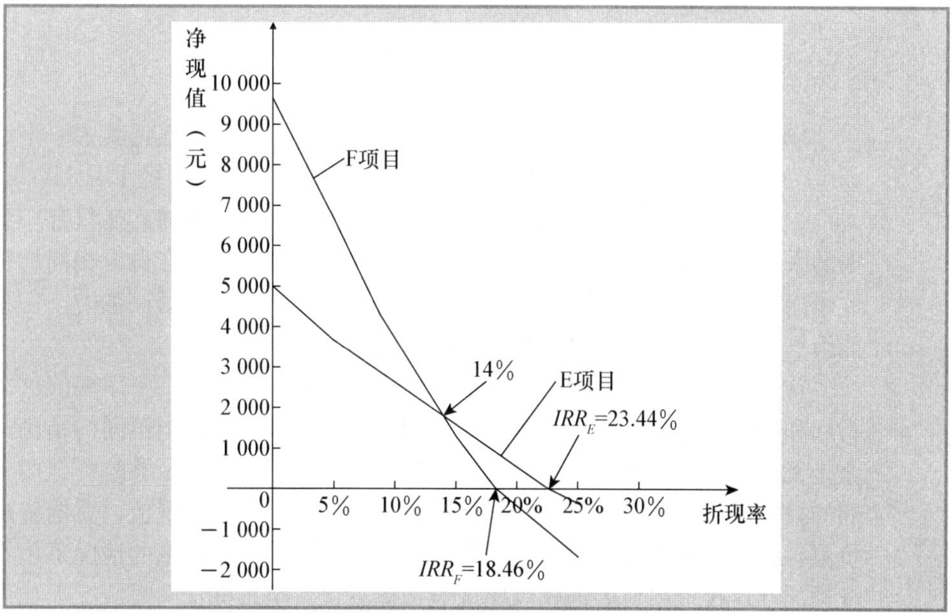

图4-1　净现值曲线图

图4-1对净现值和内部报酬率进行了比较。从图中可见，当资金成本高于14%（交叉点）时，E项目的净现值大于F项目；当资金成本等于14%时，两个项目的净现值相等，均为1 610元；当资金成本小于14%时，F项目的净现值大于E项目。因此，利用净现值曲线图，我们只要知道企业资金成本是高于、等于还是低于14%，就可以正确地做出选择。从图中还可以看出，F项目的净现值曲线比E项目的净现值曲线陡峭，这是因为越晚发生的未来现金流量对折现率越敏感。由此可见，净现值会受资金成本的影响，而内部报酬率则与资金成本无关。这是内部报酬率得到广泛应用的一个重要原因，因为采用内部报酬率可以避开资金成本的计算。同时，这也是内部报酬率的一个重大缺陷，因为在互斥项目的取舍决策中，资金成本的高低有着重大影响，但内部报酬率忽略了这一因素。净现值曲线图是投资决策中一个非常重要的工具，不论是独立项目的采纳与否决策，还是互斥项目的取舍决策，都可以利用这个工具来帮助分析。

（3）获利指数与内部报酬率的对比分析。由上述两个问题的分析可知：当净现值为正时，获利指数大于1，内部报酬率高于资金成本或必要报酬率；当净现值为负时，获利指数小于1，内部报酬率低于资金成本或必要报酬率。因此，在只有一个备选方案的采纳与否决策中，利用获利指数或内部报酬率会得出相同结论。在多个备选方案的互斥选择决策中，二者可能出现差异。获利指数和内部报酬率都是相对值指标，因而投资规模对二者的结论没有影响，这一点从例4-8和例4-9可以得到验证。所以，二者的结论可能出现差异的情况就只有一种，即现金流量发生的时间不一致，其差异原因同样是由于二者对再投资报酬率的假定不同。

例4-11

根据例4-10的资料，计算E和F两个投资项目的获利指数。

$$PI_E=PI_F=\frac{11\ 610}{10\ 000}=1.16$$

采用获利指数，E和F两个投资项目没有区别，可以任选其中一个。而由例4-10可知，如果采用内部报酬率，则应选择现金流入较早的E项目。

（4）折现现金流量指标的选择。由上面的对比分析可知，在只有一个备选方案的采纳与否决策中，净现值、获利指数和内部报酬率总会得出相同的结论，因此采用哪个指标都可以。但是，在多个备选方案的互斥选择决策中，三个指标可能给出不同的判断，此时就存在指标选用的问题。

首先来看投资规模的问题。如果项目的投资规模不同，则净现值这个绝对值指标和获利指数、内部报酬率这两个相对值指标就可能得出不同的结论。如果资金是无限量的，也就是说企业总有足够的资金或能筹集到足够的资金用于所有有利的投资机会，那么投资项目只要能给企业带来更多的净现值，就能增加企业的价值，而不用考虑其相对的收益程度。因此，在资金无限量的情况下，不同投资规模的互斥投资项目的选择以净现值指标更优。至于资金有限情况下如何进行投资决策的问题，将在第5章详细阐述。

其次来看现金流入时间不一致的问题。当不同投资项目现金流入时间不一致时，净现值和获利指数对再投资报酬率的假定与内部报酬率不同。在实际的经济活动中，投资项目带来的现金流入进行再投资所获得的报酬率要受经济形势、市场状况等诸多因素的影响，不可能一成不变，既不可能总是等于资金成本或必要报酬率，也不可能总是等于投资项目的内部报酬率。因此，这两种假定都缺乏一定的客观性。此外，假定再投资报酬率等于项目的内部报酬率，将导致对不同的投资项目赋予不同的再投资报酬率：内部报酬率高，则再投资报酬率也高；内部报酬率低，则再投资报酬率也低。这显然是不符合实际情况的，因为不管是哪个投资项目，只要是在同一时间带来的现金流入，进行再投资时所面临的投资环境和投资机会都应该是一样的，不会出现截然不同的再投资报酬率。而假定再投资报酬率等于资金成本或必要报酬率，就克服了这一主观性，因为它假定的再投资报酬率对于每个投资项目都相同，不会人为地对不同的项目赋予不同的再投资报酬率。因此，相比较而言，净现值和获利指数的假定要相对合理一些。

综上所述，只要资金没有限量，净现值就是最优的互斥选择投资决策指标。

复习与思考

用净现值和内部报酬率进行投资项目分析，在什么情况下会得出一致的结论？在什么情况下它们的结论会出现差异？当出现差异时，哪种方法的结论更可靠？

VCase 课后实验——项目投资决策

一、实验简介

基于案例资料中给定的三种新建生产线的投资方案，结合项目现金流量预测的原则和方法，净现值法、内部报酬率法、回收期法等项目投资决策方法等相关知识点，使用项目投资测算工具，对不同时点的现金流进行测算，基于项目现金流明细计算投资评价指标，最终完成项目投资决策实验报告，给出投资建议。

二、实验数据和实验工具

VCase 课后实验——项目投资决策

三、实验报告

为了实现公司发展经营目标，公司项目中心对公司对内直接投资项目进行了市场调研，认为生产线投资项目还是从现有主要品种的生产设备进行投资，项目中心据此更新了公司主要生产设备投资成本相关信息，以便于进行不同生产线当前投资价值的对比评估；为了规避投资过程中的风险，项目中心进一步调研了当前主要生产线设备对应产品的市场风险信息，以便在进行投资分析时评价不同投资项目的风险；总裁办公会公布了今年投资项目资金预算，公司今年所有投资项目需要在规定的资本预算范围内完成。公司要求财务中心结合项目中心、生产中心提供的信息，对公司对内项目进行投资分析，为公司对内投资管理提供决策依据。

1. 根据电脑显示屏底座生产线的相关流入流出项目，使用实验工具计算项目各期的现金流量，并计算如下相关投资决策指标：

序号	投资指标	指标值	数值填写要求
1	折现率		保留小数点后两位
2	净现值（NPV）		万元，保留小数点后两位
3	投资回收期		保留到整数位
4	内部报酬率（IRR）		保留小数点后两位

2. 根据电视底座生产线的相关流入流出项目，使用实验工具计算项目各期的现金流量，并计算如下相关投资决策指标：

序号	投资指标	指标值	数值填写要求
1	折现率		保留小数点后两位
2	净现值（NPV）		万元，保留小数点后两位
3	投资回收期		保留小数点后两位
4	内部报酬率（IRR）		保留小数点后两位

3. 根据电视壁挂件生产线的相关流入流出项目，使用实验工具计算项目各期的现金流量，并计算如下相关投资决策指标：

序号	投资指标	指标值	数值填写要求
1	折现率		保留小数点后两位
2	净现值（NPV）		万元，保留小数点后两位
3	投资回收期		保留小数点后两位
4	内部报酬率（IRR）		保留小数点后两位

4. 在上述三个项目的投资比较决策中，我们选定净现值作为投资决策关键指标，从该项指标来看，　　项目最具备投资价值；我们选定内部报酬率作为投资决策关键指标，从该项指标来看，　　项目最具备投资价值。

本章小结

本章在投资管理概述的基础上，重点讨论投资决策中的现金流量和投资决策指标。

1. 投资的意义、分类以及投资管理的基本要求是对企业投资管理的一个基本介绍，让读者对投资管理有一个大致的了解。

2. 现金流量是各个投资决策指标的重要基础，因此对现金流量的准确分析和计算是正确进行投资决策的关键。但是，现金流量是在预测的基础上进行的估计，要做到完全准确是不现实的，只能在对投资环境和项目本身进行周全考虑的基础上，尽量科学、合理地预计。在现金流量的计算中，所得税对现金流量的影响不容忽视，且营业现金流量的三种计算方法是一个重要问题。在确定现金流量的金额后，其时点的确定也至关重要，因为这直接影响各个折现指标的计算。

3. 项目投资的五个常用投资决策指标（投资回收期、平均报酬率、净现值、获利指数和内部报酬率）是本章的重点内容。每个指标的计算方法、决策规则和优缺点都非常重要，应当在相互比较中深入理解。

4. 本章涉及较多重要的公式，归纳如下：

（1）营业现金流量＝营业收入－付现成本－所得税

＝税后净利＋折旧

＝营业收入×(1－税率)－付现成本×(1－税率)＋折旧×税率

（2）$投资回收期=\frac{初始投资额}{每年净现金流量}$　（投入使用后各年 NCF 相等时）

或　$投资回收期=n+\frac{第\,n\,年年末尚未收回的投资额}{第\,n+1\,年的净现金流量}$　（投入使用后各年 NCF 不等时）

（3）$平均报酬率=\frac{年平均现金流量}{初始投资额}\times 100\%$

$=\frac{所有营业现金流量与终结现金流量之和/投资项目寿命}{初始投资额}\times 100\%$

（4）$NPV=\sum_{t=0}^{n}\frac{NCF_t}{(1+k)^t}=\sum_{t=0}^{n}(NCF_t\cdot PVIF_{k,t})$

或　$NPV=\sum_{t=1}^{n}\frac{NCF_t}{(1+k)^t}-C=\sum_{t=1}^{n}(NCF_t\cdot PVIF_{k,t})-C$

（5）$PI=\frac{\sum_{t=1}^{n}\frac{NCF_t}{(1+k)^t}}{C}$

（6）$\sum_{t=0}^{n}\frac{NCF_t}{(1+r)^t}=0$

或　$\sum_{t=1}^{n}\frac{NCF_t}{(1+r)^t}-C=0$

重要名词

现金流量（cash flow）　沉没成本（sunk cost）

机会成本（opportunity cost）　投资回收期（payback period）

平均报酬率（average rate of return）　净现值（net present value）

获利指数（profitability index）　内部报酬率（internal rate of return）

思考题

1. 在投资决策中为什么采用现金流量而不是利润？

2. 投资项目的营业现金流量中是否应包括利息支出？为什么？

3. 所得税对投资项目的现金流量有哪些影响？

4. 为什么折现现金流量指标优于非折现现金流量指标？

5. 在什么情况下，净现值、获利指数和内部报酬率的决策结果一致？在什么情况下会出现分歧？

6. 净现值和内部报酬率对再投资报酬率的假设分别是什么？哪种假设更加合理？

7. 在资金没有限量的情况下，哪个投资决策指标最优？为什么？

练习题

1. A公司面临一个投资机会。该投资项目投资期2年，初始投资240万元，第1年投入140万元，第2年投入100万元，第3年开始投入使用，使用寿命为4年，按直线法计提折旧。在项目投入使用时需垫支营运资金40万元，项目结束时收回。该项目每年带来营业收入220万元，支付付现成本110万元。企业所得税税率为25%，资金成本为10%。

要求：试计算该投资项目的净现值、获利指数和内部报酬率，并判断该项目是否可行。

2. B公司现有甲、乙两个互斥投资方案，初始投资均为48万元，项目寿命均为8年。甲方案每年净现金流量均为16万元；乙方案各年净现金流量分别为：5万元，10万元，15万元，20万元，25万元，30万元，40万元，50万元。

要求：试计算两个方案的投资回收期和平均报酬率，并判断二者的决策结果是否一致；在此基础上分析投资回收期和平均报酬率的优缺点。

3. C公司的资金成本为10%。现有丙、丁两个互斥投资方案，其现金流量见下表。

C公司丙、丁项目的现金流量表　　单位：万元

年份	0	1	2	3	4	5	6
丙方案	−500	200	200	150	150	100	50
丁方案	−500	100	100	150	200	200	250

要求：试计算丙、丁两方案的净现值和内部报酬率并解释二者的差异，从而帮助C公司做出投资决策。

案例题

大华公司楼房用途评估

案例资料：大华公司正在评估一栋以225万元购置的三层楼的用途。这栋楼可租给现在的承租方，每年的租金是12万元，该承租方已经明确表示过打算继续租赁至少15年。或者，大华公司可将其改建为生产车间和仓库供自己使用。生产工程师认为作为厂房，它可容纳两种新产品的生产线。公司两种新产品的收入和成本数据见下表。

大华公司两种新产品的收入和成本数据 单位：元

项目	产品A	产品B
楼房改造的初始现金支出	360 000	540 000
购入设备的初始现金支出	1 440 000	1 620 000
税前年现金收入（连续15年）	1 050 000	1 275 000
税前年现金支出（连续15年）	600 000	750 000

该栋楼用于A，B产品的生产线都只能使用15年，15年后这栋楼的空间将容纳不下那时的产品生产线，进而影响生产。因此，大华公司计划15年后将这栋楼再租给类似现在这样的承租方，为了重新出租，大华公司必须将这栋楼的布局恢复成当前的样子。如果现在决定在楼里安放产品A的生产线，到时候需要花费恢复布置费用37 500元；如果是产品B，则需要281 250元。这些现金支出将在发生当年于税前扣除。

大华公司将对该栋楼计提折旧，不管最终采用哪种用途，该楼的寿命期都为30年，无残值。楼房改造设施和购入的机器设备的使用年限均为15年，且都采用直线法折旧。公司的所得税税率为25%，对于这种投资的要求回报率为12%。

出于简化考虑，假设所有的现金流入都在年底发生，改造楼房和购入机器设备的初始支出发生在当前（即第0年），恢复布置费用发生在第15年年末。大华公司还有其他正在运行的盈利项目，能保证公司的正常盈利。

案例思考题：

根据以上信息，对于这栋楼的未来用途你将给出何种建议？

第5章 Chapter 5 企业投资管理（下）

学习目标

- 掌握固定资产更新决策。
- 掌握资金限量决策。
- 掌握投资期决策。
- 掌握投资时机决策。
- 掌握项目寿命不等的投资决策。
- 掌握有风险情况下的投资决策方法。

引例

某铁矿企业在墨西哥一个铁矿开采完毕，又斥资2 500万美元购买了墨西哥另一个铁矿，占地400公顷，开采期限50年。企业召开高层决策会议，讨论新购买的铁矿何时开采。企业市场部的专家预计今后5年铁矿石的价格将不断上涨，因此主张4年后再开采。主管生产的经理提出，企业开采上一个铁矿的设备现在可以用于下一个铁矿的开采，但如果放置4年后再用，可能需要花费较高的维护成本和修理成本。人力资源部的经理预计4年后开采铁矿的人工成本将大幅上涨，从而增加开采成本。财务部经理指出，在不同时机进行开采，现金流发生的时间会不一样，因此还需考虑资金的时间价值。

在何时开采铁矿的决策中，既要考虑铁矿石价格的变化趋势、开采设备的投入差异、人工成本的变化等，又要考虑资金的时间价值，只有通盘考虑后，比较不同时机开采的投资净现值，才能确定最佳的开采时机。可见，在具体的投资决策中，应该全面考虑各种现实因素，并采用恰当的投资决策指标。

思维导图
企业投资管理（下）

5.1　投资决策指标的应用

上一章介绍了投资决策的基本指标。本节将通过几个具体实例来探讨这些指标的应用。

5.1.1　固定资产更新决策

随着科学技术的发展，机器设备的更新换代日益加快。因此，在旧设备还能继续使用的情况下，企业也可能考虑更新设备，这就涉及固定资产的更新决策。固定资产更新决策即决定是继续使用旧设备还是更换新设备。这种决策的基本思路为：将继续使用旧设备视为一种方案，将出售旧设备、购置新设备视为另一种方案，考虑后者与前者的差量现金流量，进而计算差量净现值、差量获利指数或差量内部报酬率。如果差量净现值为正、差量获利指数大于1或差量内部报酬率高于企业资金成本，则更新设备；如果差量净现值为负、差量获利指数小于1或差量内部报酬率低于企业资金成本，则继续使用旧设备。固定资产更新决策的关键是要准确确定两种方案的差量现金流量，其中差量营业现金流量和差量终结现金流量比较简单，差量初始现金流量相对复杂，它既要考虑新设备的购置成本，又要考虑当前旧设备的出售收入，还要考虑旧设备出售可能带来的税负影响。

例5-1

星海公司考虑用一台效率更高的新设备来替换旧设备，以增加收益、降低成本。旧设备原值80 000元，已提折旧40 000元，已使用5年，还可使用5年，预计使用期满后无残值。旧设备每年可带来营业收入90 000元，每年需耗费付现成本60 000元。如果现在出售此设备可得价款30 000元。拟更换的新设备的购置成本为100 000元，估计可使用5年，预计净残值为10 000元。新设备每年可带来营业收入110 000元，每年需耗费付现成本50 000元。新旧设备均采用直线法折旧。公司所得税税率为25%，资金成本为10%。试做出星海公司是否应更新设备的决策。

更新设备与继续使用旧设备的差量现金流量如下：

（1）差量初始现金流量。

新设备购置成本	－100 000元
旧设备出售收入	30 000元
旧设备出售税负节余[(40 000－30 000)×25%]	2 500元
差量初始现金流量	－67 500元

（2）差量营业现金流量。

差量营业收入＝110 000－90 000＝20 000(元)

差量付现成本＝50 000－60 000＝－10 000(元)

$$差量折旧额=\frac{100\ 000-10\ 000}{5}-\frac{80\ 000-40\ 000}{5}=10\ 000(元)$$

$$\begin{aligned}差量营业现金流量&=20\ 000\times(1-25\%)-(-10\ 000)\times(1-25\%)\\&\quad+10\ 000\times25\%\\&=25\ 000(元)\end{aligned}$$

（3）差量终结现金流量。

差量终结现金流量＝10 000(元)

两种方案的差量现金流量如表5-1所示。

表5-1　更新设备与继续使用旧设备的差量现金流量　　单位：元

年份	0	1～4	5
差量初始现金流量	－67 500		
差量营业现金流量		25 000	25 000
差量终结现金流量			10 000
合计	－67 500	25 000	35 000

$$\begin{aligned}差量净现值&=-67\ 500+25\ 000\times PVIFA_{10\%,4}+35\ 000\times PVIF_{10\%,5}\\&=-67\ 500+25\ 000\times3.17+35\ 000\times0.621\\&=33\ 485(元)\end{aligned}$$

更新设备与继续使用旧设备相比，可多获得33 485元的净现值，因此应当进行设备更新。

上面的例子中，新旧设备尚可使用的年限相同。然而，很多情况下，新设备使用年限要长于旧设备，此时的固定资产更新问题就演变成项目寿命不等的投资决策问题。

复习与思考

在固定资产更新决策中，应考虑哪些现金流量？

5.1.2　资金限量决策

资金限量是指企业可筹集的资金是有限的，不能满足所有有利的投资项目的需要。此时企业所面临的就不再只是单个投资项目的采纳与否或互斥投资项目的取舍问题，而是要将有限的资金进行最好的分配，给企业带来最大的收益。资金限量决策就是在资金有限的情况下，对所有备选投资项目进行筛选、组合，选择一组使得净现值最大的投资项目。资金限量决策的基本步骤为：

（1）计算所有备选投资项目的净现值，净现值为正或零的投资项目为可接受的投资项目。

（2）对可接受的投资项目进行各种可能的组合，计算投资总额在资金限量内的投资组合的净现值总额，选择其中净现值总额最大的投资组合。

例5-2

星海公司有6个备选投资项目，其中B_1和B_2是互斥项目，C_1，C_2和C_3是互斥项目。公司资金的最大限量为80万元，资金成本为10%。各备选投资项目的现金流量如表5-2所示。试做出恰当的投资决策。

表5-2　星海公司6个备选投资项目的现金流量　　单位：元

投资项目	年份		
	0	1～4	5
A	－240 000	95 000	105 000
B_1	－300 000	120 000	120 000
B_2	－600 000	230 000	250 000
C_1	－250 000	76 000	88 000
C_2	－230 000	52 000	52 000
C_3	－200 000	63 000	70 000

（1）各个投资项目的净现值。

$$NPV_A=-240\,000+95\,000\times PVIFA_{10\%,4}+105\,000\times PVIF_{10\%,5}$$
$$=-240\,000+95\,000\times 3.17+105\,000\times 0.621$$
$$=126\,355(\text{元})$$

$$NPV_{B_1}=-300\,000+120\,000\times PVIFA_{10\%,5}$$
$$=-300\,000+120\,000\times 3.791$$
$$=154\,920(\text{元})$$

$$NPV_{B_2}=-600\,000+230\,000\times PVIFA_{10\%,4}+250\,000\times PVIF_{10\%,5}$$
$$=-600\,000+230\,000\times 3.17+250\,000\times 0.621$$
$$=284\,350(\text{元})$$

$$NPV_{C_1}=-250\,000+76\,000\times PVIFA_{10\%,4}+88\,000\times PVIF_{10\%,5}$$
$$=-250\,000+76\,000\times 3.17+88\,000\times 0.621$$
$$=45\,568(\text{元})$$

$$NPV_{C_2}=-230\,000+52\,000\times PVIFA_{10\%,5}$$
$$=-230\,000+52\,000\times 3.791$$
$$=-32\,868(\text{元})$$

$$NPV_{C_3}=-200\,000+63\,000\times PVIFA_{10\%,4}+70\,000\times PVIF_{10\%,5}$$
$$=-200\,000+63\,000\times 3.17+70\,000\times 0.621$$
$$=43\,180(\text{元})$$

由于C_2的净现值小于零，因此可接受的投资项目为A，B_1，B_2，C_1和C_3。

（2）5个可接受的投资项目所有可能的投资组合包括：A，B_1，B_2，C_1，C_3；AB_1，AB_2，AC_1，AC_3，B_1C_1，B_1C_3，B_2C_1，B_2C_3；AB_1C_1，AB_1C_3，AB_2C_1，

AB_2C_3。它们的初始投资总额和净现值总额如表 5－3 所示。

表 5－3　5 个可接受的投资项目所有可能的投资组合的初始投资总额和净现值总额

单位：元

投资组合	初始投资总额	净现值总额
A	240 000	126 355
B_1	300 000	154 920
B_2	600 000	284 350
C_1	250 000	45 568
C_3	200 000	43 180
AB_1	540 000	281 275
AB_2	840 000	—
AC_1	490 000	171 923
AC_3	440 000	169 535
B_1C_1	550 000	200 488
B_1C_3	500 000	198 100
B_2C_1	850 000	—
B_2C_3	800 000	327 530
AB_1C_1	790 000	326 843
AB_1C_3	740 000	324 455
AB_2C_1	1 090 000	—
AB_2C_3	1 040 000	—

由表 5－3 可知，初始投资总额在 80 万元以内的投资组合中，净现值总额最高的是 B_2C_3，其净现值为 327 530 元。因此，公司应选择 B_2 和 C_3 两个投资项目进行投资。

5.1.3　投资期决策

案例拓展
铱星计划

投资期是指从投资项目开始施工到投资项目建成投产所需的时间。投资项目往往有一个正常的投资期，即按照正常的人力、物力投放速度所需的投资项目建设时间。有时，企业可以通过增加人员、加班加点或外包工程等措施来缩短投资期，从而使投资项目早竣工、早投产、早产生现金流入，但是以上措施往往需要增加投资额。因此，企业应认真分析、判明得失，选择最有利的投资期。

投资期决策中，可以将正常投资期和缩短投资期视为两个投资方案，考虑后者与前者相比的差量现金流量，进而计算差量净现值、差量获利指数或差量内部报酬率。如果差量净现值大于 0、差量获利指数大于 1 或差量内部报酬率高于企业资金成本，则选择缩短投资期；如果差量净现值小于 0、差量获利指数小于 1 或差量内部报酬率低于企业资金成本，则选择正常投资期。

例 5－3

星海公司投资一个大型项目，正常投资期为 3 年，每年投资 280 万元，项目投产后可使用 15 年，每年营业现金流量 200 万元，项目终结时净残值为 50 万元。如果将投资期缩短为 2 年，则每年需投入 500 万元，项目投产后的使用年限、每年营业现金流量和项目终结时的净残值均不变。公司资金成本为 10%。试判断公司是否应该缩短投资期。

缩短投资期与正常投资期相比的差量现金流量的计算如表 5－4 所示。

表 5－4　缩短投资期与正常投资期相比的差量现金流量　　单位：万元

项目	第 0 年	第 1 年	第 2 年	第 3 年	第 4～16 年	第 17 年	第 18 年
缩短投资期的现金流量	－500	－500	0	200	200	250	0
正常投资期的现金流量	－280	－280	－280	0	200	200	250
差量现金流量	－220	－220	280	200	0	50	－250

$$
\begin{aligned}
\text{差量净现值} &= -220-220\times PVIF_{10\%,1}+280\times PVIF_{10\%,2} \\
&\quad +200\times PVIF_{10\%,3}+50\times PVIF_{10\%,17}-250\times PVIF_{10\%,18} \\
&= -220-220\times 0.909+280\times 0.826+200\times 0.751 \\
&\quad +50\times 0.198-250\times 0.180 \\
&= -73.6(\text{万元})
\end{aligned}
$$

由于缩短投资期与正常投资期相比的差量净现值为负，因此公司应按正常投资期即 3 年进行投资。

5.1.4　投资时机决策

投资时机决策可以使决策者确定开始投资的最佳时期。例如，某木材林地的所有者需要决定何时砍伐树木比较合适。又如，某矿产资源的所有者需要决定何时开发矿产资源比较有利。同样，某产品专利权的所有者必须决定何时推出该产品。这类决策既会产生一定的效益，又会伴随相应的成本。在等待时机的过程中，公司能够得到更为充分的市场信息或更高的产品价格，或者有时间继续提高产品性能。但是这些决策优势也会带来因为等待而引起的时间价值的损失，以及竞争者提前进入市场的危险，另外成本也可能会随着时间的延长而增加。如果等待时机的利益超过伴随而来的成本，那么公司应该采取等待时机的策略。

选择投资时机的标准仍然是净现值最大化。但是由于投资的时间不同，不能将计算出来的净现值进行简单对比，而应该折合成同一时点的现值再进行比较。

例 5－4

大庆林业公司准备采伐一片经济林并将其加工成木材出售，该经济林的树木将随着时间的推移而更加茂密，其单位面积的经济价值也逐渐提高。根据预测，每年每亩树木的销售收入将提高 20%，但是采伐的付现成本（主要是工人工资）也将每年增加 10%。按照公司的计划安排，可以现在采伐或者 3 年后再采伐，无论哪种方案，树林都可供采伐4年，需要购置的采伐及加工设备的初始成本都为100万元，直线法折旧4年，无残值，项目开始时均需垫支营运资金20万元，采伐结束后收回。计划每年采伐200亩林木，当前每亩林木可获得营业收入1万元，采伐每亩林木的付现成本为0.35万元。大庆林业公司的资金成本为10%，所得税税率为25%。试判断公司应现在采伐还是3年以后采伐。

1. 计算现在采伐的净现值。

（1）计算现在采伐的营业现金流量（如表5-5所示）。

表5-5 现在采伐的营业现金流量 单位：万元

项目	第1年	第2年	第3年	第4年
营业收入（1）	200	240	288	345.6
付现成本（2）	70	77	84.7	93.17
折旧（3）	25	25	25	25
税前利润（4）	105	138	178.3	227.43
所得税（5）	26.25	34.5	44.58	56.86
税后利润（6）	78.75	103.5	133.72	170.57
营业现金流量(7) =(1)−(2)−(5) =(3)+(6) =(1)×(1−25%) −(2)×(1−25%) +(3)×25%	103.75	128.5	158.72	195.57

（2）根据初始投资、营业现金流量和终结现金流量编制现金流量表（如表5-6所示）。

表5-6 现在采伐的现金流量表 单位：万元

项目	第0年	第1年	第2年	第3年	第4年
固定资产投资	−100				
营运资金垫支	−20				
营业现金流量		103.75	128.5	158.72	195.57
营运资金回收					20
现金流量	−120	103.75	128.5	158.72	215.57

（3）计算现在采伐的净现值。

$$\begin{aligned}NPV &= 103.75\times PVIF_{10\%,1}+128.5\times PVIF_{10\%,2}+158.72\times PVIF_{10\%,3}\\&\quad +215.57\times PVIF_{10\%,4}-120\\&=103.75\times 0.909+128.5\times 0.826+158.72\times 0.751\\&\quad +215.57\times 0.683-120\\&=346.88(\text{万元})\end{aligned}$$

2. 计算3年后采伐的净现值。

（1）计算3年后采伐的营业现金流量（以第4年年初为起点），如表5-7所示。

表5-7 3年后采伐的营业现金流量 单位：万元

项目	第4年	第5年	第6年	第7年
营业收入（1）	345.6	414.72	497.66	597.19
付现成本（2）	93.17	102.49	112.74	124.01
折旧（3）	25	25	25	25
税前利润（4）	227.43	287.23	359.92	448.19
所得税（5）	56.86	71.81	89.98	112.05
税后利润（6）	170.57	215.42	269.94	336.14
营业现金流量(7) ＝(1)－(2)－(5) ＝(3)＋(6) ＝(1)×(1－25%) －(2)×(1－25%) ＋(3)×25%	195.57	240.42	294.94	361.14

（2）根据初始投资、营业现金流量和终结现金流量编制现金流量表（如表5-8所示）。

表5-8 3年后采伐的现金流量表 单位：万元

项目	第4年年初	第4年	第5年	第6年	第7年
固定资产投资	－100				
营运资金垫支	－20				
营业现金流量		195.57	240.42	294.94	361.14
营运资金回收					20
现金流量	－120	195.57	240.42	294.94	381.14

（3）计算3年后采伐的净现值。

$$NPV = 195.57\times PVIF_{10\%,4} + 240.42\times PVIF_{10\%,5} + 294.94\times PVIF_{10\%,6} + 381.14\times PVIF_{10\%,7} - 120\times PVIF_{10\%,3}$$
$$= 195.57\times 0.683 + 240.42\times 0.621 + 294.94\times 0.564 + 381.14\times 0.513 - 120\times 0.751$$
$$= 554.63(\text{万元})$$

3. 另一种计算3年后采伐方案净现值的方法。

本例中，也可以将第4年年初作为新的投资起点来计算净现值，如表5-9所示。

表5-9 3年后采伐的现金流量表 单位：万元

项目	第0年	第1年	第2年	第3年	第4年
固定资产投资	－100				
营运资金垫支	－20				
营业现金流量		195.57	240.42	294.94	361.14
营运资金回收					20
现金流量	－120	195.57	240.42	294.94	381.14

第 4 年年初的净现值为：

$$NPV_4 = 195.57 \times PVIF_{10\%,1} + 240.42 \times PVIF_{10\%,2} + 294.94 \times PVIF_{10\%,3} + 381.14 \times PVIF_{10\%,4} - 120$$
$$= 195.57 \times 0.909 + 240.42 \times 0.826 + 294.94 \times 0.751 + 381.14 \times 0.683 - 120$$
$$= 738.18\text{(万元)}$$

再将第 4 年年初的净现值折合为当前的净现值：

$$NPV = NPV_4 \cdot PVIF_{10\%,3}$$
$$= 738.18 \times 0.751$$
$$= 554.37\text{(万元)}$$①

由于 3 年后采伐的净现值大于现在采伐的净现值，所以应该选择在 3 年后采伐。

5.1.5 项目寿命不等的投资决策

在前面的例子中，涉及不同投资方案的取舍时，这些投资方案的寿命一般都是相同的。如果投资项目的寿命不等，则不可以用净现值、获利指数或内部报酬率直接进行比较。为了使投资项目的各项指标具有可比性，则需要消除项目寿命不等的因素，因此可以采用最小公倍寿命法或年均净现值法。

1. 最小公倍寿命法

最小公倍寿命法又称项目复制法，它将两个项目寿命的最小公倍数作为比较区间，并假设两个方案在这个比较区间内进行多次重复投资，将各自多次投资的净现值进行比较。

例 5-5

星海公司拟进行一项投资，现有两个互斥投资方案。A 方案初始投资额为 20 万元，项目寿命为 5 年，寿命终结时净残值为 2 万元，每年营业现金流量为 9 万元。B 方案初始投资额为 40 万元，项目寿命为 8 年，寿命终结时无残值，每年营业现金流量为 11 万元。企业资金成本为 10%。试判断应该选择哪个投资方案。

A，B 两方案单次投资的净现值分别为：

$$NPV_A = -20 + 9 \times PVIFA_{10\%,5} + 2 \times PVIF_{10\%,5}$$
$$= -20 + 9 \times 3.791 + 2 \times 0.621$$
$$= 15.361\text{(万元)}$$
$$NPV_B = -40 + 11 \times PVIFA_{10\%,8}$$
$$= -40 + 11 \times 5.335$$

① 两种计算方法的差额系保留小数位数进行四舍五入带来尾差所致。

$=18.685$（万元）

A，B 两个方案的最小公倍寿命为 40 年。假设在 40 年中，A 方案连续投资 8 次，B 方案连续投资 5 次。两方案连续投资的情况如图 5－1 所示。

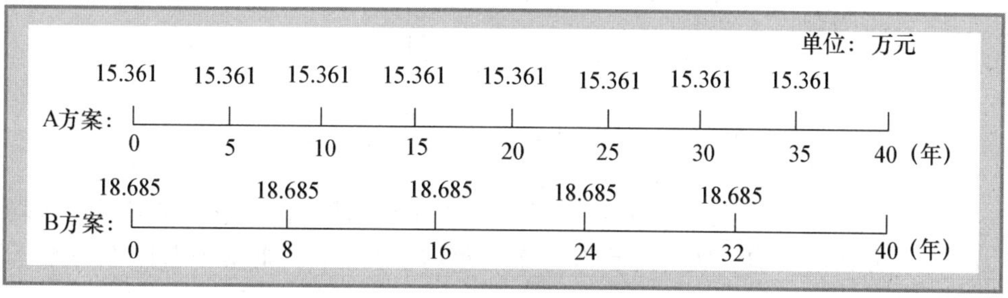

图 5－1　A，B 两方案连续投资示意图

A 方案在最小公倍寿命内重复投资的净现值为：

$$\begin{aligned} NPV_A &= 15.361\times(PVIF_{10\%,35}+PVIF_{10\%,30}+PVIF_{10\%,25}+PVIF_{10\%,20}\\ &\quad +PVIF_{10\%,15}+PVIF_{10\%,10}+PVIF_{10\%,5}+1)\\ &= 15.361\times(0.036+0.057+0.092+0.149+0.239+0.386+0.621+1)\\ &= 15.361\times 2.58 = 39.63\text{（万元）} \end{aligned}$$

B 方案在最小公倍寿命内重复投资的净现值为：

$$\begin{aligned} NPV_B &= 18.685\times(PVIF_{10\%,32}+PVIF_{10\%,24}+PVIF_{10\%,16}+PVIF_{10\%,8}+1)\\ &= 18.685\times(0.047+0.102+0.218+0.467+1)\\ &= 18.685\times 1.834 = 34.27\text{（万元）} \end{aligned}$$

虽然 B 方案的净现值大于 A 方案，但 A 方案在最小公倍寿命内重复投资的净现值大于 B 方案在最小公倍寿命内重复投资的净现值，因此应选择 A 方案。

2. 年均净现值法

净现值年均化可以直接用投资项目净现值除以投资项目寿命，但是这种简单的平均没能充分考虑资金的时间价值。净现值年均化的另一种更为合理的方法是利用年金现值系数实现的，其计算公式为：

$$ANPV=\frac{NPV}{PVIFA_{k,n}} \tag{5-1}$$

式中，$ANPV$ 为投资项目的年均净现值；$PVIFA_{k,n}$ 是资金成本为 k、期限为项目寿命 n 的年金现值系数。

这个公式的思路是：项目寿命不等的方案，由于其寿命不等，比较净现值的总额不能反映不同方案的优劣，因此可以将它们替换为与它们等价的方案后再进行比较。假设另外有每年现金流量相等的投资方案，其净现值和项目寿命与已知方案相同，因此可以认为它们是等价的，可以相互替换。这些替换方案的净现值等于每年现金流量乘以年金现值系数，因此每年现金流量就等于净现值除以年金现值系数。这样，通过比较替换方案的每年现金流量，就能够对原方案平均每年创造现金流量的能力进行比较，进而做出选择，从这个意义上说，这种方法也可以称为年均现金流量法。

例 5-5 可用年均净现值法解决如下：

$$ANPV_A=\frac{NPV_A}{PVIFA_{10\%,5}}=\frac{15.361}{3.791}=4.05(\text{万元})$$

$$ANPV_B=\frac{NPV_B}{PVIFA_{10\%,8}}=\frac{18.685}{5.335}=3.50(\text{万元})$$

虽然 B 方案的净现值大于 A 方案的净现值，但是它寿命较长，年均化以后，B 方案的年均净现值低于 A 方案的年均净现值，因此应该选择 A 方案。

5.2 风险投资决策

在上一章和本章第 1 节的讨论中，我们回避了风险问题。事实上，投资项目未来的收益和成本很难准确预测，存在不同程度的风险。因此，本节专门讨论有风险情况下的投资决策问题。风险投资决策的分析方法很多，概括起来主要有两类：调整折现率和调整现金流量。以净现值为例，前者是通过调整净现值公式的分母来体现风险程度，后者则是通过调整净现值公式的分子来体现风险程度。

5.2.1 按风险调整折现率

按风险调整折现率是指将与特定投资项目相关的风险报酬加入企业资金成本或必要报酬率中，以此作为该投资项目的折现率，据以进行投资决策分析。按风险调整折现率有如下几种方法。

1. 用资本资产定价模型调整折现率

在资本资产定价模型中，证券风险分为可分散风险和不可分散风险。可分散风险属于公司特别风险，可以通过合理的证券投资组合予以消除。不可分散风险由 β 值来测量。

在投资组合背景下进行投资决策时，可以类似地将投资项目的风险分为可分散风险和不可分散风险。可分散风险可以通过企业的多元化投资予以消除，因此，在进行投资时，需要关注的是不可分散风险。这时，特定投资项目按风险调整的折现率可按下式计算：

$$K_J=R_F+\beta_J(R_M-R_F) \tag{5-2}$$

式中，K_J 为项目 J 按风险调整的折现率；R_F 为无风险报酬率；β_J 为衡量项目 J 不可分散风险的 β 系数；R_M 为所有项目的平均报酬率。

2. 用风险报酬率模型调整折现率

单项资产投资背景下，一项投资的总报酬可分为无风险报酬和风险报酬两部分，因此，特定投资项目按风险调整的折现率可按下式计算：

$$K_J = R_F + bV_J \tag{5-3}$$

式中，K_J 为项目 J 按风险调整的折现率；R_F 为无风险报酬率；b 为风险报酬系数；V_J 为项目 J 的预期标准离差率。

通过上述方法按风险调整折现率以后，投资项目的具体决策方法与无风险时基本相同。这种方法对风险大的项目采用较高的折现率，对风险小的项目采用较低的折现率，简单明了、便于理解，因此被广泛采用。但是，这种方法把时间价值和风险价值混在一起，人为地假定风险一年比一年大，并不十分合理。

3. 按投资项目的风险等级调整折现率

这种方法的基本步骤是：首先对影响投资项目风险的各项因素进行评分，然后根据总评分确定投资项目的风险等级，最后根据风险等级确定投资项目的折现率。操作过程如表 5－10 所示。

表 5－10　按投资项目的风险等级调整折现率的操作过程表

相关因素	投资项目的风险状况及得分									
	A 项目		B 项目		C 项目		D 项目		E 项目	
	状况	评分	状况	评分	状况	评分	状况	评分	状况	评分
市场竞争	无	1	较弱	3	一般	5	较强	8	很强	12
战略上的协调	很好	1	较好	3	一般	5	较差	8	很差	12
投资回收期	1.5 年	4	1 年	1	2.5 年	7	3 年	10	4 年	15
资源供应	一般	8	很好	1	较好	5	很差	12	较差	10
总评分	—	14	—	8	—	22	—	38	—	49

总评分	风险等级	调整后的折现率（%）
0～8	很低	7
8～16	较低	9
16～24	一般	12
24～32	较高	15
32～40	很高	17
40 分及以上	最高	20 及以上

$K_A=9\%$　　$K_B=7\%$　　$K_C=12\%$　　$K_D=17\%$　　$K_E\geqslant 20\%$

表 5－10 中的相关因素、不同状况下的评分、风险等级和折现率都由企业的管理人员根据以往的经验来确定，具体的评分工作则应由销售、生产、技术、财务等部门组成专家小组共同进行。在实际工作中，影响风险的因素可能会更多，风险状况也可能会更加复杂，但原理是一致的。

5.2.2 按风险调整现金流量

按风险调整现金流量是指根据投资项目的风险大小，对各年不确定的现金流量进行调整，以调整后的现金流量进行投资决策分析。将投资项目有风险的现金流量进行调整的具体办法有很多，这里介绍最常用的确定当量法。

在风险投资决策中，各年的现金流量具有不确定性。确定当量法就是把不确定的各年现金流量，按照一定的系数（通常称为约当系数）折算为大约相当于确定的现金流量的金额，然后利用无风险折现率来评价风险投资项目的决策分析方法。

约当系数是将不确定的现金流量折算为确定的现金流量时采用的系数，它等于确定的现金流量同与之相当的不确定现金流量的比值，通常用 d 表示。在对投资项目进行评价时，可根据各年现金流量风险的大小，选取不同的约当系数。当现金流量无风险时，可取 $d=1$；当现金流量的风险很小时，可取 $0.8\leqslant d<1$；当现金流量的风险一般时，可取 $0.4\leqslant d<0.8$；当现金流量风险很大时，可取 $0<d<0.4$。

约当系数的选取因人而异，敢于冒险的决策者会选用较高的约当系数，不愿冒险的决策者则可能选用较低的约当系数。为了防止因决策者的偏好不同而造成决策失误，有些企业会根据现金流量的标准离差率来确定约当系数。标准离差率是衡量风险大小的一个很好的指标，因此用它来确定约当系数是合理的。标准离差率与约当系数的经验对照关系如表5-11所示。

表5-11 标准离差率与约当系数的经验对照关系表

标准离差率	约当系数
0.01～0.07	1
0.08～0.15	0.9
0.16～0.23	0.8
0.24～0.32	0.7
0.33～0.42	0.6
0.43～0.54	0.5
0.55～0.70	0.4
⋮	⋮

约当系数确定后，决策分析就比较容易了。

例5-6

星海公司准备进行一项投资，其各年的现金流量和分析人员确定的约当系数列示在表5-12中，无风险折现率为10%，试判断此项目是否可行。

表5-12 星海公司投资项目各年的现金流量和分析人员确定的约当系数表

t	0	1	2	3	4
NCF_t（元）	−20 000	8 000	8 000	8 000	8 000
d_t	1.0	0.95	0.9	0.8	0.8

根据以上资料，利用净现值法进行评价。

$$
\begin{aligned}
NPV =& 0.95\times 8\,000\times PVIF_{10\%,1}+0.9\times 8\,000\times PVIF_{10\%,2}\\
&+0.8\times 8\,000\times PVIF_{10\%,3}+0.8\times 8\,000\times PVIF_{10\%,4}\\
&+1.0\times(-20\,000)\\
=& 7\,600\times 0.909+7\,200\times 0.826+6\,400\times 0.751\\
&+6\,400\times 0.683-20\,000\\
=& 2\,033.2(\text{元})
\end{aligned}
$$

从以上分析可以看出，按风险程度对现金流量进行调整后，计算出的净现值为正值，故可以进行投资。

采用确定当量法对现金流量进行调整，进而做出投资决策，克服了调整折现率法夸大远期风险的缺点，但如何准确、合理地确定约当系数是一个十分困难的问题。

知识拓展
投资中的选择权

复习与思考

常见的风险投资决策方法有哪两种？它们各自的思路分别是什么？什么是约当系数？约当系数应如何确定？

VCase 课后实验——风险投资决策

一、实验简介

基于案例资料中给定的关键投资信息、项目不确定性等信息，结合风险调整折现率法相关知识点，使用风险投资决策工具，按照投资项目的风险等级调整折现率，计算项目投资净现值、内部报酬率，最终完成有风险情况下的风险投资项目决策。

二、实验数据和实验工具

VCase 课后实验——风险投资决策

三、实验报告

在前面章节项目投资测算过程中，我们回避了风险问题，项目净现金流量的收入和成本在实现上都存在较大的不确定性，存在不同程度的风险，风险投资决策就是针对这种有风险情况下的投资决策问题。常见的风险投资决策模型大体是在原有项目投资决策模型的基础上，根据项目风险的大小调整折现率或者调整项目现金流量。所谓按照风险调整折现率，就是将与特定投资项目相关的风险报酬加入到企业资金成本中，以此作为该投资项目的折现率，据以进行投资决策分析；所谓按风险调整现金流量，就是根据投资项目的风险大小，对各年不确定的现金流量进行调整，以调整后的现金流量进行投资决策分析。

公司项目中心结合销售中心提供的产品市场风险调研报告数据，进行项目不确定分析，采用投资项目的风险等级调整折现率。详细情况如下：

1. 风险状况评价。

预测项目	项目名称	风险状况得分
1	电视底座项目	
2	电视壁挂件项目	

2. 项目投资决策测算。

根据电视底座项目的相关流入流出项目，结合投资项目的风险等级调整折现率，按照调整后的折现率对项目各期的现金流入流出项目进行折现，相关投资决策指标计算如下：

序号	投资指标	指标值	数值填写要求
1	风险调整折现率		保留小数点后两位
2	净现值（NPV）		万元，保留小数点后两位

根据电视壁挂件项目的相关流入流出项目，结合投资项目的风险等级调整折现率，按照调整后的折现率对项目各期的现金流入流出项目进行折现，相关投资决策指标计算如下：

序号	投资指标	指标值	数值填写要求
1	风险调整折现率		保留小数点后两位
2	净现值（NPV）		万元，保留小数点后两位

根据上述分析，使用风险调整折现率法进行判断后，项目组优先选择______投资项目。

本章小结

本章讲述了投资决策指标的应用问题以及有风险情况下的投资决策问题。

1. 各项投资决策指标尤其是三个折现现金流量指标在企业投资决策中应用广泛，典型实例包括固定资产更新决策、资金限量决策、投资期决策、投资时机决策和项目寿命不等的投资决策等。当然，决策指标的具体应用并不局限于上述情况，读者在学习中可以举一反三，掌握基本的决策思路。

2. 在考虑风险的情况下，需要对基本的决策指标作相应的调整。以净现值为例，或者调整其分母中的折现率，或者调整其分子的现金流量。调整折现率可以用资本资产定价模型、风险报酬率模型进行调整或按投资项目的风险等级进行调整。调整现金流量的常用方法是确定当量法。由于风险本身就意味着不确定，因此要准确地对投资项目的风险加以考虑是十分困难的，只能尽量科学地进行预计、测算和调整。

重要名词

固定资产更新（replacement of fixed assets）
资金限量（capital limit）　　投资期（investment period）
项目寿命（project life）　　风险投资决策（risk investment decision）
风险调整折现率（risk-adjusted discount rate）
风险调整现金流量（risk-adjusted cash flow）

思考题

1. 固定资产更新决策中初始现金流量包含哪些内容？是否需要考虑税负的影响？

2. 当公司资金有限时，应如何进行投资决策？

3. 什么是投资期？如何选择最佳投资期？

4. 什么是投资时机决策？如何选择最佳投资时机？

5. 项目寿命不等的投资项目可否直接比较净现值、获利指数或内部报酬率？应如何消除寿命不等的影响？

6. 按风险调整折现率和按风险调整现金流量两种方法的思路分别是什么？各自的优缺点是什么？

练习题

1. A公司有一旧设备，正考虑用市场上的一种新设备对其进行替换。两种设备的年生产能力相同，均采用直线法计提折旧。公司所得税税率为25%，资金成本为10%。其他资料见下表。

A公司新旧设备对比表

单位：元

项目	旧设备	新设备
原价	80 000	100 000
净残值	4 000	10 000
使用年限	8	5
已使用年限	3	0
尚可使用年限	5	5
每年付现成本	9 000	6 000
目前变价收入	30 000	—

要求：判断公司是否应更新设备。

2. B公司拥有一稀有矿藏，这种矿产品的价格在不断上涨。据预测，4年后价格将上涨30%。因此，公司需要研究现在开采还是4年后开采的问题。无论现在开采还是4年后开采，初始投资均相同，建设期均为1年，从第2年开始投产，投产后5年矿产全部开采完毕。有关资料见下表。

B公司矿藏开采投资与回收情况

投资与回收		收入与成本	
固定资产投资	80万元	年产销量	2 000吨
营运资金垫支（投产第一年年初投入）	10万元	现在投资开采每吨售价	0.1万元
固定资产残值	0万元	4年后投资开采每吨售价	0.13万元
资金成本	20%	年付现成本	60万元
		所得税税率	25%

要求：请帮助该公司做出投资时机决策。

3. C公司要在两个项目中选择一个进行投资：甲项目需要160 000元的初始投资，每年产生80 000元的现金净流量，项目的使用寿命为3年，3年后必须更新且无残值；乙项目需要210 000元的初始投资，每年产生64 000元的现金净流量，项目的使用寿命为6年，6年后必须更新且无残值。公司的资金成本为16%。

要求：判断公司应该选择哪个项目。

4. D公司准备进行一项投资，其各年的现金流量和分析人员确定的约当系数见下表。公司的资金成本为10%。

D 公司的现金流量和约当系数

年份	0	1	2	3	4
净现金流量（千元）	－20 000	6 000	7 000	8 000	9 000
约当系数	1.0	0.95	0.9	0.8	0.8

要求：分析该项目是否可行。

案例题

美多公司固定资产更新

案例资料：对于一个经营良好的公司来说，必须时常关注市场上出现的新的投资机会。美多印刷公司的管理者正在考虑一个设备更新方案，他们打算购买新型高效的激光印刷机来代替现在使用的设备。现在使用的设备的账面净值为 220 万元，如果不替换，还可以使用 10 年。购买激光印刷机的成本是 130 万元，预计使用年限也为 10 年。使用激光印刷机能够降低公司的营运成本，增加公司的营业收入，从而增加每年的现金流量。

苏同是美多印刷公司的会计主管，他编制了下表，给出了使用激光印刷机对每年收益和现金流量影响的期望值。

预计每年差量现金流量　　　　单位：万元

增加的收入	140 000	
加：节约的成本（扣除折旧因素）	＋110 000	250 000
年折旧费用减少额		
现有设备的折旧额	220 000	
减：激光印刷机的折旧额	－130 000	90 000
缴纳所得税前预计收益增加额		340 000
减：年缴纳所得税增加额（25%）		85 000
年净收益预计增加额		255 000
年净现金流量预计增加额（(250 000－85 000）或（255 000－90 000）)		165 000

唐刚是美多印刷公司的独立董事，他提出了自己的看法：虽然这些预计数字看上去不错，但是如果要使用新的激光印刷机就要卖掉现有设备，所以我们要考虑公司为此蒙受的损失；而且，既然激光印刷机已经上市，那么我们的旧设备肯定也卖不上好价钱。

为此，苏同又给出以下资料，来说明出售现有设备可能发生的损失：

现有设备的账面价值	2 200 000 元
预计市场价格(扣除清理费用后的净值)	200 000 元
缴纳所得税前预计出售损失	2 000 000 元

作为损失抵减本年度所得税(25%)	500 000 元
出售现有设备的净损失(考虑节税后)	1 500 000 元

唐刚看后不禁感叹：“天哪，我们的损失竟然跟激光印刷机的成本差不多。如果说激光印刷机的成本是130万元，我们还可以接受，加上这150万元的损失，就是280万元，这是无论如何也不能接受的！”

案例思考题：

1. 对美多印刷公司来说，使用激光印刷机的成本是否如唐刚所说的280万元？请做出解释。

2. 计算出售现有设备、购买激光印刷机这一方案的净现值。假设公司的资金成本为15%。在计算时，有关现金流量的发生时间假设如下：

(1) 年初用现金购买激光印刷机；

(2) 年初出售现有设备并得到现金收入；

(3) 出售现有设备带来的所得税利益在年末实现；

(4) 以后10年的净现金流量视为在年末收到。

3. 美多印刷公司应该如何决策？

第 6 章

Chapter 6 企业筹资管理（上）

学习目标

- 了解筹资的概念、动机和要求。
- 掌握资金需要量预测的方法。
- 了解我国各种股权性资金、债权性资金和混合性资金筹集的种类和程序等，并理解各自的优缺点。

引 例

根据证监会发布的统计数据，我国 A 股市场 2019 年通过 IPO 融资 2 534 亿元，通过定向增发再融资 6 898 亿元，配股再融资 134 亿元。从股权融资的结构来看，再融资数额大大超过首次公开发行。但在 2017 年修订再融资规定和发布减持新规之后，定向增发规模逐年下降，2017 年、2018 年分别为 1.02 万亿元和 7 855 亿元。

公司债券市场的发展速度远远超过股票市场。2019 年交易所市场共发行公司债券 2 464 只，规模达到 2.54 万亿元。自 2008 年以来，包括公司债券在内的债券市场融资总规模已经开始超过股票融资规模，并呈现出不断增长的态势。从 2016 年的数据来看，仅公司债券这一类债券的融资规模就已经相当于股票融资规模的约 1.6 倍。

资本市场的发展为企业提供了更加广泛的融资渠道，财务人员准确预测资金需求，熟悉多种筹资方式，是企业合理筹资的重要前提。

6.1 企业筹资概述

思维导图
企业筹资管理（上）

6.1.1 企业筹资的基本概念

企业筹资是指企业根据生产经营、对外投资以及调整资本结构等需要，经济有效地筹措和集中资金的活动。通常所说的筹资主要是指长期资金的筹集，短期资金则归入营运资金管理。企业筹资需要针对不同的筹资来源，运用适当的筹资方式。

（1）筹资来源是指企业筹集资金的源泉。我国企业长期筹资的来源主要包括：政府资金、银行资金、非银行金融机构资金、其他法人资金、个人资金、企业内部资金以及国外和港澳台资金。

（2）筹资方式是指企业筹集资金的具体形式和工具。企业长期筹资的方式主要包括：吸收投入资本、发行股票、长期借款、发行债券、融资租赁和留存收益。

（3）筹资来源和筹资方式的关系非常密切。同一筹资来源往往可以采用不同的筹资方式取得，而同一筹资方式又往往适用于不同的筹资来源。企业在筹资时，应当注意筹资来源和筹资方式的合理配合。在我国，筹资来源与筹资方式的配合情况如表6-1所示。

表6-1　筹资来源与筹资方式的配合

筹资来源	筹资方式					
	吸收投入资本	发行股票	长期借款	发行债券	融资租赁	留存收益
政府资金	√	√				
银行资金			√			
非银行金融机构资金	√	√	√	√	√	
其他法人资金	√	√		√		
个人资金	√	√		√		
企业内部资金						√
国外和港澳台资金	√	√	√	√	√	

复习与思考

什么是筹资来源？什么是筹资方式？二者应如何配合？

6.1.2　企业筹资的动机

企业筹资是为了生存和发展。企业筹资的具体原因多种多样，比如为开发产品、购置设备、对外投资、偿还债务等而筹集资金。概括起来，企业筹资的动机可分为三种类型。

1. 扩张筹资动机

扩张筹资动机是指企业为了生产经营或对外投资而产生的筹资动机。例如，企业开发新产品、修建厂房、购置设备、拓展市场、购买证券、并购企业等往往需要筹集资金。

这种筹资动机所导致的筹资行为将直接增加企业的负债和所有者权益总额。

2. 偿债筹资动机

偿债筹资动机是指企业为了偿还债务而产生的筹资动机。具体来看，又分为调整性偿债筹资和恶化性偿债筹资。前者指企业虽然有足够的能力支付到期债务，但基于资本结构的考虑，需筹措新的资金偿还债务。后者指企业没有足够的能力支付到期债务，被迫筹措新资还债。

这种筹资动机所导致的筹资行为不会影响企业的负债和所有者权益总额，只是不同要素之间的替代。

3. 混合筹资动机

混合筹资动机是指上述两种筹资动机的混合，既为生产经营或对外投资，又为偿还债务。

这种筹资动机所导致的筹资行为既增加了企业的负债和所有者权益总额，又调整了各种要素之间的比例。

6.1.3 企业筹资管理的要求

企业筹资管理的基本要求是分析评价影响筹资的各种因素，讲求资金筹集的综合经济效益。具体来说，应做到以下几点。

1. 认真分析筹资环境，提高环境适应能力

筹资环境是指影响企业筹资活动的各种因素的集合，包括金融市场、金融机构和金融政策等金融环境，宏观经济政策、物价变动、经济周期等经济环境，以及相关法律法规构成的法律环境等。企业在筹资活动中，必须清楚认识所处的筹资环境，正确预见环境的发展变化。只有这样，才能有效筹集所需资金。

2. 周密研究资金需求，努力提高筹资效果

筹资是为了用资。企业是否筹资、筹资多少等都要视用资需求而定。因此，企业在筹资前，必须周密地研究资金投向，确定资金需求量，使资金的筹集量与需求量达到平衡，防止因筹资不足而影响资金投放，或因筹资过剩而导致资金浪费。

3. 认真选择筹资来源和方式，力求降低资金成本

不同的筹资来源和筹资方式，其筹资的难易程度、资金成本和财务风险各不相同。因此企业筹资要综合考察各种筹资来源和筹资方式，选择最适合企业的筹资来源和方式，以便降低企业筹资的资金成本。

4. 适时取得资金，保证用资需要

筹资和用资不仅在数量上要匹配，在时间上也要衔接。因此企业筹资要根据资金的使用时间合理安排，避免因取得资金过早而造成使用前的闲置，或因取得资金滞后而贻误用资时机。

5. 合理安排资本结构，保持收益与风险平衡

企业的资金包括权益资金和债务资金。两者比例要适当，既要防止负债过多，增加企业财务风险，又要有效地利用负债经营，提高权益资金的收益水平。

6.2 资金需要量的预测

企业的资金需要量是筹集资金的数量依据，因此必须科学合理地预测。资金需要量的预测有多种方法，下面介绍常用的两种方法：营业百分比法和趋势预测法。

6.2.1 营业百分比法

营业百分比法是根据营业收入与资产负债表和利润表项目之间的关系，预计各项目的金额，进而预测外部筹资需要量的方法。

根据与营业收入的关系，可将资产负债表和利润表项目分为敏感项目和非敏感项目。敏感项目是指在短期内与营业收入的比例关系基本上保持不变的项目，非敏感项目是指在短期内不随营业收入的变动而变动的项目。通常，在短期内与企业的主要经营业务规模密切相关的项目往往是敏感项目，而与主要经营业务规模没有直接关联的项目往往是非敏感项目。利润表项目中，敏感项目一般包括营业成本、税金及附加、销售费用和管理费用、所得税费用，营业利润、利润总额和净利润这几个项目依据其他项目计算得来，其余为非敏感项目。资产中敏感项目一般包括货币资金、应收票据、应收账款、预付款项和存货，一些合计项目依据其他项目计算得来，其余为非敏感项目。应注意，某些非敏感资产在短期内虽然不随营业规模的变动而成比例变动，但会出现阶梯式跳跃。例如，当营业规模在一定范围内时，固定资产规模保持不变，但是当营业规模超过此范围时，就要考虑扩充固定资产规模，这种情况应单独考虑，即固定资产不再是典型的敏感项目或非敏感项目。负债中敏感项目一般包括应付票据、应付账款、预收账款、应付职工薪酬、应交税费，一些合计项目依据其他项目计算得来，其余为非敏感项目。所有者权益项目中，实收资本和资本公积一般是非敏感项目，盈余公积和未分配利润合称留存收益，其每年增加额等于净利润乘以利润留存比例。当然，以上敏感项目与非敏感项目的划分并不是绝对的，有时要视企业的具体情况而定。

营业百分比法具体有两种思路：一种为总额法，即根据估计的营业收入的总额来预计资产、负债和所有者权益的总额，然后利用“资产＝负债＋所有者权益”的会计恒等式来确定外部融资需求；另一种为差额法，即根据估计的营业收入的变动额预计资产、负债和所有者权益的变动额，然后利用会计恒等式来确定外部融资需求。下面详细讲解这两种思路的具体步骤。

1. 总额法

（1）合理确定敏感项目和非敏感项目，以及各敏感项目与营业收入的百分比。各敏感项目与营业收入的百分比可以根据上年数据确定，也可以根据以前若干年的平均数确定。

（2）根据估计的营业收入总额预计各利润表项目金额，进而估算出净利润。各敏感项目的预计额等于估计的营业收入乘以第（1）步算出的百分比。非敏感项目的预计额等于上年金额或以前若干年的平均数。这个步骤可以通过编制预计利润表来实现。

（3）预计留存收益增加额＝预计净利润×利润留存比例。

（4）根据估计的营业收入总额预计各资产负债表项目金额。各敏感项目的预计额等于估计的营业收入乘以第（1）步算出的百分比。非敏感项目的预计额等于上年金额。跳跃式变动的项目的预计额等于上年金额加上或减去拟变动额。预计留存收益额等于上年留存收益额加上预计留存收益增加额。这个步骤可以通过编制预计资产负债表来实现。

（5）根据“资产＝负债＋所有者权益”的会计恒等式，得

外部融资需求＝预计资产总额－预计负债总额－预计股东权益总额

这个步骤可以通过平衡第（4）步中的预计资产负债表来实现。

例 6－1

星海公司 20×0 年的简化资产负债表和简化利润表分别如表 6－2 和表 6－3 所示。

表 6－2　20×0 年简化资产负债表　　单位：万元

资产	金额	负债和所有者权益	金额
货币资金	80	短期借款	150
交易性金融资产	80	应付账款	240
应收票据	90	应付职工薪酬	82
应收账款	360	应交税费	60
存货	280	其他应付款	40
其他流动资产	10	其他流动负债	18
长期股权投资	330	长期借款	330
固定资产	930	股本	700
无形资产	140	资本公积	260
		留存收益	420
资产总计	2 300	负债和股东权益总计	2 300

表6-3 20×0年简化利润表 单位：万元

项目	金额
一、营业收入	4 000
减：营业成本	2 500
税金及附加	200
销售费用	460
管理费用	720
财务费用	27
加：投资收益	180
二、营业利润	273
加：营业外收入	47
三、利润总额	320
减：所得税	80
四、净利润	240

公司20×1年预计营业收入为5 000万元。为扩大生产经营规模，公司决定于20×1年购建价值300万元的厂房和机器设备。公司的股利分配率为60%，所得税税率为25%。试预计公司20×1年的外部融资需求。（敏感项目占营业收入的百分比按20×0年的数据确定；20×1年非敏感项目的预计额等于20×0年的金额。）

首先，编制20×1年的预计利润表，如表6-4所示。

表6-4 20×1年预计利润表 单位：万元

项目 (1)	20×0年实际数 (2)	占营业收入的百分比（%） (3)	20×1年预计数 (4)
一、营业收入	4 000	100	5 000
减：营业成本	2 500	62.5	3 125
税金及附加	200	5	250
销售费用	460	11.5	575
管理费用	720	18	900
财务费用	27	—	27
加：投资收益	180	—	180
二、营业利润	273	*	303
加：营业外收入	47	—	47
三、利润总额	320	*	350
减：所得税	80	/	87.5
四、净利润	240	*	262.5

表6-4中，第（2）列的数据直接取自表6-3。第（3）列中，各敏感项目占营业收入的百分比等于第（2）列中相应的项目除以20×0年营业收入4 000万元；“—”代表非敏感项目；“/”代表变动幅度与营业收入变动幅度不成比例的项目；“*”代表根据其他项目推算出来的项目。第（4）列中，敏感项目的金额等于20×1年预计营业收入5 000万元乘以第（3）列中对应的百分比；非敏感项

目的金额等于第（2）列中对应的金额。

其次，计算预计留存收益增加额。

预计留存收益增加额＝262.5×(1－60%)＝105(万元)

最后，编制20×1年的预计资产负债表，如表6－5所示。

表6－5 20×1年预计资产负债表　　单位：万元

项目 (1)	20×0年实际数 (2)	占营业收入的百分比（%） (3)	20×1年预计数 (4)
资产			
货币资金	80	2	100
交易性金融资产	80	—	80
应收票据	90	2.25	112.5
应收账款	360	9	450
存货	280	7	350
其他流动资产	10	—	10
长期股权投资	330	—	330
固定资产	930	/	1 230
无形资产	140	—	140
资产总计	2 300	*	2 802.5
负债和股东权益			
短期借款	150	—	150
应付账款	240	6	300
应付职工薪酬	82	2.05	102.5
应交税费	60	1.5	75
其他应付款	40	—	40
其他流动负债	18	—	18
长期借款	330	—	330
股本	700	—	700
资本公积	260	—	260
留存收益	420	/	525
追加外部筹资额	—	*	302
负债和股东权益总计	2 300	*	2 802.5

表6－5中，第（2）列的数据直接取自表6－2。第（3）列中，各敏感项目占营业收入的百分比等于第（2）列中相应的项目除以20×0年营业收入4 000万元；“—”代表非敏感项目；“/”代表变动幅度与营业收入变动幅度不成比例的项目；“*”代表根据其他项目推算出来的项目。第（4）列中，敏感项目的金额等于20×1年预计营业收入5 000万元乘以第（3）列中对应的百分比；非敏感项目的金额等于第（2）列中对应的金额；固定资产的金额等于第（2）列中的金额加上300万元新增投资；留存收益金额等于第（2）列中的金额加上预计新增留存收益105万元。

因此，20×1年公司的外部融资需求为302万元。

2. 差额法

差额法的原理与总额法完全一样，即利用会计恒等式倒推出需要向外部筹资的金额。但是，差额法下所用的是变动额的平衡，而不是总额的平衡。

（1）合理确定敏感项目和非敏感项目，以及各敏感项目与营业收入的百分比。确定方法与总额法的思路相同。

（2）根据估计的营业收入预计各利润表项目，进而估算出净利润。估算方法与总额法的思路相同。

（3）预计留存收益增加额＝预计净利润×利润留存比例。

（4）根据估计的营业收入变动额预计各资产负债表项目变动额。由于非敏感项目在短期内不发生变动，因此只需计算各敏感项目的变动额即可。敏感项目的预计变动额等于估计的营业收入变动额乘以第（1）步算出的百分比。如果存在跳跃式变动的项目，其变动额也应考虑在内。而预计留存收益的变动额在第（3）步已经得到。

（5）根据“资产＝负债＋所有者权益”的会计恒等式，得

$$\text{外部融资需求}=\text{预计资产变动额}-\text{预计负债变动额}-\text{预计所有者权益变动额}$$

这种思路可以用一个简单的公式表示如下：

$$\text{外部融资需求}=\Delta S\left(\sum\frac{RA}{S}-\sum\frac{RL}{S}\right)-\Delta RE+M \qquad (6-1)$$

式中，ΔS 为预计营业收入变动额；$\sum\frac{RA}{S}$ 为敏感资产占营业收入的百分比之和；$\sum\frac{RL}{S}$ 为敏感负债占营业收入的百分比之和；ΔRE 为预计留存收益变动额；M 为其他影响因素，比如跳跃式变动资产的变动额。

根据例6-1的资料，现用差额法计算外部融资需求。

首先，分别计算敏感资产和敏感负债占营业收入的百分比之和。

$$\sum\frac{RA}{S}=2\%+2.25\%+9\%+7\%=20.25\%$$

$$\sum\frac{RL}{S}=6\%+2.05\%+1.5\%=9.55\%$$

其次，预计20×1年的净利润。过程与总额法相同，得到预计净利润为262.5万元。

然后，计算预计留存收益变动额 ΔRE。也与总额法相同，得到 ΔRE 为105万元。

最后，计算20×1年的外部融资需求。

$$\begin{aligned}\text{外部融资需求}&=\Delta S\left(\sum\frac{RA}{S}-\sum\frac{RL}{S}\right)-\Delta RE+M\\&=(5\,000-4\,000)\times(20.25\%-9.55\%)-105+300\end{aligned}$$

=302(万元)

以上结果与总额法相同。

3. 营业百分比法的优缺点

(1) 运用营业百分比法进行资金需要量的预测，具有如下优点：

1) 考虑了各个项目与营业规模的关系。

2) 考虑了资金来源与应用的平衡关系。

3) 能为财务管理提供短期预计的财务报表。

(2) 营业百分比法的缺点：

1) 敏感项目与非敏感项目的划分具有一定主观性。有些项目的金额大小与营业收入相关，但未必与营业收入成比例变动。此时如果人为地将其划分为敏感项目或非敏感项目，显然有失科学。

2) 敏感项目占营业收入的百分比如果直接由上一个期间的数据得出，具有一定偶然性，因为上一个期间的数据并不一定能够代表通常的状况。

3) 当相关情况发生改变时，如果仍然用原来的比例预测今后的项目金额，可能会有较大出入，进而影响资金需要量预测的准确性。

复习与思考

1. 何为营业百分比法？
2. 什么是敏感资产和敏感负债？
3. 总额法和差额法的思路分别是什么？

6.2.2　趋势预测法

趋势预测法是根据资金需要量和相关因素过去的发展趋势，预测未来资金需要量的一种方法。这种方法通常是建立资金需要量和相关因素之间的数学模型，根据回归分析的原理预测未来的资金需要量，因此又叫作回归分析法。其中最为常见的相关因素是营业业务量，比如商品的产销量。

1. 趋势预测法的基本步骤

(1) 建立反映资金需要量与相关因素之间关系的数学模型。所选择的相关因素通常是营业业务量，比如产品的产销量。

(2) 利用历史数据进行回归分析，确定数学模型中的参数。

(3) 根据相关因素如产销量的预测值，预测未来的资金需要量。

例6-2

星海公司20×4至20×8年的商品产销量和资金需要量如表6-6所示。预计公司20×9年的产销量为15.8万件。试预测公司20×9年的资金需要量。

表6-6 星海公司20×4至20×8年商品产销量和资金需要量

年份	产销量（万件）x	资金需要量（万元）y
20×4	11	917
20×5	10	893
20×6	12.5	952
20×7	13	976
20×8	14.5	1 010

（1）假设资金需要量 y 与产销量 x 存在线性关系，并建立如下线性方程：

$$y=a+bx \tag{6-2}$$

式中，a 为固定资金需要量；b 为单位产销量的变动资金需要量。

固定资金需要量是指在一定营业规模内不随产销量变动而变动的资金需要量，如固定资产占用资金、存货保险储备占用资金等。变动资金需要量是随着产销量变动而成比例变动的资金需要量，如应收账款占用资金、保险储备之外的存货占用资金等。

（2）由表6-6中的数据加工得到表6-7。

表6-7 由表6-6中数据加工得到的数据

年份	产销量（万件）x	资金需要量（万元）y	xy	x^2
20×4	11	917	10 087	121
20×5	10	893	8 930	100
20×6	12.5	952	11 900	156.25
20×7	13	976	12 688	169
20×8	14.5	1 010	14 645	210.25
$n=5$	$\sum x=61$	$\sum y=4\,748$	$\sum xy=58\,250$	$\sum x^2=756.5$

由线性方程 $y=a+bx$ 得到如下方程组：

$$\begin{cases}\sum y = na + b\sum x \\ \sum xy = a\sum x + b\sum x^2\end{cases} \tag{6-3}$$

将表6-7中的数据代入方程组：

$$\begin{cases}4\,748=5a+61b \\ 58\,250=61a+756.5b\end{cases}$$

解得

$$\begin{cases}a=627.84 \\ b=26.37\end{cases}$$

（3）将预测的商品产销量15.8万件代入上述线性方程，得到20×9年的资金需要量为1 044.49万元（627.84＋15.8×26.37）。

2. 趋势预测法的优缺点

（1）用趋势预测法进行资金需要量的预测具有如下优点：

1）简便易行。

2）利用多个期间的数据寻求平均趋势，可以有效降低个别特殊期间对预测的影响。

（2）趋势预测法存在的缺点：

1）资金需要量与营业业务量之间未必符合线性关系的假定。

2）完全用历史数据去预测未来，没有充分考虑价格等因素的变动。

6.3 股权性资金的筹集

企业的全部资金按其权益归属，可分为股权性资金和债权性资金。股权性资金代表了企业所有者对企业享有的权益；债权性资金则代表了企业债权人对企业享有的权益。股权性资金与债权性资金的主要区别如下：

（1）债权性资金需要按期偿还；股权性资金无须偿还，属于企业的“永久性资金”。

（2）债权性资金需按期支付利息，并且利息通常是固定的，但是债权人不参加税后利润的分配，不参与企业决策；股权性资金无须支付固定报酬，股权所有者通过参加税后利润的分配和参与企业决策来实现权益。

（3）企业清算时，债权性资金具有优先清偿权。

某些资金既具有股权性资金的某些特征，又具有债权性资金的某些特征，我们将这类资金称作混合性资金。

复习与思考

什么是股权性资金、债权性资金和混合性资金？

本节将介绍股权性资金筹资方式的相关问题。股权性资金主要包括所有者投资和留存收益。所有者投资形成实收资本或股本，以及资本公积中的一部分。留存收益包括盈余公积和未分配利润，它们是在企业存续过程中从税后利润中自然形成的，不需要专门的筹集措施。因此，这里所关注的股权性资金主要是指所有者投资。股份有限公司吸收所有者投资是通过发行普通股进行的；其他企业的所有者投资是通过企业直接吸收投入资本实现的。

6.3.1 吸收投入资本

吸收投入资本是非股份制企业筹集股权性资金的基本方式。它是指企业以协议等形式吸收国家、其他法人、个人和外商直接投资的一种筹资方式。从法律形式上看，企业分为独资企业、合伙企业和公司。在我国，公司包括股份有限公司和有限责任公司（包含国有独资公司）。由于吸收投入资本这种筹资方式适用于非股份制企业，因此可以采取吸收投入资本这种筹资方式的企业包括独资企业、合伙企业和有限责任公司。

1. 吸收投入资本的种类

（1）按筹资来源划分，吸收投入资本分为如下四类：

1）吸收国家直接投资，形成企业的国有资本。

2）吸收其他企业、事业单位等法人的直接投资，形成企业的法人资本。

3）吸收企业内部职工和社会公众的直接投资，形成企业的个人资本。

4）吸收外国投资者和港澳台投资者的直接投资，形成企业的外商资本。

（2）按投资者的出资形式划分，吸收投入资本分为如下两类：

1）吸收现金投资。现金是最常见的投资形式。

2）吸收非现金投资。非现金投资主要包括两种形式：一是材料、燃料、产品、房屋建筑物、机器设备等实物资产投资；二是专利权、非专利技术、商标权、土地使用权等无形资产投资。

2. 吸收投入资本的程序

（1）确定所需投入资本的数量。确定资金需要量是筹资的前提。企业在吸收投入资本之前，必须明确资金用途，进而合理确定所需资金的数量。

（2）选择吸收投入资本的来源。企业应根据具体情况选择资金来源，决定是向国家、法人、个人还是外商吸收投入资本。

（3）签署合同、协议或决定等文件。企业在与投资者进行磋商之后，应签署投资合同或出资协议等文件。对于国有独资公司，应由国家授权的投资机构签署增资拨款决定。

（4）取得资金。按照签署的合同、协议或决定，适时适量取得资金。对以实物资产和无形资产形式进行的投资，应进行合理估价，办理合法的产权转移手续。

3. 吸收投入资本筹资的优缺点

（1）吸收投入资本筹资的优点。

1）吸收的投入资本属于股权性资金，与债权性资金相比，能够提高企业的资信和借款能力。

2）吸收的投入资本不需要归还，并且没有固定的利息负担，与债权性资金相比，财务风险较低。

3）与只能筹得现金的筹资方式相比，吸收投入资本筹资不仅可以筹得现金，还能够直接获取生产经营所需的设备、技术等，尽快形成生产经营能力。

（2）吸收投入资本筹资的缺点。

1）吸收投入资本的资金成本较高。首先，从筹资企业的角度来看，由于吸收投入资本的财务风险比筹集债权性资金的财务风险低，根据风险报酬原则，风险低报酬就低。而筹资行为不会直接给企业带来报酬，因此报酬低在筹资中就体现为成本高。所以，吸收投入资本的资金成本通常较高。反过来，从投资者的角度来看，与债权性投资相比，股权性投资的投资风险更高，根据风险报酬原则，投资者会要求更高的报酬率，进而决定了筹资企业必须以较高的代价才能够筹得股权性资金。其次，债务利息在税前扣除，具有抵税作用，向所有者分配利润则是在税后进行，不能抵税。综合以上原因，吸收投入资本的资金成本较高。

2）与发行普通股相比，吸收投入资本筹资没有证券作为媒介，因而产权关系有时不够明晰，不便于产权交易。

6.3.2 发行普通股

股票是股份有限公司签发的证明股东按其所持股份享有权利和承担义务的书面凭证。股票是一种有价证券，它代表了持股人对公司的所有权。股票按股东的权利和义务分为普通股和优先股。普通股股东享有决策参与权、利润分配权、优先认股权和剩余资产分配权。普通股是股份最基本的形式。下文中的股票均指普通股。

法规速递
《证券法》

1. 股票的种类

股票按不同的标准可进行不同的分类。

（1）按资金来源划分，可分为国家股、法人股、个人股和外资股。

1）国家股是有权代表国家投资的部门或机构以国有资产向公司投入而形成的股份。

2）法人股是企业法人依法以其可支配的资产向公司投入而形成的股份，或具有法人资格的事业单位和社会团体以国家允许用于经营的资产向公司投入而形成的股份。

3）个人股是公司内部职工或城乡居民以个人合法财产投入公司而形成的股份。

4）外资股是外国和我国港澳台地区投资者向公司投资而形成的股份。

（2）按票面有无记名划分，可分为记名股票和无记名股票。

1）记名股票是在股票票面上记载股东姓名或名称的股票。对记名股票，公司应当置备股东名册，记载股东姓名或名称、股东住所、各股东所持股份数、各股东所持股票编号以及各股东取得股份的日期。记名股票一律用股东本名，其转让、继承要办理过户手续。

2）无记名股票是在股票票面上不记载股东姓名或名称的股票。对无记名股票，公司只需记载股票数量、编号和发行日期。无记名股票的转让、继承无须办理过户手续。

《公司法》规定，公司向发起人、法人发行的股票，应当为记名股票。

(3) 按币种和上市地区划分，可分为A股、B股、H股、N股、S股等。

1) A股是供境内个人或法人购买的、以人民币标明面值并以人民币认购和交易的股票。

2) B股是在境内上市的外资股，它以人民币标明面值但以外币认购和交易。

3) H股是注册地在内地，上市地在香港的外资股，纽约和新加坡上市的股票分别叫做N股和S股。

(4) 按是否上市划分，可分为上市股票和非上市股票。

1) 上市股票是可以在证券交易所挂牌交易的股票。上市股票信誉高，易转让，因而更加吸引投资者，但是股票上市需要具备一系列严格的条件，并且要经过复杂的办理程序，上市之后如果不满足相关条件还有可能被暂停上市或终止上市。

2) 非上市股票是不能在证券交易所挂牌交易的股票。

2. 发行股票的基本要求

股份有限公司发行股票主要分为设立发行和增资发行。设立发行是指设立股份有限公司时，为募集资金而进行的股票发行，它是股份有限公司首次发行股票。增资发行是指股份有限公司成立后因增资需要而进行的股票发行，它是股份有限公司在首次发行股票后又发行新股票的行为。

根据《公司法》《中华人民共和国证券法》(以下简称《证券法》)等的规定，不论是设立发行还是增资发行均应满足以下要求：

(1) 股份的发行，实行公平、公正的原则，同种类的每一股份应当具有同等权利。

(2) 同次发行的同种类股票，每股的发行条件和价格应当相同。

(3) 股票发行价格可以按票面金额，也可以超过票面金额，但不得低于票面金额。也就是说，股票可以平价或溢价发行，但不得折价发行。

3. 上市公司发行股票的程序

各国对股票发行程序都有严格的法律规定。根据我国《上市公司证券发行管理办法》的规定，上市公司申请发行股票应当遵循如下程序：

(1) 上市公司董事会依法作出决议，明确本次证券发行的方案、本次募集资金使用的可行性报告和前次募集资金使用的报告等事项，并提请股东大会批准。

(2) 股东大会就发行股票作出决定，明确本次发行证券的种类和数量、发行方式、发行对象及向原股东配售的安排、定价方式或价格区间、募集资金用途、决议的有效期、对董事会办理本次发行具体事宜的授权等事项。

(3) 上市公司申请公开发行证券或者非公开发行新股，应当由保荐人保荐，并向中国证监会申报。保荐人应当按中国证监会的有关规定编制和报送发行申请文件。

(4) 中国证监会依照下列程序审核发行证券的申请：收到申请文件后5个工作日内决定是否受理；受理后对申请文件进行初审；发行审核委员会审核申请文

件；作出核准或不予核准的决定。①

（5）自中国证监会核准发行之日起，上市公司应在12个月内发行证券；超过12个月未发行的，核准文件失效，须重新经中国证监会核准后方可发行。上市公司发行证券前发生重大事项的，应暂缓发行，并及时报告中国证监会。该事件对本次发行条件构成重大影响的，发行证券的申请应重新经过中国证监会核准。

（6）证券发行申请未获核准的上市公司，自中国证监会做出不予核准的决定之日起6个月后，可再次提出证券发行申请。

4. 股票的发行方式、销售方式和发行价格

（1）股票的发行方式。股票的发行方式是指公司发行股票的途径，主要有如下两类：

1）公募发行。公募发行是指公司公开向社会发行股票。我国股份有限公司采用募集方式设立时和向社会公开募集新股时，就属于公募发行。

2）私募发行。私募发行是指公司不公开向社会发行股票，只向少数特定对象直接发行。我国股份有限公司采用发起方式设立时和不向社会公开募集新股时，即属于私募发行。

（2）股票的销售方式。股票的销售方式是指公司向社会公募发行股票时采取的销售方法，主要有如下两类：

1）自销。自销是指发行公司自己直接将股票销售给认购者。这种销售方式可由公司直接控制发行过程，并节省发行费用，但是筹资时间较长，并要由公司承担全部发行风险。

2）承销。承销是指发行公司将股票的销售业务委托给证券经营机构代理。这种销售方式是发行股票普遍采用的方式。《公司法》规定，发起人向社会公开募集股份，应当由依法设立的证券公司承销，签订承销协议。承销分为包销和代销两种具体方式。包销是根据承销协议商定的价格，由证券经营机构一次性购进发行公司公开募集的全部股票，然后以较高的价格出售给社会上的认购者。对发行公司来说，包销的方式可以及时筹足资本，免于承担发行风险（股份未募足的风险由承销商承担），但是股票以较低的价格出售给承销商会损失部分溢价。代销是证券经营机构仅替发行公司代售股票，不承担股份未募足的风险，并由此获取一定佣金。对发行公司而言，代销方式下股票销售价格较高，但是筹资速度较慢，并且要自己承担发行风险。

复习与思考

企业应如何选择股票的发行方式和销售方式？

① 新《证券法》规定证券发行实施注册制，并授权国务院对注册制的具体范围、实施步骤进行规定。预计创业板尤其是主板（中小板）实施注册制尚需一定的时间。新《证券法》施行后，这些板块仍将在一段时间内继续实施核准制，核准制和注册制并行与新《证券法》的相关规定并不矛盾。

（3）股票的发行价格。股票的发行价格是公司将股票出售给投资者的价格，也就是投资者认购股票时支付的价格。设立发行股票时，发行价格由发起人决定；增资发行新股时，发行价格由股东大会决定。在确定股票价格时要全面考虑股票面额、股市行情和其他相关因素。股票发行价格通常有等价、时价和中间价三种。

1）等价就是以股票票面金额为发行价格。

2）时价就是以公司原发行股票的现行市场价格为基准来确定增发新股的价格。

3）中间价就是以时价和等价的中间值来确定股票的发行价格。

按等价发行股票又叫平价发行。按时价或中间价发行股票，发行价格既可能高于面额也可能低于面额。高于面额发行叫溢价发行，低于面额发行叫折价发行。我国只允许溢价或平价发行股票，不允许折价发行。

5. 普通股筹资的优缺点

（1）普通股筹资的优点。

1）股票属于股权性资金，与债权性资金相比，能够提高企业的资信和借款能力。

2）与债权性资金相比，股票不需要归还，并且没有固定的利息负担，因此财务风险较低。

（2）普通股筹资的缺点。

1）发行股票的资金成本较高。前文在吸收直接投资部分已分析过，根据风险报酬原则，权益资金的成本较高，发行股票筹集资金也不例外。

2）增资发行新股，一方面可能会分散公司的控制权；另一方面由于新股对积累的盈余具有分享权，从而降低了每股净资产，因此有可能导致普通股价格下跌。

复习与思考

吸收投入资本和发行普通股筹资的优缺点分别是什么？

6.4 债权性资金的筹集

本节将介绍我国债权性资金筹资方式的相关问题。这里的债权性资金主要是指企业的长期债务。企业的长期债务主要包括长期借款、发行债券和融资租赁引起的租赁负债。

6.4.1 长期借款

长期借款是指企业向银行等金融机构借入的、期限在一年以上的各种借款。

1. 长期借款的种类

长期借款根据不同的标准有不同的分类。

（1）按提供贷款的机构划分，可分为政策性银行贷款、商业银行贷款和非银行金融机构贷款。

1）政策性银行贷款是执行国家政策性贷款业务的银行即政策性银行向企业提供的贷款。这类贷款一般利率较低、期限较长。

2）商业银行贷款是商业银行向企业提供的贷款。这类贷款最为常见。

3）非银行金融机构贷款是除银行以外的其他金融机构，如保险公司，向企业提供的贷款。这类贷款一般利率较高，并且对企业的信用和担保条件要求比较严格。

（2）按担保条件划分，可分为信用贷款、担保贷款和抵押贷款。

1）信用贷款是仅凭借款企业的信用作担保而发放的贷款，不需要担保人或抵押品作担保。这类贷款一般只发放给资信优良的企业。

2）担保贷款是凭借担保人的担保而发放的贷款，不需要抵押品作担保。这类贷款中的担保人一般资信较高。如果贷款到期时借款企业不能或不愿偿还贷款，则由担保人代为偿还。

3）抵押贷款是以特定的抵押品作担保而发放的贷款。这类贷款中的抵押品必须是能够变现的资产，可以是房产、机器设备等实物资产，也可以是股票、债券等有价证券。如果贷款到期时借款企业不能或不愿偿还贷款，则贷款机构有权处理抵押品。

（3）按贷款用途划分，可分为基本建设贷款、更新改造贷款、科研开发和新产品试制贷款等。

2. 长期借款的信用条件

长期借款往往附加一些信用条件，常见的有如下两种。

（1）信用额度。信用额度是借款企业与贷款机构之间正式或非正式协议规定的企业借款的最高限额。非正式协议下，贷款机构并不承担按最高限额保证贷款的法律义务。正式协议下，对规定的信用额度内的贷款，贷款机构必须予以保证。其中，有一种通常为大公司提供的正式信用额度，叫作周转授信协议。贷款机构对周转授信协议负有法律义务，并因此向企业收取一定的承诺费用，承诺费用一般按企业使用的信用额度的一定比率（0.2%左右）计算。

（2）补偿性余额。补偿性余额是贷款机构要求借款企业将借款的10%～20%的平均余额留存在贷款机构。这种措施主要是为了降低贷款的风险，提高贷款的实际利率。在存在补偿性余额的情况下，企业取得的有效借款等于名义借款金额减去补偿性余额，但支付利息时仍按名义借款金额计算，因此贷款的实际利率高于名义利率，具体计算公式如下：

$$\text{实际利率}=\frac{\text{名义借款金额}\times\text{名义利率}}{\text{名义借款金额}\times(1-\text{补偿性余额比例})}=\frac{\text{名义利率}}{1-\text{补偿性余额比例}} \qquad (6-4)$$

复习与思考

补偿性余额对实际利率有何影响？

3. 长期借款的程序

（1）选择贷款机构。企业应在考虑自身条件和贷款机构情况的基础上，选择适合的贷款机构。企业在选择贷款机构时，应关注贷款机构对贷款风险的政策、贷款机构与借款企业的关系、贷款机构的专业化程序和贷款机构所提供的咨询等服务。

（2）提出借款申请。企业提出的借款申请应陈述借款的原因与金额、用款时间与安排、还款的期限与计划。贷款机构根据有关规定和贷款条件，对企业的借款申请进行审查。贷款机构审查的内容主要包括企业的财务状况、信用状况、盈利稳定性、发展前景以及借款用途等。

（3）签订借款合同。贷款机构审查借款申请后，与符合规定条件的借款企业进一步协商贷款的具体条件，签订借款合同。借款合同是规定借贷各方权利和义务的契约，其内容分为基本条款和限制条款，限制条款又有一般性限制条款、例行性限制条款和特殊性限制条款之分。基本条款是借款合同必须具备的条款；限制条款是为降低贷款机构的贷款风险而对借款企业提出的限制条件，它不是借款合同的必备条款。限制条款中，一般性限制条款最为常见，例行性限制条款次之，特殊性限制条款比较少见。

借款合同的基本条款包括借款种类、借款用途、借款金额、借款利率、借款期限、还款资金来源及还款方式、保证条款、违约责任等。

借款合同的一般性限制条款通常包括：对企业流动资金保持量的规定；对企业支付现金股利的限制；对企业资本性支出规模的限制；对企业借入其他长期债务的限制等。

借款合同的例行性限制条款一般包括：企业定期向贷款机构报送财务报表；禁止企业在正常情况下出售大量资产；企业要及时偿付到期债务；禁止企业贴现应收票据或转让应收账款；禁止以资产作其他承诺的担保或抵押等。

借款合同的特殊性限制条款可能包括：贷款专款专用；要求企业主要领导者购买人身保险；要求企业主要领导者在合同有效期内担任领导职务等。

（4）取得借款。借款合同生效后，贷款机构将款项转入企业的存款结算账户。

4. 长期借款筹资的优缺点

（1）长期借款筹资的优点。

1）长期借款的资金成本较低。首先，如前所述，根据风险与报酬原则，作为债权性资金的长期借款的资金成本比股权性资金的资金成本低。其次，长期借款的利息在税前扣除，具有抵税作用。另外，长期借款属于间接筹资，与发行普通股、发行债券等直接筹资相比，筹资费用极少。

2）长期借款有利于保持股东控制权。由于贷款机构无权参与公司的管理决策，因此不会分散股东对公司的控制权。

3）长期借款的筹资速度快。长期借款的程序较为简单，可以快速获得资金。

4）长期借款的灵活性较大。企业在筹措长期借款时，可以与贷款机构直接磋商借款的时间、金额和利率等问题。用款期间如果情况发生变化，也可以与贷款机构再行协商。

（2）长期借款筹资的缺点。

1）长期借款的财务风险较高。长期借款通常有固定的偿付期限和固定的利息负担，因此财务风险较高。

2）长期借款的限制较多。由于借款合同通常会包含一系列限制性条款，这对企业今后的筹资、投资和经营活动有一定限制。

3）长期借款的筹资数量有限。由于长期借款筹资范围较窄，因此很难一次性筹得大笔资金。

6.4.2　发行债券

债券是经济主体为募集资金而发行的用以记载和反映债权债务关系的有价证券。目前我国债券市场上有国债、企业债券、公司债券、金融债券等多种类型。下面以公司债券为例介绍发行债券的相关问题。

1. 债券的种类

公司债券按不同的标准有不同的分类。

（1）按债券上有无记名划分，可分为记名债券和无记名债券。

1）记名债券是在债券票面上记载持券人姓名或名称的债券。对记名债券，公司应在债券存根簿上载明债券持有人的姓名或名称及住所，债券持有人取得债券的日期及债券的编号，债券总额、票面金额、利率、还本付息的期限和方式、债券的发行日期。记名债券由债券持有人以背书方式或法律、行政法规规定的其他方式转让，并且由公司将受让人的姓名或名称及住所记载于公司债券存根簿。

2）无记名债券是在债券票面上不记载持券人姓名或名称的债券。对无记名债券，公司只需在债券存根簿上载明债券总额、利率、偿还期限和方式、发行日期和债券编号。无记名债券的转让，由债券持有人在依法设立的证券交易场所将债券交付给受让人后即发生效力。

（2）按有无抵押品划分，可分为信用债券和抵押债券。

1）信用债券是发行公司没有特定财产作抵押，仅凭信用发行的债券。

2）抵押债券是发行公司以特定财产作为抵押品的债券。根据抵押品的不同，抵押债券又分为不动产抵押债券、动产抵押债券和证券抵押债券等。

（3）按利率是否固定划分，可分为固定利率债券和浮动利率债券。

1）固定利率债券是将利率明确记载于债券上，按这一固定利率向债权人支付利息的债券。

2）浮动利率债券是债券上不明确记载利率，发放利息时利率根据某一标准（如政府债券利率、银行存款利率）的变化同方向调整的债券。

（4）按是否上市划分，可分为上市债券和非上市债券。

1）上市债券是在证券交易所挂牌交易的债券。上市债券信用度高，易于变现，因而吸引投资者，但是债券上市需要具备规定的条件，并经过一定的办理程序。

2）非上市债券是不能在证券交易所挂牌交易的债券。

2. 公开发行债券的程序

（1）作出发行债券的决议或决定。发行人应当依照《公司法》或者公司章程相关规定对发行数量、发行方式、债券期限等事项作出决议。

（2）按照证券管理部门信息披露内容与格式的有关规定编制和报送公开发行公司债券的申请文件。证券管理部门受理申请文件后，依法审核公开发行公司债券的申请，作出是否核准的决定，并出具相关文件。

（3）公告债券募集办法。债券募集办法中应载明如下事项：公司名称、债券募集资金的用途、拟发行债券的总额、票面金额、利率的确定方式、还本付息的期限和方式、债券担保情况、债券的发行价格、发行的起止日期、公司净资产额、已发行的尚未到期的公司债券总额、公司债券的承销机构。

（4）发售债券，募集款项，登记债券存根簿。

3. 债券的发行方式与销售方式

（1）债券的发行方式。与股票类似，债券的发行方式也有公募发行和私募发行两类。公募发行是指公司公开向社会发行债券；私募发行是指公司不公开向社会发行，只向少数特定对象直接发行债券。

（2）债券的销售方式。与股票类似，债券的销售方式也是指公司向社会公募发行时采取的销售方法，分为自销和承销两大类，承销又具体分为包销和代销。我国相关法规规定，公司向社会公开发行债券，必须与依法设立的证券经营机构签订承销协议，由证券经营机构承销。

4. 债券的信用等级

债券的信用等级标志着债券质量的优劣，反映了债券还本付息能力的强弱和债券投资风险的高低。公司公开发行债券通常需要债券评信机构评定等级。债券的信用等级对发行公司的发行效果和投资者的投资选择都有重要影响。

债券的信用评级制度在很多国家被广泛采用。国际上流行的债券等级一般分为三等九级，即债券从高到低分为 A，B，C 三等，每一等又由高到低分为三级，如 A 等分为 AAA 级、AA 级和 A 级。

5. 债券筹资的优缺点

（1）债券筹资的优点。

1）发行债券的资金成本较低。与长期借款类似，根据风险与报酬原则，债券的资金成本比股权性资金的成本低，并且债券利息在税前扣除，具有抵税作用。不过，发行债券的筹资费用高于长期借款，因此其资金成本通常要比长期借款高。

2）发行债券有利于保持股东控制权。与长期借款类似，债券投资者也无权参与公司管理决策，因此不会分散股东对公司的控制权。

3）发行债券的筹资范围广。债券通常是向整个社会公开发行，因此筹资范围广，有利于筹集大笔资金。

（2）债券筹资的缺点。

1）发行债券的财务风险较高。与长期借款类似，债券通常有固定的偿付期限和固定的利息负担，因此财务风险较高。

2）发行债券的限制严格。法律对发行债券这种筹资方式规定的条件较为严格，对公司今后的经营有一定限制。

6.4.3　融资租赁

融资租赁是由租赁公司按照承租企业的要求购买资产，并在契约或合同规定的较长期限内提供给承租企业使用的信用性业务。融资租赁的期限一般在资产使用年限的一半以上，租赁期满后资产的所有权一般转移给承租企业。承租企业采用这种租赁方式的主要目的是融通资金，因此融资租赁是承租企业筹集长期债权性资金的一种特殊方式。

1. 融资租赁的形式

融资租赁按业务的不同特点，可细分为三种具体形式。

（1）直接租赁。这种形式是融资租赁的典型形式。通常所说的融资租赁就是指直接租赁形式，它的效果类似于以分期付款方式购买资产。

（2）售后租回。在这种形式下，企业先将资产卖给租赁公司，再作为承租企业将所售资产租回使用，并按期向租赁公司支付租金。采用这种融资租赁形式，承租企业因出售资产而获得一笔资金，同时又通过租赁保留了资产的使用权，其效果与抵押贷款有些相似。

（3）杠杆租赁。这种形式涉及承租人、出租人和贷款人三方当事人。从承租人的角度来看，杠杆租赁与其他融资租赁形式并无区别。对出租人来说就有所不同，出租人只支付购买资产所需资金的一部分，其余部分则以该资产作担保向贷款人借款支付。在这种形式下，租赁公司既是出租人又是借款人，既要收取租金又要支付利息，但租赁收益一般高于借款成本，由此获得财务杠杆利益，故称为杠杆租赁。

2. 融资租赁的程序

不同的租赁业务，具体程序会有所不同。下面以最典型的租赁业务为例，介绍其基本程序。

（1）选择租赁公司。企业决定采用融资租赁方式取得某项资产时，首先需要了解各家租赁公司的经营范围、业务能力、资信情况和租赁费率等情况，然后进行分析比较，选择最适合的租赁公司。

（2）提出租赁申请。企业选定租赁公司后，便可向其提出租赁申请，详细说明所需资产的具体要求，并向租赁公司提供财务报表等资料。

（3）签订租赁合同。企业与租赁公司在详细磋商的基础上签订租赁合同。融资租赁合同的条款比较复杂，包括租赁资产描述条款，租赁资产交货、验收、使用、保管、维修条款，租赁期限条款，租金支付条款，保险条款，担保条款，租赁期满资产处理条款，违约责任条款等。

（4）签订购货协议。由承租企业与租赁公司的一方或双方选定资产供应商，进行谈判协商，签订购货协议。

（5）办理验货、付款与保险。承租企业按购货协议收到租赁资产时要进行验收，验收合格后签发验收证书提交租赁公司，租赁公司据以向供应商支付货款。同时，承租企业向保险公司办理保险事宜。

（6）支付租金。承租企业在租赁期内按租赁合同规定的金额和支付方式向租赁公司支付租金。

（7）合同期满处理资产。租赁合同期满后，承租企业根据合同约定对资产进行退租、续租或留购处理，通常采用留购方式。

3. 决定融资租赁租金的因素

融资租赁每期支付租金的金额取决于以下因素：

（1）租赁资产的购置成本，包括买价、运杂费、途中保险费等。

（2）预计租赁期满后租赁资产的残值。

（3）租赁公司购置资产所提供的资金应计的利息。

（4）租赁手续费，包括租赁公司承办租赁业务的营业费用。

（5）租赁期限。

（6）租金支付方式。租金支付方式按支付间隔期，分为年付、半年付、季付和月付；按期初或期末支付，分为先付和后付；按每期金额是否相等，分为等额支付和不等额支付。实务中采用的租金支付方式大多为后付等额年金。

4. 融资租赁筹资的优缺点

（1）通过融资租赁方式进行筹资的优点。

1）租金可在税前扣除，起到抵税作用。

2）融资租赁的限制条件少。

3）融资租赁集“融资”与“置产”于一身，可迅速获得所需资产。

4）融资租赁中，承租企业可免遭资产陈旧过时的风险。

（2）通过融资租赁方式进行筹资的缺点。

1）融资租赁的筹资成本较高。与其他债权性资金相比，融资租赁的成本相当高，租金总额通常比资产价值高出很多。

2）融资租赁的财务风险较高。融资租赁每期需要支付固定的利息，因而财务风险较高。

复习与思考

长期借款、发行债券和融资租赁筹资的优缺点分别是什么？

6.5　混合性资金的筹集

本节将介绍我国混合性资金筹资方式的相关问题。混合性资金是指既具有某些股权性资金特征又具有某些债权性资金特征的资金形式。企业常见的混合性资金包括优先股、可转换债券和权证。

6.5.1　发行优先股

相对于普通股而言，优先股享有一定的优先权。首先，优先股股东先于普通股股东行使利润的分配权，只要可供分配股利的利润充足，就应当按事先约定的股利率支付优先股股利，而不受公司盈利高低的影响。其次，当公司清算时，优先股股东先于普通股股东行使对剩余资产的分配权。但是，优先股股东一般无表决权，因此不能参与公司决策，也就不能控制公司的经营管理。由此可见，虽然优先股在法律形式上属于股权性资金，但它具有某些债权性资金的特征，因此将其归入混合性资金进行讨论。

1. 优先股的种类

优先股按具体权利的不同，可作进一步分类。

（1）累积优先股和非累积优先股。累积优先股是指公司当年可供分配股利的利润不足以支付约定的优先股股利的，可以累积到以后年度，由以后年度可供分配股利的利润补足。非累积优先股则不能将当年未能支付的优先股股利累积到以后年度支付。

（2）参与优先股和非参与优先股。参与优先股是指当公司按规定向优先股股东和普通股股东分派股利后仍有剩余利润时，优先股可与普通股一起参加剩余利润的分配。参与优先股具体又分为全部参与优先股和部分参与优先股。全部参与优先股是与普通股同等参与剩余利润分配的优先股。部分参与优先股是指在参与剩余利润分配时有股利上限的优先股。不参与优先股是只能按约定的固定股利率获取股利，不能参与剩余利润分配的优先股。

（3）可赎回优先股和不可赎回优先股。可赎回优先股是指公司为了减轻股利负担或出于其他目的，可以按规定购回的优先股。不可赎回优先股是指公司不能购回的优先股。

（4）可转换优先股和不可转换优先股。可转换优先股是指可以按照规定的条件和比例转换为普通股的优先股。不可转换优先股是指不可以转换为普通股的优先股。

2. 优先股筹资的优缺点

（1）优先股筹资的优点。

1）优先股从法律形式上看属于股权性资金，能够提高企业的资信和借款能力。

2）优先股没有固定的到期日，不用偿付本金；其股利虽然固定但具有一定的灵活性，当公司没有足够的利润时可以不支付优先股股利。因此，与债权性资金相比，优先股财务风险较低。

3）发行优先股有利于保持普通股股东的控制权。由于优先股股东一般无表决权，不能参与公司的管理决策，因此不会分散普通股股东对公司的控制权。

（2）优先股筹资的缺点。

1）优先股的资金成本较高。首先，从筹资企业的角度来看，由于发行优先股的财务风险比筹集债权性资金的财务风险低，根据风险报酬原则，风险低报酬就低，而筹资行为不会直接给企业带来报酬，因此报酬低在筹资中就体现为成本高。所以，发行优先股的资金成本通常较高。反过来，从投资者的角度来看，与债权性投资相比，投资优先股的投资风险更高，根据风险报酬原则，投资者会要求更高的报酬率，从而决定股份有限公司必须以较高的代价才能够筹得优先股资金。其次，债务利息在税前扣除，具有抵税作用，优先股股利则只能从税后支付。另外，优先股的发行费用较高。综合以上原因，优先股的资金成本虽然比普通股低，但是高于债权性资金的资金成本。

2）优先股可能形成较重的财务负担。为了保证优先股的固定股利，在公司盈利不多时就会影响普通股的收益。如果盈利不足以支付优先股股利，则可能影响公司形象。

6.5.2 发行可转换债券

可转换债券是债券持有人在约定的期限内可将其转换为普通股的债券。发行可转换债券，应在债券募集办法中规定具体的转换办法。债券持有人对是否将债券转换为普通股具有选择权。在可转换债券转换前，企业需要定期向债券持有人支付利息。如果在规定的转换期限内债券持有人未进行转换，企业需要继续定期支付利息，并且到期偿还本金。在这种情况下，可转换债券与普通债券没有区别，属于债权性资金。如果在规定的转换期限内，债券持有人将可转换债券转换为普通股，则变成了股权性资金。因此，可转换债券具有债权性资金和股权性资金的双重性质。

1. 发行可转换债券的条件

上市公司经股东大会决议可以发行可转换债券，并在公司债券募集办法中规定具体的转换办法。上市公司发行可转换债券，应当符合《证券法》《上市公司证券发行管理办法》规定的有关条件，并报国务院证券监督管理机构核准。

2. 可转换债券的转股

（1）可转换债券的转股期限。可转换债券的转股期限是指按发行企业的规定，持有人可将其转换为普通股的期限。可转换债券转换期限的长短通常与可转换债券的期限相关。我国可转换债券的期限最短为 1 年，最长为 6 年。上市公司发行可转换债券，在发行结束 6 个月后，持有人可以依据约定的条件随时转换股份。

（2）可转换债券的转股价格。可转换债券的转股价格是指可转换债券转换为普通股时采用的每股价格。转股价格由发行企业在发行可转换债券时约定。上市公司发行的可转换债券，以发行可转换债券前一个月普通股的平均价格为基准，上浮一定幅度作为转股价格。可转换债券的转股价格并不是固定不变的。由于增发新股、配股及其他原因引起公司股份发生变动的，应当及时调整转换价格并向社会公布。

（3）可转换债券的转股比率。可转换债券的转股比率是指每份债券可换得的普通股股数，它等于可转换债券的面值除以转股价格。如果出现不足以转换 1 股股票的余额，发行企业应当以现金偿付。

3. 可转换债券筹资的优缺点

（1）发行可转换债券是一种特殊的筹资方式，其优点主要包括：

1）有利于降低资金成本。可转换债券的利率通常低于普通债券，因此转换前的资金成本低于普通债券。如果转换为普通股，由于转换价格通常高于发行可转换债券时的普通股价格，并且可节省普通股发行费用，因而比直接发行普通股的资金成本低。

2）有利于调整资本结构。可转换债券在转换前属于发行公司的负债，转换后属于发行公司的所有者权益，因此发行可转换债券可以通过引导持有人的转换行为来调整公司的资本结构。

（2）可转换债券也存在缺陷，主要体现在不确定性上。如果发行人发行可转换债券的本意在于变相进行普通股筹资，但普通股价格并未如期上升，债券持有人不愿转股，则发行人将被迫承受偿债压力。如果可转换债券转股时股价大大高于转换价格，则发行人将承担溢价损失。

知识拓展
可转换债券的潜在危机

6.5.3 发行权证

权证指证券发行人或其以外的第三人发行的，约定持有人在规定期间内或特定到期日，有权按约定价格向发行人购买或出售标的证券，或以现金结算方式收取结算差价的有价证券。权证可以分为认购权证和认沽权证，都表现为一种期权。

1. 权证合约的内容

发行权证时，其合约一般包括如下要素：

(1) 基础股票，即凭权证可以购买或售出的对象。

(2) 有效期限，即权证的权利期限。在有效期内，权证持有者可以按照约定购买或售出权证对应的股票，超过有效期后，权证即失效。

(3) 执行价格，即权证的持有者行使期权时，购买或售出公司股票的价格。

2. 权证筹资的优缺点

(1) 权证筹资十分灵活，其优点主要包括：

1) 为公司筹集额外的资金。权证可以单独发行，也可以依附于债券、优先股、普通股等证券发行，不论是单独发行还是附带发行，大多能为发行公司筹得一笔额外资金。

2) 促进其他筹资方式的运用。当权证依附于其他证券发行时，可以促进其所依附证券的发行。而且由于权证具有价值，附带权证的债券票面利率和优先股股利率通常较低。

(2) 权证筹资的缺点主要表现在：

1) 权证的执行时间不确定。根据权证的设定，有的可以在有效期内任意时间行权，有的只能在特定日期行权。在前一种情况下，如果是认购权证，则公司面对丰富的潜在资金，一旦持有人行权买入权证对应的股票，公司就可以获得大量资金。但公司并不能准确判断持有人的行权时间，所以暂时无法规划和使用相应资金。

2) 稀释普通股收益和控制权。当认购权证被执行时，提供给投资者的股票是新发行的股票，并非二级市场的股票。因此，普通股股份增多，每股收益下降，同时也稀释了原有股东控制权。

复习与思考

发行优先股、可转换债券和权证的优缺点分别是什么？

VCase课后实验——资金需要量预测

一、实验简介

基于案例资料中给定的公司经营情况和投资需求，获取对外和对内投资等投资项目信息，结合营业收入测算，销售百分比法，外部融资需求计算方法等相关知识点，使用资金需求测算工具，建立财务预测模型，建立预计利润表和资产负债表，最终测算出基于假定业务增长水平的债务增长需求，从而完成公司资金需要量预测报告相关内容填写。

二、实验数据和实验工具

VCase 课后实验——资金需要量预测

三、实验报告

企业融资管理为企业预测资金需求量，分析各种融资方式的成本以及适合的资本结构，以实现企业价值最大化。为了达到采用正确的融资方式，获取较为准确的外部融资额，形成合理的资本结构目标，年初公司对本年融资情况进行了分析测算：根据公司的投资计划及价格情况预计本年的销售情况，测算该销售规模下公司的外部融资需求额度。

财务中心决定采用销售百分比法预测未来一年资金需求数量，根据历史情况及未来投资规划等因素，判断资产负债表、利润表项目与销售业务之间的关系，并按照销售业务预测来年资金缺口的情况。详细情况如下：

1. 销售额预测。

预测项目	生产线	本年销售预测 （万元，保留至整数位）
1	电脑显示屏底座生产线	
2	电视底座生产线	
3	电视壁挂件生产线	
4	营业总收入合计	

按照公司现有产能及新增产能投产情况预测，本年共计营业收入预计较上年增幅为＿＿＿%（保留至小数点后两位）。

2. 利润表预测。

根据经营情况分析结合实验数据确定利润表项目中的敏感项目及其占销售收入的百分比，非敏感项目如果没有具体事项规划，按照去年的金额预测。

编号	报表项目	本年预测	数值填写要求
1	营业毛利		万元，保留至整数位
2	营业利润		万元，保留至整数位
3	利润总额		万元，保留至整数位
4	净利润		万元，保留至整数位

公司本年若不分红，预计留存收益增加 万元。

3. 资产负债表预测。

根据经营情况，结合实验数据确定资产负债表项目中的敏感项目及其结构情况，非敏感项目如果没有具体事项规划，按照去年的金额预测。

编号	资产负债表项目	本年预测	数值填写说明
1	流动资产合计		万元，保留至整数位
2	长期资产合计		万元，保留至整数位
3	流动负债合计		万元，保留至整数位
4	长期负债合计		万元，保留至整数位
5	所有者权益合计		万元，保留至整数位
6	负债和所有者权益总计		万元，保留至整数位

4. 外部融资额预测。

根据销售百分比法：外部融资需求＝预计总资产－预计总负债－预计股东权益，计算本年公司外部融资需求金额为 万元（保留至整数位）。

5. 销售增长率对外部融资需求的影响分析。

从上述测算过程可以看出，销售百分比法主要假设资产负债表、利润表的各项目可以划分为敏感项目与非敏感项目，而且敏感项目与销售额之间成正比例线性相关。所以销售收入的增长情况是影响外部融资最重要的因素，而销售受市场因素影响较大，我们可以预测不同销售增长情况下的融资需求额度。

序号	销售增长率波动幅度	外部融资需求（万元，保留至整数）
1	−20%	
2	−10%	
3	0	
4	10%	
5	20%	

本章小结

本章讨论的是与企业筹资管理相关的一些基本问题。

1. 企业筹资及筹资来源和筹资方式等基本概念、筹资的行为动机、筹资管理的基本要求，是对筹资管理的基本介绍，让读者对筹资管理有一个概略的了解。

2. 对资金需要量进行科学合理的预测是筹资的数量依据，是有效筹资的前提。资金需要量的预测建立在一系列假设和估计的基础之上，要做到完全准确是不现实的，但是掌握了科学的预测方法，无疑有助于尽量合理地进行预计和测算。随着企业营业规模的变化，资金需要量也随之变化。预测这种变化的两种重要方法是营业百分比法和趋势预测法。营业百分比法是根据资产与权益的平衡关系来预测在估计的营业规模下需要追加的外部筹资额，具体分为总额法和差额法两种思路，两种思路的结果是一致的。趋势预测法则是通过营业规模与资金需要总量的历史数据来推测在估计营业规模下的资金需要总量。当然，资金需要总量必须扣减已有资金才是需要追加筹资的数量。

3. 企业可以采取的筹资方式很多。股权性资金的筹集方式主要有吸收投入资本和发行普通股，债权性资金的筹集方式主要有长期借款、发行债券和融资租赁，混合性资金的筹集方式主要有发行优先股、可转换债券和权证。对这些筹资方式的具体种类、筹资条件、基本程序和优缺点等问题，应在比较中相互了解，从而有助于企业进行灵活选择和运用。

重要名词

外部融资需求（external funds needed）　　普通股（common stock）

长期借款（long-term loan）
债券（bond）
融资租赁（financial lease）
优先股（preferred stock）
可转换债券（convertible bond）
权证（warrant）

思考题

1. 不同的筹资方式和筹资来源的配合情况如何？
2. 企业筹资管理的基本要求有哪些？
3. 利用营业百分比法预测资金需要量的基本思路是什么？总额法和差额法的结果有什么不同？
4. 何为趋势预测法？其基本步骤是什么？
5. 吸收投入资本、发行普通股、长期借款、发行公司债券、发行优先股、发行可转换债券和发行权证这七种筹资方式，分别适用于哪些企业？其基本程序是什么？
6. 谈谈你对上题中七种筹资方式各自优缺点的看法，并分析企业应如何选择合适的筹资方式。

练习题

A公司20×0年年末敏感资产为：货币资金150万元，应收账款280万元，应收票据50万元，存货320万元；非敏感资产为：长期股权投资110万元，固定资产净额1 200万元，无形资产及其他资产合计190万元；敏感负债为：应付账款170万元，应交税费60万元；非敏感负债为：长期借款90万元，应付债券600万元；股东权益项目为：股本800万元，资本公积200万元，留存收益380万元。该公司20×0年营业收入为4 000万元，净利润为200万元。20×1年公司预计营业收入为5 000万元，营业净利率不变。为扩大生产规模，公司将增加固定资产500万元。公司的股利支付率为20%。

要求：试根据预计的营业收入来确定公司20×1年的外部融资需求。

案例题

万科筹资

案例资料：万科企业股份有限公司成立于1984年5月，以大众住宅开发为核心业务，业务覆盖上海、深圳、广州、北京、天津等20多个城市，已经成为中国最大的房地产上市公司。经过多年努力，万科逐渐确立了其在房地产行业的竞争优势。2011年1月4日，万科A股发布的2010年12月份销售业绩简报称，

2010 年 1—12 月，万科累计实现销售面积 897.7 万平方米，销售金额 1 081.6 亿元，与 2009 年相比增加七成，成为首个年销售额达千亿元的房地产企业。

万科的筹资方向包括国内和国际筹资，多元化的筹资方式为万科经济业务的开展源源不断地提供资金。1991 年 1 月 29 日，万科 A 股正式在深交所挂牌交易。1993 年 5 月，万科成功发行 4 500 万股 B 股，募集资金 45 135 万港元。

2002 年 6 月 13 日，万科向社会公开发行 1 500 万张可转换公司债券（万科转债）用于深圳四季花城二区等 5 个项目。可转换公司债券每张面值 100 元，票面利率 1.5%，发行总额 15 亿元，发行费用总额 24 861 580.85 元，募集资金于 2002 年 6 月 20 日全部到位。该可转换公司债券在 2002 年 12 月 13 日至 2007 年 6 月 12 日期间可以转换为公司流通 A 股，初始转股价格为每股人民币 12.1 元。截至 2004 年 4 月 30 日，15 亿元可转换公司债券全部顺利转股。2004 年 9 月万科再次向社会公开发行可转换公司债券（万科转 2），募集资金 19.9 亿元。

2003 年开始，国内房地产市场一直处于高速增长状态。国家推出的鼓励土地市场拍卖政策加大了房地产企业的资金压力。万科也面临巨大的资金缺口，要抓住市场机遇，进一步扩大市场份额，就需要充足的资金保障。这时公司通过发行可转换公司债券募集的 19.9 亿元资金有效地缓解了资金短缺问题。这一期间，由于公司积极开拓了非银行的多元化融资渠道，其非银行类借款占公司总借款的比重也由 2003 年的 35%提高到 61%。另外，多家银行为万科提供的授信额度也非常宽裕。2005—2010 年，房地产行业处于高速增长时期，万科的长期借款也明显呈逐年增加态势。2008 年 9 月 18 日，万科发行了总额为 59 亿元的公司债券，分为有担保和无担保两个品种。其中，有担保品种为 5 年期固定利率债券，发行规模为 30 亿元；无担保品种为 5 年期固定利率债券，附发行人上调票面利率选择权及投资者回售选择权，发行规模为 29 亿元。

2007 年 7 月 22 日，万科公开增发股票，每股发行价格为 31.53 元，共募集资金 99.37 亿元。2009 年 8 月 27 日，万科计划启动万科 A 股历史上最大规模的增发方案，公开增发不超过招股意向书公告日公司总股本 8%的 A 股，扣除发行费用后的募集资金净额不超过人民币 112 亿元。该计划同年 9 月 15 日在万科股东会上高票通过，这也是万科历史上增发方案投票通过率最高的一次。但这个增发方案一出台就受到多方质疑，一方面是因为此前的增发导致部分投资者尚未解套，另一方面万科并不缺钱。公告显示，2009 年中期万科的财务非常稳健，持有货币资金 268.8 亿元，资产负债率为 66.4%，公司的净负债率①也由 2008 年的 37.1%下降至 10.7%。

2009 年年底国家出台的一系列政策使得房地产企业的上市融资以及 IPO 遭遇较高的门槛，政策关卡收紧，万科、招商、世茂等多家房地产企业在 2010 年陆续搁置融资计划。

此后，万科通过多种方式募集资金，一直保持着较快的发展速度。根据 2014 年年度报告，公司资产负债率为 77.2%。有息负债中，银行借款占比为

① 净负债率是指企业的有息负债减去货币资金后对所有者权益的比例。

39.94%，应付债券占比为16.83%，其他借款占比为43.23%。

当时间进入2015年，一幕股权之争的大戏拉开了帷幕。“宝能系”陆续增持万科A股股票，在当年8月份合计持股超过万科原第一大股东华润。随后华润虽然也进行了增持，但与“宝能系”的持股比例非常接近，并很快放弃了努力。截至2015年年底，“宝能系”已增持万科股票至24.26%，为万科第一大股东。万科为了应对，准备通过定向增发的方式引入新股东深圳地铁，但遭到了原股东的反对。此后恒大、安邦等均入股万科。根据2016年年报，公司主要股东情况为：“宝能系”持股25.40%，华润持股15.31%，恒大持股14.07%。2017年1月、6月，华润和恒大分别将全部股份转让给深圳地铁，深圳地铁成为万科第一大股东。万科的股权之争告一段落。“宝能系”自2018年起陆续减持万科股票，根据2019年年报，持股比例已经降至5%以下。

资料来源：万科年度报告.
万科去年收入超1 000亿，成全球最大销售房企. 新京报，2011-01-06.

案例思考题：

1. 万科成功运用了哪些筹资方式？这些筹资方式分别属于什么性质的资金？
2. 结合万科的股权之争分析股权性资金的筹集可能给公司带来什么影响。

第 7 章 Chapter 7 企业筹资管理（下）

学习目标

- 掌握个别资金成本、综合资金成本、边际资金成本的计算。
- 理解经营杠杆、财务杠杆和综合杠杆的原理及影响因素，掌握杠杆系数的计算方法。
- 了解资本结构的概念和影响因素，掌握资本结构决策方法。

引例

东方汽车制造公司急需 1 亿元资金用于技术改造项目。生产副总经理提议发行 5 年期的债券筹集资金。财务副总经理则认为，公司目前资产负债率为 70%，已经比较高了，如果再利用债券筹资，财务风险将过高，应当发行普通股或优先股筹集资金。金融专家认为，发行普通股十分困难，根据当时的利率水平和市场状况测算，如果发行优先股，年股利率不能低于 16.5%；如果发行债券，以 12%的年利率即可顺利发行。技术改造项目投产后预计税后投资报酬率将达到 18%。财务专家认为，以 16.5%的股利率发行优先股不可行，因为发行优先股的筹资费用较高，加上筹资费用后的资金成本将达到 19%，高于项目的税后投资报酬率；如果发行债券，由于利息可在税前支付，实际的资金成本大约在 9%。财务专家还提出，由于正处于通货膨胀时期，利率较高，不宜发行期限长、具有固定负担的债券或优先股，而应向银行筹措 1 亿元的 1 年期技术改造贷款，1 年后再以较低的股利率发行优先股来替换技术改造贷款。但是财务副总经理认为，银行贷款的容量有限，在当时的条件下向银行筹措 1 亿元技术改造贷款不太现实，而且 1 年后通货膨胀也未必会消除。

面对复杂多变的金融市场，如何恰当地测算资金成本，权衡资本结构，及时、足额、高效地筹集资金，是企业面临的一个非常重要的问题。

7.1 资金成本

7.1.1 资金成本概述

1. 资金成本的概念

思维导图
企业筹资管理（下）

由于资金具有时间价值，即资金在周转使用过程中能带来增值，资金提供者让渡这种增值机会就会要求相应的报酬。在有风险的情况下，资金提供者还会要求额外的风险报酬。因此，企业要想获得资金的使用权，必须付出相应的代价。这种代价可以理解为资金这种特殊商品的市场价格。另外，企业在筹集资金的过程中可能还需要支付一定的费用。综上所述，资金成本是企业筹集和使用资金所付出的代价，包括筹资费用和用资费用两部分。

（1）筹资费用。筹资费用是企业在筹集资金的过程中付出的代价。例如，向银行支付的借款手续费，发行股票、债券支付的律师费、印刷费等。筹资费用通常是在筹资时一次性支付，在获得资金后的使用过程中则不再发生，因而可以视作对筹资额的一项扣除。

（2）用资费用。用资费用是企业为了使用资金而付出的代价。例如，向债权人支付的利息，向股东分派的股利等。用资费用在使用资金期间会反复发生，并随着使用资金金额的大小和期限的长短而变动。

2. 资金成本的种类

资金成本既可以用绝对数表示，也可以用相对数表示，但通常采用相对数即资金成本率来表示。资金成本率是企业的用资费用与有效筹资额之间的比率。有效筹资额是指筹资金额扣除筹资费用后的净额。这里所讲的资金成本主要是指长期资金的成本，包括如下三类：

（1）个别资金成本。个别资金成本是指企业各种单项长期资金的成本，如长期借款资金成本、债券资金成本、优先股资金成本、普通股资金成本、留存收益资金成本。

（2）综合资金成本。综合资金成本是指企业全部长期资金的加权平均资金成本。

（3）边际资金成本。边际资金成本是指企业追加长期资金的成本。

3. 资金成本的作用

资金成本是企业筹资管理的主要依据，也是企业投资管理的重要标准，甚至是企业整个财务管理和经营管理的重要工具。具体来说，资金成本有如下作用：

（1）资金成本是选择筹资方式、进行资本结构决策、确定追加筹资方案的依据。各种长期资金的个别资金成本的高低是比较选择各种筹资方式的重要依据。

企业全部资金的综合资金成本的高低是进行筹资组合、优化资本结构的重要依据，而各种追加筹资方案的边际资金成本的高低则是比较选择追加筹资方案的重要依据。

（2）资金成本是评价投资项目、比较投资方案、进行投资决策的标准。一般而言，只有当投资项目的投资报酬率高于资金成本率时，在经济上才是合理的。因此，企业通常将资金成本率作为投资项目必须赚得的最低报酬率，即必要报酬率。资金成本既可用作评价投资方案内部报酬率的取舍率，也可用作计算投资方案净现值和获利指数的折现率，从而成为企业投资决策中的重要标准。

（3）资金成本可以作为考核企业整体经营业绩的基准。企业的整体经营业绩可以通过企业全部资金的报酬率来衡量。只有当这个报酬率高于企业资金成本时，经营才是有利的，才能增加企业价值；否则，经营就是不利的，需要提高资金报酬率，降低资金成本。

7.1.2　个别资金成本

如前所述，个别资金成本是企业用资费用与有效筹资额之比。其基本计算公式为：

$$K=\frac{D}{P-F}=\frac{D}{P(1-f)} \tag{7-1}$$

式中，K 为个别资金成本；D 为每个期间的用资费用额；P 为筹资额；F 为筹资费用额；f 为筹资费率，即筹资费用额与筹资额之比。

由此可见，个别资金成本取决于用资费用、筹资费用和筹资额三个因素。用资费用越高，分子越大，则个别资金成本越高；筹资费用越高，分母越小，则个别资金成本越高；筹资额越大，分母越大，则个别资金成本越低。

在个别资金成本的计算公式中，应当注意，筹资费用没有与用资费用一起放在分子中，而是作为对筹资额的扣除放在了分母中。这主要是因为筹资费用是一次性支付的固定费用，与重复性支付的用资费用有很大差异，将其作为对筹资额的扣减更合理。

复习与思考

什么是筹资费用？什么是用资费用？它们在个别资金成本中分别如何体现？

下面分别讲述每一种长期资金的资金成本。

1. 长期借款资金成本

长期借款的利息允许从税前利润中扣除，具有抵减企业所得税的作用，因此长期借款每期的用资费用应是考虑抵税因素后的利息。长期借款资金成本的计算公式为：

$$K_l=\frac{I_l(1-T)}{L(1-f_l)}=\frac{LR_l(1-T)}{L(1-f_l)}=\frac{R_l(1-T)}{1-f_l} \tag{7-2}$$

式中，K_l为长期借款资金成本；I_l为长期借款年利息额；T为企业所得税税率；L为长期借款本金；R_l为长期借款年利率；f_l为长期借款筹资费率。

相对而言，长期借款的筹资费用很低，有时可以忽略不计。因此长期借款资金成本的计算公式也可简化为：

$$K_l=R_l(1-T) \tag{7-3}$$

例7-1

星海公司从银行取得3年期长期借款500万元，手续费率0.1%，年利率8%，每年结息一次，到期一次还本。公司所得税税率25%。计算该笔长期借款的资金成本。

（1）利用式（7-2）计算长期借款的资金成本为：

$$K_l=\frac{500\times8\%\times(1-25\%)}{500\times(1-0.1\%)}=\frac{8\%\times(1-25\%)}{1-0.1\%}=6.01\%$$

（2）如果忽略手续费，则利用式（7-3）计算的结果为：

$$K_l=8\%\times(1-25\%)=6\%$$

2. 长期债券资金成本

长期债券与长期借款都属于债权性资金，其资金成本的计算非常类似，但需要注意以下几点：首先，债券的筹资费用即发行费用，包括律师费等申请过程中发生的费用，印刷费等制作过程中发生的费用，以及证券公司手续费等销售过程中发生的费用，这些费用一般较高，因而不能忽略。其次，债券的发行价格有溢价、平价、折价之分，因而发行价格不一定等于债券面值。因此，长期债券资金成本的计算公式为：

$$K_b=\frac{SR_b(1-T)}{B(1-f_b)}=\frac{I_b(1-T)}{B(1-f_b)} \tag{7-4}$$

式中，K_b为长期债券资金成本；S为债券面值；R_b为债券票面利率；I_b为债券每年利息额；T为所得税税率；B为债券发行价格；f_b为债券筹资费率，即筹资费用占筹资额的比例。

例7-2

星海公司发行面值为1 000元、期限为4年、票面利率为10%的债券5 000张，每年结息一次，到期一次还本。筹资费用为发行价格的4%。公司所得税税率为25%。计算发行价格分别为1 100元、1 000元和900元时，债券的资金成本。

（1）如果发行价格为1 100元，则债券的资金成本为：

$$K_b=\frac{SR_b(1-T)}{B(1-f_b)}=\frac{1\,000\times10\%\times(1-25\%)}{1\,100\times(1-4\%)}=7.10\%$$

（2）如果发行价格为 1 000 元，则债券的资金成本为：

$$K_b=\frac{SR_b(1-T)}{B(1-f_b)}=\frac{1\,000\times10\%\times(1-25\%)}{1\,000\times(1-4\%)}=7.81\%$$

（3）如果发行价格为 900 元，则债券的资金成本为：

$$K_b=\frac{SR_b(1-T)}{B(1-f_b)}=\frac{1\,000\times10\%\times(1-25\%)}{900\times(1-4\%)}=8.68\%$$

3. 优先股资金成本

优先股每期的股利通常都是固定的，这与债权性资金类似。但是优先股股利从税后利润中支付，没有抵税作用，这与债权性资金不同。于是得到优先股的资金成本计算公式：

$$K_p=\frac{D_p}{P_p(1-f_p)} \tag{7-5}$$

式中，K_p为优先股资金成本；D_p为优先股每年股利；P_p为优先股发行价格；f_p为优先股筹资费率。

例 7-3

星海公司发行一批优先股，发行价格为 6 元，筹资费率为 4%，每年股利 0.6 元。试计算这批优先股的资金成本。

$$K_p=\frac{D_p}{P_p(1-f_p)}=\frac{0.6}{6\times(1-4\%)}=10.42\%$$

4. 普通股资金成本

普通股和优先股同属于股权性资金，股利均不能抵税。但与优先股不同的是，普通股各年股利不一定相等。因此，普通股资金成本不能照搬优先股资金成本的计算公式。普通股资金成本常见的计算思路有如下三种。

（1）股利折现模型。通过股利折现进行股票定价的基本公式为：

$$P_c(1-f_c)=\sum_{t=1}^{\infty}\frac{D_t}{(1+K_c)^t} \tag{7-6}$$

式中，P_c为普通股筹资额；f_c为普通股筹资费率；D_t为普通股第 t 年的股利；K_c为普通股资金成本。

运用股利折现模型计算普通股资金成本，因具体的股利政策而有所不同。其中比较典型的是固定股利政策和固定增长股利政策。

1）固定股利政策下的股利折现模型。如果公司采用固定股利政策，即每年都分派等额的现金股利，则普通股与优先股类似，股利相当于永续年金。这种情况下，普通股资金成本的计算公式与优先股一样：

$$K_c=\frac{D_c}{P_c(1-f_c)} \tag{7-7}$$

式中，D_c为普通股每年股利额。

2）固定增长股利政策下的股利折现模型。如果公司采用固定增长股利政策，即每年股利与上年相比的增长率相等，则普通股资金成本的计算公式为：

$$K_c=\frac{D_1}{P_c(1-f_c)}+g \tag{7-8}$$

式中，D_1为普通股第一年分派的股利额；g为每年股利增长率。

该公式的推导过程如下：

由基本的股利折现模型可知：

$$P_c(1-f_c)=\frac{D_1}{1+K_c}+\frac{D_1(1+g)}{(1+K_c)^2}+\frac{D_1\ (1+g)^2}{(1+K_c)^3}+\cdots+\frac{D_1\ (1+g)^{n-1}}{(1+K_c)^n} \quad ①$$

在式①两端同时乘以$\frac{1+K_c}{1+g}$，得

$$P_c(1-f_c)\frac{1+K_c}{1+g}=\frac{D_1}{1+g}+\frac{D_1}{1+K_c}+\frac{D_1(1+g)}{(1+K_c)^2}+\cdots+\frac{D_1\ (1+g)^{n-2}}{(1+K_c)^{n-1}} \quad ②$$

式②减式①，得

$$P_c(1-f_c)\frac{K_c-g}{1+g}=\frac{D_1}{1+g}-\frac{D_1\ (1+g)^{n-1}}{(1+K_c)^n}=\frac{D_1}{1+g}-\frac{D_1\ (1+g)^n}{(1+K_c)^n(1+g)}$$

由于股利增长率g通常都小于普通股资金成本K_c，因此当年限n趋于无穷大时，$\frac{(1+g)^n}{(1+K_c)^n}$的极限为零，于是得

$$P_c(1-f_c)\frac{K_c-g}{1+g}=\frac{D_1}{1+g}$$

$$K_c=\frac{D_1}{P_c(1-f_c)}+g$$

例7-4

星海公司发行一批普通股，发行价格为8元，筹资费率为5%。公司有两套股利方案：一是每年都分派现金股利0.8元；二是第1年分派0.4元，以后每年增长6%。试计算每种股利方案下的普通股资金成本。

如果采用第一套方案，则普通股资金成本为：

$$K_c=\frac{0.8}{8\times(1-5\%)}=10.53\%$$

如果采用第二套方案，则普通股资金成本为：

$$K_c=\frac{0.4}{8\times(1-5\%)}+6\%=11.26\%$$

复习与思考

在固定股利政策和固定增长股利政策下分别应如何计算普通股资金成本？

（2）资本资产定价模型。由于筹资者的资金成本实际上就是投资者的必要报酬率，因此可以借用计算投资报酬率的资本资产定价模型来计算筹资的资金成本。其计算公式如下：

$$K_c=R_F+\beta(R_M-R_F) \tag{7-9}$$

式中，R_F为无风险报酬率；β为股票的贝塔系数；R_M为市场报酬率。

例7-5

星海公司普通股的β值为1.2，市场报酬率为10%，无风险报酬率为4%。试计算公司普通股的资金成本。

星海公司普通股的资金成本为：

$$K_c=4\%+1.2\times(10\%-4\%)=11.2\%$$

（3）债券投资报酬率加股票投资额外风险报酬率。一般而言，普通股投资的风险高于债券投资，因此普通股投资的必要报酬率通常高于债券投资的必要报酬率。于是，普通股投资必要报酬率可以在债券投资必要报酬率的基础上加上普通股投资高于债券投资的额外风险报酬率。相应地，普通股资金成本就等于债券资金成本加上普通股额外风险报酬。这种方法的不足之处是比较主观，但是计算比较简便。

例7-6

星海公司已发行债券的资金成本为7.5%。现增发一批普通股。经分析，该股票高于债券的额外风险报酬率为4%。试计算该批普通股的资金成本。

该批普通股的资金成本为：

$$K_c=7.5\%+4\%=11.5\%$$

5. 留存收益资金成本

留存收益由企业税后利润形成，包括盈余公积和未分配利润，它们与优先股和普通股一样属于股权性资金。从表面上看，留存收益并不需要企业花费专门的代价。但是实际上，留存收益从最终归属来看是属于普通股股东的，可以理解为普通股股东对企业的再投资。因此，普通股股东要求留存收益应该与普通股具有相同的报酬率。所以，留存收益的资金成本与普通股基本相同，唯一不同的是不存在筹资费用。

例7-7

星海公司普通股市场价格为8元，第1年分派股利0.4元，以后每年增长

6%。试计算公司留存收益的资金成本。

星海公司留存收益的资金成本为：

$$K_r=\frac{0.4}{8}+6\%=11\%$$

复习与思考

长期借款、长期债券、优先股、普通股和留存收益的资金成本应如何计算？它们有什么异同？

7.1.3 综合资金成本

企业通过不同方式从不同来源取得的资金，其成本各不相同。要进行正确的筹资和投资决策，不仅需要计算个别资金的成本，还需要确定全部长期资金的综合资金成本。综合资金成本又称加权平均资金成本，它是以各种长期资金所占的比例为权重，对个别资金成本进行加权平均计算得到的，其计算公式如下：

$$K_w=\sum_{j=1}^{n}K_jW_j \qquad (7-10)$$

式中，K_w为综合资金成本；K_j为第j种个别资金的成本；W_j为第j种个别资金在所有长期资金中所占的比例。

$$\sum_{j=1}^{n}W_j=1$$

由综合资金成本的计算公式可知，综合资金成本由两个因素决定：一是各种长期资金的个别资金成本；二是各种长期资金所占比例，即权数。各种长期资金的个别资金成本的计算方法前面已经详细阐述。至于各种长期资金权数的确定，则需要选择一定的价值基础。常见的价值基础主要有如下三种。

1. 账面价值基础

账面价值基础是指根据各种长期资金的账面金额来确定各自所占比例。这种基础的优点是数据可以从会计资料中直接获得。其主要缺点是账面价值反映的是过去的情况，当资金的市场价值脱离账面价值较多时，选择账面价值作为基础会影响各种资金比例的客观性，进而影响综合资金成本的合理性。

2. 市场价值基础

市场价值基础是指股票、债券等有市场价格的资金根据其市场价格来确定所占比例。这种基础的优点是真实客观。不足之处是证券的市场价格经常波动，不易选定；另外，市场价值基础反映的是现在的情况，未必适用于未来的筹资决策。

3. 目标价值基础

目标价值基础是指股票、债券等根据预计的未来目标市场价值确定所占比例。这种基础体现了期望的目标资本结构的要求，能适用于筹措新资的需要，弥补了账面价值基础和市场价值基础的不足。但是，资金的目标价值是很难客观确定的。

例7-8

星海公司各种长期资金的账面价值、市场价值和目标价值以及个别资金成本如表7-1所示。分别按账面价值基础、市场价值基础和目标价值基础计算星海公司的综合资金成本。

表7-1 星海公司各种长期资金的账面价值、市场价值和目标价值以及个别资金成本

单位：万元

资金种类	账面价值	市场价值	目标价值	个别资金成本（%）
长期借款	800	800	2 000	5.0
长期债券	1 500	2 000	4 000	6.5
优先股	500	750	1 000	10.0
普通股	2 000	4 000	4 000	12.0
留存收益	1 800	3 600*	4 000	11.5
合计	6 600	11 150	15 000	—

* 留存收益的市场价值与账面价值之比等于普通股的市场价值与账面价值之比。

（1）按账面价值基础计算的综合资金成本为：

$$K_w = 5.0\% \times \frac{800}{6\,600} + 6.5\% \times \frac{1\,500}{6\,600} + 10.0\% \times \frac{500}{6\,600} + 12.0\% \times \frac{2\,000}{6\,600} + 11.5\% \times \frac{1\,800}{6\,600} = 9.61\%$$

（2）按市场价值基础计算的综合资金成本为：

$$K_w = 5.0\% \times \frac{800}{11\,150} + 6.5\% \times \frac{2\,000}{11\,150} + 10.0\% \times \frac{750}{11\,150} + 12.0\% \times \frac{4\,000}{11\,150} + 11.5\% \times \frac{3\,600}{11\,150} = 10.22\%$$

（3）按目标价值基础计算的综合资金成本为：

$$K_w = 5.0\% \times \frac{2\,000}{15\,000} + 6.5\% \times \frac{4\,000}{15\,000} + 10.0\% \times \frac{1\,000}{15\,000} + 12.0\% \times \frac{4\,000}{15\,000} + 11.5\% \times \frac{4\,000}{15\,000} = 9.33\%$$

复习与思考

账面价值基础、市场价值基础和目标价值基础各有何优缺点？

7.1.4 边际资金成本

边际资金成本是指企业追加筹资的资金成本。一般来说，企业不可能以某一固定的资金成本来筹措无限的资金，当筹集的资金超过一定限度时，资金成本将有所变化。因此，企业在未来追加筹资时，应当更多地关注新筹措资金的成本，即边际资金成本。

企业追加筹资有可能只采取一种筹资方式。在这种情况下，边际资金成本的确定与前述个别资金成本的确定方法相同。

在筹资数额较大或目标资本结构既定的情况下，追加筹资往往需要通过多种筹资方式的组合来实现，这时的边际资金成本是新筹措的各种资金的加权平均成本。

例 7－9

星海公司各种资金的目标比例是：长期借款 15%，长期债券 25%，普通股 60%。公司为扩大经营规模，拟筹措新资 200 万元，决定按目标比例筹集。经测算，在既定筹资范围内的个别资金成本分别为：长期借款 5.5%，长期债券 7%，普通股 13%。公司此次追加筹资的边际资金成本的计算过程如表 7－2 所示。

表 7－2 星海公司追加筹资的边际资金成本

资金种类	个别资金成本（%）	资金比例（%）	边际资金成本（%）
长期借款	5.5	15	0.825
长期债券	7	25	1.75
普通股	13	60	7.8
合计	—	100	10.38

当企业追加筹资的金额未定时，需要测算不同筹资范围内的边际资金成本，我们称之为边际资金成本规划。下面举例说明边际资金成本规划的具体步骤。

例 7－10

星海公司为了适应追加投资的需要，准备筹措新资。追加筹资的边际资金成本规划可按如下步骤进行。

（1）确定各种资金的目标比例。公司经过分析认为各种资金的目标比例为：长期借款 15%，长期债券 25%，普通股 60%。

（2）测算各种资金的个别资金成本。公司在对资金市场状况和自身筹资能力进行研究之后，测算出在不同筹资范围内各种资金的个别资金成本如表 7－3 所示。

表 7-3　星河公司不同筹资范围内各种资金的个别资金成本

资金种类	追加筹资范围	个别资金成本（%）
长期借款	30 万元及以内	5.5
	30 万～90 万元	6
	90 万元以上	6.5
长期债券	100 万元及以内	7
	100 万～200 万元	8
	200 万元以上	9
普通股	300 万元及以内	13
	300 万～600 万元	14
	600 万元以上	15

（3）测算筹资总额分界点。筹资总额分界点是指各种资金的个别资金成本发生跳跃的分界点所对应的筹资总额的分界点。其测算公式为：

$$BP_{ji}=\frac{TF_{ji}}{W_j}$$

式中，BP_{ji} 为第 j 种资金的第 i 个分界点对应的筹资总额分界点；TF_{ji} 为第 j 种资金的第 i 个资金成本分界点；W_j 为第 j 种资金的目标比例。

此例中，各个筹资总额分界点计算如下：

1）长期借款的个别资金成本分界点 30 万元和 90 万元对应的筹资总额分界点：

$$\frac{30}{15\%}=200(\text{万元})$$

$$\frac{90}{15\%}=600(\text{万元})$$

2）长期债券的个别资金成本分界点 100 万元和 200 万元对应的筹资总额分界点：

$$\frac{100}{25\%}=400(\text{万元})$$

$$\frac{200}{25\%}=800(\text{万元})$$

3）普通股的个别资金成本分界点 300 万元和 600 万元对应的筹资总额分界点：

$$\frac{300}{60\%}=500(\text{万元})$$

$$\frac{600}{60\%}=1\,000(\text{万元})$$

以上 6 个筹资总额分界点将追加筹资的范围分为 7 段：200 万元及以内；200 万～400 万元；400 万～500 万元；500 万～600 万元；600 万～800 万元；800 万～1 000 万元；1 000 万元以上。

（4）测算各个筹资范围内的边际资金成本。在各个筹资范围内，根据各种资金对应的个别资金成本和资金比例计算加权平均资金成本，即得到该范围内的边际资金成本。此例的测算过程如表 7－4 所示。

表 7－4　星海公司各个筹资范围内的边际资金成本

筹资总额范围	资金种类	资金比例	个别资金成本	边际资金成本
200 万元及以内	长期借款 长期债券 普通股	15% 25% 60%	5.5% 7% 13%	5.5%×15%=0.825% 7%×25%=1.75% 13%×60%=7.8% 10.38%
200 万～400 万元	长期借款 长期债券 普通股	15% 25% 60%	6% 7% 13%	6%×15%=0.9% 7%×25%=1.75% 13%×60%=7.8% 10.45%
400 万～500 万元	长期借款 长期债券 普通股	15% 25% 60%	6% 8% 13%	6%×15%=0.9% 8%×25%=2% 13%×60%=7.8% 10.7%
500 万～600 万元	长期借款 长期债券 普通股	15% 25% 60%	6% 8% 14%	6%×15%=0.9% 8%×25%=2% 14%×60%=8.4% 11.3%
600 万～800 万元	长期借款 长期债券 普通股	15% 25% 60%	6.5% 8% 14%	6.5%×15%=0.975% 8%×25%=2% 14%×60%=8.4% 11.38%
800 万～1 000 万元	长期借款 长期债券 普通股	15% 25% 60%	6.5% 9% 14%	6.5%×15%=0.975% 9%×25%=2.25% 14%×60%=8.4% 11.63%
1 000 万元以上	长期借款 长期债券 普通股	15% 25% 60%	6.5% 9% 15%	6.5%×15%=0.975% 9%×25%=2.25% 15%×60%=9% 12.23%

由表 7－4 可知，公司的边际资金成本随着追加筹资金额的增加会逐渐上升。一般而言，边际投资报酬率会随着投资规模的增加而逐渐下降。只有当边际资金成本低于边际投资报酬率时，筹资才是合理的，投资也才是有利的。因此，公司可以将不同筹资范围内的边际资金成本与不同投资规模内的边际投资报酬率相比较，以选择有利的投资机会和合理的筹资金额。

复习与思考

1. 何为筹资总额分界点？
2. 怎样计算边际资金成本？

7.2 杠杆分析

这里的杠杆指的是一种加乘效应，即一个因素变动时，另一个因素会以更大的幅度变动。企业的固定经营成本、固定的债务利息和优先股股利就能起到这样一种加乘的作用，我们分别称之为经营杠杆和财务杠杆，二者共同的作用称为综合杠杆。杠杆是一把“双刃剑”，既可能带来加乘的利益，也可能带来加乘的风险。因此，对杠杆利益与风险的权衡是财务管理中风险与报酬原则的具体应用，也是企业筹资决策的重要内容。

在进行杠杆分析之前，我们需要了解有关成本性态的一些基本概念。成本性态也称成本习性，是指成本总额对营业规模的依存关系。按照成本性态可以将企业的全部成本分为固定成本、变动成本和混合成本。固定成本是指其总额在一定期间和一定营业规模内，不受营业规模变动的影响，保持固定不变的成本。变动成本则是指在一定期间和一定营业规模内，其总额随着营业规模的变动而成正比例变动的成本。混合成本指的是其发生额的高低受营业规模大小的影响，但不存在严格比例关系的成本。由于混合成本可以通过一定的方法分解为固定成本和变动成本，因此，按照成本性态，最终可以将企业的所有成本划分为固定成本和变动成本两类。

7.2.1 经营杠杆

1. 经营杠杆原理

（1）经营杠杆的概念。经营杠杆又叫营业杠杆或营运杠杆，是指由于固定经营成本的存在，息税前利润的变动幅度大于营业收入的变动幅度的现象。① 这里的经营成本包括营业成本、税金及附加、销售费用和管理费用。固定经营成本是指当经营规模在一定范围内时保持固定不变的经营成本，即不随着营业收入的变化而变化的经营成本。

（2）经营杠杆利益。由于固定经营成本不随营业收入的变化而变化，因此，当企业的营业收入增加时，单位营业收入所分摊的固定经营成本就会降低，使得企业的息税前利润以更大的比例增加。

例7-11

星海公司的营业收入在1 000万～1 500万元之间时，固定经营成本为300万元，变动成本率为50%。公司20×7年至20×9年的营业收入分别为1 000万元、1 200万元和1 400万元。公司3年来营业收入和息税前利润的变动情况如表7-5所示。

---

① 为简便起见，假设企业只有一种业务，无主营业务与其他业务之分。

表7-5　星海公司20×7至20×9年营业收入和息税前利润变动表（一）　单位：万元

年份	营业收入	营业收入增长率（%）	变动经营成本	固定经营成本	息税前利润	息税前利润增长率（%）
20×7	1 000	—	500	300	200	—
20×8	1 200	20	600	300	300	50
20×9	1 400	16.67	700	300	400	33.33

由表7-5可知，20×8年星海公司营业收入比20×7年增长了20%，由于固定经营成本保持不变，息税前利润的增长比率大大高于营业收入的增长比率，达到了50%。同样，20×9年星海公司营业收入只比20×8年增长了16.67%，而息税前利润增长了33.33%。这就是固定经营成本带来的经营杠杆利益。

（3）经营杠杆风险。由于固定经营成本不随营业收入的变化而变化，因此，当企业的营业收入减少时，单位营业收入所分摊的固定经营成本就会上升，使得企业的息税前利润以更高的比例减少。

例7-12

假设例7-11中，20×7年和20×9年的营业收入正好反过来，即分别为1 400万元和1 000万元，其他条件都不变。公司3年来营业收入和息税前利润的变动情况如表7-6所示。

表7-6　星海公司20×7至20×9年营业收入和息税前利润变动表（二）　单位：万元

年份	营业收入	营业收入增长率（%）	变动经营成本	固定经营成本	息税前利润	息税前利润增长率（%）
20×7	1 400		700	300	400	
20×8	1 200	−14.29	600	300	300	−25
20×9	1 000	−16.67	500	300	200	−33.33

由表7-6可知，20×8年星海公司营业收入比20×7年降低了14.29%，由于固定经营成本保持不变，息税前利润的降低比率大大高于营业收入的降低比率，达到了25%。同样，20×9年星海公司营业收入只比20×8年下降了16.67%，而息税前利润下降了33.33%。这就是固定经营成本带来的经营杠杆风险。

2. 经营杠杆系数

经营杠杆系数是衡量经营杠杆作用程度的指标，它是企业息税前利润变动率相对于营业收入变动率的倍数。其基本计算公式为：

$$DOL=\frac{\Delta EBIT/EBIT}{\Delta S/S} \tag{7-11}$$

式中，$EBIT$为息税前利润；$\Delta EBIT$为息税前利润变动额；S为营业收入；ΔS为营业收入变动额。

当企业只生产并销售一种产品且前后两个期间的产品销售单价、单位产品的变动经营成本以及固定经营成本总额不变时，为了便于计算，可将上述基本公式作如下变换。

$$\because \quad S=QP$$

$$\Delta S=\Delta QP$$

$$EBIT=Q(P-V)-F$$

$$\Delta EBIT=\Delta Q(P-V)$$

$$\therefore \quad DOL=\frac{\Delta EBIT/EBIT}{\Delta S/S}=\frac{\Delta Q(P-V)/[Q(P-V)-F]}{\Delta QP/QP}$$

$$=\frac{Q(P-V)}{Q(P-V)-F} \qquad (7-12)$$

或

$$DOL=\frac{S-C}{S-C-F} \qquad (7-13)$$

式中，Q 为产品销售数量；P 为产品销售单价；V 为单位产品的变动经营成本；C 为变动经营成本总额；F 为固定经营成本总额；S 为营业收入。

由推导过程可知，这两个公式中的 Q，P，V，F，S，C 都是基期数据，即变化之前的数据。因此，利用这两个公式可以在基期结束之后就测算出第 2 年的经营杠杆系数，而不必等到第 2 年结束，这能让企业提早得知第 2 年经营杠杆作用的程度，便于采取相应的对策。

例 7－13

资料与例 7－11 相同。补充资料为：产品销售单价为 20 元，单位产品的变动经营成本为 10 元，20×7 年的销售数量为 50 万件，20×8 年的销售数量为 60 万件，20×9 的销售数量为 70 万件。试用三种方法计算 20×8 年和 20×9 年的经营杠杆系数。

（1）用基本公式计算。

$$DOL_{20\times8}=\frac{(EBIT_{20\times8}-EBIT_{20\times7})/EBIT_{20\times7}}{(S_{20\times8}-S_{20\times7})/S_{20\times7}}=\frac{(300-200)/200}{(1\,200-1\,000)/1\,000}=2.5$$

$$DOL_{20\times9}=\frac{(EBIT_{20\times9}-EBIT_{20\times8})/EBIT_{20\times8}}{(S_{20\times9}-S_{20\times8})/S_{20\times8}}=\frac{(400-300)/300}{(1\,400-1\,200)/1\,200}=2$$

（2）利用式（7－12）计算。

$$DOL_{20\times8}=\frac{Q_{20\times7}(P_{20\times7}-V_{20\times7})}{Q_{20\times7}(P_{20\times7}-V_{20\times7})-F_{20\times7}}=\frac{50\times(20-10)}{50\times(20-10)-300}=2.5$$

$$DOL_{20\times9}=\frac{Q_{20\times8}(P_{20\times8}-V_{20\times8})}{Q_{20\times8}(P_{20\times8}-V_{20\times8})-F_{20\times8}}=\frac{60\times(20-10)}{60\times(20-10)-300}=2$$

（3）利用式（7－13）计算。

$$DOL_{20\times8}=\frac{S_{20\times7}-C_{20\times7}}{S_{20\times7}-C_{20\times7}-F_{20\times7}}=\frac{1\,000-500}{1\,000-500-300}=2.5$$

$$DOL_{20\times9}=\frac{S_{20\times8}-C_{20\times8}}{S_{20\times8}-C_{20\times8}-F_{20\times8}}=\frac{1\,200-600}{1\,200-600-300}=2$$

复习与思考

经营杠杆的基本原理是什么？为什么营业收入与息税前利润之间会存在这种杠杆作用的效果？

3. 影响经营杠杆的因素

企业的经营杠杆系数越高，经营杠杆利益和经营杠杆风险就越大。企业应在利益和风险之间适当权衡，确定合理的经营杠杆系数。企业要调节经营杠杆，必须了解影响经营杠杆的因素。由式（7-12）可知，影响经营杠杆程度的基本因素有产品销售数量、产品销售单价、单位产品的变动经营成本和固定经营成本总额。下面从纯数量关系来考察这四个因素对经营杠杆的影响。

（1）产品销售数量 Q。在公式中，分子、分母都含有 Q，而分子大于分母，因此 Q 与 DOL 成反比。例7-13中，假设20×8年的产品销售数量 Q 由60万件增加到65万件，其他资料不变，则20×9年的经营杠杆系数将变为：

$$DOL_{20\times9}=\frac{Q_{20\times8}(P_{20\times8}-V_{20\times8})}{Q_{20\times8}(P_{20\times8}-V_{20\times8})-F_{20\times8}}=\frac{65\times(20-10)}{65\times(20-10)-300}=1.86$$

与例7-13相比，20×8年唯一的变动就是 Q 由60万件增加到65万件，导致20×9年的经营杠杆系数由2下降到1.86。由此可见，在其他因素不变的情况下，增加产品销售数量可以降低第2年的经营杠杆系数，而减少产品销售数量则会提高第2年的经营杠杆系数。

（2）产品销售单价 P。与 Q 类似，在公式中，分子、分母都含有 P，而分子大于分母，因此 P 也与 DOL 成反比。例7-13中，假设20×8年产品销售单价 P 由20元增加到22元，其他资料不变，则20×9年的经营杠杆系数将变为：

$$DOL_{20\times9}=\frac{Q_{20\times8}(P_{20\times8}-V_{20\times8})}{Q_{20\times8}(P_{20\times8}-V_{20\times8})-F_{20\times8}}=\frac{60\times(22-10)}{60\times(22-10)-300}=1.71$$

与例7-13相比，20×8年唯一的变动就是 P 由20元增加到22元，这导致20×9年的经营杠杆系数由2下降到1.71。由此可见，在其他因素不变的情况下，提高产品销售单价可以降低第2年的经营杠杆系数，而降低产品销售单价则会提高第2年的经营杠杆系数。

（3）单位产品的变动经营成本 V。与 Q 和 P 不同，V 在公式的分子和分母中均以负数形式出现，因此它与 DOL 成正比。例7-13中，假设20×8年单位产品的变动经营成本 V 由10元降低为8元，其他资料不变，则20×9年的经营杠杆系数将变为：

$$DOL_{20\times9}=\frac{Q_{20\times8}(P_{20\times8}-V_{20\times8})}{Q_{20\times8}(P_{20\times8}-V_{20\times8})-F_{20\times8}}=\frac{60\times(20-8)}{60\times(20-8)-300}=1.71$$

与例7-13相比，20×8年唯一的变动就是 V 由10元降为8元，这导致20×9

年的经营杠杆系数由 2 下降到 1.71。由此可见，在其他因素不变的情况下，降低单位产品的变动经营成本可以降低第 2 年的经营杠杆系数，而提高单位产品的变动经营成本则会提高第 2 年的经营杠杆系数。

（4）固定经营成本总额 F。F 只在公式的分母中以负数形式出现，因此 F 与 DOL 成正比。例 7－13 中，假设 20×8 年固定经营成本总额 F 由 300 万元降低为 250 万元，其他资料不变，则 20×9 年的经营杠杆系数将变为：

$$DOL_{20\times 9}=\frac{Q_{20\times 8}(P_{20\times 8}-V_{20\times 8})}{Q_{20\times 8}(P_{20\times 8}-V_{20\times 8})-F_{20\times 8}}=\frac{60\times(20-10)}{60\times(20-10)-250}=1.71$$

与例 7－13 相比，20×8 年唯一的变动就是 F 由 300 万元降为 250 万元，这导致 20×9 年的经营杠杆系数由 2 下降到 1.71。由此可见，在其他因素不变的情况下，降低固定经营成本总额可以降低第 2 年的经营杠杆系数，而提高固定经营成本总额则会提高第 2 年的经营杠杆系数。

应当注意，以上各个因素并不是孤立的，而是相互关联的，比如降低产品销售单价可能会提高产品销售数量。因此，企业应综合考虑各因素对经营杠杆的影响。另外，这些因素背后可能还有更深层的影响因素。例如，产品的市场供求关系会影响到产品的销售单价和销售数量，进而影响经营杠杆。因此，企业应更深入地研究影响经营杠杆的深层因素。

应当说明的是，在短期内，经营杠杆通常不易调节，因为产品销量、价格、单位变动成本、固定经营成本这些因素往往要受到市场状况、产品质量和声誉、生产技术和规模等因素的限制，而这些因素对企业来说要么不可控，要么很难在短时间内有立竿见影的变化。

7.2.2　财务杠杆

1. 财务杠杆原理

（1）财务杠杆的概念。财务杠杆又叫筹资杠杆或融资杠杆，它是指由于固定债务利息和优先股股利的存在，普通股每股利润（以下简称每股利润）的变动幅度大于息税前利润变动幅度的现象。企业的长期资金包括股权性资金和债权性资金，股权性资金又有普通股和优先股之分。普通股的成本即每期普通股股利是变动的，优先股的成本即每期优先股股利和债权性资金的成本即每期利息通常是固定的。

（2）财务杠杆利益。由于债务利息和优先股股利是固定的，不随息税前利润的增长而增长，因此，当息税前利润增加时，每 1 元息税前利润所负担的债务利息和优先股股利会降低，使得每股利润以更大的比例增长，从而为普通股股东带来加乘的收益。

例 7－14

星海公司 20×7 至 20×9 年的息税前利润分别为 200 万元、300 万元和 400 万元。公司的长期资金为 5 000 万元，其中 40%为债务资金，债务资金的平均年利率为6%。公司所得税税率为25%，每年优先股股利为20万元，公司发行在外的普通股股数为100万股。公司3年来息税前利润和每股利润的变动情况如表7-7所示。

表7-7　星海公司20×7至20×9年息税前利润和每股利润变动表（一）

年份	息税前利润（万元）	息税前利润增长率（%）	债务利息（万元）	税前利润（万元）	所得税（万元）	优先股股利（万元）	每股利润（元）	每股利润增长率（%）
20×7	200	—	120*	80	20	20	0.4	—
20×8	300	50	120	180	45	20	1.15	187.50
20×9	400	33.33	120	280	70	20	1.90	65.22

*120=5 000×40%×6%。

由表7-7可知，20×8年星海公司息税前利润比20×7年增长了50%，由于债务利息和优先股股利保持不变，每股利润的增长率大大高于息税前利润的增长率，达到187.50%。同样，20×9年星海公司息税前利润只比20×8年增长了33.33%，而税后利润则增长了65.22%。这就是固定的债务利息和优先股股利带来的财务杠杆利益。

（3）财务杠杆风险。由于债务利息和优先股股利是固定的，不随着息税前利润的下降而减少，因此，当息税前利润下降时，每1元息税前利润负担的债务利息和优先股股利会上升，使得每股利润以更大的比例下降，从而给普通股股东带来加乘的损失。

例7-15

假设例7-14中，20×7年和20×9年的息税前利润正好反过来，即分别为400万元和200万元，其他条件都不变。公司3年来息税前利润和每股利润的变动情况如表7-8所示。

表7-8　星海公司20×7至20×9年息税前利润和每股利润变动表（二）

年份	息税前利润（万元）	息税前利润增长率（%）	债务利息（万元）	税前利润（万元）	所得税（万元）	优先股股利（万元）	每股利润（元）	每股利润增长率（%）
20×7	400	—	120	280	70	20	1.90	—
20×8	300	−25	120	180	45	20	1.15	−39.47
20×9	200	−33.33	120	80	20	20	0.40	−65.22

由表7-8可知，20×8年星海公司息税前利润比20×7年降低了25%，由于债务利息和优先股股利保持不变，每股利润的下降率大大高于息税前利润的下降率，达到39.47%。同样，20×9年星海公司息税前利润只比20×8年下降了33.33%，而每股利润却下降了65.22%。这就是固定的债务利息和优先股股利带来的财务杠杆风险。

2. 财务杠杆系数

财务杠杆系数是衡量财务杠杆作用程度的指标，它是企业每股利润变动率相对于息税前利润变动率的倍数。其基本计算公式为：

$$DFL=\frac{\Delta EPS/EPS}{\Delta EBIT/EBIT} \tag{7-14}$$

式中，EPS 为每股利润；ΔEPS 为每股利润变动额；$EBIT$ 为息税前利润；$\Delta EBIT$ 为息税前利润变动额。

在没有优先股的情况下，式（7－14）也可表示为：

$$DFL=\frac{\Delta EPS/EPS}{\Delta EBIT/EBIT}=\frac{\frac{\Delta EAT}{N}\Big/\frac{EAT}{N}}{\Delta EBIT/EBIT}=\frac{\Delta EAT/EAT}{\Delta EBIT/EBIT} \tag{7-15}$$

式中，EAT 为税后利润；ΔEAT 为税后利润变动额；N 为发行在外的普通股股数。

只要前后两期的债务利息、优先股股利和所得税税率不变，为便于计算，可将上述基本公式作如下变换。

$$\because \quad EPS=\frac{(EBIT-I)(1-T)-D}{N}$$

$$\Delta EPS=\frac{\Delta EBIT(1-T)}{N}$$

$$\therefore \quad DFL=\frac{\Delta EPS/EPS}{\Delta EBIT/EBIT}$$

$$=\frac{\frac{\Delta EBIT(1-T)}{N}\Big/\frac{(EBIT-I)(1-T)-D}{N}}{\Delta EBIT/EBIT}$$

$$=\frac{EBIT}{EBIT-I-D/(1-T)} \tag{7-16}$$

式中，I 为债务年利息；T 为公司所得税税率；D 为优先股股利。

由推导过程可知，上述变换公式（7－16）中的 $EBIT$，I，D 和 T 都是基期数据，即变化之前的数据。因此，利用式（7－16）可以在基期结束之后就测算出第 2 年的财务杠杆系数，而不必等到第 2 年结束，这能让企业提早得知第 2 年财务杠杆作用的程度，便于采取相应的对策。

例 7－16

资料同例 7－14。试用两种方法计算 20×8 年和 20×9 年的财务杠杆系数。

（1）用基本公式（7－14）计算。

$$DFL_{20\times8}=\frac{(EPS_{20\times8}-EPS_{20\times7})/EPS_{20\times7}}{(EBIT_{20\times8}-EBIT_{20\times7})/EBIT_{20\times7}}$$

$$=\frac{(1.15-0.40)/0.40}{(300-200)/200}=3.75$$

$$DFL_{20\times9}=\frac{(EPS_{20\times9}-EPS_{20\times8})/EPS_{20\times8}}{(EBIT_{20\times9}-EBIT_{20\times8})/EBIT_{20\times8}}$$

$$=\frac{(1.90-1.15)/1.15}{(400-300)/300}=1.96$$

（2）用变换公式（7－16）计算。

$$DFL_{20\times8}=\frac{EBIT_{20\times7}}{EBIT_{20\times7}-I-D/(1-T)}=\frac{200}{200-120-20/(1-25\%)}=3.75$$

$$DFL_{20\times9}=\frac{EBIT_{20\times8}}{EBIT_{20\times8}-I-D/(1-T)}=\frac{300}{300-120-20/(1-25\%)}=1.96$$

复习与思考

财务杠杆的基本原理是什么？为什么息税前利润与普通股每股利润之间会存在这种杠杆作用的效果？

3. 影响财务杠杆的因素

企业的财务杠杆系数越高，财务杠杆利益和财务杠杆风险就越大。企业应在利益和风险之间适当权衡，确定合理的财务杠杆系数。企业要调节财务杠杆，必须了解影响财务杠杆的因素。由财务杠杆系数的变换公式可知，影响财务杠杆系数的基本因素包括息税前利润、债务利息、优先股股利和所得税税率，而影响债务利息的因素有长期资金规模、债务资金比例和债务利率，因此影响财务杠杆的主要因素包括息税前利润、长期资金规模、债务资金比例、债务利率、优先股股利以及所得税税率。下面从纯数量关系来探讨这六个因素对财务杠杆的影响。

（1）息税前利润 *EBIT*。公式的分子、分母中均包含 *EBIT*，由于分子大于分母，因此 *EBIT* 与 *DFL* 成反比。例 7－14 中，假设 20×8 年的 *EBIT* 为 350 万元，其他条件都不变，则 20×9 年的财务杠杆系数将变为：

$$DFL_{20\times9}=\frac{350}{350-5\,000\times40\%\times6\%-20/(1-25\%)}=1.72$$

与例 7－14 相比，20×8 年唯一的变动就是 *EBIT* 由 300 万元增加到 350 万元，导致 20×9 年的财务杠杆系数由 1.96 下降到 1.72。由此可见，在其他因素不变的情况下，提高息税前利润可以降低第 2 年的财务杠杆系数，而降低息税前利润则会提高第 2 年的财务杠杆系数。

（2）长期资金规模。公式中，长期资金规模作为影响债务利息的因素，以负数形式出现在分母中，因此长期资金规模与 *DFL* 成正比。例 7－14 中，假设公司长期资金变为 6 000 万元，其他条件都不变，则 20×9 年的财务杠杆系数将变为：

$$DFL_{20\times9}=\frac{300}{300-6\,000\times40\%\times6\%-20/(1-25\%)}=2.32$$

与例 7－14 相比，20×8 年唯一的变动就是长期资金由 5 000 万元增加到 6 000 万元，导致 20×9 年的财务杠杆系数由 1.96 上升到 2.32。由此可见，在其他因素不变的情况下，提高长期资金规模可以提高第 2 年的财务杠杆系数，而降低长期资金规模则会降低第 2 年的财务杠杆系数。

（3）债务资金比例。与长期资金规模类似，债务资金比例也是作为影响债务年利息的因素，以负数形式出现在分母中，因此债务资金比例也与 *DFL* 成正比。例 7-14 中，假设公司债务资金比例变为 50%，其他条件都不变，则 20×9 年的财务杠杆系数将变为：

$$DFL_{20\times 9}=\frac{300}{300-5\,000\times 50\%\times 6\%-20/(1-25\%)}=2.43$$

与例 7-14 相比，20×8 年唯一的变动就是债务资金比例由 40%增长到 50%，导致 20×9 年的财务杠杆系数由 1.96 上升到 2.43。由此可见，在其他因素不变的情况下，提高债务资金比例可以提高第 2 年的财务杠杆系数，而降低债务资金比例则会降低第 2 年的财务杠杆系数。

（4）债务利率。与长期资金规模和债务资金比例类似，债务利率也是作为影响债务年利息的因素，以负数形式出现在分母中，因此债务利率也与 *DFL* 成正比。例 7-14 中，假设公司债务利率变为 7%，其他条件都不变，则 20×9 年的财务杠杆系数将变为：

$$DFL_{20\times 9}=\frac{300}{300-5\,000\times 40\%\times 7\%-20/(1-25\%)}=2.25$$

与例 7-14 相比，20×8 年唯一的变动就是债务利率由 6%上升为 7%，导致 20×9 年的财务杠杆系数由 1.96 上升到 2.25。由此可见，在其他因素不变的情况下，债务利率升高将提高第 2 年的财务杠杆系数，而债务利率下降则会降低第 2 年的财务杠杆系数。

（5）优先股股利 D。公式中，优先股股利以负数形式出现在分母中，因此与前三个因素类似，也与 *DFL* 成正比。例 7-14 中，假设公司优先股股利变为 30 万元，其他条件都不变，则 20×9 年的财务杠杆系数将变为：

$$DFL_{20\times 9}=\frac{300}{300-5\,000\times 40\%\times 6\%-30/(1-25\%)}=2.14$$

与例 7-14 相比，20×8 年唯一的变动就是优先股股利由 20 万元上升为 30 万元，导致 20×9 年的财务杠杆系数由 1.96 上升到 2.14。由此可见，在其他因素不变的情况下，优先股股利升高将提高第 2 年的财务杠杆系数，而优先股股利下降则会降低第 2 年的财务杠杆系数。

（6）所得税税率 T。公式中，T 出现在分母里的分母中，T 前面是负号，而 $D/(1-T)$ 前面也是负号，经过两次分母的反比关系以及两次负号的反比关系，T 与 *DFL* 成正比。例 7-14 中，假设公司所得税税率变为 20%，其他条件都不变，则 20×9 年的财务杠杆系数将变为：

$$DFL_{20\times 9}=\frac{300}{300-5\,000\times 40\%\times 6\%-20/(1-20\%)}=1.94$$

与例 7-14 相比，20×8 年唯一的变动就是所得税税率由 25%下降为 20%，导致 20×9 年的财务杠杆系数由 1.96 下降为 1.94。由此可见，在其他因素不变的情况下，所得税税率升高将提高第 2 年的财务杠杆系数，而所得税税率下降则会降低第 2 年的财务杠杆系数。

以上各因素中，债务资金比例是影响企业财务杠杆最重要的因素。

相对于经营杠杆来说，企业对财务杠杆进行调节的主动性比较大。企业可以通过对各种长期资金的比例安排，尤其是债务资金的比例安排，来调节财务杠杆的作用程度。在后面的企业资本结构决策部分会详细讲述这个问题。

问题讨论
影响联合杠杆的主要因素①

成本习性和杠杆原理*

7.2.3 综合杠杆

1. 综合杠杆原理

（1）综合杠杆的概念。综合杠杆又叫联合杠杆、复合杠杆或总杠杆，是经营杠杆和财务杠杆的综合。经营杠杆反映的是由于固定经营成本的作用，息税前利润相对于营业收入的加乘效果。而财务杠杆反映的是由于固定债务利息和优先股股利的作用，每股利润相对于息税前利润的加乘效果。因此，综合杠杆反映的是由于固定经营成本、固定债务利息和优先股股利的存在，普通股每股利润的变动幅度大于营业收入变动幅度的现象。

（2）综合杠杆利益。当企业的营业收入增加时，固定经营成本、债务利息和优先股股利并不随之增长，使得每股利润以更高的比例增长。

例 7－17

资料如例 7－11 和例 7－14。将 3 年来星海公司的营业收入、息税前利润和每股利润的变动情况摘录到表 7－9 中。

表 7－9 星海公司 20×7 至 20×9 年营业收入、息税前利润和每股利润变动表（一）

年份	营业收入（万元）	营业收入增长率（%）	息税前利润（万元）	息税前利润增长率（%）	每股利润（元）	每股利润增长率（%）
20×7	1 000	—	200	—	0.40	—
20×8	1 200	20	300	50	1.15	187.50
20×9	1 400	16.67	400	33.33	1.90	65.22

由表 7－9 可知，20×8 年星海公司营业收入比 20×7 年增长了 20%，由于固定经营成本、债务利息和优先股股利保持不变，每股利润的增长率大大高于营业收入的增长率，达到了 187.50%。同样，20×9 年星海公司营业收入只比 20×8 年增长了 16.67%，而每股利润则增长了 65.22%。这就是固定经营成本、债务利息和优先股股利所带来的综合杠杆利益。

（3）综合杠杆风险。当企业的营业收入减少时，固定经营成本、债务利息和优先股股利并不随之减少，使得普通股每股利润以更大的比例减少。

例 7－18

资料如例 7－12 和例 7－15。将 3 年来星海公司的营业收入、息税前利润和

① 对相关内容感兴趣的读者，可付费扫码学习下面的完整视频。

每股利润的变动情况摘录到表7-10中。

表7-10　星海公司20×7至20×9年营业收入、息税前利润和每股利润变动表（二）

年份	营业收入（万元）	营业收入增长率（%）	息税前利润（万元）	息税前利润增长率（%）	每股利润（元）	每股利润增长率（%）
20×7	1 400	—	400	—	1.90	—
20×8	1 200	−14.29	300	−25	1.15	−39.47
20×9	1 000	−16.67	200	−33.33	0.40	−65.22

由表7-10可知，20×8年星海公司营业收入比20×7年下降了14.29%，由于固定经营成本和债务利息与优先股股利保持不变，每股利润的下降率大大高于营业收入的下降率，达到了39.47%。同样，20×9年星海公司营业收入只比20×8年下降了16.67%，而每股利润则下降了65.22%。这就是固定经营成本、债务利息和优先股股利所带来的综合杠杆风险。

2. 综合杠杆系数

综合杠杆系数是衡量综合杠杆作用程度的指标，它是经营杠杆系数和财务杠杆系数的乘积，反映了企业的每股利润变动率相对于营业收入变动率的倍数。其基本计算公式如下：

$$DCL=DOL\cdot DFL \tag{7-17}$$

将公式展开：

$$DCL=\frac{\Delta EBIT/EBIT}{\Delta S/S}\cdot\frac{\Delta EPS/EPS}{\Delta EBIT/EBIT}=\frac{\Delta EPS/EPS}{\Delta S/S} \tag{7-18}$$

另外，当前后两年的P，V，F和I，D，T不变时，根据经营杠杆系数的变换公式和财务杠杆系数的变换公式可推导出综合杠杆系数的变换公式：

$$\because\ DCL=DOL\cdot DFL=\frac{S-C}{S-C-F}\cdot\frac{EBIT}{EBIT-I-D/(1-T)}$$

$$S-C-F=EBIT$$

$$\therefore\ DCL=\frac{S-C}{EBIT-I-D/(1-T)}$$

$$=\frac{S-C}{S-C-F-I-D/(1-T)}$$

$$=\frac{Q(P-V)}{Q(P-V)-F-I-D/(1-T)} \tag{7-19}$$

与经营杠杆系数和财务杠杆系数的变换公式类似，综合杠杆系数的变换公式中所用的数据也均为基期数据。

例7-19

资料如例7-13和例7-16。试用三种方法计算公司的综合杠杆系数。

（1）用基本公式（7-17）计算：

$$DCL_{20\times8}=DOL_{20\times8}\cdot DFL_{20\times8}=2.5\times3.75=9.38$$

$$DCL_{20\times9}=DOL_{20\times9}\cdot DFL_{20\times9}=2\times1.96=3.92$$

（2）用变换公式（7-18）计算：

$$DCL_{20\times8}=\frac{(EPS_{20\times8}-EPS_{20\times7})/EPS_{20\times7}}{(S_{20\times8}-S_{20\times7})/S_{20\times7}}=\frac{(1.15-0.40)/0.40}{(1\,200-1\,000)/1\,000}=9.38$$

$$DCL_{20\times9}=\frac{(EPS_{20\times9}-EPS_{20\times8})/EPS_{20\times8}}{(S_{20\times9}-S_{20\times8})/S_{20\times8}}=\frac{(1.90-1.15)/1.15}{(1\,400-1\,200)/1\,200}=3.91$$

（3）用变换公式（7-19）计算：

$$DCL_{20\times8}=\frac{S_{20\times7}-C_{20\times7}}{S_{20\times7}-C_{20\times7}-F-I-D/(1-T)}$$

$$=\frac{1\,000-500}{1\,000-500-300-120-20/(1-25\%)}=9.38$$

$$DCL_{20\times9}=\frac{S_{20\times8}-C_{20\times8}}{S_{20\times8}-C_{20\times8}-F-I-D/(1-T)}$$

$$=\frac{1\,200-600}{1\,200-600-300-120-20/(1-25\%)}=3.91$$

复习与思考

综合杠杆的基本原理是什么？为什么营业收入与普通股每股利润之间会存在这种杠杆作用的效果？

3. 影响综合杠杆的因素

企业的综合杠杆系数越高，综合杠杆利益和综合杠杆风险就越大。企业应在利益和风险之间适当权衡，确定合理的综合杠杆系数。企业要调节综合杠杆，必须了解影响综合杠杆的因素。由于综合杠杆是经营杠杆和财务杠杆的综合，因此前述影响经营杠杆和财务杠杆的因素都会影响综合杠杆，此处不再赘述。

由上述分析可知，企业的经营杠杆、财务杠杆和综合杠杆虽然并不能衡量企业所有的经营风险、财务风险和综合风险，但它们的确在一定程度上反映了企业的风险程度。上述三种杠杆中，虽然与企业筹资直接相关的只是衡量财务风险的财务杠杆，但是由于经营杠杆和财务杠杆共同构成了企业的综合杠杆，因此企业在筹资决策中确定财务杠杆时，必须考虑其与经营杠杆的合理搭配，以实现最佳的综合杠杆效果。

知识拓展
MM 理论

7.3 资本结构

7.3.1 资本结构的含义

资本结构是指企业各种资金的构成及其比例关系，有广义和狭义之分。广义的资本结构是指企业全部资金的构成及其比例关系，既包括长期资金，也包括短期资金。狭义的资本结构仅指企业长期资金的构成及其比例关系，短期资金则列入营运资金中管理。我们通常所关心的资本结构是狭义的资本结构，尤其是债权性资金与股权性资金的比例关系。确定资本结构需要有一定的价值基础，如账面价值基础、市场价值基础和目标价值基础，这与前面测算综合资金成本的价值基础类似，不再赘述。

7.3.2 影响资本结构的因素

1. 企业获利水平

首先，只有当企业的获利水平高于债务利率时，财务杠杆才会发挥正面作用，此时选择债权性资金对企业才可能是有益的。其次，企业的获利水平越高，一般来说举债能力也就越强。最后，获利水平相当高的企业，由于有充足的留存利润来满足资金需要，因此对债权性资金的需求相对较小。

2. 企业现金流量

由于债务利息和本金通常必须以现金支付，因此企业的举债能力不仅会受到企业获利水平的影响，还与企业的现金流量状况相关。企业各期的现金净流量金额越大、越稳定，筹集债权性资金的能力就越强。

3. 企业增长率

高速增长的企业由于留存利润往往不能满足迅速发展的需要，因而会更多地倾向于债务筹资。而且，高增长的企业承受风险的能力往往也较强，因此更愿意采用债务筹资。

4. 企业所得税税率

由于债务利息可以起到抵税作用，因此，一般而言，企业所得税税率越高，利用负债融资的优势越明显，企业就越愿意采用债务筹资。

5. 企业资产结构

企业资本结构应与资产结构在风险和期限上相互配合。一般而言，长期资产的收益和风险都高于流动资产。因此，长期资产比重较大的企业往往更多地采用风险较低的永久性资金——股权性资金，而流动资产比重较大的企业则可能较多地采用风险较高、期限相对较短的债权性资金。

6. 企业经营风险

一般而言，企业需要将综合风险控制在一定范围之内。因此，企业经营风险越高，承受财务风险的能力就越低，此时就需要相应地降低债权性资金的比例，反之则可适当提高债权性资金的比例。

7. 企业所有者和管理者的态度

企业所有者如果不愿稀释对企业的控制权，则可能更愿意采用债权筹资。而企业管理者越愿意冒险，则可能越倾向于较多地采用债权筹资；相反，管理者越保守，则可能越倾向于较少采用债权筹资。

8. 贷款银行和评信机构的态度

企业在涉及较大规模的债权性筹资时，贷款人和评信机构的态度不容忽视。企业如果想安排大额借款，贷款银行的态度将会在很大程度上影响企业最终的借款金额、利率和条件。企业如果想发行大额债券，评信机构的态度将会对债券发行的额度、利率以及时间长短产生重大影响。

9. 其他因素

整个经济的发展状况、市场的竞争机制、资金的流向、投资者的偏好以及企业所处行业、地区等都可能影响到企业的筹资方式和资本结构。

7.3.3 资本结构决策方法

资本结构决策是指确定企业的最佳资本结构。最佳资本结构是指使综合资金成本最低、企业价值最大的资本结构。资本结构决策是筹资管理中至关重要的问题。各种长期资金尤其是债权性资金与股权性资金的比例安排恰当，有利于企业获得财务杠杆利益，降低综合资金成本并增加企业价值。常见的资本结构决策方法有资金成本比较法、每股利润分析法和企业价值比较法。

1. 资金成本比较法

资金成本比较法是指在适度财务风险的条件下，测算可供选择的不同资本结构或筹资组合方案的综合资金成本，并以此为标准相互比较确定最佳资本结构的方法。

企业筹资分为创立初期的初始筹资和存续过程中的追加筹资。相应地，企业的资本结构决策也可分为初始筹资的资本结构决策和追加筹资的资本结构决策。

（1）初始筹资的资本结构决策。企业初始筹资时，对拟定的筹资总额可以采用多种筹资方式来筹集，每种筹资方式的筹资额也可有不同的安排，由此形成若干预选资本结构或筹资组合方案。在适度财务风险的前提下，可以通过比较综合资金成本来作出选择。

例 7-20

星海公司初创时需筹集资金 4 000 万元，有如下三种筹资组合方案可供选择。相关资料如表 7-11 所示。计算各筹资方案下的综合资金成本。

表 7－11　星海公司筹资组合方案

筹资方式	筹资方案 A 筹资额（万元）	筹资方案 A 资金成本（%）	筹资方案 B 筹资额（万元）	筹资方案 B 资金成本（%）	筹资方案 C 筹资额（万元）	筹资方案 C 资金成本（%）
长期借款	400	5	600	5.5	800	6
长期债券	600	6	1 400	8	700	6.5
普通股	3 000	12	2 000	12	2 500	12
合计	4 000	—	4 000	—	4 000	—

1）方案 A 的综合资金成本为：

$$5\%\times\frac{400}{4\,000}+6\%\times\frac{600}{4\,000}+12\%\times\frac{3\,000}{4\,000}=10.40\%$$

2）方案 B 的综合资金成本为：

$$5.5\%\times\frac{600}{4\,000}+8\%\times\frac{1\,400}{4\,000}+12\%\times\frac{2\,000}{4\,000}=9.63\%$$

3）方案 C 的综合资金成本为：

$$6\%\times\frac{800}{4\,000}+6.5\%\times\frac{700}{4\,000}+12\%\times\frac{2\,500}{4\,000}=9.84\%$$

由于筹资方案 B 的综合资金成本最低，因此，在财务风险适度的情况下应选择筹资方案 B。

（2）追加筹资的资本结构决策。企业存续期间追加筹资时，可能有多个备选的筹资组合方案。在适度财务风险的前提下，企业可以通过两种思路来选择最佳的追加筹资方案：一是直接计算各备选方案的边际资金成本，选择边际资金成本最低的追加筹资方案；二是分别将各备选方案与原有资本结构汇总得到各个汇总资本结构，然后计算各个汇总资本结构下的综合资金成本，选择使得汇总资本结构下的综合资金成本最低的追加筹资方案。

例 7－21

星海公司原有资本结构如例 7－20 中的方案 B。公司打算追加筹资 1 000 万元。相关资料如表 7－12 所示。

表 7－12　星海公司追加筹资的资本结构

筹资方式	筹资方案Ⅰ 筹资额（万元）	筹资方案Ⅰ 资金成本（%）	筹资方案Ⅱ 筹资额（万元）	筹资方案Ⅱ 资金成本（%）
长期借款	500	7	300	6.5
优先股	200	11	300	11
普通股	300	13	400	13
合计	1 000	—	1 000	—

1）用追加筹资方案的边际资金成本比较法来选择筹资方案。计算两个方案的边际资金成本。

$$方案\text{Ⅰ}：7\%\times\frac{500}{1\,000}+11\%\times\frac{200}{1\,000}+13\%\times\frac{300}{1\,000}=9.60\%$$

$$方案\text{Ⅱ}：6.5\%\times\frac{300}{1\,000}+11\%\times\frac{300}{1\,000}+13\%\times\frac{400}{1\,000}=10.45\%$$

由于方案Ⅰ的边际资金成本低于方案Ⅱ的边际资金成本，因此，在财务风险适度的情况下，应选择方案Ⅰ作为追加筹资方案。

2）用汇总资本结构的综合资金成本比较法来选择筹资方案。按方案Ⅰ和方案Ⅱ追加筹资后的汇总资本结构分别为汇总资本结构Ⅰ和汇总资本结构Ⅱ，如表7-13所示。计算两种汇总资本结构下的综合资金成本。

表7-13 星海公司追加筹资后的汇总资本结构

筹资方式	汇总资本结构Ⅰ筹资额（万元）	汇总资本结构Ⅰ资金成本（%）	汇总资本结构Ⅱ筹资额（万元）	汇总资本结构Ⅱ资金成本（%）
长期借款	600	5.5	600	5.5
长期借款	500	7	300	6.5
长期债券	1 400	8	1 400	8
优先股	200	11	300	11
普通股	2 300	13	2 400	13
合计	5 000	—	5 000	—

汇总资本结构Ⅰ的综合资金成本为：

$$5.5\%\times\frac{600}{5\,000}+7\%\times\frac{500}{5\,000}+8\%\times\frac{1\,400}{5\,000}+11\%\times\frac{200}{5\,000}+13\%\times\frac{2\,300}{5\,000}$$
$$=10.02\%$$

汇总资本结构Ⅱ的综合资金成本为：

$$5.5\%\times\frac{600}{5\,000}+6.5\%\times\frac{300}{5\,000}+8\%\times\frac{1\,400}{5\,000}+11\%\times\frac{300}{5\,000}+13\%\times\frac{2\,400}{5\,000}$$
$$=10.19\%$$

在上面的计算中需要注意的是，根据股票的同股同利原则，原有的股票应按照新发行股票的资金成本计算。

由于汇总资本结构Ⅰ的综合资金成本低于汇总资本结构Ⅱ的综合资金成本，因此，在财务风险适度的情况下，应选择追加筹资方案Ⅰ。

2. 每股利润分析法

每股利润分析法是通过对不同资本结构下的每股利润进行比较分析，从而选择最佳资本结构的方法。

例7-22

星海公司现有资本结构（采用市场价值基础）为：长期负债1 500万元，利率6%；普通股4 500万元。公司准备追加筹资1 500万元，有三种筹资方案：第一种方案是发行债券，利率8%；第二种方案是发行优先股，年股利率10%；第三种方案是发行普通股。相关资料如表 7－14 所示。

表 7－14 星海公司现有资本及追加筹资后的资本结构

项目	筹资前		发行债券后		发行优先股后		增发普通股后	
资本结构：	金额（万元）	比重（%）	金额（万元）	比重（%）	金额（万元）	比重（%）	金额（万元）	比重（%）
长期负债	1 500	25	3 000	40	1 500	20	1 500	20
优先股	—	—	—	—	1 500	20	—	—
普通股	4 500	75	4 500	60	4 500	60	6 000	80
其他资料：								
债务年利息	90		210		90		90	
优先股年股利	—		—		150		—	
普通股股数（万股）	900		900		900		1 200	

公司所得税税率为 25%，预计息税前利润为 800 万元。下面分别测算采用三种筹资方案追加筹资后的普通股每股利润，如表 7－15 所示。

表 7－15 星海公司采用三种筹资方案追加筹资后的普通股每股利润 单位：万元

项目	发行债券后	发行优先股后	增发普通股后
息税前利润	800	800	800
减：债务利息	210	90	90
税前利润	590	710	710
减：所得税	147.5	177.5	177.5
税后利润	442.5	532.5	532.5
减：优先股股利		150	
普通股利润	442.5	382.5	532.5
普通股股数（万股）	900	900	1 200
每股利润（元）	0.49	0.43	0.44

由表 7－15 可知，在息税前利润为 800 万元的情况下，三种筹资方案中，如果采用发行债券方案，普通股每股利润最高，为每股 0.49 元；采用发行优先股方案，每股利润最低，为每股 0.43 元；采用发行普通股方案，每股利润居中，为每股 0.44 元。因此，这种情况下的最佳筹资方案为发行债券，即发行 1 500 万元债券。最佳资本结构为：长期负债 3 000 万元，占所有长期资金的 40%；普通股 4 500 万元，占所有长期资金的 60%。

上述方法只有在息税前利润确定的情况下才能采用。如果未来的息税前利润不确定，则需要计算每股利润无差别点，以帮助判别不同资本结构的优劣。每股利润无差别点是指使不同资本结构下的每股利润相等的息税前利润点，又叫息税前利润平衡点或筹资无差别点。每股利润无差别点的计算公式为：

$$\frac{(\overline{EBIT}-I_1)(1-T)-D_1}{N_1}=\frac{(\overline{EBIT}-I_2)(1-T)-D_2}{N_2} \tag{7-20}$$

式中，$\overline{EBIT}$为两种资本结构的每股利润无差别点；I_1，I_2分别为两种资本结构下的债务年利息；D_1，D_2分别为两种资本结构下的优先股年股利；N_1，N_2分别为两种资本结构下的普通股股数。

现在利用例7-22的资料，计算相关每股利润无差别点。

（1）发行债券与增发普通股后的每股利润无差别点为：

$$\frac{(\overline{EBIT}-210)(1-25\%)}{900}=\frac{(\overline{EBIT}-90)(1-25\%)}{1\,200}$$

$$\overline{EBIT}=570(万元)$$

（2）发行优先股与增发普通股后的每股利润无差别点为：

$$\frac{(\overline{EBIT}-90)(1-25\%)-150}{900}=\frac{(\overline{EBIT}-90)(1-25\%)}{1\,200}$$

$$\overline{EBIT}=890(万元)$$

结果表明，当息税前利润为570万元时，发行债券和增发普通股后的每股利润相等；当息税前利润为890万元时，发行优先股和增发普通股后的每股利润相等。表7-16验证了上述结果。

表7-16　星海公司发行债券和增发普通股后的每股利润　　单位：万元

项目	发行债券后	增发普通股后	发行优先股后	增发普通股后
息税前利润	570	570	890	890
减：债务利息	210	90	90	90
税前利润	360	480	800	800
减：所得税	90	120	200	200
税后利润	270	360	600	600
减：优先股股利	—	—	150	—
普通股利润	270	360	450	600
普通股股数（万股）	900	1 200	900	1 200
每股利润（元）	0.3	0.3	0.5	0.5

上述每股利润无差别点分析的结果可用图7-1表示。

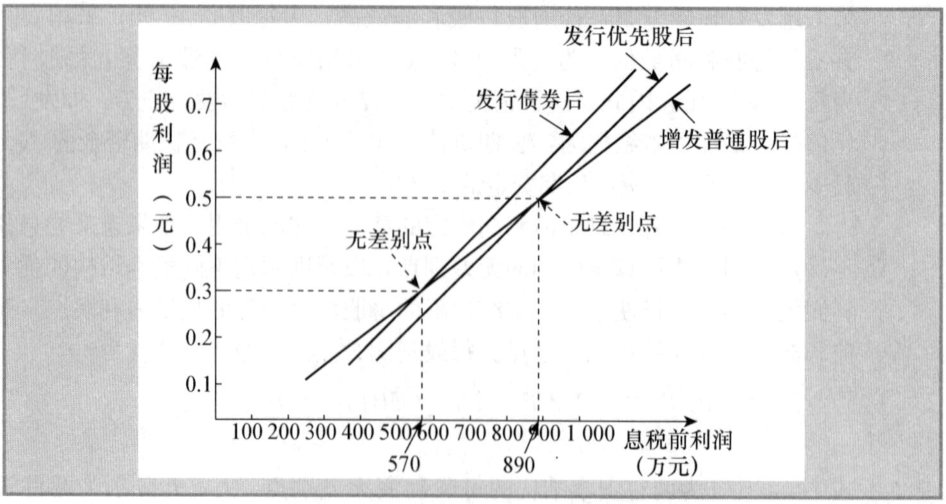

图7-1　每股利润无差别点分析图

对图 7－1 分析如下：

（1）发行债券和增发普通股后的每股利润线相交于息税前利润为 570 万元这一点上，这一点就是二者的每股利润无差别点。当息税前利润等于 570 万元时，二者的每股利润相等，增发普通股和发行债券两种筹资方案没有差别；当息税前利润低于 570 万元时，增发普通股后的每股利润高于发行债券后的每股利润，增发普通股的筹资方案更优；当息税前利润高于 570 万元时，发行债券后的每股利润高于增发普通股后的每股利润，发行债券的筹资方案更优。

（2）发行优先股和增发普通股后的每股利润线相交于息税前利润为 890 万元这一点上，这一点就是二者的每股利润无差别点。当息税前利润等于 890 万元时，二者的每股利润相等，增发普通股和发行优先股两种筹资方案没有差别；当息税前利润低于 890 万元时，增发普通股后的每股利润高于发行优先股后的每股利润，增发普通股的筹资方案更优；当息税前利润高于 890 万元时，发行优先股后的每股利润高于增发普通股后的每股利润，发行优先股的筹资方案更优。

（3）发行债券和发行优先股后的每股利润线平行，没有交点，说明二者没有每股利润无差别点。发行债券后的每股利润线始终在发行优先股后的每股利润线之上，说明发行债券的筹资方案优于发行优先股的筹资方案。

表 7－15 列示了当息税前利润为 800 万元时，三种筹资方案下的每股利润。由于 800 万元高于 570 万元，因此发行债券后的每股利润 0.49 元要高于增发普通股后的每股利润 0.44 元。而 800 万元低于 890 万元，因此增发普通股后的每股利润 0.44 元要高于发行优先股后的每股利润 0.43 元。下面分析当息税前利润低于 570 万元和高于 890 万元的例子。

例 7－23

分别假设星海公司息税前利润为 400 万元和 1 200 万元，其他资料同例 7－22。表 7－17 和表 7－18 分别列示了两种情况下三种筹资方案的每股利润。

表 7－17　星海公司息税前利润为 400 万元时三种筹资方案的每股利润

单位：万元

项目	发行债券后	发行优先股后	增发普通股后
息税前利润	400	400	400
减：债务利息	210	90	90
税前利润	190	310	310
减：所得税	47.5	77.5	77.5
税后利润	142.5	232.5	232.5
减：优先股股利		150	
普通股利润	142.5	82.5	232.5
普通股股数（万股）	900	900	1 200
每股利润（元）	0.16	0.09	0.19

表 7-18　星海公司息税前利润为 1 200 万元时三种筹资方案的每股利润

单位：万元

项目	发行债券后	发行优先股后	增发普通股后
息税前利润	1 200	1 200	1 200
减：债务利息	210	90	90
税前利润	990	1 110	1 110
减：所得税	247.5	277.5	277.5
税后利润	742.5	832.5	832.5
减：优先股股利		150	
普通股利润	742.5	682.5	832.5
普通股股数（万股）	900	900	1 200
每股利润（元）	0.83	0.76	0.69

由表 7-17 可知，当息税前利润为 400 万元时，增发普通股后的每股利润最高，发行债券后的每股利润次之，发行优先股后的每股利润最低。由表 7-18 可知，当息税前利润为 1 200 万元时，发行债券后的每股利润最高，发行优先股后的每股利润次之，增发普通股后的每股利润最低。这完全符合对图 7-1 的分析。

每股利润分析法以普通股的每股利润为决策标准，反映了不同资本结构下的普通股股东利益，但是未考虑各种资本结构下的财务风险，因而不能全面反映不同资本结构对企业价值的影响。

复习与思考

什么是每股利润无差别点？如何利用每股利润无差别点来比较不同资本结构的优劣？

3. 企业价值比较法

企业价值比较法是通过对不同资本结构下的企业价值和综合资金成本进行比较分析，从而选择最佳资本结构的方法。这种方法的基本步骤为：

（1）测算不同资本结构下的企业价值。企业价值等于长期债务（包括长期借款和长期债券）价值与股票价值之和，即

$$V=B+S \tag{7-21}$$

式中，V 为企业价值；B 为企业长期债务价值；S 为企业股票价值。

为简便起见，设长期债务价值等于其面值或本金，而股票价值等于未来净利润的折现值，且不考虑优先股的问题。假设未来企业每年净利润相等，且企业将持续经营下去，借用永续年金的概念，得

$$S=\frac{(EBIT-I)(1-T)}{K_s} \tag{7-22}$$

式中，K_s为普通股资金成本。

（2）测算不同资本结构下的综合资金成本。企业的综合资金成本等于长期债务和股票的加权平均资金成本，即

$$K_w = K_b\left(\frac{B}{V}\right)(1-T) + K_s\left(\frac{S}{V}\right) \tag{7-23}$$

式中，K_b为长期债务利率；K_w为综合资金成本。

（3）确定最佳资本结构。使得企业价值最大、综合资金成本最低的资本结构就是企业的最佳资本结构。

例 7-24

星海公司现有长期资金均为普通股，账面价值 1 000 万元。公司认为这种资本结构不合理，没能发挥财务杠杆的作用，准备举借长期债务，购回部分普通股予以调整。公司预计每年息税前利润为 300 万元，公司所得税税率为 25%。市场平均风险报酬率 R_M为 10%，无风险报酬率 R_F为 6%。经测算，在不同的债务规模下，债务资金成本和普通股资金成本如表 7-19 所示。

表 7-19　星海公司不同债务规模下债务资金成本和普通股资金成本

债务价值（万元）B	债务利率（%）K_b	普通股 β 值	普通股资金成本（%）* K_s
0	—	1.15	10.6
200	7	1.25	11.0
400	7	1.35	11.4
600	8	1.60	12.4
800	9	1.90	13.6
1 000	11	2.25	15.0

* 普通股资金成本 K_s 计算示例（其他普通股资金成本的计算类似）：

$K_s = R_F + \beta(R_M - R_F)$

$6\% + 1.15 \times (10\% - 6\%) = 10.6\%$

$6\% + 1.25 \times (10\% - 6\%) = 11.0\%$

根据上述资料测算不同债务规模下企业价值和综合资金成本。测算结果如表 7-20 所示。

表 7-20　星海公司不同债务规模下企业价值和综合资金成本

债务价值 B（万元）	普通股价值 S（万元）*	企业价值 V（万元）	债务利率 K_b（%）	普通股资金成本 K_s（%）	综合资金成本 K_w（%）**
0	2 123	2 123	—	10.6	10.60
200	1 950	2 150	7	11.0	10.47
400	**1 789**	**2 189**	**7**	**11.4**	**10.28**
600	1 524	2 124	8	12.4	10.59

续表

债务价值 B（万元）	普通股价值 S（万元）*	企业价值 V（万元）	债务利率 K_b（%）	普通股资金成本 K_s（%）	综合资金成本 K_w（%）**
800	1 257	2 057	9	13.6	10.94
1 000	950	1 950	11	15.0	11.54

* 普通股价值 S 计算示例（其他普通股价值的计算类似）：

$$S=\frac{(EBIT-I)(1-T)}{K_s}$$

$$\frac{300\times(1-25\%)}{10.6\%}=2\ 123(\text{万元})$$

$$\frac{(300-200\times7\%)\times(1-25\%)}{11.0\%}=1\ 950(\text{万元})$$

** 综合资金成本 K_w 计算示例（其他综合资金成本的计算类似）：

$$K_w=K_b\left(\frac{B}{V}\right)(1-T)+K_s\left(\frac{S}{V}\right)$$

$$10.6\%\times\frac{2\ 123}{2\ 123}=10.60\%$$

$$7\%\times\frac{200}{2\ 150}\times(1-25\%)+11.0\%\times\frac{1\ 950}{2\ 150}=10.47\%$$

由表 7-20 可知，星海公司在没有长期债务资金的情况下，企业价值等于普通股价值 2 123 万元，综合资金成本等于普通股资金成本 10.6%。当公司利用长期债务部分替换普通股时，企业价值开始上升，同时综合资金成本开始下降。长期债务达到 400 万元时，企业的价值达到最大（2 189 万元），同时综合资金成本达到最低（10.28%）。当长期债务继续增加时，企业价值又逐渐下降，综合资金成本逐渐上升。因此，长期债务为 400 万元时的资本结构为星海公司的最佳资本结构。此时，公司的长期资金价值为 2 189 万元，其中普通股价值为 1 789 万元，占所有长期资金的比例为 81.73%；长期债务价值为 400 万元，占所有长期资金的比例为 18.27%。

VCase 课后实验——资本结构分析

一、实验简介

基于案例资料中给定的同行业公司资本结构、公司权益资金成本、债务资金成本和加权平均资金成本信息，结合最佳资本结构、资本结构决策方法等相关知识点，使用资本结构管理工具，采用每股利润分析法，建立不同销售额水平下的每股利润无差点分析模型，完成不同资本结构下每股利润的比较分析，从而选择最佳资本结构。

二、实验数据和实验工具

VCase 课后实验——资本结构分析

三、实验报告

资本结构反映公司债权性资金和股权性资金的比例关系，根据公司的投融资规划，确定公司价值最大的资本结构，是公司筹资管理中至关重要的问题。公司经过系列筹资管理活动，已经明确了公司的融资需求和不同资金来源的资金成本，财务中心准备制定有利于公司获得财务杠杆利益的资本结构方案，从资本结构管理的角度确定公司长期资金的募集方式。

1. 资本结构与资本成本。

按照前面关于资本成本的分析，我们发现公司的综合资本成本对于公司筹资、投资决策会产生重大影响，而公司的资本结构、权益资金成本率和债务资金成本率是影响综合资金成本的主要因素，这三个因素中，资本结构是受公司管理行为影响最大的因素，因此，资本结构管理是公司的一项重要管理行为，在不同的资本结构下综合资金成本会随之发生变化。

2. 资本结构的无差点分析。

把每股利润作为评判公司筹资方式的依据，可以建立基于资本结构选择公司长期资金的募集方式的决策模型。在目前销售规模下，不同的融资方式对应的每股利润会有所不同，按照公司确定的融资需求，不同筹资方式下追加筹资后每股利润计算如下：

计算项目	发行债券后	发行优先股后	增发普通股后	数值填写说明
每股利润				元，保留至两位小数

因此，每股利润最高的最佳筹资方案是：

按照每股利润无差别点模型，随着公司销售规模的不同，公司采取的融资方式会发生变化，但是在针对销售规模与资本结构决策的关系进行分析时，我们发现存在某个息税前利润点，使得两种融资方式的每股利润一样，该息税前利润就是每股利润无差别点，针对不同的融资需求对应每股利润无差别点的息税前利润进行计算，结果如下：

序号	融资需求	发行债券与增发普通股后的每股利润无差别点	发行优先股与增发普通股后的每股利润无差别点	数值填写说明
1	500万元			万元，保留至整数
2	1000万元			万元，保留至整数
3	1600万元			万元，保留至整数

本章小结

本章讨论了与企业筹资决策相关的问题。

1. 资金成本是筹资管理中的重点。各种筹资方式的个别资金成本的测算是筹资管理的基础。各种个别资金成本的测算公式既有共同点又有差别点，在深入理解的基础上进行对比和掌握，会有事半功倍的效果。企业所有长期资金的综合资金成本是筹资、投资等管理中经常用到的指标。综合资金成本即各种资金的加权平均成本，其中各种资金权数的确定有账面价值、市场价值和目标价值三种基准。边际资金成本则是拟新增的一种资金的成本或多种资金的加权平均成本，因此测算原理与个别资金成本或综合资金成本类似。当追加筹资的金额未定时，需要对不同筹资范围内的边际资金成本进行规划。

2. 除资金成本外，筹资管理中需要关注的另一个重要问题是风险问题。对风险的考虑可以通过杠杆分析进行。杠杆作用就是一种加乘效应，或者说是放大效果。经营杠杆是息税前利润变动相对于营业收入变动的加乘；财务杠杆是普通股每股利润变动相对于息税前利润变动的加乘；综合杠杆则是前两者的综合，即每股利润变动相对于营业收入变动的加乘。杠杆作用的原理在于固定成本的存在，经营杠杆是由于固定经营成本的存在，财务杠杆则是由于固定利息费用和优先股股利的存在。对杠杆作用程度的衡量是通过杠杆系数来实现的。应当能够理解并熟练掌握三种杠杆系数的计算公式。每种杠杆系数的计算方法都不止一种，应根据特定的条件选择适合的方法。

3. 资本结构始终是筹资管理中的一个核心问题。实现并保持最佳的资本结构是企业筹资管理的一个重要目标。影响企业资本结构安排的因素很多，企业应综合权衡，做出适当的资本结构决策。有三种重要的资本结构决策方法，分别是资金成本比较法、每股利润分析法和企业价值比较法。资金成本比较法在适度风险的条件下，以综合资金成本作为判断不同资本结构优劣的标准。每股利润分析法以每股利润的高低作为权衡不同资本结构的依据，具体操作中，可以利用每股利润无差别点来帮助判别。企业价值比较法以企业价值辅以综合资金成本作为选择不同资本结构的标准。

4. 本章涉及较多的重要公式，现归纳如下：

(1) $K_l=\frac{I_l(1-T)}{L(1-f_l)}=\frac{LR_l(1-T)}{L(1-f_l)}=\frac{R_l(1-T)}{1-f_l}$

(2) $K_b=\frac{SR_b(1-T)}{B(1-f_b)}=\frac{I_b(1-T)}{B(1-f_b)}$

(3) $K_p=\frac{D_p}{P_p(1-f_p)}$

(4) $K_c=\frac{D_c}{P_c(1-f_c)}$ （固定股利政策下）

$$K_c=\frac{D_1}{P_c(1-f_c)}+g \quad \text{（固定增长股利政策下）}$$

(5) $K_w=\sum_{j=1}^{n}K_jW_j$

(6) $DOL=\frac{\Delta EBIT/EBIT}{\Delta S/S}$

$$DOL=\frac{Q(P-V)}{Q(P-V)-F}=\frac{S-C}{S-C-F}$$

(7) $DFL=\frac{\Delta EPS/EPS}{\Delta EBIT/EBIT}$

$$DFL=\frac{EBIT}{EBIT-I-D/(1-T)}$$

(8) $DCL=DOL\cdot DFL$

$$DCL=\frac{\Delta EPS/EPS}{\Delta S/S}$$

$$DCL=\frac{S-C}{S-C-F-I-D/(1-T)}=\frac{Q(P-V)}{Q(P-V)-F-I-D/(1-T)}$$

(9) $\frac{(\overline{EBIT}-I_1)(1-T)-D_1}{N_1}=\frac{(\overline{EBIT}-I_2)(1-T)-D_2}{N_2}$

(10) $V=B+S=B+\frac{(EBIT-BK_b)(1-T)}{K_s}$

重要名词

资金成本（cost of capital）

综合资金成本（weighted average cost of capital，WACC）

经营杠杆（operating leverage）　　财务杠杆（financial leverage）

综合杠杆（total/combined leverage）　　资本结构（capital structure）

思考题

1. 筹资费用在资金成本的计算中如何处理？

2. 计算个别资金成本时，是否应考虑所得税的影响？所得税会对哪些资金成本造成影响？

3. 长期借款与长期债券的资金成本计算有何联系与区别？普通股和留存收益的资金成本计算又有何联系与区别？

4. 你认为在计算综合资金成本时，采用哪种价值基础最为合理？

5. 何为杠杆？经营杠杆和财务杠杆的原理是什么？它们的影响因素都有哪些？二者谁更容易调节？

6. 经营杠杆系数、财务杠杆系数和综合杠杆系数的变换公式中的数据是哪个期间的数据？这对企业管理有什么便利之处？

7. 什么是每股利润无差别点？债券筹资和优先股筹资存在每股利润无差别点吗？为什么？

8. 什么是最佳资本结构？企业价值是否考虑了风险因素？

练习题

1. A公司有长期借款200万元，年利率为5%，每年付息一次，到期一次还本；债券面额500万元，发行收入为600万元，发行费率为4%，票面利率为8%，目前市场价值仍为600万元；普通股面额500万元，目前市价800万元，去年已发放的股利率为10%，以后每年增长6%，筹资费率为5%；留存收益账面价值250万元，假设留存收益的市场价值与账面价值之比和普通股一致。公司所得税税率为25%。

要求：试求A公司的综合资金成本（采用市场价值权数）。

2. B公司无优先股。20×7年营业收入为1 500万元，息税前利润为450万元，利息费用为200万元。20×8年营业收入为1 800万元，变动经营成本占营业收入的50%，固定经营成本为300万元。预计20×9年每股利润将增长22.5%，息税前利润增长15%。公司所得税税率为25%。

要求：试分别计算B公司20×8年和20×9年的经营杠杆系数、财务杠杆系数和综合杠杆系数。

3. C公司目前长期资金市场价值为1 000万元，其中债券400万元，年利率为12%，普通股600万元（60万股，每股市价为10元）。现拟追加筹资300万元，有两种筹资方案：(1) 增发30万股普通股，每股发行价格为10元；(2) 平价发行300万元长期债券，年利率为14%。公司所得税税率为25%。

要求：试计算两种筹资方式的每股利润无差别点。如果预计息税前利润为150万元，那么应当选择哪种筹资方案？若预计息税前利润为200万元呢？

案例题

财务杠杆与资本结构分析

案例资料：顺洁公司是一家于2017年年初成立的洗涤用品公司，公司注册资本100万元，由甲、乙、丙、丁四位股东各出资25万元。在公司经营中，甲主管销售，乙主管财务，丙主管生产和技术，丁主管人事和日常事务。经过三年经营，到2019年年末，公司留存收益为60万元，权益金额增加到160万元。由于产品打开了销路，市场前景看好，于是公司决定扩大经营规模。扩大经营规模需要投入资金，于是四人召开会议，讨论增加资金事宜。

甲首先汇报了销售预测情况。如果扩大经营规模，来年洗涤用品的销售收入将达到50万元，以后每年还将以10%的速度增长。

丙提出，扩大经营规模需要增加一条生产线。增加生产线后，变动经营成本占销售收入的比例不变，仍然为50%，每年的固定经营成本将由7万元增加到10万元。

丁提出，增加生产线后，需要增加生产和销售人员。

四人根据上述情况，进行了简单的资金测算，测算出公司大约需要增加资金40万元。

甲建议四人各增资10万元，出资比例保持不变。丙和丁提出出资有困难，建议吸纳新股东，新股东出资40万元，权益总额变为200万元，五人各占1/5的权益份额。乙提出可以考虑向银行借款，他曾与开户行协商过，借款利率大约为6%。甲和丙认为借款有风险，而且需要向银行支付利息，会损失一部分收益。

案例思考题：

假设你是乙，你决定说服甲、丙和丁通过向银行借款来增加资金。

1. 解释负债经营的概念，说明“用他人的钱为自己赚钱”的道理。

2. 提出财务杠杆原理，解释财务杠杆利益与财务杠杆风险。

3. 如果公司采纳了借款方案，利用2020年的相关预测数据测算公司2021年的财务杠杆系数。

4. 假设公司所得税税率为25%，试利用2020年和2021年两年的预测数据测算2021年的财务杠杆系数。测算结果与第3步中的测算结果是否相同?

5. 解释资本结构的概念。说明合理的资本结构的重要性。

6. 根据对公司扩大经营规模后2020年相关数据的预测，测算吸收新股东和向银行借款两种筹资方式下，平均每个股东所能获得的净利润，以此判断哪种筹资方式更优。

7. 假设以每个股东的出资总额作为1股，试计算引入新股东和借款筹资两种筹资方式下的每股利润无差别点，并进一步解释在预测情况下两种筹资方式的优劣。

第8章

Chapter 8

营运资金管理

学习目标

- 理解营运资金管理的有关概念。
- 理解营运资金的管理策略，包括营运资金持有政策和营运资金融资政策。
- 掌握各种流动资产管理的方法。
- 掌握各种流动负债管理的方法。

引例

根据贵州茅台2016年年度报告，公司2016年12月31日的货币资金余额达到668.55亿元，比2015年增长81.67%。从2016年10月开始，我国高端白酒市场出现复苏迹象，贵州茅台的预收账款随着价格提高出现大幅增长。2017年3月底4月初，飞天茅台价格一度突破1 300元。虽然大量预收账款表现为负债，但从高端白酒行业的销售情况可知，这些负债的风险很小。与此同时，公司2016年12月31日应收账款为零，只有8.18亿元应收票据。公司的流动比率为2.44，速动比率为1.88，显示较好的流动性。

从存货周转情况来看，公司的存货有206.22亿元，存货周转一次大概需要5～6年，而同期五粮液存货周转一次只需要一年多。从数字来看似乎五粮液的存货管理更好，效率更高，但对于生产传统白酒尤其是高档白酒的企业来说，存货周转速度快未必是一件好事，由于窖藏时间缩短，可能会造成口感不佳，进而影响未来的销售。这可能也是贵州茅台从最初的市值弱于五粮液，发展到市值已达五粮液3倍的原因之一。

8.1　营运资金管理概述

思维导图
营运资金管理

在市场经济条件下，资金是企业的血液。企业要生存和发展，就必须筹集、拥有和支配一定数量的资金，其中非常重要的一部分就是营运资金。

8.1.1　营运资金的概念和特点

1. 营运资金的概念

营运资金从本质上包括了流动资产和流动负债的各个项目，体现了对企业短期性财务活动的概括。在数量上，营运资金又常称为营运资金净额或净营运资金，即企业流动资产减去流动负债的差额。营运资金在衡量企业的资产流动性、流动资产变现能力和短期偿债能力方面有着重要意义。

2. 营运资金的特点

为了有效管理企业的营运资金，必须研究营运资金的特点，以便有针对性地进行管理。营运资金一般具有以下特点：

（1）周转快。流动资产和流动负债在一个正常运转经营的企业中，其周转循环的时间一般较短，如果营运资金周转很慢，那么企业的日常经营很可能出现了问题。

（2）易变现。现金和银行存款项目一般情况下可以随时供企业支配，不存在变现的问题。其他非现金形态的营运资金，如存货、应收账款、短期有价证券等，相对固定资产等长期资产来说也比较容易变现，这一点对于企业应付临时性、突发性的资金需求有着重要意义。

（3）常波动。流动资产或流动负债项目容易受企业内外条件的影响，数量的波动往往很大，企业必须能够有效地预测和控制这种波动，防止其影响企业正常的生产经营活动。

（4）多样化。营运资金的来源渠道多种多样。营运资金的需求问题既可通过长期筹资方式解决，也可通过短期筹资方式解决，仅短期筹资就有短期银行借款、商业信用等多种方式。

8.1.2　营运资金管理的内容

营运资金管理是对企业流动资产及流动负债的管理。企业要想维持正常运转就必须拥有适量的营运资金，因此，营运资金管理是企业财务管理的重要组成部分。要搞好营运资金管理，必须解决流动资产和流动负债两个方面的问题。

1. 流动资产管理

流动资产是指在一年内或一个营业周期内变现或运用的资产，主要包括以下项目：现金、各种存款、短期投资（主要指交易性金融资产）、应收及预付账款、存货等，是企业全部资产中最活跃的部分。表8－1和表8－2分别展示了美国和我国几家公司的流动资产占比情况。

表8－1　美国几家公司2016年6月30日的流动资产概况（%）

公司名称	流动资产内部各项目占流动资产的比重					流动资产占总资产的比重
	现金及现金等价物	短期投资	应收账款及票据净额	存货	其他	
微软公司	4.66	76.42	13.09	1.61	4.22	72.10
通用汽车公司	27.49	5.69	40.55	20.13	6.13	35.46
沃尔玛公司	13.18	0.00	9.06	74.62	3.14	29.43
摩托罗拉公司	43.56	0.00	30.53	8.01	17.90	41.89
埃克森美孚公司	9.51	0.00	47.63	34.64	8.22	13.38

资料来源：表中数据根据 http://finance.yahoo.com 中各公司的年度报表相关数据计算得出。

表8－2　我国几家公司2016年12月31日的流动资产概况（%）

公司名称	流动资产内部各项目占流动资产的比重								流动资产占总资产的比重
	货币资金	交易性金融资产	应收票据	应收账款	预付账款	其他应收款	存货	其他流动资产	
苏宁电器	33.03	2.71	0.04	1.34	11.84	4.97	17.47	28.61	60.06
一汽轿车	10.05	0.00	58.71	1.56	2.53	0.07	26.40	0.68	55.82
华联股份	91.74	0.00	0.00	0.73	5.03	0.55	0.03	1.92	31.19
大唐电信	25.93	0.00	7.22	32.74	7.02	2.03	22.76	2.30	55.37
双鹤药业	34.53	0.00	20.07	20.76	1.90	0.48	17.71	4.54	52.24

资料来源：表中数据根据上海、深圳证券交易所披露的各公司年度报告相关数据计算得出。

流动资产的配置和管理是企业管理的重要组成部分。流动资产过多，会增加企业的财务负担，影响企业的利润；相反，流动资产不足，资金周转不灵，会影响企业的经营。因此，合理配置流动资产需要量在财务管理中具有重要地位。企业在一定生产周期内比较合理的流动资产占用量应既能保证生产经营的正常需要，又无积压和浪费。

2. 流动负债管理

流动负债是指需要在一年内或者超过一年的一个营业周期内偿还的债务。流动负债又称短期融资，具有成本低、偿还期短的特点，必须认真进行管理，否则将使企业承受较大的风险。流动负债主要包括短期借款、应付票据、应付账款、应付职工薪酬、应交税费及应付股利等。表8－3和表8－4分别展示了美国和我国几家公司的流动负债占比情况。

表 8-3　美国几家公司 2016 年 6 月 30 日的流动负债概况（%）

公司名称	流动负债内部各项目占流动负债的比重			流动负债占总负债的比重	流动负债占总资产的比重
	应付账款与应付票据	短期借款、融资租赁、债券	其他		
微软公司	21.96	21.74	56.30	48.77	30.64
通用汽车公司	72.08	27.92	0.00	45.58	36.13
沃尔玛公司	93.03	6.97	0.00	56.13	34.42
摩托罗拉公司	99.76	0.24	0.00	22.34	24.15
埃克森美孚公司	70.93	29.07	0.00	29.96	15.04

资料来源：表中数据根据 http://finance.yahoo.com 中各公司的年度报表相关数据计算得出。

表 8-4　我国几家公司 2016 年 12 月 31 日的流动负债概况（%）

公司名称	流动负债内部各项目占流动负债的比重										流动负债占总负债的比重	流动负债占总资产的比重
	短期借款	应付票据	应付账款	预收账款	应付职工薪酬	应交税费	应付利息	应付股利	其他应付款	其他流动负债		
苏宁电器	10.02	41.99	20.34	2.61	0.63	1.73	0.09	0.00	13.30	9.29	91.39	44.80
一汽轿车	18.35	5.96	52.97	14.19	0.20	1.13	0.02	0.00	7.16	0.00	95.79	57.20
华联股份	19.79	0.00	18.51	3.76	1.64	6.07	11.17	0.00	28.17	10.89	22.49	9.40
大唐电信	45.94	9.41	20.84	3.61	0.82	0.68	0.31	0.16	1.82	16.42	70.65	55.72
双鹤药业	0.00	0.00	38.97	10.49	11.51	10.71	0.00	12.02	16.30	0.00	84.39	12.32

资料来源：表中数据根据上海、深圳证券交易所披露的各公司年度报告相关数据计算得出。

流动负债按不同标准可作不同分类，现说明其中最常见的几种分类方式：

（1）以应付金额是否确定为标准，可以把流动负债分成应付金额确定的流动负债和应付金额不确定的流动负债。应付金额确定的流动负债是指那些根据合同或法律规定，到期必须偿付，并有确定金额的流动负债，如短期借款、应付票据、应付账款等。应付金额不确定的流动负债是指那些要根据企业生产经营状况，到一定时期才能确定的流动负债，或应付金额需要估计的流动负债，如应交税费、应付股利等。

（2）以流动负债的形成情况为标准，可以把流动负债分成自发性流动负债和临时性流动负债。这一分类将在营运资金融资政策中详细说明。

8.1.3　营运资金管理策略

1. 营运资金持有政策

营运资金持有量的确定实际上就是对收益和风险两者之间的关系进行权衡与选择。具体而言，就是要确定一个既能维持企业正常生产经营活动，又能在减少或不增加风险的前提下，给企业带来尽可能多的利润的营运资金水平。

营运资金持有量往往表示成实现一定数量的销售额所要求的流动资产数量，不同的流动资产数量体现了不同的风险与收益关系。根据流动资产和销售额之间的数量关系，企业的营运资金持有政策可以划分为以下三种（见图8－1）。

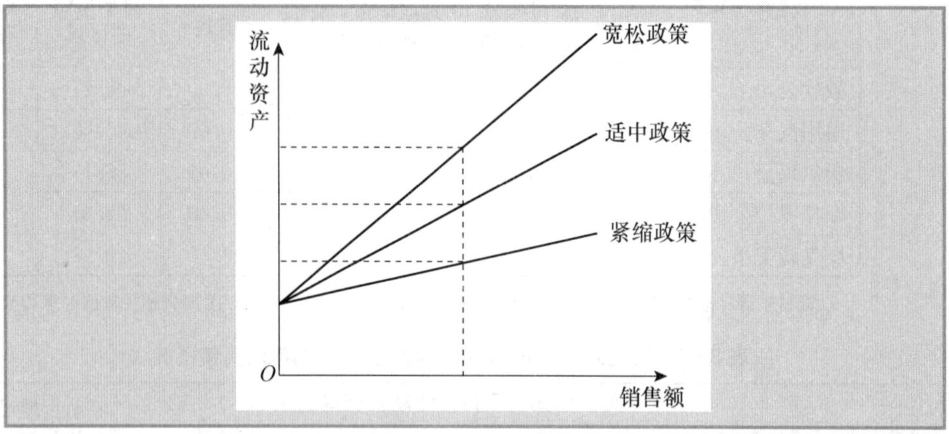

图8－1 营运资金持有政策

（1）宽松的营运资金持有政策。宽松的营运资金持有政策要求企业在一定的销售水平上保持较多的流动资产，这种政策的特点是收益低，风险小。该政策下的企业拥有较多的现金、短期有价证券和存货，能按期偿还到期债务，并且为应对不确定情况保留了大量资金，使风险大大降低。但由于现金、短期有价证券的投资收益较低，存货占用也使得资金的营运效率较低，从而降低了企业的盈利水平。

（2）适中的营运资金持有政策。适中的营运资金持有政策要求企业在一定的销售水平上保持适中的流动资产，既不过高也不过低，流入的现金恰好满足支付的需要，存货也恰好满足生产和销售所需。这种政策的特点是收益和风险相平衡。在企业能够比较准确地预测未来的各种经济情况时，可采用该政策。

（3）紧缩的营运资金持有政策。紧缩的营运资金持有政策要求企业在一定的销售水平上保持较少的流动资产。这种政策的特点是收益高，风险大。此时企业的现金、短期有价证券、存货和应收账款等流动资产降到最低限度，可降低资金占用成本，增加企业收益。但同时也可能会由于资金不足造成拖欠货款或不能偿还到期债务等不良情况，加剧企业风险。在外部环境相对稳定、企业能非常准确地预测未来的情况下，可采用该政策。

从理论上讲，如果企业面对的所有内外情况都是一定的，比如销售额、订货时间、付款时间等，那么企业只需持有能够满足需要的最低数量的流动资产。超过这个最低数量的流动资产不会增加企业利润，反而会降低资金的使用效率，发生不必要的筹资费用；低于这个最低数量的流动资产会使企业存货短缺，或者要求企业必须制定过于严格的应收账款管理政策等。

但是，实际经济生活中往往存在许多不确定性。营运资金的占用水平是由企业的内外部多种因素共同作用形成的，这些因素都是不断变化的，因此很难恰当地对适中政策的营运资金持有量加以量化。在财务管理的实际工作中，企业应根据自身的具体情况和所处的环境条件，以适中的营运资金政策原则作指导，对未来进行合理预测，将流动资产与流动负债尽量相匹配，确定一个对企业来说较为适当的营运资金持有量。

复习与思考

请分析说明什么是营运资金持有政策。

2. 营运资金融资政策

（1）流动资产和流动负债的分析。营运资金融资政策是营运资金政策的重要内容。在确定营运资金的融资政策之前，我们先对营运资金的两大要素——流动资产和流动负债进行分析，然后再考虑两者之间的匹配问题。

1）流动资产的划分。流动资产按用途可分为临时性流动资产和永久性流动资产。临时性流动资产是指受季节性或周期性影响的流动资产，如季节性存货、销售高峰期增加的应收账款等；永久性流动资产是指为满足企业长期稳定的资金需要，即使处于经营低谷时也必须保留的流动资产。

2）流动负债的划分。流动负债可划分为临时性流动负债和自发性流动负债。临时性流动负债是因为临时的资金需求而发生的负债，如为满足季节性销售时存货的大量增加而举借的临时债务等；而自发性流动负债则产生于企业正常的持续经营活动中，如商业信用、应付职工薪酬、应交税费等。自发性流动负债虽然是短期负债，但由于其数额一般比较稳定，因此成为企业一项比较稳定的资金来源。

（2）营运资金融资政策。企业的营运资金融资政策就是如何对临时性流动资产、永久性流动资产和非流动资产的资金来源进行管理。有三种可供企业选择的融资政策。

1）配合型融资政策。配合型融资政策是指企业的负债结构与企业资产的寿命周期相对应，其特点是临时性流动资产所需资金用临时性流动负债筹集，永久性流动资产和非流动资产所需资金用自发性流动负债和长期负债、权益资本筹集（见图8-2）。这一政策可用以下两个公式来表示：

$$\text{临时性流动资产}=\text{临时性流动负债} \tag{8-1}$$

$$\begin{matrix}\text{永久性}\\\text{流动资产}\end{matrix}+\begin{matrix}\text{非流动}\\\text{资产}\end{matrix}=\begin{matrix}\text{自发性}\\\text{流动负债}\end{matrix}+\begin{matrix}\text{长期}\\\text{负债}\end{matrix}+\begin{matrix}\text{权益}\\\text{资本}\end{matrix} \tag{8-2}$$

在这种政策下，只要企业的短期融资计划严密，现金流动与预期安排一致，则在经营低谷时，企业将除自发性流动负债外再没有其他流动负债，只有在经营高峰期，企业才会举借临时性流动负债。

但是在企业的经济活动中，由于现金流动和各类资产使用寿命的不确定性，往往做不到资产与负债的完全配合。配合型融资政策是一种理想的融资模式，在实际生活中较难实现。

2）激进型融资政策。激进型融资政策的特点是临时性流动负债不但要满足临时性流动资产的需要，还要满足一部分永久性流动资产的需要，有时甚至流动

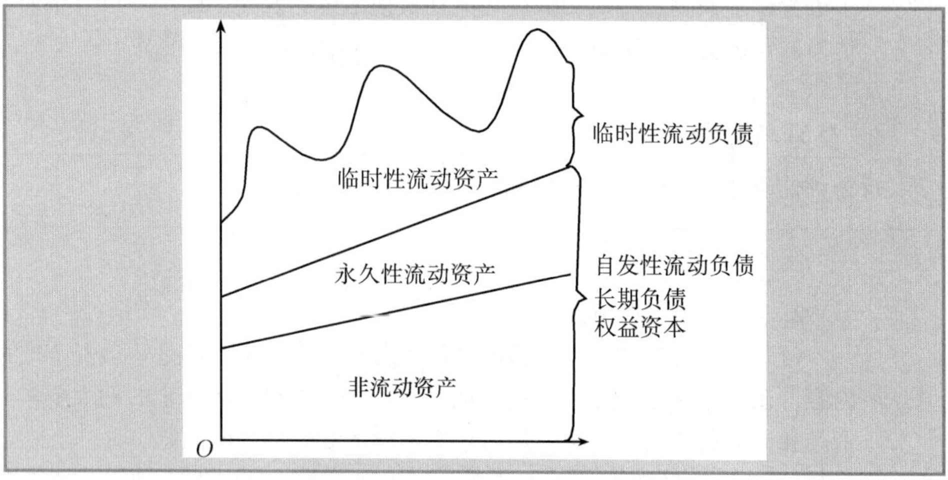

图 8-2 配合型融资政策

资产都要由临时性流动负债支持（见图 8-3）。可用以下两个公式来表示：

临时性流动资产＋部分永久性流动资产＝临时性流动负债　　（8-3）

永久性流动资产－靠临时性流动负债筹得的部分＋非流动资产＝自发性流动负债＋长期负债＋权益资本　　（8-4）

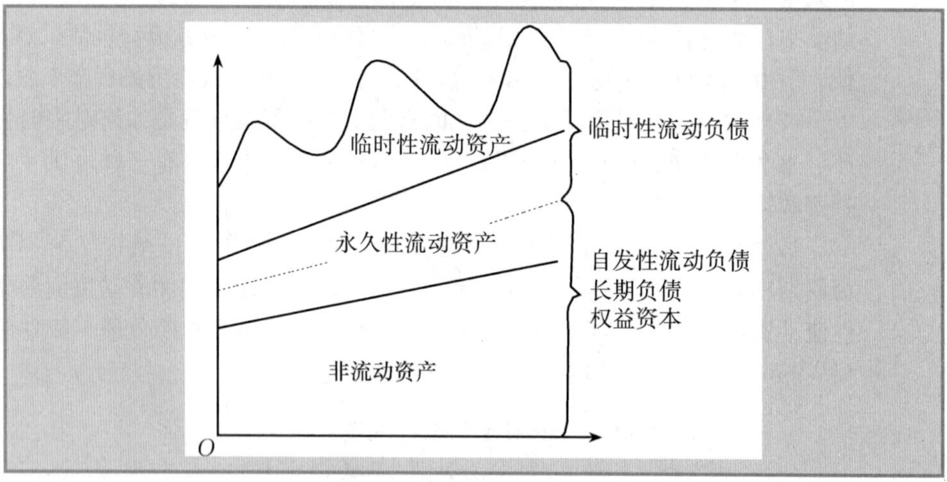

图 8-3 激进型融资政策

由于临时性流动负债的资金成本相对于长期负债和权益资本来说一般较低，而激进型融资政策下临时性流动负债所占比例较大，所以该政策下企业的资金成本低于配合型融资政策。但是，由于企业为了满足永久性流动资产长期、稳定的资金需要，必然要在临时性流动负债到期后重新举债或申请债务展期，即需要不断地举债和还债，加大了筹资和还债的风险，因此激进型融资政策是一种收益高、风险大的营运资金筹集政策。

3）稳健型融资政策。稳健型融资政策的特点是临时性流动负债只满足部分临时性流动资产的需要，其他流动资产和长期资产用自发性流动负债、长期负债和权益资本来满足（见图 8－4）。可用以下两个公式来表示：

部分临时性流动资产＝临时性流动负债　(8－5)

永久性流动资产＋靠临时性流动负债未筹足的临时性流动资产＋非流动资产＝自发性流动负债＋长期负债＋权益资本　(8－6)

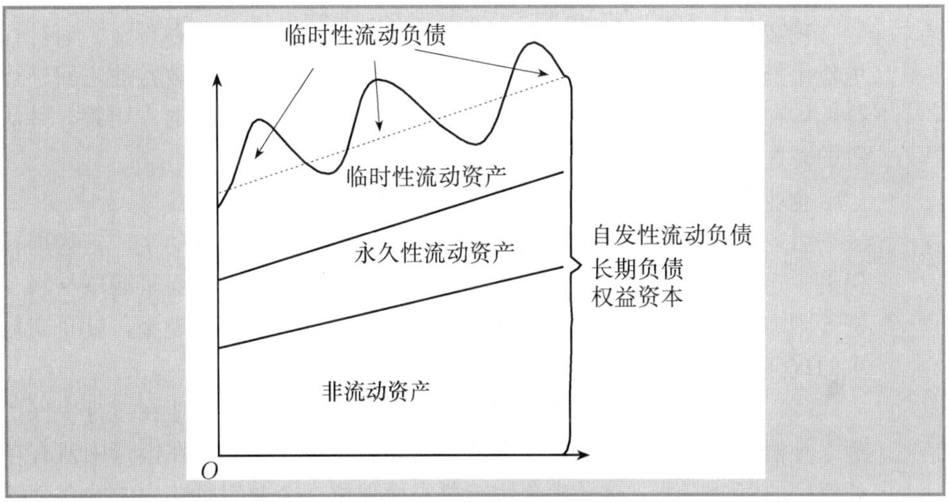

图 8－4　稳健型融资政策

在这种政策下，临时性流动负债在企业的全部资金来源中所占比例较小，企业保留了较多的营运资金，可降低企业无法偿还到期债务的风险，同时也降低了短期利率变动造成损失的风险。但降低风险的同时也降低了企业的收益，因为长期负债和权益资本在企业的资金来源中比重较大，两者的资金成本高于临时性流动负债的资金成本，而且在生产经营淡季，企业仍要负担长期债务的利息，即使将过剩的长期资金投资于短期有价证券，其投资收益一般也会低于长期负债的利息。所以稳健型融资政策是一种风险低、收益低的融资政策。

一般来说，如果企业对营运资金的使用能够做到游刃有余，那么最有利的融资政策就是采用收益和风险相匹配的配合型融资政策。

复习与思考

请分析说明什么是营运资金融资政策。

8.2　流动资产管理

知识拓展
现金周转

8.2.1　现金管理

现金是一项比较特殊的资产，一方面，其流动性最强，代表着企业直接的支付能力和应变能力；另一方面，其收益性最低。现金管理的过程就是管理人员在现金的流动性与收益性之间权衡的过程，既要维持适度的流动性，又要尽可能地提高其收益性。

1. 持有现金的动机

现金是指企业占用在各种货币形态上的资产，包括库存现金、银行存款及其他货币资金。现金管理的目标在于如何在现金的流动性和收益性之间进行合理选择，即在保证正常业务经营需要的同时，尽可能降低现金的占用量，并从暂时闲置的现金中获得最大的投资收益。

企业持有现金往往是出于以下考虑：

（1）交易动机。在企业的日常经营中，为了保证正常的生产销售周转，必须保持一定的现金余额。销售产品往往不能马上收到现金，而采购原材料、支付工资等则需要现金支持，所以，基于企业购产销行为需要的现金，就是交易动机要求的现金持有量。

（2）补偿动机。银行为企业提供服务时，往往需要企业在银行中保留存款余额来补偿服务费用。同时，银行贷给企业款项也需要企业在银行中留有存款以保证银行的资金安全。这种出于银行要求而保留在企业银行账户中的存款就是补偿动机要求的现金余额。

（3）谨慎动机。现金的流入和流出经常是不确定的，这种不确定性取决于企业所处的外部环境和自身经营条件的好坏。为了应对突发事件和偶然情况，企业必须持有一定的现金余额来保证生产经营安全顺利进行，这就是谨慎动机要求的现金持有量。

（4）投资动机。企业在保证生产经营正常进行的基础上，还希望有一些可利用现金抓住回报率较高的投资机会，这就是投资动机对现金的需求。

2. 现金成本

现金成本包括持有成本、转换成本和短缺成本。

（1）持有成本。现金持有成本是指企业因保留一定的现金余额而增加的管理费用及丧失的投资收益。这种投资收益是企业用该现金进行其他投资所获得的收益，实质上是一种机会成本，属于变动成本，它与现金持有量呈正比例关系。

（2）转换成本。转换成本是指企业用现金购入有价证券或转让有价证券换取现金时付出的交易费用，即现金同有价证券之间相互转换的成本。转换成本中既有依据成交额计算的费用，也有基于证券转换次数计算的费用。

（3）短缺成本。短缺成本是指现金持有量不足且又无法及时将其他资产变现而给企业造成的损失，包括直接损失和间接损失。现金的短缺成本与现金持有量呈反比例变动关系。

3. 现金预算管理

现金预算管理是现金管理的核心环节和方法。

(1) 现金预算的概念。现金预算就是在企业的长期发展战略的基础上，以现金管理的目标为指导，充分调查和分析各种现金收支影响因素，运用一定的方法合理估测企业未来一定时期的现金收支状况，并对预期差异采取相应对策的活动。

(2) 现金预算的制定步骤。现金预算的制定大体分四个步骤：销售预测；估计现金流入量；估计现金流出量；估计月末现金和贷款余额。由于现金流入量与流出量的估计都以销售预测为依据，因此现金预算的准确性在很大程度上依赖于销售预测的准确程度。而管理和市场变化的种种原因常常使得销售预测出现某种偏差，所以应该以企业经营目标为指导，根据环境变化随时对销售预测进行必要的修正。

现金预算可按月、周或日为基础进行编制，也可覆盖几个月甚至一年。这主要根据企业的生产经营特点与管理要求而定。

(3) 现金预算的编制方法。现金预算的编制方法主要有两种：收支预算法和调整净收益法。

1) 收支预算法。收支预算法就是将预算期内可能发生的一切现金收支项目分类列入现金预算表内，以确定收支差异，并采取适当财务对策的方法。它是目前最流行也是应用最广泛的一种编制现金预算的方法，具有直观、简便、便于控制等特点。

在收支预算法下，现金预算主要包括四部分内容：预算期内现金收入、预算期内现金支出、对现金不足或多余的确定、现金融通。

通过对企业现金收入和现金支出总额的预测，推算出预算期末现金结余情况。若现金不足，则提前安排筹资（如向银行借款等）；若现金多余，则归还贷款或进行有价证券投资，以增加收益。

例8-1

使用收支预算法编制ABC公司的现金收支预算表（见表8-5）。

表8-5 收支预算法下ABC公司的现金收支预算表 单位：万元

序号	现金收支项目	上月实际数	本月预算数
1	现金收入		
2	营业现金收入		
3	现销和当月应收账款的收回		800
4	以前月份应收账款的收回		500
5	营业现金收入合计		1 300
6	其他现金收入		
7	固定资产变价收入		80
8	利息收入		20
9	租金收入		70
10	股利收入		30
11	其他现金收入合计		200

续表

序号	现金收支项目	上月实际数	本月预算数
12	现金收入合计（=5+11）		1 500
13	现金支出		
14	营业现金支出		
15	材料采购支出		500
16	当月支付的采购材料支出		300
17	本月付款的以前月份采购材料支出		200
18	工资支出		100
19	管理费用支出		80
20	销售费用支出		80
21	财务费用支出		40
22	营业现金支出合计		800
23	其他现金支出		
24	厂房、设备投资支出		200
25	税款支出		50
26	利息支出		50
27	偿还债务		60
28	股利支出		60
29	证券投资		80
30	其他现金支出合计		500
31	现金支出合计（=22+30）		1 300
32	净现金流量		
33	现金收入减现金支出（=12−31）		200
34	现金余缺		
35	期初现金余额		100
36	净现金流量		200
37	期末现金余额（=35+36）		300
38	最佳现金余额		180
39	现金多余或短缺（=37−38）		120

从表8-5中可以看出，ABC公司的现金出现多余，可以考虑适当的投资计划以增加公司收益。

2）调整净收益法。调整净收益法是指运用一定的方式，将企业按权责发生制计算的净收益调整为按收付实现制计算的净收益，在此基础上加减有关现金收支项目，使净收益与现金流量相互关联，从而确定预算期现金余缺，并做出财务安排的方法。

采用此方法编制现金预算，首先应编制预计利润表，求出预算期的净收益，然后逐笔处理影响损益及现金收支的各会计事项，最后计算出预算期现金余额。

这个计算过程类似于从净利润入手编制现金流量表。

调整净收益法将权责发生制基础上计算的净收益与收付实现制基础上计算的净收益统一起来，克服了收益额与现金流量不平衡的缺点，但是现金余额增加额不能直观、详细地反映生产过程，这在一定程度上影响了对现金预算执行情况的分析和控制。

4. 最佳现金持有量的确定

确定最佳现金持有量是现金管理的主要事宜，在现金预算的编制中也是一个重要环节。企业出于各种动机而持有一定货币，但出于成本和收益关系的考虑，必须确定最佳现金持有量。

确定最佳现金持有量的模型主要有以下几种。

（1）成本分析模型。成本分析模型是根据现金的有关成本，分析预测其总成本最低时现金持有量的一种方法。运用成本分析模型确定最佳现金持有量时，只考虑因持有一定量的现金而产生的机会成本及短缺成本，而不考虑管理费用和转换成本。

机会成本是因持有现金而丧失的再投资收益，与现金持有量呈正比例变动关系。短缺成本与现金持有量呈反比例关系。

$$机会成本=现金持有量\times有价证券利率 \tag{8-7}$$

因此，成本分析模型中的最佳现金持有量可以解释为机会成本和短缺成本为最小值时的现金持有量。

成本分析模型的计算步骤如下：

1）根据不同现金持有量测算各备选方案的有关成本数值。

2）按照不同现金持有量及有关部门成本资料计算各方案的机会成本和短缺成本之和，即总成本，并编制最佳现金持有量测算表。

3）在测算表中找出相关总成本最低时的现金持有量，即最佳现金持有量。

例 8－2

ABC 公司现有 A，B，C，D 四种现金持有方案，有关成本资料如表 8－6 所示。

表 8－6　ABC 公司的备选现金持有方案　　单位：万元

项目	A	B	C	D
现金持有量	100	200	300	400
机会成本率	15%	15%	15%	15%
短缺成本	50	30	10	0

根据表 8－6 计算得到的最佳现金持有量测算表如表 8－7 所示。

表8-7 ABC公司最佳现金持有量测算表 单位：万元

方案	现金持有量	机会成本	短缺成本	相关总成本
A	100	100×15%=15	50	15+50=65
B	200	200×15%=30	30	30+30=60
C	300	300×15%=45	10	45+10=55
D	400	400×15%=60	0	60+0=60

根据分析，应该选择成本最低的C方案。

（2）存货模型。存货模型是将存货经济订货批量（economic order quantity）模型①原理用于确定目标现金持有量的模型，其着眼点也是现金相关总成本最低。这一模型最早由美国学者鲍莫尔（W. J. Baumol）于1952年提出，故又称Baumol模型。在此模型下，只考虑持有现金的机会成本与固定性转换成本，由于二者与现金持有量的关系不同，因此存在一个最佳现金持有量，使得二者之和最低。其计算公式为：

现金管理相关总成本=持有机会成本+固定性转换成本

$$TC=\frac{Q}{2}\cdot K+\frac{T}{Q}\cdot F \tag{8-8}$$

式中，TC为现金管理相关总成本；Q为最佳现金持有量（理想的现金转换数量）；F为每次现金转换的固定成本；T为一个周期内现金总需求量；K为单位现金持有的机会成本（等于放弃的有价证券的收益率或从银行借款的利率）。

根据这一公式可以得到最佳现金持有量的计算公式如下：

$$Q=\sqrt{\frac{2TF}{K}} \tag{8-9}$$

式中，各符号含义同式（8-8）。

最低现金管理相关总成本的计算公式如下：

$$TC=\sqrt{2TFK} \tag{8-10}$$

例8-3

ABC公司现金收支状况比较稳定，预计全年（按360天计算）需要现金100万元，现金与有价证券的转换成本为每次3 000元，有价证券的年利率为15%，则该公司的最佳现金持有量是多少？最低现金管理相关总成本是多少？

该公司的最大现金持有量计算如下：

$$Q=\sqrt{\frac{2TF}{K}}=\sqrt{\frac{2\times 1\,000\,000\times 3\,000}{15\%}}=200\,000(\text{元})$$

① 关于存货的经济订货批量模型，将在本章存货管理部分阐述。

该公司的最低现金管理相关总成本计算如下：

$$TC=\sqrt{2TFK}=\sqrt{2\times1\,000\,000\times3\,000\times15\%}=30\,000(\text{元})$$

（3）米勒-欧尔（Miller-Orr）现金管理模型。此模型是在假定企业无法确切预知每日的现金实际收支状况，现金流量由外界决定，且现金与证券之间互换方便的前提下，决定最佳现金持有量的一种方法。模型中只规定现金余额的上下限，并据此判定企业在现金和投资之间转换的时间和数量。这一模型假定每日现金流量为正态分布，由此确定了现金余额的均衡点 Z^* 为：

$$Z^*=L+\left(\frac{0.75b\sigma^2}{r}\right)^{\frac{1}{3}} \tag{8-11}$$

式中，L 为现金下限；b 为证券交易成本；σ 为现金余额每日标准差；r 为投资日收益率。

下限的确定要受企业每日最低现金需要、管理人员的风险承受倾向等因素影响，最低可确定为零；而上限 U^* 为：

$$U^*=L+3\times\left(\frac{0.75b\sigma^2}{r}\right)^{\frac{1}{3}} \tag{8-12}$$

这个模型根据每日现金收支变化幅度的大小、投资收益率的高低和投资与现金相互转换的交易成本的大小来确定现金余额的均衡值和上下限的范围。

例8-4

ABC公司的日现金余额标准差为150元，每次证券交易成本为100元，现金的日收益率为0.05%，公司每日最低现金需要为零，则该公司的最佳现金持有量和现金持有量的最高上限各是多少？

该公司的最佳现金持有量为：

$$Z^*=L+\left(\frac{0.75b\sigma^2}{r}\right)^{\frac{1}{3}}=0+\left(\frac{0.75\times100\times150^2}{0.000\,5}\right)^{\frac{1}{3}}=1\,500(\text{元})$$

该公司的现金持有量的最高上限为：

$$U^*=L+3\times\left(\frac{0.75b\sigma^2}{r}\right)^{\frac{1}{3}}=0+3\times1\,500=4\,500(\text{元})$$

复习与思考

说明确定最佳现金持有量的几种模型。

8.2.2　短期投资管理

短期投资管理与现金管理密不可分。短期投资因具有易变现的特征而成为现金的替代品。

1. 持有短期投资的理由

短期投资是指能够随时变现并且持有时间预计不超过一年（含一年）的投资，包括股票、债券、基金等。

企业持有短期投资主要基于以下两个理由：

（1）以短期投资作为现金的替代品。短期投资虽然不能直接使用，但是与其他流动资产相比，也具有较高的流动性和较强的变现能力，用不同形式的短期投资代替现金，可以丰富企业的现金持有形式。

（2）以短期投资取得一定收益。单纯的现金（现钞和银行存款）项目没有收益或者收益很低，将一部分现金投资于短期证券，可以在保持较高流动性的同时得到比现金高的收益，所以将持有的部分现金用作短期投资是很多企业的做法。

2. 短期投资管理的原则

短期投资管理是流动资产管理的一个重要方面，进行短期投资管理时应遵循的原则有：

（1）安全性、流动性与盈利性均衡。短期投资的目的主要是使企业的现金持有形式多样化，在安全、流动的基础上争取相对多的盈利，三个方面需要综合考虑，做到平衡处理，争取达到一个最佳平衡点。

（2）分散投资。短期投资虽然持有期限短，容易变现，但是为了减少风险，还是应该遵循多样化的分散投资原则，把风险控制在可接受范围内。

3. 短期投资工具

最常见、最便捷的短期金融工具就是定期银行存款。但由于银行存款利率相对较低，而证券市场日益发达，这类金融资产在企业投资清单中所占的比例越来越小，多数企业更倾向投资一些收益率更高的金融工具。

（1）短期国库券。短期国库券（treasury bills，TB），又称短期国债，是指政府发行的、期限在1年以下的债券。短期国库券在西方称为财政部账单，一般期限在1年以下，多为3个月或6个月，也有1年期的。由于有国家或其他级别政府部门的权威和信誉作担保，短期国库券一般具有风险小、收益不高的特点。发行短期国债是世界各国政府筹资的普遍趋势，也为企业提供了较多的短期投资选择。西方发达国家的短期国债占国债总量的40%～50%。1994年我国财政部首次发行了半年期和1年期的短期国库券，但长期以来都是中期国债所占比重较高，短期国债和长期国债不足，而且我国国债市场绝大部分交易是在金融机构之间完成的，并没有成为企业投资工具的重要选择。

（2）大额可转让定期存单。大额可转让定期存单（certificate of deposit，CD）曾经是企业最偏好的一种短期金融资产。1961年，为了使存单更具流动性并使之对投资者更具吸引力，花旗银行发行了第一张可在二级市场上转卖的可转让大额存单（10万美元以上）。我国在1980年以后，主要的国有商业银行吸收和仿效外国经验，开始发行大额可转让定期存单以扩大存款业务。一般这种存单都对提前支取规定了收费措施，通常是收取3个月的利息作为企业提前支取资金的代价。2015年6月2日，中国人民银行公布《大额存单管理暂行办法》，规定个人投资人认购大额存单起点金额不低于30万元，机构投资人认购大额存单起点金额不低于1 000万元。大额存单的期限包括1个月、3个月、6个月、9个月、1年、18个月、2年、3年和5年共9个品种。

（3）货币市场基金。货币市场基金（money market fund，MMF）是指投资货币市场上的短期有价证券的一种基金。该基金资产主要投资于短期货币工具（如国库券、商业票据、银行定期存单、政府短期债券、企业债券等短期有价证券）。货币市场基金最早创立于1972年的美国。在美国，货币市场基金按风险大小可划分为两类：第一，国库券货币市场基金，主要投资于国库券、由政府担保的有价证券等。这些证券到期时间一般不到1年，平均到期期限为120天。第二，多样化货币市场基金，就是通常所说的货币市场基金，通常投资于商业票据、国库券、美国政府代理机构发行的证券、可转让存单、银行承兑票据等各种有价证券，其到期时间与前述基金类似。我国2004年8月才颁布第一个《货币市场基金管理暂行规定》，从而使我国的货币市场出现了这种新的基金形式。2016年2月《货币市场基金监督管理办法》开始实行，规定货币市场基金可以投资于以下金融资产：现金；期限在1年以内（含1年）的银行存款、债券回购、中央银行票据、同业存单；剩余期限在397天以内（含397天）的债券、非金融企业债务融资工具、资产支持证券；中国证监会、中国人民银行认可的其他具有良好流动性的货币市场工具。同时该办法规定货币市场基金不能用于下述金融工具的投资：股票；可转换债券、可交换债券；以定期存款利率为基准利率的浮动利率债券（已进入最后一个利率调整期的除外）；信用等级在AA+级以下的债券与非金融企业债务融资工具；中国证监会、中国人民银行禁止投资的其他金融工具。

（4）商业票据。商业票据（commercial paper，CP）是一种较为常见的企业短期筹资形式，是大型工商企业或金融企业为筹措短期资金而发行的无担保短期本票。这种筹资从另一个角度来看就是其他企业的投资。也就是说，商业票据既是一种筹资工具，也是一种投资工具。

（5）证券化资产。证券化资产是指实施了资产证券化（asset securitization）的资产。资产证券化是一种对（金融）资产所有权和收益权进行分离的金融创新，其基本流程是：发起人把证券化资产出售给一家特设信托机构（special purpose vehicle，SPV），或者由SPV主动购买可以证券化的资产，然后将这些资产汇集成资产池（asset pool），并以该资产池所产生的现金流量为支撑在金融市场上发行有价证券。为了提高资产支持证券的等级，SPV常常会在发行之前聘请证券评级机构进行信用评级，最后由证券承销商把有资产支持的证券销售给投资者。证券化资产在20世纪末取得了快速发展。由于证券化资产特殊的形成机制，发行人可以通过将众多风险较高的资产打包，并以此作为抵押发行证券化资产，有效处置多笔不良资产。我国于2005年12月1日开始实施的《金融机构信贷资产证券化试点监督管理办法》为我国资产证券化提供了法律依据。2013年《证券公司资产证券化业务管理规定》发布实施。虽然证券化资产通常由信誉较好的投资银行或资产公司等机构作为中介，通常具有较高的安全性，但是2007年全面爆发的美国次贷危机表明，在金融创新空前繁荣的现代市场，这种创新金融工具所隐藏的风险也是不容忽视的。

除了上面介绍的各类短期金融资产以外，企业还可以用暂时闲置的资金到证券市场购买股票和债券，在需要资金的时候再将这些短期金融资产出售变现。

复习与思考

短期投资的工具有哪些？

8.2.3 存货管理

1. 存货的概念和成本

知识拓展
存货的行业特点

存货是指企业在日常生产经营过程中持有以备出售，或仍然处在生产过程，或在生产或提供劳务过程中将消耗的材料或物料等，包括各类材料、商品、在产品、半成品、产成品等，可以分为三大类：原材料存货、在产品存货和产成品存货。

存货管理的方法就是对存货投资进行管理与控制的方法。围绕着存货管理的目标，各种有效的管理制度和方法得以建立和应用，如归口分级管理、经济订货批量、ABC控制、定额管理等都是我国传统财务管理中富有成效的方法。在市场经济条件下，企业应根据变化的经营环境和条件重新组合以上方法，以发挥其作用。

要想持有一定数量的存货，必然会有一定的成本支出。存货的成本主要有储存成本、订货成本和缺货成本。

（1）储存成本。指企业为持有存货而发生的全部成本，包括仓储费、搬运费、保险费和占用资金支付的利息费等。它一般会随着平均存货量的增加而增加。

（2）订货成本。指企业为订购材料、商品而发生的成本，包括采购人员差旅费、手续费、运输费等。订货成本一般与订货数量无关，而与次数有关。

（3）缺货成本。指企业在存货短缺时引起的生产中断、销售不畅等间接成本。

2. 经济订货批量

（1）基本模型。经济订货批量是指在不考虑缺货成本的情况下，能够使一定时期存货的总成本达到最低点的进货数量（如图8-5中点A的订货批量）。存货经济订货批量控制是一种理想的模型，在实际应用中受到一定限制。

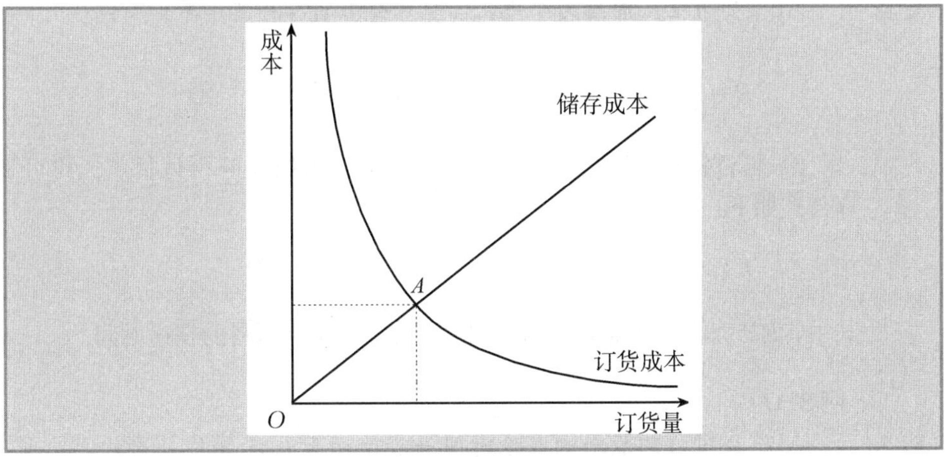

图8-5　经济订货批量下的存货总成本

根据图8-5可知：

存货总成本(TIC)=储存成本(TCC)+订货成本(TOC)

$$TIC=H\cdot\frac{Q}{2}+\frac{FS}{Q} \tag{8-13}$$

$$Q=\sqrt{\frac{2FS}{H}} \tag{8-14}$$

式中，Q为经济订货批量；F为每次订货的固定成本；S为年需要量；H为单位存货的年保管费用。

例8-5

ABC公司每年需要某种原材料50万千克，每次订货的固定成本为2 000元，每千克原材料年储存保管费用为5元，计算ABC公司的经济订货批量如下：

$$Q=\sqrt{\frac{2FS}{H}}=\sqrt{\frac{2\times2\ 000\times500\ 000}{5}}=20\ 000(\text{千克})$$

也就是说，ABC公司每次订货20 000千克能使成本最低。

(2) 再订货点。明确了经济订货批量后，还需要知道什么时候发出订货指令，也就是确定再订货点。

1) 原料使用率。原料使用率是指每天消耗的原料数量，等于生产周期原料需要量与生产周期天数的比值，公式为：

$$R=\frac{S}{T} \tag{8-15}$$

式中，R 为原料使用率；S 为生产期原料需要量；T 为生产周期天数。

例8-6

ABC公司生产周期为一年，计算该公司的原料使用率如下：

$$R=\frac{S}{T}=\frac{500\ 000}{360}=1\ 389(\text{千克})$$

2）再订货点。发出订货指令时尚存的原料数量叫再订货点。再订货点的计算公式如下：

$$RP=R\cdot DT \tag{8-16}$$

式中，RP 为再订货点；R 为原料使用率；DT 为原料的在途时间。

例8-7

ABC公司订购原料的在途时间一般为两天，计算该公司的再订货点如下：

$$RP=R\cdot DT=1\ 389\times 2=2\ 778(\text{千克})$$

也就是说，当ABC公司的库存原料数量降低到2 778千克时，就需要发出订购指令了。

再订货点的操作可以用图8-6加以说明。

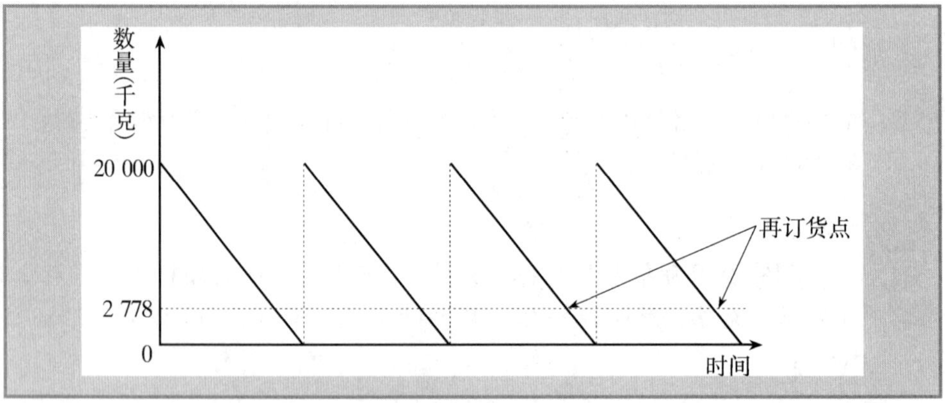

图8-6 再订货点

从图8-6可以看出，当原料库存降低到2 778千克时，发出订货指令；当库存降低到零时，所订原料到达，刚好形成一个完整的生产过程。

(3) 安全储备。企业在实际生产经营中要面对很多不确定的情况，也就很难做到图8-6中均匀的原料使用和各订货批次之间的完美衔接。为了保证企业正常的生产经营，一般企业都不会允许库存原料降低为零，而是保留一个库存储备，这个库存就叫安全储备。图8-7说明了安全储备的重要作用。

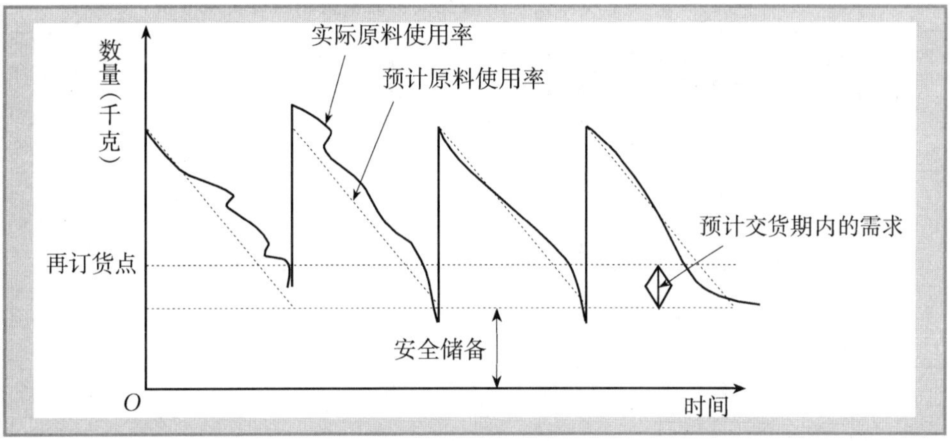

图8-7 安全库存

图8-7显示了一段时期内，在安全储备和其他更为现实的条件下的企业存货水平。企业在再订货点发出订货指令，但交货期内的实际原料使用率有可能大于预计原料使用率，实际交货期也可能长于预计交货期，这时如果没有安全储备，企业将不得不中止生产，由此造成的损失通常称为缺货成本。企业面临的不确定性越大，需要的安全储备量就越多。但是，从另一个方面看，安全储备虽然保证了企业在不确定条件下的正常生产，但安全储备的存在需要企业支付更多的储存成本。所以，管理人员必须在缺货成本和保持安全储备的成本之间做出权衡。

(4) 考虑不确定性的存货成本。由于存在不确定性，企业的年度存货成本除了订货成本和储存成本，还应包括缺货成本，这样，企业的年度存货成本就可以表示为三种成本之和，即

$$年存货成本=订货成本+储存成本+缺货成本 \tag{8-17}$$

缺货成本可以根据存货中断的概率和存货中断造成的损失进行计算。安全储备的存在虽然可以减少缺货成本，却增加了储存成本，最优的存货政策就是要在这些成本之间权衡，选择使总成本最低的再订货点和安全储备量。

例8-8

沿用例8-5的资料，ABC公司每年需要某种原材料50万千克，每次订货的固定成本为2 000元，每千克原材料年储存保管费5元，已经计算得到经济订货批量为20 000千克。另外，已知交货期内的平均需求是2 000千克，也就是说再订货点等于安全储备加上2 000千克。

根据这些资料，ABC公司每年需要订货25次（500 000/20 000），每年的订货成本为50 000元（2 000×25）。

ABC公司正在考虑0～3 000千克的安全储备水平，表8-8给出了不同安全储备下公司预计的缺货成本。根据这些条件计算的ABC公司不同的安全储备见表8-8。

表8-8 ABC公司的最优安全储备量和再订货点分析

再订货点（千克）	安全储备（千克）	平均存货水平（千克）	缺货成本（元）	储存成本（元）	订货成本（元）	总成本（元）
2 000	0	10 000	20 000	50 000	50 000	120 000
2 500	500	10 500	10 000	52 500	50 000	112 500
3 000	1 000	11 000	5 000	55 000	50 000	110 000
3 500	1 500	11 500	2 000	57 500	50 000	109 500
4 000	2 000	12 000	800	60 000	50 000	110 800
4 500	2 500	12 500	100	62 500	50 000	112 600
5 000	3 000	13 000	80	65 000	50 000	115 080

注：各项目的计算过程如下：
(1) 再订货点＝交货期的需求＋安全储备。
(2) 安全储备：公司设定不同档次，需要在其中选择最佳安全储备。
(3) 平均存货水平＝经济订货批量/2＋安全储备。
(4) 缺货成本：公司根据各方面条件预计得出。
(5) 储存成本＝平均存货水平×单位储存保管费率。
(6) 订货成本＝单位订货成本×订货次数。
(7) 总成本＝缺货成本＋储存成本＋订货成本。

从表8-8可以看出，当安全储备为零时，预计缺货成本很高，但随着安全储备的增加，预计缺货成本迅速变小，当增加安全储备减少的缺货成本大于增加的储存成本时，加大安全储备是有利的，可以降低总成本。但超过一定限度后，安全储备增加所带来的储存成本的增加要大于缺货成本的减少，此时会对总成本产生不利影响。ABC公司的最小总成本为109 500元，最佳再订货点为3 500千克，对应的安全储备为1 500千克。

3. 存货控制

存货控制是指在日常生产经营过程中，按照存货计划的要求，对存货的使用和周转情况进行的组织、调节和监督。

(1) 存货的归口分级控制。存货的归口分级控制是加强存货日常管理的一种重要方法。这一管理方法包括如下三项内容：

1) 在企业管理层领导下，财务部门对存货资金实行统一管理。企业必须加强对存货资金的集中统一管理，促进供产销互相协调，实现资金使用的综合平衡，加速资金周转。

2) 实行资金的归口管理。根据使用资金和管理资金相结合，物资管理和资金管理相结合的原则，每项资金由哪个部门使用，就归哪个部门管理。

3) 实行资金的分级管理。各归口的管理部门要根据具体情况将资金计划指标进行分解，分配到所属单位或个人，层层落实，实行分级管理。

(2) ABC分类管理。存货ABC分类管理是意大利经济学家巴雷特于19世纪首创的，是一种在实践中应用较多的方法。经过不断发展和完善，ABC法已经广泛应用于存货管理、成本管理和生产管理。

ABC 分类管理就是按照一定的标准，按照重要性将企业存货划分为 A，B，C 三类，分别实行按品种重点管理、按类别一般控制和按总额灵活掌握的存货管理方法。进行存货分类的标准主要有两个：金额标准和品种数量标准。其中，金额标准是基本的标准，品种数量标准仅供参考。划分时按照企业确定的标准通过列表、计算、排序等具体步骤确定各物品所属类别。这样，通过对存货进行分类，可以使企业分清主次，采取相应的对策进行经济有效的管理、控制。

运用 ABC 管理方法一般有如下几个步骤：

1）计算每一种存货在一定时间内（一般为一年）的资金占用额。

2）计算每一种存货资金占用额占全部资金占用额的百分比，并按大小顺序排列，编成表格。

3）根据事先测定好的标准，把最重要的存货划为 A 类，把一般存货划为 B 类，把不重要的存货划为 C 类，并画图表示出来。

4）对 A 类存货进行重点规划和控制，对 B 类存货进行次重点管理，对 C 类存货只进行一般管理。

（3）存货质量控制。存货质量是指存货的流动性和收益性，亦称存货的适销状况。按存货的适销状况及盘存记录可以分为畅销、平销和有问题三类。存货质量分析可以查明存货质量水平，了解存货的适销情况，找出问题，以便改善购销工作，优化库存结构，加速资金周转，提高企业经济效益。

存货质量控制主要有以下几项措施：

1）权衡利弊，灵活进行降价处理。存货虽然是企业的资产，但如果出现了滞销、变质等问题，这项资产的价值就受到了毁损。所以，当存货处于非正常状态时，管理人员就要做出决策，采取适当的降价处理措施，最大限度地减少企业的损失。

2）建立存货减值准备制度。很多存货的状态易变，比如食品等，企业需要对类似的存货建立减值准备制度，以避免意外损失带来重大影响。

3）完善责任控制措施。企业的存货有自然损毁，但更多的是人为造成的损失，对这种损失必须建立责任控制程序，利用奖励和惩罚相结合的制度鼓励存货管理人员和其他相关人员树立责任心，尽量避免不必要的损失。

（4）适时制（JIT）管理。适时制起源于 20 世纪 20 年代美国底特律福特汽车公司所推行的集成化生产装配线。后来适时制在日本制造业得到有效应用，随后又重新在美国推广开来。

适时制的基本原理强调，只有在使用前才要求供应商送货，从而将存货数量减到最少；企业的物资供应、生产和销售应形成连续的同步运动过程；消除企业内部存在的所有浪费；不间断地提高产品质量和生产效率等。

适时制原本是为了提高生产质量而逐步形成的，旨在将原材料的库存量减少到一个生产班次恰好需要的数量。在适时制下，库存是没有替代品的，其所生产的每一个零部件都必须是合格品。适时制在按订单生产的制造业中应用最为广泛。同时，它在零售业中也开始显露出优越性，对零售业者预测消费需求和提高营运效益有一定作用。

复习与思考

存货控制有哪些方法?

8.2.4 应收账款管理

应收账款是企业流动资产的一个重要组成部分，随着市场经济的发展、商业信用的扩展，应收账款数额明显增多，在流动资产中所占比例也越来越大。

1. 信用政策

信用政策即应收账款的管理政策，是指企业为了对应收账款进行规划和控制而确立的基本原则与行为规范，包括信用标准、信用条件和收账政策三部分内容。信用政策会受利润潜力、信用政策工具等因素的影响。

（1）信用标准。信用标准是客户获得商业信用应具备的最低条件，通常以预期坏账损失率来表示。信用标准的确定受多种因素影响，如信用品质、偿付能力、资本、抵押品和经济状况等。在充分考虑这些因素的情况下，可通过定性分析、定量分析或两者相结合的方法来确定信用标准。如果企业的信用标准较严，只对信誉很好、坏账损失率很低的顾客赊销，则会减少坏账损失和应收账款的机会成本，但可能不利于扩大销售量，甚至会使销售量降低；反之，如果信用标准较宽松，虽然会增加销售，但会相应增加坏账损失和应收账款的机会成本。企业应根据具体情况进行权衡。

（2）信用条件。信用条件是指企业接受客户信用订单时在对客户等级进行评价的基础上提出的付款要求，主要包括信用期限、折扣期限和现金折扣。信用期限是企业为顾客规定的最长付款时间，折扣期限是为顾客规定的可享受现金折扣的付款时间，现金折扣是在顾客提前付款时给予的优惠。例如，账单上的“2/10，n/30”就是一项信用条件，即在10天之内付款可以享受2%的折扣，而在10天之后30天之内付款则没有折扣。提供比较优惠的信用条件能增加销售量，但也会带来额外的负担，如增加应收账款机会成本、现金折扣成本等。

（3）收账政策。收账政策亦称收账方针，是指客户违反信用条件，拖欠甚至拒付账款时企业所采取的收账策略与措施。企业如果采用较积极的收账政策，则可能会减少应收账款投资，减少坏账损失，但会增加收账成本；如果采用较为消极的收账政策，则可能会增加应收账款投资，增加坏账损失，但会减少收账费用。在实际工作中，可参照测算信用标准、信用条件的方法来制定收账政策。

一般而言，收账费用支出越多，坏账损失越少，但这两者并不一定存在线性关系。通常的情况是：开始时支出一些收账费用，应收账款和坏账损失有小部分降低；随着收账费用增加，应收账款和坏账损失明显减少；收账费用达到某一限度后，应收账款和坏账损失的减少就不再明显了，这个限度称为饱和点，如图8－8中的点 F 所示。在制定信用政策时，应权衡增加收账费用与减少应收账款机会成本和坏账损失之间的得失。

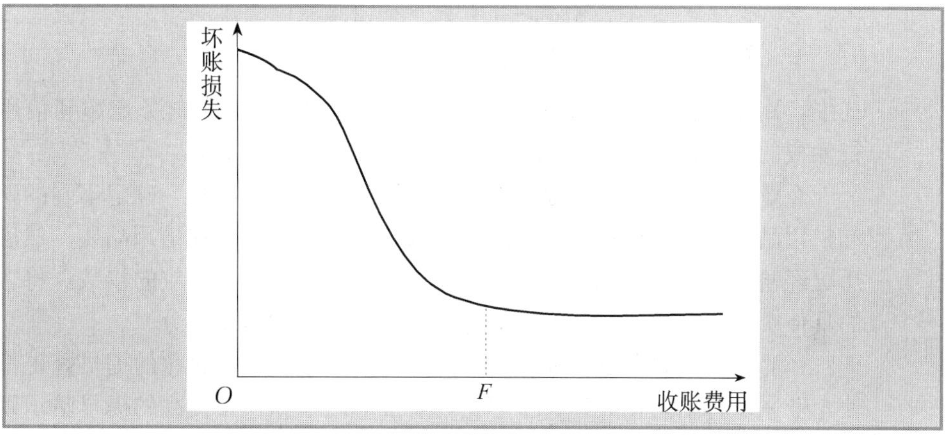

图8－8 收账费用与坏账损失的关系图

2. 应收账款管理

（1）调查企业信用。应收账款管理的首要依据是对客户的信用状况进行调查，包括客户的付款历史、产品的生产状况、企业的经营状况、财务实力的估算数据、企业主要所有者及管理者的背景等。

信用调查的方法大体上可以分为两类：

1）直接调查。直接调查是指调查人员直接与被调查单位接触，通过当面采访、询问、观看、记录等方式获取信用资料的一种方法。直接调查能保证收集资料的准确性和及时性，但若不能得到被调查单位的合作则会使调查资料不完整。

2）间接调查。间接调查是指以被调查单位和其他单位保存的有关原始记录和核算资料为基础，通过加工整理获得被调查单位信用资料的一种方法。这些资料主要来自财务报表、信用评估机构、银行和其他部门。

（2）评估企业信用。收集好信用资料后，要对这些资料进行分析，并对顾客信用状况进行评估。信用评估的方法有很多，这里介绍两种常见的方法：5C评估法和信用评分法。

1）5C评估法。5C评估法是指重点分析影响信用的五个方面的一种方法。这五个方面的第一个英文字母都是C，故称为5C评估法。这五个方面是品德（character）、能力（capacity）、资本（capital）、抵押品（collateral）和情况（condition），以其为核心确定客户的信用等级，以供企业制定信用标准时作为主要参考依据。品德是指顾客愿意履行其付款义务的可能性；能力是指顾客偿还货款的能力；资本是指一个企业的财务状况；抵押品是指顾客能否为获取商业信用提供担保资产；情况是指一般的经济情况对企业的影响，或某一地区的一些特殊情况对顾客偿债能力的影响。

2）信用评分法。信用评分法是指对一系列财务比率和信用情况指标进行评分，然后进行加权平均，得出顾客综合的信用分数，并据此进行信用评估的一种方法。

信用评分的基本计算公式如下：

$$Y=\beta_1 x_1+\beta_2 x_2+\cdots+\beta_n x_n \tag{8-18}$$

式中，Y 为某企业的信用评分；β_i 为事先拟定的对第 i 种财务比率和信用品质进行加权的权数；x_i 为第 i 种财务比率和信用品质的评分。

企业可以根据自身所处的行业环境、经营情况等因素，确定不同的财务比率和信用品质的重要程度，选择需要纳入公式的财务比率和信用品质。然后，根据历史经验和未来发展预计对各财务比率和信用品质赋予相应的权数。将客户企业的具体资料代入公式后，最终计算得出客户企业的信用评分。

（3）监控应收账款。在任何情况下，有关应收账款恶化的提早警告都可以促使企业采取行动阻止其进一步恶化；有关应收账款质量提高的提早暗示则可能激励企业在应收账款政策上更富有进取性。因此，对应收账款的密切监控是十分重要的。

企业监控应收账款主要通过账龄分析、观察应收账款平均账龄等来实现。

1）账龄分析表。账龄分析表是在把所有的应收账款按账龄分为几类后，列示每一类的金额和所占比例的表格。它描述了没有收回的应收账款的质量，可以使企业了解应收账款的回收情况，及时采取相应措施。这种表格通常将应收账款按账龄分为0～30天、30～60天、60～90天和90天以上并分别列示（见表8-9）。

表8-9　ABC公司的账龄分析表

账龄	金额（元）	百分比（%）
0～30天	50 000	62.5
30～60天	20 000	25
60～90天	10 000	12.5
90天以上	0	0
合计	80 000	100

2）应收账款平均账龄。除了账龄分析表，财务经理还经常计算应收账款平均账龄，即该企业所有没有得到清偿的账款的平均账龄。对应收账款平均账龄的计算通常采用两种方法：一种方法是计算所有没有清偿的账款的加权平均账龄，使用的权数是这些账款各自占应收账款总额的比例；另一种简化的方法是利用账龄分析表。这里，账龄在0～30天的所有应收账款其账龄被假设为15天（0天

和30天的中点)，账龄为30～60天的应收账款其账龄被假定为45天，账龄为60～90天的应收账款其账龄被假定为75天。于是，通过采用15天、45天和75天的加权平均数，平均账龄就计算出来了。权数是账龄为0～30天、30～60天、60～90天的应收账款各自占应收账款总额的比例。

(4) 催收拖欠款项。企业对不同过期账款的收款方式，包括准备为此付出的代价，构成其收账政策，这是信用管理中一个重要的方面。一般的方式是对过期较短的客户，不予过多打扰，以免日后失去市场；对过期稍长的客户，可写信催款；对过期很长的顾客，应频繁催款，且措辞严厉。

由于收取账款的各个步骤都会发生费用，因而收账政策还要在收账费用和所减少的坏账损失之间做出权衡，这一点在很大程度上依靠企业管理人员的经验，也可根据应收账款总成本最小化的原理，通过各收账方案成本大小的比较，确定收账方式。

企业在收款过程中所遵循的一系列特定步骤，取决于账款过期时间长短、金额大小和其他因素。典型的收款过程可包括以下步骤：信件、电话、个人拜访、求助于收款机构，乃至进入诉讼程序。

复习与思考

应收账款管理包括哪些内容？

8.3 流动负债管理

8.3.1 短期银行借款①

短期银行借款是指企业根据合同向商业银行借入的期限在一年以内的借款。

1. 短期银行借款的信用条件

按照国际惯例，短期银行借款往往附加一些信用条件，主要有信用额度、周转授信协议和补偿性余额等。

(1) 信用额度。信用额度是借款人与银行之间的非正式协议中关于借款人最高借款额度的规定。按照这种规定，借款人可以在规定期限内向银行借入不高于这个额度的资金。例如，在某年12月31日，银行同意如果某公司的经营状况良好，则下一年银行可向该公司贷款80 000元。如果在下一年1月20日，该公司

① 银行借款的特点、方式依不同国家及不同银行信用发达程度而有所区别。由于西方国家银行贷款的环境(法规、市场条件)比较规范，贷款的种类较多，因此，本部分以介绍西方国家短期银行借款的一般特点为主，兼谈我国的现行做法及特点。

已借入15 000元的短期借款，则表明其信用额度减少了15 000元，公司可在该年的任何时间，向银行申请信用额度范围内的剩余借款。但在非正式协议下，银行并不承担按最高借款额度保证借款的法律义务。

（2）周转授信协议。这是银行和借款人之间的一种正式协定。在这种协定中，规定了在未来规定的期限内银行最多可以贷给借款人的资金。这种做法与信用额度不同的是，借款人必须向银行支付一笔承诺费（一般为尚未借款额度的一定比例），以保证履行借入规定额度资金的义务。如果借款人在规定期限内不能如数借款，承诺费将归银行所有。例如，假定某公司与商业银行签订一项未来4年内借款10亿元的周转授信协议，承诺费率为公司尚未借用的信用额度的0.25%。那么，如果该公司在4年中没有借入这笔资金，则需要支付250万元（10亿元×0.25%）的承诺费；如果借入4亿元，还有6亿元未借，则需支付150万元(6亿元×0.25%)的承诺费。

周转授信协议一般用于有大额贷款发生的场合，这样做的目的是保证银行不致因借款人不履约而导致资金闲置、利息损失。

周转授信协议和信用额度有类似之处，但两者的不同在于，周转授信协议是一种正式的协议，银行有保证贷款的法定义务，并要向借款人收取承诺费；而信用额度是非正式协议，银行既不存在保证贷款的法定义务，也不用收取承诺费。

（3）补偿性余额。西方国家的银行发放贷款时，一般要求借款人将贷款额中的10%～20%留存于银行，作为补偿性余额。这样规定的目的主要是降低银行贷款的风险，提高贷款的有效利率，以补偿银行损失。由于有补偿性余额，借款人实际负担的成本要比名义成本高。例如，某公司需借入8万元以清偿债务，银行要求必须保留贷款额的20%作为补偿性余额。为此，公司必须借入10万元才能满足资金需求。如果名义利率为8%，则对公司来说，实际负担的利率就是10%。①

2. 短期银行借款的成本

银行借款成本用借款利率来表示。按照国际惯例，短期银行借款的利率会因借款企业的类型、借款金额及时间的不同而不同。例如，银行向信用好、贷款风险低的企业只收取较低的利率；反之，则收取较高的利率。此外，银行贷款利率有单利、复利、贴现利率和附加利率等种类。因此，企业应根据不同的情况，确定短期借款的成本，以便做出选择。

（1）单利。单利计息是指将贷款金额乘以贷款期限和利率计算利息的方法。多数银行通常按单利计算收取短期贷款利息，企业通常亦按单利比较不同银行的借款成本。在单利情况下，短期借款成本取决于设定利率和银行收取利息的方法。若利息在借款到期日随本金一并支付，则设定利率就是实际利率。

① $\frac{100\,000\times8\%}{100\,000\times(1-20\%)}=10\%$。

（2）复利。以复利计息，意味着存在对利息计息的情况。按照复利计算利息，借款人实际负担的利率——有效利率要高于名义利率。在贷款到期以前定期计息的次数越多，有效利率高出名义利率的部分就越大。

（3）贴现利率。在贴现利率情况下，银行会在发放贷款的同时，先扣除贷款的贴现利息，而以贷款面值与贴现利息的差额贷给企业。因此，借款人拿到的金额低于借款面值，当然，贷款到期时也免去了利息。在以贴现利率的方式贷款时，借款人的借款成本高于名义利率，并且高出的程度远远大于复利贷款方式。

例8－9

假定星海公司以贴现方式借入1年期贷款20 000元，名义利率为12%。这时，其实际拿到的资金是17 600元，利息是2 400元。因此，贷款的有效利率为：

$$\begin{aligned}\text{贴现贷款的有效利率} &= \frac{\text{利息}}{\text{贷款金额}-\text{利息}}\times 100\% \\ &= \frac{2\,400}{20\,000-2\,400}\times 100\% \\ &= 13.64\%\end{aligned}$$

有效利率比名义利率高出1.64个百分点（13.64－12）。

（4）附加利率。附加利率是指即使是分期偿还贷款，银行通常亦按贷款总额和名义利率来计算收取利息。在附加利率方式下，虽然借款公司可以利用的借款逐期减少，但利息并不减少，故实际负担的利息费用较高。

例8－10

星海公司以分期付款方式借入20 000元，名义利率为12%，付款方式为12个月等额还款。因此，全年平均拥有的借款额为10 000元（20 000/2）。按照2 400元的利息，有效利率为：

$$\begin{aligned}\text{有效利率} &= \frac{\text{利息}}{\text{借款人收到的贷款金额}/2}\times 100\% \\ &= \frac{2\,400}{20\,000/2} \\ &= 24\%\end{aligned}$$

这样借款的成本是相当高的。

3. 对贷款银行的选择

企业在短期银行借款筹资过程中，一项重要的工作就是选择银行。在金融市场越来越完善的情况下，选择合适的银行，对企业生产经营业务长期稳定发展具有重要意义。企业应该注意银行间存在的重大区别，这些区别主要在于以下几个方面。

（1）银行对待风险的基本政策。不同银行对待风险的政策是不同的，一些银行偏好比较保守的信贷政策，而另一些银行则喜欢开展创新性业务。这些政策多少反映了银行管理者的个性和银行贷款的特征。业务范围大、分支机构多的银行能够很好地分散风险，而一些专业化的小银行能承受的信用风险要小得多。

（2）银行所能提供的咨询服务。一些银行在提供咨询服务和在公司初创时期向公司发放大量贷款方面比较积极。某些银行甚至设有专门机构向客户提供建议和咨询。

（3）银行对待客户的忠诚度。财务管理学中所指的银行忠诚度是指在企业困难时期，银行支持借款人的行为。不同银行对客户的忠诚度不同。一些银行要求企业无论遭遇何种困难，都必须无条件偿还贷款。而另一些银行则顾及所谓的“老交情”，即使自己遇到困难，也要千方百计地支持那些与自己有着多年业务关系的企业，帮助这些企业获得更有利的发展条件。

（4）银行贷款的专业化程度。银行在贷款专业化方面存在极大的差异。大银行有专门的部门负责针对不同类型的行业特征的专业化贷款。小银行则比较注重企业生产经营所处的经济环境。借款者可以从熟悉经营业务并且经验丰富的银行那里获得更主动的支持和更富创造性的合作。因此，理财者应慎重选择银行。

4. 短期银行借款的优缺点

（1）短期银行借款的优点。与其他短期筹资方式和长期借款相比，短期银行借款具有一定的优点。

1）银行资金充足、实力雄厚，能随时为企业提供较多的短期贷款。对于季节性和临时性的资金需求，采用短期银行借款尤为方便。而那些规模大、信誉好的大公司，更可以较低的利率借入资金。

2）企业取得借款的条件和手续较简便，筹资效率较高。

3）借款数额和借款时间弹性较大，可在资金需要增加时借入，在资金需要减少时还款，便于企业灵活安排资金。

（2）短期银行借款的缺点。

1）资金成本较高。采用短期银行借款成本较高，不仅高于商业信用，与短期融资券相比成本也高出许多。而抵押借款因需要支付管理和服务费用，成本更高。

2）限制较多。向银行借款，银行要对企业的经营和财务状况进行调查以后才能决定是否贷款，有些银行还要对企业有一定控制权，要求企业把流动比率、负债比率维持在一定范围之内，这些都会构成对企业的限制。

3）筹资风险大，实际利率高，在存在补偿性余额和附加利率的情况下更是如此。

在我国，短期银行借款是绝大多数企业短期资金的主要来源。企业应根据自身情况并结合短期银行借款的优缺点进行融资分析和决策。

8.3.2　商业信用

1. 商业信用的概念

商业信用是指商品交易中以延期付款或预收货款的方式进行购销活动而形成的企业之间的借贷关系。它是企业之间因商品和货币在时间和空间上的分离而形成的直接信用行为。其表现形式有应付账款、应付票据和预收账款，其中，应付账款是商业信用的典型表现形式。

2. 商业信用的成本

在规范的商业信用行为中，债权人为了控制应收账款的期限和额度，往往向债务人提出信用条件。信用条件包括信用期限以及给买方的现金折扣与折扣期限。

在商业信用政策中给予购货折扣和折扣期限的目的是促使客户尽早付款，以控制卖方公司的应收账款数额。至于买方是否接受折扣优惠并提前付款，需考虑放弃这笔现金折扣所形成的隐含利息成本，即考虑商业信用成本是否太高。

放弃折扣的成本若比银行贷款利率高，显然是不合算的。至于用放弃折扣而增加的商业信用偿还银行贷款，则更是不明智之举。正是在这个意义上，称放弃折扣的成本为商业信用的隐含利息成本。

放弃折扣的成本可以用以下公式计算：

$$放弃折扣的成本=\frac{折扣率}{1-折扣率}\times\frac{360}{信用期-折扣期} \qquad (8-19)$$

利用式（8－19）可以计算出不同信用政策下，企业放弃折扣时的隐含利息成本（见表8－10）。

表8－10　不同信用政策下的隐含利息成本

信用政策	隐含利息成本（%）
1/10，n/20	36
1/10，n/30	18
2/10，n/20	73
2/10，n/30	37

例8－11

明德公司按“3/10，n/30”的条件购入一批价值10万元的存货，如果公司在10天内付款，可以获得10天的免费信用期间，并获得3%的现金折扣。如果公司在10天后、30天内付款，则将承受因放弃现金折扣而造成的机会成本，具体成本率为：

$$\frac{3\%}{1-3\%}\times\frac{360}{30-10}=55.67\%$$

可见，明德公司在当前的付款条件下放弃现金折扣的机会成本非常高。公司如果选择放弃折扣推迟付款，又不能利用这笔资金在信用期间内获得高于55.67%的报酬率，那么放弃现金折扣显然不是明智的选择。

3. 商业信用筹资的优缺点

（1）商业信用筹资的优点。作为一种比较常用的短期筹资方式，商业信用筹资的优点主要包括以下几个方面。

1）使用方便。因为商业信用与商品买卖同时进行，属于一种自发性筹资，不是非常正规的安排，不需要办理手续，一般也不附加条件，所以使用比较方便。

2）成本低。如果没有现金折扣，或企业不放弃现金折扣，则利用商业信用筹资没有实际成本。

3）限制少。商业信用的使用灵活且具有弹性。如果企业利用银行借款筹资，银行往往会对贷款的使用规定一些限制条件，而商业信用则限制较少。

（2）商业信用筹资的缺点。当然，商业信用筹资还存在一定的不足，主要缺点是商业信用的时间一般较短，尤其是应付账款，不利于企业对资本的统筹运用，如果拖欠，则有可能导致企业信用地位和信用等级下降。另外，如果企业取得现金折扣，则付款时间会更短，而要放弃现金折扣，企业会付出较高的资金成本。在法制不健全的情况下，若企业缺乏信誉，则容易造成企业之间的相互拖欠，影响资金运转。

复习与思考

什么是商业信用？

8.3.3 短期融资券

短期融资券又称商业票据、短期债券，是大型工商企业或金融企业为筹措短期资金而发行的无担保短期本票。

1. 短期融资券概述

（1）短期融资券的发展过程。短期融资券源于商业票据。商业票据是一种古老的商业信用工具，产生于18世纪。它最初是随商品和劳务交易而签发的一种债务凭证。例如，一笔交易不是采用现金交易，而是采用票据方式进行结算，则当货物运走后，买方按合同规定的时间、地点、金额开出一张远期付款的票据给卖方，卖方持有票据，直至到期日再向买方收取现金。这种商业票据是随商品、劳务交易而产生的商业信用。商业票据是一种双名票据，即票据上列明收款方和付款方的名称。持有商业票据的企业如果在约定的付款期之前需要现金，可以向商业银行或贴现公司贴现。贴现是指持有商业票据的企业将票据出让给银行或贴现公司，后者按票面额扣除从贴现日到票据到期日的利息后，将余额付给持票企业，当贴现的票据到期后，再持票向付款方索取票面款项。这种方式使办理贴现的银行或贴现公司得到了利息又收回了本金，是一种很好的短期投资方式。于是，有的投资人便比照这种贴现方式，从持票人手中买下商业票据，待票据到期后持票向付款方收回资金。有时，贴现票据的银行因为资金短缺，也将贴现的票据重新卖出，由新的购买人到期收取款项。

有些大公司发现了商业票据的这一特点，便凭借自己的信誉，开始脱离商品交易过程来签发商业票据，以筹措短期资金。20 世纪 20 年代，美国汽车制造业及其他高档耐用品行业开始兴盛，为增加销售量，企业一般都采用赊销、分期付款等方式对外销售，在应收账款上进行了大量投资，使得企业感到资金不足，在银行借款受到多种限制的情况下，企业便开始大量发行商业票据筹集短期资金。由此，商业票据与商品、业务的交易相分离，演变成一种在货币市场上进行融资的票据，发行人与投资者成为一种单纯的债务、债权关系，而不是商品买卖或劳务供应关系。商业票据上不用再列明收款人，只需列明付款人，成为单名票据。为了与传统商业票据相区别，人们通常把这种专门用于融资的票据叫作短期融资券或短期商业债券。

（2）短期融资券的特点及利用情况。

1）短期融资券的一般特点。短期融资券的期限较短，一般为 2～6 个月，平均期限为 5 个月。其面值很高，通常在 10 万元以上。在美国的短期融资券市场上，往往以 10 万美元为一个交易单位。短期融资券的利率较低，通常低于银行优惠贷款利率 1～2 个百分点，但又比同期国债利率高出 1/4 个百分点。短期融资券是不是一个有效的短期融资工具，取决于短期融资券市场的流通性。

短期融资券的这些特点源于其发行人多为资信很好的知名大公司。一般来说，短期融资券的期限短、发行人信誉高，因而市场流动性较强。

2）美国短期融资券的利用情况。美国的短期融资券市场很发达，短期融资券的发行已成为各种类型企业的一个十分重要的短期筹资方式。这些企业所在的行业遍及公用事业、金融、保险、银行持股公司以及加工制造业等。短期融资券以其较低的风险和一定的收益率吸引着大量投资者，许多大机构如银行、共同基金、养老基金、保险公司等，将其作为资产组合的一个必要组成部分。

3）我国短期融资券的利用情况。商业本票市场作为货币市场的一部分在我国处于起步阶段。公司发行短期融资券于 1987 年在上海开始试点，1989 年在全国推行，后于 20 世纪 90 年代中期停止。2005 年 5 月 9 日，中国人民银行颁布了《短期融资券管理办法》。该办法规定，融资券的期限最长不超过 365 天。发行融资券的企业可在上述最长期限内自主确定每期融资券的期限；融资券的发行利率或发行价格由企业和承销机构协商确定。由此，短期融资券在我国得到了迅速发展。2016 年 1—9 月，我国共发行短期融资券 2 046 只，募集资金26 234.95亿元，比 2015 年同期分别上升 8.02%和 9.57%。

我国实行的短期融资券筹资在解决企业流动资金不足、加速资金周转、健全金融工具、优化资金投向等方面都有着十分重要的意义。在政府和企业协力开发多种融资渠道的努力下，短期融资券市场的发展和短期融资券发行规模的扩大将是一个必然趋势。

2. 短期融资券的成本

短期融资券的成本也就是利息，是在贴现的基础上支付的。短期融资券的成本（年度利率）i 的计算公式如下：

$$i=\frac{r}{1-r\times\frac{n}{360}} \tag{8-20}$$

式中，i 为年度利率；r 为票面利率；n 为票据期限。

例 8-12

ABC 公司发行了为期 120 天的优等短期融资券，其票面利率是 12%，则该短期融资券的成本是多少？

该短期融资券的成本为：

$$i=\frac{r}{1-r\times\frac{n}{360}}=\frac{12\%}{1-12\%\times\frac{120}{360}}=12.5\%$$

如果有多个短期融资券的发行方案可供选择，那么应该选择年度利率最低的方案，以使成本最低。

另外，发行短期融资券的公司一般都保持备用的信用额度，以便为出售短期融资券时发生的问题提供保证。如果一家公司到期不能偿还它的短期融资券，就可以动用备用的信用额度。对于这种备用的信用额度，银行一般要按年收取 0.25%～0.5%的费用，这将增加企业的成本。

例 8-13

ABC 公司以 10%的票面利率发行了 50 亿元为期 90 天的优等短期融资券。ABC 公司利用备用的信用额度所获得的资金的成本是 0.25%，其他直接费用率为每年 0.5%，则 ABC 公司的短期融资券的总成本是多少？

首先，计算年度利率。

$$i=\frac{r}{1-r\times\frac{n}{360}}=\frac{10\%}{1-10\%\times\frac{90}{360}}=10.26\%$$

然后，计算总成本。

$$总成本=10.26\%+0.25\%+0.5\%=11.01\%$$

3. 短期融资券的优缺点

（1）短期融资券的优点。

1）短期融资券的筹资成本较低。在西方，短期融资券的利率加上发行成本，通常低于银行的同期贷款利率。但在我国，目前短期融资券市场还不够完善，有时会出现短期融资券的利率高于银行借款利率的情况。

2）短期融资券的筹资数额比较大。一般而言，银行不会向企业发放巨额的短期借款，因此，短期银行借款常常面临数额的限制。而发行短期融资券的数额往往较大，可以筹集更多资金。

3）发行短期融资券可以提高企业的信誉和知名度。由于能在货币市场上发行短期融资券的都是著名的大公司，因此一个公司如果能发行自己的短期融资券，则说明该公司有较好的信誉。同时，随着发行公司的短期融资券被广泛了解，其威望和知名度也大大提高。

（2）短期融资券的缺点。

1）发行短期融资券的风险比较大。短期融资券到期必须偿还，一般不会有延期可能。如果到期不偿还，则会对企业的信誉等产生比较大的负面影响，因此风险比较大。

2）发行短期融资券的弹性比较小。只有当企业的资金需求达到一定数量时才能使用短期融资券，如果数量较小，则会加大单位资金的筹资成本。另外，短期融资券一般不能提前偿还，即使企业资金比较充裕，也要到期才能还款。

3）发行短期融资券的条件比较严格。并不是任何企业都能发行短期融资券，只有信誉好、实力强、效益高的企业才能发行，而一些小企业或信誉不太好的企业则不可能利用短期融资券来筹集资金。

复习与思考

什么是短期融资券？其优缺点有哪些？

8.3.4　应付费用

应付费用是企业应付未付的费用，如应付职工薪酬、应交税费等。这些应付费用一般形成在先、支付在后，因此在支付之前可以为企业所利用。由于其结算期往往比较固定，占用的数额也比较固定，所以通常又称为定额负债。定额负债通常可用平均每天发生额和占用天数来确定。其计算公式为：

$$\text{定额负债}=\text{平均每天发生额}\times\text{占用天数} \tag{8-21}$$

$$\text{平均每天发生额}=\frac{\text{预计发生数}}{\text{预计期天数}} \tag{8-22}$$

式（8－21）中，占用天数有两种计算方法：一种是按照平均占用天数来计算，即按两次支付间隔天数的一半来计算；另一种是按照经常占用天数计算，即按计算期到支付期的间隔天数来计算。

例8-14

某公司预计当年支付增值税金额为180 000元，每月上缴一次，按平均占用天数计算的资金占用额为：

$$\frac{180\ 000}{360}\times\frac{30}{2}=7\ 500(\text{元})$$

假定增值税按规定在次月5日缴纳，则按经常占用天数为4天计算的资金占用额为：

$$\frac{180\ 000}{360}\times 4=2\ 000(\text{元})$$

随着企业经营业务的扩展，这些应付费用也会自动增长。而且通过应付费用所筹集的资金不用付出任何代价，因而是一项免费的短期资金来源。但是在使用时必须注意加强支付期的控制，以免因拖欠给企业带来损失。

复习与思考

如何计算应付费用的占用额？

本章小结

本章主要介绍了企业营运资金管理的有关概念、营运资金管理的策略、流动资产和流动负债管理等内容。

1. 营运资金管理是对企业流动资产及流动负债的管理。营运资金管理策略包括营运资金持有政策与营运资金融资政策。

企业可选择三种营运资金持有政策：宽松的持有政策、适中的持有政策和紧缩的持有政策。

企业有三种可选择的营运资金融资政策：配合型融资政策、激进型融资政策和稳健型融资政策。

2. 持有现金的动机包括交易动机、补偿动机、谨慎动机和投资动机；持有现金的成本包括持有成本、转换成本和短缺成本。

现金预算编制的主要方法有两种：收支预算法和调整净收益法。

确定最佳现金持有量的模型有成本分析模型、存货模型和米勒-欧尔现金管理模型。

3. 企业持有短期投资主要基于两个理由：以短期投资作为现金的替代品；以短期投资取得一定的收益。

短期投资管理的原则有安全性、流动性与盈利性均衡；分散投资。

短期投资的工具按照工具所属的主体可分为银行提供的短期投资工具和其他企业提供的短期投资工具。

4. 存货的成本主要有储存成本、订货成本和缺货成本。

存货规划主要通过经济订货批量模型进行，包括对再订货点、缺货成本和不确定情况的考虑。

存货控制方法主要有归口分级控制、ABC分类管理、存货质量控制和适时制管理等。

5. 应收账款信用政策包括信用标准、信用条件和收账政策三部分内容。

应收账款管理的内容包括：调查和评估企业信用、监控应收账款和催收拖欠款项。

6. 短期银行借款是指企业根据合同向商业银行借入的期限在一年以内的借款。按照国际惯例，短期银行借款往往会附加一些信用条件，主要有信用额度、周转授信协议、补偿性余额等。短期银行借款的成本以及对贷款银行的选择也是企业需要关注的内容。

7. 在规范的商业信用行为中，债权人为了控制应收账款的期限和额度，往往会向债务人提出信用条件。企业是否按照信用条件接受折扣优惠并提前付款，需考虑放弃这笔现金折扣所形成的隐含利息成本，即考虑商业信用成本是否太高。

8. 短期融资券在西方也称为商业票据，是企业为筹措短期资本而发行的无担保短期本票。

短期融资券的期限短、面值高、利率低，发行人多为资信好的知名大公司，市场的流动性较强。短期融资券是不是一个有效的短期融资工具，取决于短期融资券市场的流通性。

9. 应付费用是企业应付未付的费用，如应付职工薪酬、应交税费等。由于其结算期往往比较固定，占用的数额也比较固定，通常也称为定额负债。定额负债通常可由平均每天发生额和占用天数来确定。

重要名词

营运资金（working capital）　流动资产（current asset）
流动负债（current liability）　现金（cash）
现金预算（cash budget）　最佳现金持有量（optimal cash holding）
短期投资（short-term investment）　存货（inventory）
经济订货批量（economic order quantity）
应收账款（accounts receivable）　信用政策（credit policy）
收账政策（collection policy）　短期银行借款（short-term bank loan）
信用额度（credit line）　补偿性余额（compensating balance）
商业信用（business credit）　应付费用（accrued expenses）
短期融资券（short-term commercial paper）

思考题

1．什么是营运资金？有哪些特点？
2. 营运资金管理的意义和原则是什么？
3. 如何理解营运资金的管理策略？
4. 流动资产的特点是什么？
5. 现金预算的编制方法有哪些？
6. 短期投资管理的原则是什么？
7. 什么是经济订货批量模型？
8. 在选择贷款银行时，应该考虑的因素有哪些？
9. 免费商业信用和有成本商业信用之间的区别是什么？
10. 短期融资券的种类有哪些？

练习题

1. 某公司预计全年需要现金600万元，现金与有价证券的转换成本为每次2 000元，有价证券的利息率为15%。

要求：计算该公司的最佳现金持有量。

2. 某公司全年需要某种零件120万个，每次订货成本为4 000元，每件年储存成本为6元。

要求：计算最优经济订货批量。

3. 某公司按“2/15，n /30”的条件购入货物5万元，公司在第25天支付了货款。

要求：计算公司放弃折扣的成本。

案例题

苏宁的营运资金管理

案例资料：苏宁于1990年在江苏南京创立，2004年在深圳证券交易所上市（股票代码：002024），是中国3C（家电、电脑、通信）家电连锁零售企业的领先者。

公司从2004年开始进入快速扩张阶段，快速扩张战略需要大量的资金支持。公司的净营运资金在2004—2007年间呈现出缓慢增长的趋势，而2007年—2010年有了大幅上升，从15亿元左右上升到约99.4亿元。苏宁电器对营运资金的把握和管理能有效地支持其完成扩张和发展的战略目标。2004—2010年的财务数据显示，苏宁的流动负债中，应付账款和应付票据是债务的主体，应付账款、应付票据和预收账款三者占流动负债的比例平均达到 90%。零售业企业中普遍存在通过占用供应商资金（应付账款一般可延期 3～4 个月，应付票据可延期 6 个月支付）满足自身短期资金需求的情况。

2013 年 2 月，苏宁发布公告称，基于线上线下多渠道融合、全品类经营、开放平台服务的业务形态，将上市公司名称变更为苏宁云商。在随后的几年发展中，苏宁逐渐形成了苏宁易购、苏宁金融、苏宁置业、苏宁文创、苏宁体育、苏宁投资六大产业板块。2018 年 1 月，苏宁再次更名，新名称为苏宁易购，并将原有的物流、IT 体系升级为物流、科技集团，至此，苏宁的六大产业板块新增了苏宁物流、苏宁科技，形成八大产业板块集聚的生态圈。苏宁拥有专业的自营商品供应链管理能力，以及全场景融合的消费生态及强大的商品组货能力，打造集中心仓、城市仓、门店仓、前置仓为一体的全国仓储网络布局，通过数字技术串联，为商品的快速流通提供支撑。苏宁还加大了预付供应商货款的力度，用于加大对供应商的支持，公司 2018 年应付账款周转天数为 28.56 天，远低于行业平均水平。2019 年第四季度，公司强化了商品供应链管理，优化账期及支付方式，积极推动供应链金融业务，运营资金效率有所提升，实现经营性现金流净额 20.99 亿元。2019 年公司实现营业收入 2 692.29 亿元，同比增长 9.91%。

资料来源：苏宁年报.

蒋艳霞. 企业战略、内部资本运作与企业价值. 中国人民大学博士后研究工作报告，2011-06.

案例思考题：

1. 苏宁为什么从利用供应商资金转变为支持供应商？

2. 在营运资金管理中，零售业连锁企业有哪些方法可以提高自身营运资金的使用效率？

第 9 章

Chapter 9

企业分配管理

学习目标

- 了解企业分配的概念及原则。
- 明确企业税后利润分配的程序。
- 了解员工参与企业分配的形式及各自的优缺点。
- 理解股利分配理论。
- 掌握股利政策的类型。
- 了解制定股利分配政策应考虑的因素。
- 理解股票股利、股票分割与股票回购的特点。

引例

企业经过一段时间的经营运作，正常情况下将会创造新的价值。而在经营运作中做出了相应贡献的各个群体，都将从这个蛋糕中得到应有的份额。比如，员工将得到企业支付的各种形式的薪酬，债权人将得到约定的利息，股东将得到一定的股利，等等。看起来这好像不是一个复杂的问题，按照事先跟各主体的约定分配就可以，实际上却没有这么简单。明德公司的梁总正在跟董事会成员讨论公司明年的规划，其中有好几个跟分配有关的话题。第一个问题是董事副总经理刘总提出的，目前公司的主要竞争对手推出了针对员工的利润分享方案，本公司是否跟进。第二个问题是第二大股东派来的董事提出的，要求提高明年的分红比例。

梁总有些举棋不定。公司正处于快速成长阶段，虽然每年都在盈利，但所需的投入更是巨大。分蛋糕固然大家开心，但有可能带来后续的融资成本提高等问题，甚至可能影响公司的可持续发展。公司应该怎么办呢？

9.1　企业分配概述

思维导图
企业分配管理

9.1.1　企业分配的概念

按照现代企业理论，企业是不同的利益主体（如股东、员工、债权人）之间达成的一组契约关系，不同的利益主体将自己拥有的资源投入企业，目的就是从企业的生产经营中获得收益。因此，企业分配就是界定企业在生产经营过程中的经营成果如何在相关利益主体之间进行分配的一种行为。企业分配包括如下两个要素。

1. 企业分配的对象

企业分配的对象是指企业在生产经营中的经营成果，即企业收益。

在实践中，企业的分配对象有广义和狭义之分。狭义的分配对象是指企业的税后利润，在这种口径下，企业分配主要探讨企业税后利润如何在股东和企业之间分配，即股利政策的制定。西方财务管理采取的就是这种狭义的概念。广义的分配对象是指企业在一定时期内实现的总收入在扣除必要的生产资料成本后的余额，即企业在生产经营活动中新创造的价值。从会计核算的角度来看，广义的分配对象等同于企业的薪息税前利润，即支付工薪、利息和所得税之前的利润。显然，以广义的分配对象为口径，企业分配主要是研究企业的薪息税前利润如何在股东、员工、政府、债权人等相关利益主体之间进行分配。

尽管企业的分配对象有狭义和广义之分，但从企业价值构成的角度来看，企业在一定时期内生产的新产品的价值可以表示为三个部分：一是生产资料价值的转移部分 c；二是劳动者为自己的劳动创造的价值 v；三是劳动者为社会创造的价值 m。$c+v+m$ 构成企业产品的总价值，$v+m$ 则构成企业新创造的价值。一个企业要想维持正常的生产经营活动，必须把 c 部分全部补偿到生产领域中去，即补偿在上一轮生产过程中已经消耗的生产资料。因此，能够独立于生产过程进行分配的对象只能是企业新创造的价值，即企业薪息税前利润 $v+m$。广义的企业分配对象可以使我们更加全面、深入地研究企业分配问题。因此，本书采用广义的分配对象概念。

2. 参与企业分配的主体

参与企业分配的主体是指对参与企业经营成果分配的社会集团或个人的科学划分。既然企业是由不同的利益主体为共同创造财富、分配财富而达成的一系列契约关系，那么参与企业分配的主体也应该为公司的生产经营活动提供相应的资源或服务。

就广义的分配对象而言，参与企业分配的主体主要包括：

（1）货币资本提供者——股东、债权人。企业要进行生产，必须有一定的货币资本。根据货币资本提供者对风险的态度不同，企业的货币资本提供者可以分为债权人和股东两类。其中规避风险的货币资本提供者成为债权人，定期获取约定的利息，即拥有对企业的合同索取权；而敢于冒风险的货币资本提供者则成为股东，从企业净利润中通过股利的方式获取不确定的收益，即拥有剩余索取权，并通过选举董事会成员、对企业重大决策进行投票等方式拥有对企业的最终控制权。

（2）人力资本提供者——员工。员工作为人力资本这一重要生产要素的提供者，在企业财富创造中发挥着重要作用。离开了员工的劳动，货币资本本身并不能创造财富。因此，员工无疑是参与分配的最重要的主体。

（3）国家。除上述直接生产要素的提供者，参与企业收益分配的主体还应包括间接生产要素的提供者即国家。这是因为国家作为社会经济的宏观调控者和社会行政管理者，为企业的正常生产经营活动创造了必要的条件，可以视为间接生产要素的提供者。国家作为利益主体参与企业收益分配可以更好地履行社会管理者的职能，是合乎情理的。

9.1.2 企业分配的原则

任何一种实践活动都必须遵循一定的原则，企业分配也不例外。企业分配原则是企业分配活动中所必须遵循的行为规范，其目的是规范企业分配行为，协调股东、员工、债权人和政府之间的关系。

1. 发展优先原则

企业分配应该有利于提高企业的发展能力。从长期来看，只有企业不断发展，各方面的利益才能得到最终满足。为此，在进行分配时，必须正确处理积累和分配的关系，保证企业的健康成长。在进行分配时，要防止两种错误倾向：一是积累的比例太大，有关利益各方得不到应得的收益，积极性受到伤害，影响企业的长远发展；二是分配的比例太大，积累能力弱化，不利于企业自我发展或削弱企业承担风险的能力，难以在市场竞争中获胜。这样，有关利益主体虽然在近期得到实惠，却难以为继，实际上将损害其长远利益。

2. 注重效率原则

在规范的市场经济条件下，企业将在市场竞争中求生存、图发展，实现优胜劣汰。这就必然要求企业注重效率，视效率为生命，效率的实质就是最大限度地发挥企业的潜力，实现各种资源的有效配置，不断提高企业竞争力。在分配过程中体现效率原则，应处理好以下几个方面的问题：一是要充分调动出资者的积极性，使其所投资本的贡献能被合理评价，并在企业分配中得到合理体现；二是要调动企业管理者的积极性，使其管理才能和面临的风险能被合理评估，并在企业分配中得到合理体现；三是调动企业一般员工的积极性，使其劳动技能能够被合理评估，并在企业分配中得到合理体现。只有这样才能有效地调动各利益主体的积极性，保证企业的长期稳定发展。

3. 制度约束原则

企业分配涉及多个利益主体的利益，各方面的利益虽然有统一的一面，但矛盾冲突也时刻存在。这就要求在分配时必须遵循相关制度，以便合理规范各利益主体的行为。这里所说的制度是广义的制度概念，包括三个层次：一是国家的法律，如《公司法》等都对企业分配提出了相应的规范要求；二是政府的各种规定，如《企业会计准则》《企业财务通则》《企业会计制度》等都对企业分配提出了相应的要求；三是企业内部的各种制度或规定，如企业奖励制度等也对分配问题提出了相应的要求。有了制度的约束，才能保证分配的合理合法，才能协调各方面的矛盾，才能保证企业的长期稳定发展。

9.1.3　企业税后利润的分配程序

按照现行《公司法》的相关规定，企业缴纳所得税后的净利润应遵循如下分配程序。

1. 弥补以前年度亏损

按照现行制度规定，企业的法定公积金不足以弥补以前年度亏损的，可用当年利润弥补。

2. 提取法定公积金

法定公积金按照净利润的10%提取，但当法定公积金达到注册资本的50%时，可不再提取。法定公积金可用于弥补亏损、扩大公司生产经营或转增股本。

3. 提取任意公积金

企业从净利润中提取法定公积金后，经股东会或股东大会决议，还可以从净利润中提取任意公积金。任意公积金的提取比例和用途由股东会或股东大会决定。

4. 支付普通股股利

公司弥补亏损和提取公积金后的净利润，可按普通股股东持有的股份比例进行分配。

例9－1

A公司20×0年的有关资料如下：

（1）当年实现净利润6 000 000元；

（2）年初的未分配利润为500 000元；

（3）经股东大会决定，任意公积金的提取比例为10%；

（4）支付4 000 000股普通股股利，每股1元。

根据上述资料，A 公司 20×0 年的利润分配程序如表 9-1 所示。

表 9-1　A 公司 20×0 年利润分配表　　单位：元

项目	行次	本年实际
一、净利润	1	6 000 000
加：年初未分配利润	2	500 000
二、可供分配的利润	3	6 500 000
减：提取法定公积金	4	600 000
三、可供投资者分配的利润	5	5 900 000
减：提取任意公积金	6	600 000
支付普通股股利	7	4 000 000
四、未分配利润	8	1 300 000

复习与思考

简述企业税后利润的分配程序。

9.2 企业与员工之间的分配

员工参与企业分配的方式包括工资分配制度、奖金分配制度和利润分享制度。

9.2.1 工资分配制度

工资分配制度是员工参与企业分配的一种最基本的方式。在工资分配制度下，员工工资主要体现不同行业、不同工种和同一工种内部的技术复杂程度、操作熟练程度和责任大小的差别，它按照事先规定的劳动报酬和报酬标准，计量每个员工的实际劳动量和应得的工资，把劳动与报酬有机地结合起来。目前企业广泛采用的工资制度包括计时工资制、计件工资制、岗位等级工资制和职能等级工资制等形式。计时工资制是指根据员工的单位计时工资标准和工作时间来计算工资并支付给员工的一种劳动报酬形式。计件工资制是指根据员工生产的合格产品的数量或完成的作业量，按预先规定的计件单价支付给员工劳动报酬的一种工资形式。岗位等级工资制是指按照员工在生产中的工作岗位确定工资等级和工资标准的一种工资形式，主要用于一般工人。职能等级工资制是指根据员工所具备的与完成某一特定职位等级工作相适应的工作能力等级来确定工资等级的一种工资制度。

从各国工资的实际情况来看，在短期内，工资具有相对固定性，即工资一般与企业业绩无关，它是由劳动力市场的供求状况和员工与企业的谈判情况来决定的。从长期来看，基本工资具有刚性，表现为基本工资一般呈上升趋势。

工资分配制度的优点在于：(1) 有利于企业的财务安排。固定性的基本工资可以使企业财务人员比较准确地预测现金流出，进而准确地编制企业财务计划。(2) 可以给企业带来杠杆作用。当企业效益较好、薪息税前利润增加时，由于支付给员工的工资是固定的，则留归企业的息税前利润会以更大的幅度增加。(3) 可以降低员工的风险。因为不管企业的经营效益如何，员工都能获得相应的基本工资收入。

工资分配制度的缺点在于：(1) 增大了企业风险。当企业效益较差甚至亏损时，也要照样支付固定工资，这大大降低了企业抵御风险的能力。(2) 不利于充分调动员工的积极性和主动性。员工多劳不能多得，积极性必然受到影响。(3) 这种方式把企业和员工之间关系仅仅理解为一种金钱关系，不利于企业与员工之间相互关心、结成命运共同体。

9.2.2 奖金分配制度

奖金是企业对员工超额劳动部分或劳动绩效突出部分所支付的奖励性报酬，是企业为了鼓励员工提高劳动效率和工作质量付给员工的货币奖励。奖金分配制度在企业分配中很普遍，奖金已经成为企业员工参与分配的一种重要形式。

奖金形式多种多样，但根据奖金的发放依据，可以分为三类：(1) 与个人劳动量直接挂钩的奖金。这种奖金以员工个人劳动量的多少为分配依据，在无法计量劳动数量时，则以员工工作的努力程度为分配依据。(2) 与企业经营业绩直接相关的奖金。这种奖金以生产或工作中多项考核指标作为分配条件，其特点是对员工的劳动贡献和劳动成绩的各个主要方面进行全面评价。常见的评价指标主要包括：企业利润总额、利润增长率、股票价格、资本保值增值状况等。这种奖金与员工个人的劳动量大小没有直接关系，但企业经营业绩的好坏是全体员工共同努力的结果，因此它与员工个人劳动间接相关。实际工作中的年终奖或季度奖等都属于此种奖金制度。(3) 其他形式的奖金。除了上述两项奖金以外的奖金，都可视为其他形式的奖金。具体形式包括节约奖、安全奖、超额奖、质量奖、发明创造奖等。

奖金分配制度是贯彻按劳分配的一种劳动报酬形式。与工资分配制度相比，其特点主要表现在：(1) 单一性。工资反映员工在企业中的综合表现，包括工龄、技能等，而奖金只反映员工某方面的实际劳动效果的差别。(2) 灵活性。工资一般以规范的形式制定出来，每一个提供了正常劳动的员工都可以按企业章程的规定获取报酬。奖金则不一样，它只授予提供了超额劳动或有突出业绩的员工。奖金的形式多种多样，奖励的对象、数额、获奖人数均可随生产经营的变化而变化。(3) 及时性。奖金的发放不受工资发放的限制，能及时反映劳动者向企业提供劳动量的变化情况。奖金一般在员工提供了超额劳动或者取得突出业绩后立即发放，它体现的是即时激励作用。

奖金分配制度的优点主要有：(1) 能够调动员工的积极性和主动性，鼓励员工关心企业经营业绩的好坏，对企业费用的节约、收入的增长具有重要意义。(2) 奖金的分配数额不是固定不变的，企业经营好，则多发奖金；反之，则少发或不发奖金。因此，现金流出量的多少与企业经营业绩相吻合。

奖金分配制度的缺点主要表现在：(1) 奖金的操作过程比较复杂。(2) 奖金的分配有可能造成员工之间攀比，并由此引发矛盾。如果没有合理的监督机制，奖金分配制度可能会产生短期行为。(3) 奖金的数额波动不定，不利于现金流量的预测和财务计划的编制，给财务安排带来一定困难。

9.2.3 利润分享制度

利润分享制度于20世纪60年代开始在西方许多公司实施，但当时仅限于公司管理层。20世纪六七十年代，普通员工参与利润分享开始流行，并在西方发达国家得到普遍推广。

利润分享是指直接从企业利润中提取一定比例的利润支付给员工。与奖金不同的是，利润分红直接来源于企业的经营成果即利润，与利润的多少密切挂钩。因此，利润分享制度是员工与股东共同分享企业利润的一种分配方式。

利润分享按支付方式的不同可以分为两类：(1) 现期支付。现期支付是指以现金的方式在当期进行支付。实行现期支付计划的企业通常将企业利润的一部分分给员工，根据员工业绩、员工工资比例进行分配，或在员工中平均分配。(2) 延期支付。延期支付是指将员工应分享的利润保留至将来某个时点进行支付。实行延期支付计划的企业在信托基金监管下，将企业的一部分利润存入员工特别账户，员工要等规定的时间如退休或离开企业时才能享用。在国外，延期支付的利润分红成为解决员工退休后养老金问题的一种重要途径。因此，发达国家规定这部分收入可以享受法律规定的税收优惠，如个人所得税要延期到退休后才缴纳。

利润分享制度的特点是：(1) 员工只参加利润的分享，而不承担企业的亏损和风险。(2) 企业根据盈利情况决定是否进行利润分享、利润分享的比例和分配方式，有利润时就进行分配，没有利润时可以不分配。

利润分享制度的优点主要有：(1) 有利于充分调动员工的积极性和主动性。利润分享一般会在事前规定员工在企业利润中所占的比例，即分享率。企业利润增多，员工收入随之增加；企业利润减少，员工收入随之减少。在这种分配制度中，员工的收入与企业效益挂钩，并随企业收益的变动而变动。在这种情况下，员工必然关心企业效益的好坏，并努力增加企业收入、降低成本、增加收益。因此，分享制被认为是能够调动员工积极性、改善劳资关系的一种重要分配形式。(2) 有利于降低企业风险。我们知道，固定费用的增加会提高企业的杠杆效应，增大企业的经营风险。在利润分享制下，员工分享的利润是随企业收益而不断变动的一种支出，这就会减少固定费用的数额，从而降低企业的经营风险。

利润分享制度的缺点有：(1) 利润分享将企业经营的一部分风险转移给了员工。在实行利润分享的情况下，员工收入的一部分随企业收益的变化而变化，具有较高的不确定性。(2) 利润分享的具体操作十分复杂。在推行利润分享制度时，一是要确定利润分享的分享率。利润分享的分享率一般较难确定，合理的分享率要在实践中经过多次测算和不断调整才能最后确定。二是要确定各类员工之间的分享比率，即将分配给所有员工的利润在不同员工之间进行合理分配。在实际工作中，由于企业的情况千差万别并不断变化，要合理确定上述参数十分困难。(3) 在推行此种分配方式时，需要政府在宏观上的一些配合，如税收制度、社会保障制度、会计制度等都要作适当的改变，这也给其推行带来一定困难。

以上介绍了三种典型的分配制度，实际上，还有许多介于这三者之间的分配制度，例如，津贴分配制度便是一种介于工资分配制度与奖金分配制度之间的分配制度。但不管有多少种分配制度，只有优点而没有缺点的分配制度是不存在的。因此，在实践中，应该将各种分配制度结合起来应用。

复习与思考

分析说明企业与员工之间分配的形式。

9.3　企业与股东之间的分配

9.3.1　股利分配理论

股利分配理论是指上市公司股利发放对公司股价或其筹资成本产生何种影响的理论，旨在回答公司应该发放多少股利即股利支付率为多高这一重要问题。

股利支付率究竟如何影响公司股票的价格或资金成本？公司究竟应该怎样确定股利支付率？以下将介绍三种重要的理论即股利无关论、“一鸟在手”理论和税收差别理论来解答这些问题。

1. 股利无关论

股利无关论 (dividend irrelevance) 由米勒 (Miller) 和莫迪利安尼 (Modigliani) 于 1961 年提出，又称 MM 理论。该理论认为，在完善的资本市场条件下，股利政策不会影响企业的股票价值或资金成本，即企业的价值是由企业投资决策所确定的获利能力和风险决定的，而不是由企业的股利分配政策决定的。因此，该理论被称为股利无关论。

股利无关论是建立在一系列假设基础之上的：(1) 完全市场假设，即不存在公司和个人所得税，不存在任何股票的发行费用或交易费用，任何股东都不可能通过其自身交易影响或操纵股票的市场价格；(2) 信息对称假设，即企业所有的股东均能准确地掌握企业的情况，对于将来的投资机会，股东和管理者拥有相同的信息；(3) 企业的投资政策事前已经确定，不会随着股利政策的改变而改变；(4) 股东对现金股利和资本利得不存在偏好。

根据股利无关论，股利支付可有可无、可多可少，股利政策对企业的股票价格没有实质性的影响。因此，企业无须花费大量的时间去考虑股利政策的制定。

为了更好地说明该理论，我们用具体事例进行说明。

例9-2

假设B公司是一家开业10年的公司，其全部资金来源为权益资金。现任财务经理知道公司将在1年后解散。在现在即时间0，公司将会收到一笔10 000元的现金流量，在下一年度即时间1还会收到10 000元的现金流量，且该公司没有正的净现值项目可以利用。公司股票的必要报酬率为10%，公司对外发行的股票为1 000股。假设公司现在有两个股利政策方案可供采用：(1) 将现在收到的10 000元现金全部用于发放现金股利；(2) 发放总额为11 000元的现金股利，其中，短缺的1 000元利用发行股票的方式筹集。两种方案下公司的股票价格各是多少？

两种方案下股票的价格可计算如下。

第一种方案：股东在时间0、时间1收到的现金流量均为每股10元（10 000/1 000）。因此，股票价格为：

$$P_0=10+\frac{10}{1+10\%}=19.09(\text{元})$$

第二种方案：老股东在时间0收到的现金流量为每股11元（11 000/1 000），但在时间1收到的现金流量会下降。这是因为公司股票的投资报酬率为10%，新股东在时间1可得到1 100元［1 000×(1+10%)］的现金流量，这样留给老股东的现金流量只有8 900元，每股股票获得的现金流量为8.9元（8 900/1 000）。此时，股票的价格为：

$$P_0=11+\frac{8.9}{1+10\%}=19.09(\text{元})$$

计算表明，股利政策的变化不会影响公司股票的价值。因为老股东在时间0的股利增加必将导致在时间1的股利减少，所以老股东的持有价值保持不变。

股利无关论是以多种假设为前提的。在现实生活中，这些假设并不存在：股票的交易要付出交易成本；发行股票要支付发行费用；管理当局通常比外部股东拥有更多的信息；政府对企业和个人要征收所得税等。因此，股利无关论在现实条件下并不一定有效。但股利无关论的重要贡献在于，它将对股利政策的研究建立在严谨的数学方法基础之上，后人的研究正是在逐步放松MM理论的一系列假设基础之上完成的。

2. “一鸟在手”理论

股利无关论中的重要假设之一是股东对股利和资本利得不存在偏好。“一鸟在手”理论（bird-in-hand theory）正是建立在对这一假设的批判基础之上的。

“一鸟在手”理论的代表人物是戈登（Gordon）和林特纳（Lintner）。该理论认为，股票投资收益包括股利收益和资本利得两部分。一般情况下，股利收益属于相对稳定的收入，而资本利得具有较大的不确定性。由于大部分股东都是风险厌恶型的，他们宁愿要相对可靠的股利收益而不愿要未来不确定的资本利得。因此，高股利支付率的股利政策会使企业的股票价格上升。

该理论认为，由于股利具有比资本利得相对更大的确定性，因此，企业在制定股利政策时应维持较高的股利支付率。

3. 税收差别理论

股利无关论中的重要假设之一是不存在企业和个人的所得税。税收差别理论（tax preference theory）正是建立在对这一假设的批判基础之上的。

税收差别理论由利曾伯格（Lizenberger）和拉马斯瓦米（Ramaswamy）于 1979 年提出。该理论指出：通常情况下，股利收益的所得税税率高于资本利得的所得税税率，这样，资本利得对于股东更为有利。即使股利与资本利得按相同的税率征税，由于两者支付时间不同，股利收益在收取股利的当时纳税，而资本利得只有在股票出售时才纳税，考虑到货币的时间价值，将来支付的 1 元钱的价值要比现在支付 1 元钱的价值小，这种税收延期的特点也给资本利得提供了另一个优惠。因此，高股利支付率将导致股价下跌，低股利支付率反而造成股价上涨。

根据税收差别理论，企业在制定股利政策时应采取低股利支付率的政策。

以美国为例，按照美国税法的规定，股利收入的所得税税率高于资本利得的所得税税率。图 9-1 列示了美国 1960—1995 年股利收入的所得税税率和资本利得的所得税税率情况。

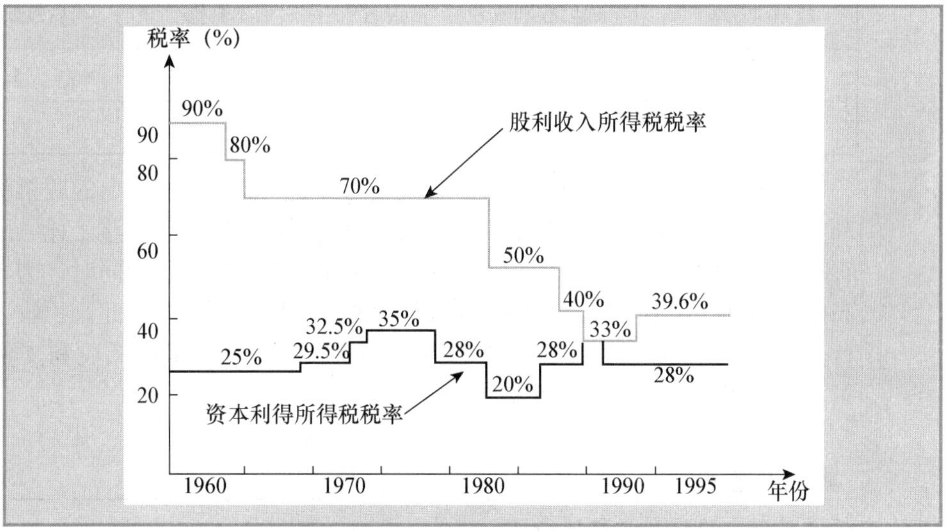

图 9-1　美国股利收入所得税税率和资本利得所得税税率

资料来源：Eugene F，Brigham. Intermediate Financial Management. the Dryden Press，1999：439.

为了说明税收的影响，我们来看一个例子。

例 9-3

假设美国某股东的股利收入的所得税税率为 40%，资本利得的所得税税率为28%，他可以投资于两种股票：股票A可获得10%的股利收入、5%的资本利得；股票B可获得5%的股利收入、10%的资本利得。两种股票的价格均为10美元，股票的投资风险相同，而且都属于股利稳定增长的股票。计算两种股票一年后的税前投资报酬率和税后投资报酬率。

假如股东将两种股票持有一年，两种股票的税前投资报酬率和税后投资报酬率如表9-2所示。

表9-2 股票的税前投资报酬率和税后投资报酬率计算表（%）

		股利收入	资本利得	投资报酬率
股票A	税前收益	10.0	5.0	15.0
	所得税（40%，28%）	−4.0	−1.4	−5.4
	税后收益	6.0	3.6	9.6
股票B	税前收益	5.0	10.0	15.0
	所得税（40%，28%）	−2.0	−2.8	−4.8
	税后收益	3.0	7.2	10.2

由表9-2可知，两种股票的税前投资报酬率均为15%，尽管股票B的股利支付率比股票A的低，但股票B的税后投资报酬率要比股票A的高。

在例9-3中，股票持有期限越长，两种股票的税后投资报酬率的差异越大。如果股东长期持有股票，资本利得的所得税在出售股票前不需要支付，在这种情形下，两种股票的税后投资报酬率的差异为2个百分点，其计算过程如表9-3所示。

表9-3 股票的税后投资报酬率计算表（%）

股票类别	税后股利收益	税后资本利得	税后投资报酬率
股票A	6.0	5.0	11.0
股票B	3.0	10.0	13.0

总之，按照税收差别理论，由于税收的影响，低股利支付率的股票相比高股利支付率的股票，能够为股东带来更高的税后投资报酬率。有鉴于此，股东自然喜欢企业少付股利而将较多的盈余保留下来作为再投资使用。同时，为了获得较高的预期资本利得，股东愿意接受较低的股票必要报酬率。因此，税收差别理论认为，因为股利收益税率比资本利得税率高，所以只有采取低股利支付率的政策，才能使企业的股票价格最高。

复习与思考

分析说明企业的股利分配理论。

9.3.2 股利分配政策

从股利分配的相关理论可以看出，企业在制定股利政策时，究竟应该采取高股利支付率还是低股利支付率的股利政策，在理论界并没有定论。以下将从实践的角度探讨企业股利政策，以便为股利政策的制定提供有益的参考。

案例拓展
茅台的现金股利分配

1. 股利政策的类型

在实践中，不同企业往往采取不同的股利政策，而不同的股利政策也会对企业的股票价格产生不同影响。在具体制定企业股利政策时，可以选择以下几种类型。

(1) 剩余股利政策。剩余股利政策是指在保证企业最佳资本结构的前提下，税后利润首先用来满足企业投资的需求，若有剩余才用于股利分配的股利政策。剩余股利政策是股利无关论在股利政策实务上的具体应用。根据股利无关论的观点，股利政策不会对企业的股票价格产生任何影响，企业在有较好的投资机会时，可以少分配甚至不分配股利，而将留存利润用于企业再投资。这是一种投资优先的股利政策。

采用剩余股利政策的先决条件是企业必须有良好的投资机会，而且该投资机会的预期报酬率要高于股东要求的必要报酬率，只有这样才能为股东所接受。否则，企业应将税后利润以现金股利的方式发放给股东，让股东自己去寻找更好的投资机会。

实行剩余股利政策，一般应按照以下步骤决定股利的分配额：(1) 根据选定的最佳投资方案，确定投资所需的资金数额；(2) 按照企业的目标资本结构，确定投资需要增加的股东权益资本的数额；(3) 税后利润首先用于满足投资需要增加的股东权益资本的数额；(4) 将满足投资需要后的剩余部分用于向股东分配股利。下面举例说明剩余股利政策的应用。

例 9-4

假定 C 公司 20×0 年的税后净利润为 6 800 万元，目前的资本结构为：负债资本 40%，股东权益资本 60%。该资本结构也是其下一年度的目标资本结构。如果 20×1 年该公司有一个很好的投资项目，需要投资 9 000 万元，该公司采用剩余股利政策该如何融资？分配的股利和股利支付率是多少？

根据目标资本结构的要求，公司需要筹集 5 400 万元（9 000×60%）的权益资本和 3 600 万元（9 000×40%）的负债资本来满足投资需要。公司可将净利润中的 5 400 万元作为留存利润，因此，公司还有 1 400 万元（6 800−5 400）可用于分配股利，公司的股利支付率为 20.59%（即 1 400/6 800）。

在剩余股利政策下，企业每年发放的股利额随着企业的投资机会和盈利水平的变动而变动。即使在盈利水平不变的情况下，股利也将与投资机会成反向变动，投资机会越多，股利发放越少；反之，投资机会越少，股利发放越多。而在投资机会不变的情况下，股利的多少又随着每年盈利的多少而变动。在这种股利政策下，每年的股利额变动较大。因此，一般企业很少会机械地照搬剩余股利政策。由于企业的最佳资本结构是一个范围而非一个具体的数字，许多企业运用这种理论帮助其建立股利的长期目标发放率，即通过预测企业未来 5～

10年的盈利情况，确定在这些年度企业的一个长期目标发放率，从而维持股利政策的相对稳定性。

（2）固定股利或稳定增长的股利政策。在实务中，很多企业都将每年发放的每股股利额固定在某一特定水平上，然后在一段时间内维持不变，只有当企业认为未来盈利的增加足以使它能够将股利维持在一个更高的水平时，企业才会提高每股股利的发放额。这种股利政策就是固定股利或稳定增长的股利政策。

固定股利或稳定增长的股利政策的一个重要原则是，一般不降低年度每股股利的发放额。实施这种股利政策的理由是：第一，股利政策是向股东传递有关企业经营信息的手段之一。如果企业支付的股利稳定，就说明企业的经营业绩比较稳定，经营风险较小，这样可使股东要求的必要报酬率降低，有利于股票价格的上升；如果企业的股利政策不稳定，股利忽高忽低，就会向股东传递企业经营不稳定的信号，从而导致股东对风险的担心，使股东要求的必要报酬率提高，进而使股票价格下降。第二，稳定的股利政策有利于股东有规律地安排股利收入和支出，特别是那些希望每期能有固定收入的股东更喜欢这种股利政策。忽高忽低的股利政策可能会降低他们对这种股票的需求，从而使股票价格下降。

应当看到，尽管这种股利政策有股利稳定的优点，但是有时也会给企业造成较大的财务压力，尤其是在企业净利润下降或现金紧缺时，企业为了保证股利的正常支付，容易导致资金短缺。因此，这种股利政策一般适用于经营比较稳定的企业。

（3）低正常股利加额外股利政策。这种股利政策每期都支付稳定但相对较低的股利额，当企业盈利较多时，再根据实际情况发放额外股利。这种股利政策具有较大的灵活性，在企业盈利较少或投资需要较多的资金时，这种股利政策可以只支付较低的正常股利，这样既不会给企业造成较大的财务压力，又能保证股东定期得到一笔固定的股利收入；在企业盈利较多并且不需要较多的投资资金时，可以向股东发放额外的股利。这种股利政策一般适用于季节性经营企业或受经济周期影响较大的企业。

（4）固定股利支付率股利政策。这是一种变动的股利政策，即企业每年从净利润中按固定的股利支付率发放股利。采用这种股利政策的管理者信守的格言是，公司赚2元钱，1元分给股东，另1元留在公司。他们认为，只有维持固定的股利支付率，才算真正公平地对待每一位股东。

这种股利政策使企业的股利支付与企业的盈利状况密切相关，盈利状况好，则每股股利额就增加；盈利状况不好，则每股股利额就下降。这种股利政策不会给企业造成很大的财务负担，但是，其股利变动较大，容易使股票价格产生较大波动，不利于树立良好的企业形象。

2. 制定股利分配政策时应考虑的因素

尽管有上述四种常见的股利分配政策可供选用，但企业在制定股利分配政策时仍应考虑如下因素，以选择合适的股利政策。

（1）企业的投资机会。企业的投资机会是影响企业股利政策的一个非常重要的因素。在企业有良好的投资机会时，应当考虑少发放现金股利，增加留存利润用于再投资，这样可以加速企业发展，增强企业未来的盈利能力。在企业没有良好的投资机会时，可以多发放现金股利。

（2）企业的资金成本。资金成本是企业选择筹资方式的基本依据。留存利润是企业内部筹资的一种重要方式，同发行新股票相比，它具有成本低的优点。因此，在制定股利政策时，应充分考虑资金成本的影响。

（3）企业的现金流量。企业在经营活动中必须有充足的现金，否则就会发生支付困难。企业在发放现金股利时，必须考虑现金流量和资产的流动性，过多发放现金股利会减少企业的现金持有量，影响未来的支付能力。

（4）企业所处的生命周期。企业理所当然地应该采用最符合其当前所处生命周期阶段的股利政策。一般来说，处于快速成长期的企业有较多的投资机会，通常不会发放很多股利，因为企业需要大量的现金流量来扩大企业规模，不愿意将大量的盈余给股东发放股利。而成熟期的企业一般会发放较多的股利。

（5）企业所处的行业。不同行业的股利支付率存在系统性差异。其原因在于，投资机会在行业内是相似的，但在不同行业间存在差异。表 9－4 列示了美国 2005 年发放较高股利或较低股利的典型公司。

表 9－4　2005 年部分美国公司的股利发放

公司名称	所处行业	股利发放率
发放较高股利的公司		
通用汽车	汽车制造	266.67%
南方公司	电气设备	73.04%
默克	制药	60.56%
成瑞森	通信	54.18%
美国银行	银行	51.15%
发放较低股利的公司		
沃尔玛公司	零售	24.10%
万豪国际	酒店服务	15.97%
得州仪器	半导体	9.17%
戴尔	个人电脑	0
eBay	网络软件服务	0

资料来源：Brigham，Houston. Fundamentals of Financial Management，Thomson Higher Education，2007：471.

（6）企业的股权结构。股利政策必须经过股东大会决议通过才能实施，而不同的股东对现金股利和资本利得的偏好不同，因此股权结构对企业的股利政策具有重要影响。如果企业股东中依赖于企业股利维持生活的股东或可以享受股利收入减免税的机构股东较多，则这些股东倾向于企业多发放现金股利，而反对企业留利过多；如果企业股东中边际收入税率很高的高收入阶层较多，则高收入阶层的股东为了避税往往反对企业发放过多的现金股利；如果企业股权相对集中，对企业有一定控制权的大股东出于对企业控制权可能被稀释的担心，往往倾向于企业少发放现金股利，多留存利润，这样就不需要进行新的股权融资来筹集资金。

（7）其他因素。其他因素包括法律因素和契约性约束等。法律因素是指有关法律法规对公司股利分配的限制，如我国的《公司法》《证券法》规定，不能用筹集的经营资本发放股利，公司只有在保证公司偿债能力的基础上才能发放股利等。契约性约束是指当企业以长期借款、债券契约、优先股协议和租赁合约的形式向企业外部筹资时，常常应对方的要求，接受一些关于股利支付的限制。这种契约性约束的目的在于促使企业把利润的一部分按有关条款的要求，以某种形式进行再投资，以保障债权人等相关利益主体的利益。

9.3.3 股票股利、股票分割与股票回购

除现金股利外，企业还可以以股票股利、股票分割、股票回购等方式回报股东。以下对这些方式进行简要介绍。

1. 股票股利

股票股利是指企业以股票的形式发放给股东的股利。与现金股利不同，股票股利分配方式不会导致企业现金的真正流出。从会计的角度看，股票股利只是资金在股东权益账户之间的转移，企业不需要付出现金。股票股利只不过是将资金从未分配利润或公积金账户转移到普通股账户中，它并未改变股东权益总额，也不会改变每位股东的持股比例。

例9-5

假设D公司发放10%的股票股利前的资产负债表如表9-5所示。

表9-5 发放股票股利前的资产负债表（简化） 单位：万元

项目	金额	项目	金额
资产	1 000	负债	300
		普通股（1 000 000股，每股1元）	100
		资本公积	100
		未分配利润	500
		股东权益合计	700
资产总计	1 000	负债与股东权益总计	1 000

假设公司宣布发放10%的股票股利，即每10股可以收到1股股票股利，公司需增发100 000股新股，当时股票的市价为每股10元。随着股票股利的发放，未分配利润中有1 000 000元（100 000×10）的资金要转移到普通股和资本公积账户中。由于面额不变，增发100 000股普通股后，普通股账户仅增加100 000

元，其余900 000元则转移到资本公积账户，而该公司资产负债表中股东权益总额不变。股票股利发放后对资产负债表中各账户的影响如表9-6所示。

表9-6 发放股票股利后的资产负债表（简化） 单位：万元

项目	金额	项目	金额
资产	1 000	负债	300
		普通股（1 100 000股，每股1元）	110
		资本公积	190
		未分配利润	400
		股东权益合计	700
资产总计	1 000	负债与股东权益总计	1 000

股票股利并没有改变股东权益总额的账面价值，但会增加市场上流通股的数量。因此，股票股利会使企业的每股利润下降，在市盈率保持不变的情况下，发放股票股利后的股票价格，应当按发放的股票股利的比例成比例下降。例如，在例9-5中，D公司在发放股票股利后，公司的股票在除权日后的市场价格应降至9.09元/股（10/1.1）。

对于股东而言，股票股利并没有改变股东的持股比例，只是增加了股东所拥有的股票数量。由于发放股票股利后企业的股票价格下降，因此，股东在分配前后持股总价值不变。

例9-6

假设在例9-5中，某股东持有该公司的股票10 000股。发放股票股利后，该股东拥有的股票数增加，共拥有11 000股，但其持股比例不变，仍为1%。该股东在股利分配前所持股的总价值为100 000元（10 000×10），由于股票市价在除权日后降至9.09元/股，股利分配后该股东所持股的总价值仍为100 000元（11 000×9.09）。

由此可见，股票股利对股东而言，在发放股利前后并不能带来财富的增加。但如果企业在发放股票股利后，还能发放现金股利，且能维持每股现金股利不变；或者股票价格在除权日后并没有随着股票数量的增加而同比例下降，即股票能够填权，走出填权行情，则股东的财富就会增加。

就企业管理当局而言，发放股票股利可以满足如下动机：第一，可以降低股票价格，吸引更多的股东进行投资。一般认为股票价格应该维持在某一合理的范围之内。以美国为例，大多数股票的合理价位在20～80美元之间。因此，如果企业管理人员认为本企业的股票价格太高，影响股票的流动性，就可以采用股票股利的方式使股票价格下降。第二，可以将更多的现金留存下来，用于再投资，以利于企业长期、稳定的发展。通常，处于成长中的企业因为面临较多的投资机会，通常会采取股票股利的方式以保留现金。因此，一般认为股票股利可以向股东传递企业未来盈余增长的信息。

股票股利的缺陷在于，由于股票股利增加了企业的股本规模，因此它的发放将为企业后续现金股利的发放带来较大的财务负担。因此，国外企业一般很少发放股票股利。

2. 股票分割

股票分割是指将面额较高的股票分割为面额较低的股票的行为，如将原来的一股股票分割为两股股票。

就会计而言，股票分割对企业的权益资本账户不产生任何影响，但会使企业的股票面值降低、股票数量增加。

例9-7

假设例9-5中的D公司决定实施将一股股票分割为两股的股票分割计划代替10%的股票股利。则在实施股票分割计划后，公司的资产负债表如表9-7所示。

表9-7 股票分割后的资产负债表（简化） 单位：万元

项目	金额	项目	金额
资产	1 000	负债	300
		普通股（2 000 000股，每股0.5元）	100
		资本公积	100
		未分配利润	500
		股东权益合计	700
资产总计	1 000	负债与股东权益总计	1 000

由于股票分割会导致企业的股本规模扩大，因此，如果企业的市盈率不变，则股票分割后股票的价格将会下降。

总之，除了会计处理不同，股票分割与股票股利所产生的效果十分相近，即两者都没有增加股东的现金流量；都使流通在外的普通股股数增加；都没有改变股东权益总额。但股票股利使股东权益资金内部发生了变化，并且必须以当期的未分配利润进行股利支付；而股票分割却不受此限制，即使企业当期没有未分配利润，也可以进行股票分割。

就企业管理当局而言，实行股票分割的主要动机如下：第一，降低股票市价。如前所述，企业的股票价格有一个合理的区间。如果股票价格过高，不利于股票交易活动。通过股票分割，可以使企业的股票更广泛地分散到股东手中，增强股票的流动性。第二，为发行新股做准备。股票价格过高会使许多潜在的股东不敢轻易对企业股票进行投资。在新股发行之前，利用股票分割降低股票价格，有利于提高股票的可转让性，促进新股票的发行。

复习与思考

说明什么是股票股利，什么是股票分割。

3. 股票回购

知识拓展
股票回购与现金股利

股票回购是指企业出资回购其所发行的流通在外的股票。被回购的股票通常称为库藏股票。如果有必要，库藏股票也可重新出售。

企业如有现金，既可以采取现金股利的方式发放给股东，也可以采用股票回购的方式回报股东。假设企业进行股票回购，由于市场上流通的股票数量将减少，在企业总利润不变的情况下，企业流通在外的股票的每股利润将会有所提高，从而导致股价上涨，股东可以从股票价格的上涨中获得资本利得。因此，股票回购实际上可以看作现金股利的一种替代方式。

对企业管理当局而言，企业采用股票回购的方式主要出于以下动机：

（1）分配企业的超额现金。如果企业的现金超过其投资机会所需要的现金，则可以采用股票回购的方式将现金分配给股东。如前所述，企业股利政策应维持相对稳定性。企业一般不会轻易提高股利，除非能够长期维持新的股利水平。由于信号影响的存在，企业一般也不愿削减股利。对于暂时的剩余现金，企业宁愿以回购的方式一次性分配给股东。因此，股票回购既可以将企业临时的超额现金一次性发放给股东，又不影响企业股利政策的稳定性。所以，这种方式在实践中越来越受到管理人员的重视。

（2）改善企业的资本结构。如果企业认为其股东权益资本所占比例过大、资本结构不合理，则可能对外举债，并用举债获得的资金进行股票回购，以实现企业资本结构的合理化。

（3）提高企业的股票价格。如果企业的股票价格较低，股票回购则是针对信息不对称的一种有效的财务策略。由于信息不对称和预期差异的影响，股票市场存在着低估企业股票价格的现象，在这种情形下，企业可进行股票回购，以提升股票价格。

但是，股票回购也可能会对上市公司产生消极影响，主要表现在：

（1）股票回购需要大量资金，因此进行回购的企业必须有雄厚的资金。如果企业的负债率较高，再举债进行回购，会背负巨大的偿债压力，影响企业正常的生产经营和发展。

（2）股票回购容易导致内幕交易。允许上市公司回购本公司股票，容易导致其利用内幕消息对本公司股票进行炒作。因此，各国对股票回购有严格的法律限制。

股票回购的方式主要有以下三种：

（1）公开市场购买（open market）。公开市场购买是指上市公司通过经纪人在股票公开市场上按照当前公司股票的市价回购自己的股票。这种方式很容易导致股票价格升高，从而增加回购成本。另外，交易税和交易佣金方面的成本也较高。企业通常利用该方式在股票市场表现欠佳时小规模回购股票期权、可转换债券等执行特殊用途时所需的股票。

（2）要约回购（tender offer）。要约回购是指企业按某一特定价格向股东提出回购若干数量的股份的方式。要约价格通常高于当时的市价。如果各股东愿意出售的股票总数多于企业原定想要购买的数量，则企业可自行决定购买部分或全部股票；相反，如果不能买到企业原定回购的数量，则企业可以通过公开市场回购不足的数量。由于在要约购买时须披露企业回购股票的意图，同时股东有选择依据投标出价出售或继续持有股票的权利，因此，当企业想回购大量股票时，要约方式比较适用。

(3) 协议回购方式。协议回购方式是指企业以协议价格为基础，直接向特定股东回购股票的方式。在此种方式下，企业同样必须披露其回购股票的目的、数量等信息，并向其他股东保证企业的购买价格是公平的，不损害其他股东的利益。

本章小结

1. 企业分配是界定企业在生产经营过程中的经营成果如何在相关的利益主体之间进行分配的一种行为。企业分配包括如下两个要素：企业分配的对象、参与企业分配的主体。

2. 按照现行《公司法》的相关规定，企业税后利润的分配遵循如下程序：弥补以前年度亏损、提取法定公积金、提取任意公积金、支付普通股股利。

3. 员工参与企业分配的方式包括工资分配制度、奖金分配制度和利润分享制度。

4. 股利分配理论是指上市公司股利发放对公司股价或其筹资成本产生何种影响的理论，旨在回答企业应该发放多少股利即股利支付率为多高这一重要问题。

股利无关论认为，股利政策既不影响企业的股票价格，又不影响企业的资金成本，因此企业如何制定股利政策无关紧要。

“一鸟在手”理论认为，由于股东认为现金股利比资本利得的风险小，从而高股利支付率会导致企业的股票价格上升，因此，企业应制定高股利支付率的股利政策。

税收差别理论认为，由于股东股利收入的所得税税率高于资本利得的所得税税率，从而低股利支付率会导致企业的股票价格上升，因此，企业应制定低股利支付率的股利政策。

5. 企业在制定股利政策时，必须考虑影响股利政策的其他因素：企业的投资机会、资金成本、现金流量、企业所处的生命周期、企业所处的行业、股权结构等。

6. 股票股利是指企业以股票的形式发放给股东的股利。由于股票股利增加了股本规模，企业的每股利润下降。在股票市盈率不变的情况下，会导致企业的股票价格下降，使其保持在合适的区间。

7. 股票分割是指将面值较大的股票分割为面值较小的股票的行为。股票分割会增加企业的股本规模，从而使每股利润下降。在股票市盈率不变的情况下，会导致企业的股票价格下降。股票分割也可以使企业的股票价格保持在合适的区间。

8. 股票回购是指企业以现金购买企业发行在外的股票。股票回购会减少企业流通在外的普通股数量，从而使每股利润上升。在股票市盈率不变的情况下，会导致企业的股票价格上涨。股票回购可以用来替代现金股利，也可以用来改变企业的资本结构。对股东而言，股票回购可使其获得税收方面的好处。

重要名词

股利（dividend）
股利支付率（dividend payout ratio）
股利政策（dividend policy）
现金股利（cash dividend）
股票股利（stock dividend）
股票分割（stock split）
股票回购（stock repurchase）

思考题

1. 企业税后利润分配的程序是什么？利润分配中形成的各分配项目的用途是什么？

2. 简述工资分配制度、奖金分配制度和利润分享制度的优缺点。

3. 股利无关论、“一鸟在手”理论和税收差别理论分别支持何种股利政策？其理论依据是什么？

4. 股票分割与股票股利有何异同？股票分割的动机有哪些？

5. 股票回购的动机有哪些？其利弊何在？

6. 发放股票股利的动机有哪些？其缺点是什么？

练习题

1. A公司的股票现价为50元/股，预期一年后该公司不支付股利，其股票价格将变为57.50元/股；B公司在一年后支付每股5元的现金股利，支付股利后其价格将变为52.50元/股。假设股利的所得税税率为25%，资本利得的所得税税率为零，假设A，B公司处于完善的市场环境中，各股票税后投资报酬率相同。

要求：

(1) 计算一年后A公司股票的税前和税后投资报酬率。

(2) 计算B公司股票的现行价格和一年后的税前投资报酬率。

2. 假设某公司20×0年的税后净利润为1 200万元，分配的现金股利为420万元。20×1年的税后净利润为900万元。预计20×2年该公司的投资计划需要资金500万元。该公司的目标资本结构为股权资本占60%，债权资本占40%。

要求：

(1) 如果采用剩余股利政策，计算该公司20×1年应分配的现金股利额。

(2) 如果采用固定股利政策，计算该公司20×1年应分配的现金股利额。

(3) 如果采用固定股利支付率的股利政策，计算该公司20×1年应分配的现金股利额。

(4) 如果采用低正常股利加额外股利的政策，该公司20×0年的现金股利为正常股利额，应如何确定20×1年的现金股利额？

3. 某公司现有税后利润150万元，可用于发放股利，也可作为留存利润进行再投资。假设该公司的最佳资本结构为30%的负债和70%的权益资金。根据公司加权平均的边际资金成本和投资机会计划决定的最佳资本支出为120万元。该公司拟采用剩余股利政策。

要求：

(1) 试计算该公司的股利支付额和股利支付率。

(2) 如果公司的最佳资本支出为210万元，则该公司应如何筹资？股利支付额和股利支付率各是多少？

案例题

用友公司股利分配

案例资料：用友公司于1988年成立，经过多年的发展成为中国软件业最具代表性的企业。用友公司的企业管理/ERP软件、集团企业和行业解决方案、人力资源管理软件、客户关系管理软件、小型企业管理软件及在线服务培训教育等产品业务线，全面覆盖众多行业领域。用友公司拥有中国和亚太地区实力最强的企业管理软件研发体系，规模最大的支持、实施、培训服务网络，以及完备的产业生态系统。用友公司以用信息技术推动商业和社会进步为使命，目标是成为世界级管理软件与电子商务服务提供商。

2001年4月23日，用友软件以发行价36.68元、市盈率64.35倍在上海证券交易所上网定价发行2 500万股A股。2001年5月18日上市，上市当日开盘价就为76元，已经比发行价36.68元高出2倍有余，当日最高更是创下了100元的辉煌价格，并以92元报收，创出当时中国股市新股上市首日最高收盘价。凭借上市，用友募集资金高达8亿元，净资产比2 000年年底的8 384万元增加了10倍。

2002年4月28日，用友软件再次吸引了人们的眼球——股东大会审议通过2001年度分配方案为每10股派现6元（含税）。刚刚上市一年即大比例分红，一时间市场上众说纷纭，董事长王文京更是由于其大股东的地位成为旋涡中心。用友软件的前三大股东分别为北京用友科技有限公司（持股55%）、北京用友企业管理研究所有限公司（持股15%）、上海用友科技咨询有限公司（持股15%）。这三家公司中，王文京是北京用友科技有限公司的第一大股东，持有该公司73.6%的股份，同时王文京还是另两家公司的法定代表人。按照此股权结构推算，他可以从这次股利派现中分得3 000余万元。同时，公司2001年的流动比率和速动比率都高于6，资产负债率为13%，公司的主营业务利润率在90%以上，净利润的绝对值也达到了7 040.06万元，公司2001年度现金及现金等价物的净增加额为67 300.56万元，经营活动产生的现金流量净额达10 329.34万元。

公司2002年以来的股利发放情况见下表。

用友公司股利发放

年度	现金股利发放（含税）	每股收益（元）
2002	10股派6元	0.92
2003	10股派3.75元	0.62
2004	10股派3.2元	0.53
2005	10股派6.6元	0.57
2006	10股派6.8元	0.83
2007	10股派10元	1.60
2008	10股派3元	0.85
2009	10股派6元	0.97
2010	10股派2.2元	0.41
2011	10股派4元	0.66
2012	10股派2元	0.39
2013	10股派3元	0.57
2014	10股派3元	0.47
2015	10股派1.5元	0.23
2016	10股派1.3元	0.14

在2015年1月31日用友软件举办的2015企业互联网大会上，用友软件正式更名为“用友网络科技股份有限公司”。公司准备全面进军企业互联网，在保持软件主业的同时，大力发展互联网服务和互联网金融。根据2016年年度报告，公司的股权结构见下图。

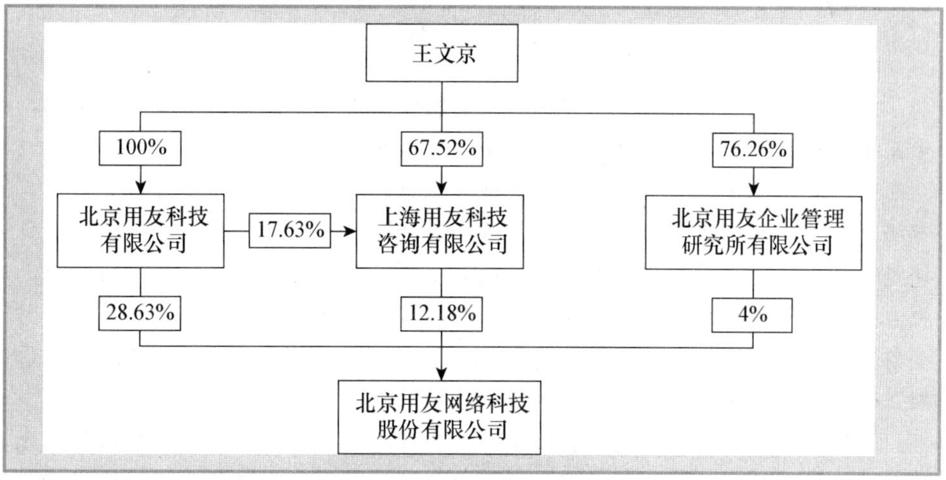

用友网络2016年股权结构图

案例思考题：

1. 可供企业选择的股利支付方式主要有哪几种？各自的优缺点是什么？
2. 2001年以来，用友网络的现金股利发放趋势发生变化的原因有哪些？

第 10 章

Chapter 10 财务管理专题

学习目标

- 了解企业并购的常见形式和类型。
- 了解目标企业估价的方法。
- 了解并购的支付方式。
- 了解国际财务管理的概念和特点。
- 了解国际投资的种类和方式。
- 了解国际筹资的资金来源和筹资方式。
- 了解企业破产财务管理的特殊性。
- 了解重整与和解计划的制定与执行。
- 了解破产财产、破产债权的范围与计价方法。

引例

虽然窗外花红柳绿，王总却没有心情欣赏，看着办公桌上的破产裁定书，回想起二十几年的创业历程，这位曾经叱咤商场的风云人物差点掉了眼泪。

王总是一位技术型高管，创业之初与几位志同道合的伙伴各自出资出力，很快就在市场上有了一定知名度。此后在 21 世纪初赶上了光伏行业的快速发展期，公司的扩张也是一日千里。公司先后收购了业内几家规模较小但有一定客户资源的企业，后来更是把业务做到了国际市场，一度在欧洲、北美都建立了子公司。鲜花和掌声、财富和地位全都随之而来，王总每天不是在聚光灯下接受采访，就是在各种宴会上忙于应酬。然而，市场的风云变幻总是让人猝不及防。

美国次贷危机的冲击先是重创了公司在海外的业务，随后美国和欧盟又先后对中国光伏产品进行反倾销、反补贴调查。国内市场的激烈竞争更是让公司的经营状况急转直下。公司勉强维持了几年之后，终于随着几位核心团队成员的先后退出无以为继。

并购、国际业务、破产等都不是企业的常见业务，但都对企业有着重要影响。通过本章的学习，你将初步了解这些业务的基本特点。

10.1　企业并购财务管理

思维导图
财务管理专题

10.1.1　并购的形式、类型和阶段

1. 并购的形式

并购包括吸收合并、新设合并和收购三种形式。

(1) 吸收合并。吸收合并是指一家或多家企业被另一家企业吸收，兼并方继续保留其合法地位，目标企业不再作为一个独立的经营实体而存在的并购形式。假设 A 公司吸收合并 B 公司，完成后，B 公司的法人地位消失，A 公司继续合法存在，并且吸收 B 公司的全部资产和负债。

(2) 新设合并。新设合并是指两个或两个以上的企业组成一个新的实体，原来的企业都不再以独立的经营实体存在的并购形式。假设 A，B 两个公司新设合并，则 A，B 公司将不复存在，而是在 A，B 公司的基础上组成新的 C 公司。

控制权的收益与
控制权争夺*

(3) 收购。收购是指一家企业在证券市场上用现金、债券或股票购买另一家公司的股票或资产，以取得对该公司的控制权，被收购公司的法人地位仍然存在的并购形式。

复习与思考

常见的并购形式有哪几种？它们之间的区别是什么？

知识拓展
并购的效应

2. 并购的类型

并购按不同的标准可以划分为不同的类型。

(1) 按双方所处的行业划分，有纵向并购、横向并购和混合并购三种。

1) 纵向并购是指对从事同类产品的不同产销阶段生产经营的企业所进行的并购，如对原材料生产厂家的并购、对产品用户的并购等。纵向并购可以加强企业对销售和采购的控制，并实现生产经营过程的节约。

2) 横向并购是指对从事同一行业的公司所进行的并购。例如，两家航空公司的并购、两家石油公司的并购等。横向并购可以清除重复设施，提供系列产品，实现节约。

3) 混合并购是指对与企业原材料供应、产品生产、产品销售均没有直接关系的公司的并购。混合并购通常是为了扩大经营范围或经营规模而进行的。

(2) 按并购程序划分，有善意并购和非善意并购两种。

1) 善意并购通常是指并购企业与被并购企业通过友好协商确定诸项并购事

宜的并购。这种并购方式一般先由并购企业确定被并购公司即目标企业，然后设法与被并购企业的管理当局接洽，商讨并购事宜。通过讨价还价，双方在可接受的条件下签订并购协议，最后经双方董事会批准、股东大会2/3以上的赞成票通过并呈报政府主管部门批准。

2）非善意并购是指当友好协商遭拒绝时，并购方不顾被并购方的意愿而采取非协商性购买的手段，强行并购对方企业。被并购方在得知并购企业的并购企图后，出于不愿接受较为苛刻的并购条件等原因，通常会做出拒不接受并购的反应，可能会采取一切反并购措施。在这种情况下，并购方公司可能会采取一些措施以实现其并购的目的。常见的措施有两种：获取委托投票权和收购股票。获取委托投票权是指并购方设法收购或取得被并购公司股东的投票委托书，如果并购方能够获得足够的委托投票权，使其能以多数投票权胜过被并购公司的管理当局，就可以设法改组被并购公司的董事会，最终达到并购的目的。收购被并购企业的股票是指并购企业在股票市场公开买进一部分被并购企业的股票作为摸底行动后，宣布直接从被并购企业的股东手中用高于股票市价的接收价格收购其部分或全部股票，以此达到控制的目的。

案例拓展
并购中的业绩承诺

（3）按并购的支付方式和购买对象划分，有现金购买资产或股权，用股票换取资产或股权，以及通过承担债务换取资产或股权等方式。

3. 并购的阶段

并购通常涉及三个阶段：准备、谈判和整合。表10-1列示了每个阶段包含的步骤。

表10-1 并购的三个阶段及其步骤

阶段	步骤
第一阶段	并购战略、价值创造逻辑和并购标准的确定 目标企业搜寻、筛选和确定 目标企业的战略评估和并购辩论
第二阶段	并购战略的发展 目标企业的财务评估和定价 谈判、融资和结束交易
第三阶段	组织适应性和文化评估 整合方法的开发 并购企业与被并购企业之间的战略、组织和文化的整合协调 并购效果评价

资料来源：萨德沙纳姆. 兼并和收购. 北京：中信出版社，1999.

数字经济与财务管理*

10.1.2 目标企业的估价

1. 折现现金流量法简介

这种方法的基本原理是假设任何资产的价值都等于其预期未来现金流量的现值之和，即

$$V=\sum_{t=1}^{n}\frac{CF_t}{(1+r)^t} \qquad (10-1)$$

式中，V 为资产的价值；n 为资产的寿命；r 为与预期现金流量相对应的折现率（对应是指折现率应反映预期现金流量的风险）；CF_t 为资产在 t 期间产生的现金流量。

折现现金流量法具体又分为两类：股权资本估价和企业整体估价。企业整体价值包括企业股东、债权人、优先股股东等利益相关者的权益。上述两种方法都要折现预期现金流量，但所使用的现金流量和折现率有所不同。

企业股权价值可以通过股权资金成本对预期股权现金流量进行折现得到。股权资金成本是股权投资者要求的收益率；预期股权现金流量是扣除公司各项费用、支付的利息和本金以及纳税后的剩余现金流量。

公司整体价值可以通过该企业的加权平均资金成本对公司预期现金流量进行折现得到。企业的加权平均资金成本通过对企业不同融资渠道的资金成本根据其市场价值进行加权平均得到；企业预期现金流量是指扣除所有营业费用和支付税额后的剩余现金流量。

2. 股权自由现金流量折现模型

（1）股权自由现金流量及其计算。股权自由现金流量（FCFE）体现了股权投资者对公司现金流量的剩余要求权。具体来说，就是公司向债权人支付利息、偿还本金，向优先股股东支付股利，以及满足其自身发展需要后的剩余现金流量。其具体计算公式为：

$$\text{股权自由现金流量}=\text{净收益}+\text{折旧}-\text{债务本金偿还}-\text{营运资本追加额}-\text{资本性支出}+\text{新发行的债务} \qquad (10-2)$$

如果企业的负债比率保持不变，仅为增量资本性支出和营运资本增量进行融资，并且通过发行新债来偿还旧债，则式（10－2）可以表示为：

$$\text{股权自由现金流量}=\text{净收益}-(1-\text{负债比率})\times\text{增量资本性支出}-(1-\text{负债比率})\times\text{营运资本增量} \qquad (10-3)$$

在股权自由现金流量的计算公式中，资本性支出是指厂房的新建、扩建、改建，设备的更新、购置以及新产品的试制等方面的支出。本期资本性支出和折旧的差额就是增量资本性支出。

（2）股权自由现金流量估价模型。股权自由现金流量估价模型是股利估价模型的简单翻版，只需用股权自由现金流量代替股利即可。股权自由现金流量估价模型可以根据企业是处在稳定发展期还是高速成长期，分为稳定增长模型和二阶段模型。

1）稳定增长 *FCFE* 模型。稳定增长 *FCFE* 模型下股权价值的计算公式为：

$$V=\frac{FCFE_1}{r-g} \tag{10-4}$$

式中，V 为股权价值；$FCFE_1$ 为预期下一期的 $FCFE$；r 为公司的股权资金成本；g 为 $FCFE$ 的稳定增长率。

2）二阶段 $FCFE$ 模型。二阶段 $FCFE$ 模型下股权价值的计算公式为：

$$V=\sum_{t=1}^{n}\frac{FCFE_t}{(1+r)^t}+\frac{FCFE_{n+1}}{(r_n-g_n)(1+r)^n} \tag{10-5}$$

式中，V 为股权价值；$FCFE_t$ 为预期第 t 期的股权自由现金流量；r 为高速增长阶段公司的股权资金成本；r_n 为稳定增长阶段公司的股权资金成本；g_n 为稳定增长阶段的增长率。

二阶段 $FCFE$ 模型适用于前一时期高速增长，随后立即进入稳定增长阶段的公司。二阶段 $FCFE$ 模型存在两个问题：一是如何确定高速增长阶段的长度；二是在模型中，高速增长阶段的增长率是突然变成稳定增长阶段的增长率的，虽然实践中也有这样的例子，但大多数情况下这一过程都是随着时间的推移逐步发生的。

例 10-1

大华公司是一家生物工程公司，20×0 年每股营业收入为 12.4 元，每股净收益为 3.1 元，每股资本性支出为 1 元，每股折旧为 0.6 元。预期该公司在今后 5 年内将高速增长，预期每股收益的增长率为 30%，资本性支出、折旧和营运资本同比例增长，收益留存比率为 100%，β 为 1.3，国债利率为 7.5%，20×0 年营运资本为收入的 20%，负债比率保持在 60%。5 年后公司进入稳定增长期，预期增长率为 6%，即每股收益和营运资本按 6%的速度增长，资本性支出可以由折旧来补偿，β 为 1。该公司发行在外的普通股共 3 000 万股。市场平均风险报酬率为 5%。估计该公司的股权价值。

第一步，估计公司高速成长期的股权自由现金流量。

$$FCFE=净收益-\left(\begin{matrix}资本性\\支出\end{matrix}-折旧\right)\times\left(1-\begin{matrix}负债\\比率\end{matrix}\right)-\begin{matrix}营运资本\\增量\end{matrix}\times\left(1-\begin{matrix}负债\\比率\end{matrix}\right)$$

$$\begin{aligned}FCFE_{20\times1}&=3.1\times(1+30\%)-(1-0.6)\times(1+30\%)\times(1-60\%)\\&\quad-[12.4\times20\%\times(1+30\%)-12.4\times20\%]\times(1-60\%)\\&=4.03-0.21-0.3=3.52(元)\end{aligned}$$

$$\begin{aligned}FCFE_{20\times2}&=4.03\times(1+30\%)-0.21\times(1+30\%)-0.3\times(1+30\%)\\&=5.24-0.27-0.39=4.58(元)\end{aligned}$$

$$\begin{aligned}FCFE_{20\times3}&=5.24\times(1+30\%)-0.27\times(1+30\%)-0.39\times(1+30\%)\\&=6.81-0.35-0.51=5.95(元)\end{aligned}$$

$$\begin{aligned}FCFE_{20\times4}&=6.81\times(1+30\%)-0.35\times(1+30\%)-0.51\times(1+30\%)\\&=8.85-0.46-0.66=7.73(元)\end{aligned}$$

$$
\begin{aligned}
FCFE_{20\times5} &= 8.85\times(1+30\%)-0.46\times(1+30\%)-0.66\times(1+30\%)\\
&= 11.51-0.6-0.86=10.05(\text{元})
\end{aligned}
$$

第二步，估计公司高速成长期的股权资金成本。

$$r=7.5\%+1.3\times5\%=14\%$$

第三步，计算公司高速成长期股权自由现金流量的现值，即将各年的 *FCFE* 按照 14%的折现率折现后加总。

$$
\begin{aligned}
\text{公司高速增长阶段 } FCFE \text{ 的现值} &= 3.52\times PVIF_{14\%,1}+4.58\times PVIF_{14\%,2}+5.95\times PVIF_{14\%,3}\\
&\quad +7.73\times PVIF_{14\%,4}+10.05\times PVIF_{14\%,5}\\
&= 3.09+3.52+4.02+4.58+5.22\\
&= 20.43(\text{元})
\end{aligned}
$$

第四步，估计第 6 年的股权自由现金流量。

$$
\begin{aligned}
FCFE_{20\times6} &= 11.51\times(1+6\%)-12.4\times(1+30\%)^5\times20\%\times6\%\times(1-60\%)\\
&= 12.20-0.22=11.98(\text{元})
\end{aligned}
$$

第五步，计算公司稳定增长期的股权资金成本。

$$r_n=7.5\%+1\times5\%=12.5\%$$

第六步，计算公司稳定增长期股权自由现金流量的现值。

$$\text{稳定增长期 } FCFE \text{ 的现值}=\frac{11.98}{(12.5\%-6\%)\times(1+14\%)^5}=95.72(\text{元})$$

第七步，计算公司股权自由现金流量现值总和。

$$V=(20.43+95.72)\times3\,000=348\,450(\text{万元})$$

复习与思考

什么是股权自由现金流量？如何计算？

3. 公司自由现金流量折现模型

（1）公司自由现金流量及其计算。公司自由现金流量（FCFF）是公司所有权益要求者，包括普通股股东、优先股股东和债权人的现金流总和。公司自由现金流量和股权自由现金流量的主要区别在于，公司自由现金流量包括与债务有关的现金流量，如利息支出、本金偿还、新债发行和其他非普通股权益现金流，如优先股股利。

有两种方法计算公司自由现金流量：

1）将公司所有权益要求者的现金流量加总。

$$\text{公司自由现金流量}=\text{股权自由现金流量}+\text{利息费用}\times(1-\text{税率})+\text{偿还债务本金}-\text{发行的新债}+\text{优先股股利} \tag{10-6}$$

2）以息税前利润为出发点进行计算。

$$\text{公司自由现金流量}=\text{息税前利润}\times(1-\text{税率})+\text{折旧}-\text{资本性支出}-\text{追加营运资本} \tag{10-7}$$

两种方法计算的结果应该是相同的。

（2）加权平均资金成本（WACC）。与公司自由现金流量相对应的折现率是加权平均资金成本。加权平均资金成本是公司不同融资成本的加权平均值。

$$WACC=k_E\cdot\frac{E}{E+D+PS}+k_D\cdot\frac{D}{E+D+PS}+k_{PS}\cdot\frac{PS}{E+D+PS} \tag{10-8}$$

式中，k_E 为普通股资金成本；k_D 为税后债务成本；k_{PS} 为优先股成本；$\frac{E}{E+D+PS}$为普通股资本的市场价值在总资产市价中所占的比重；$\frac{D}{E+D+PS}$为债务的市场价值在总资产市价中所占的比重；$\frac{PS}{E+D+PS}$为优先股的市场价值在总资产市价中所占的比重。

（3）公司估价模型。用加权平均资金成本对公司自由现金流量进行折现可以得到公司的价值。同样，根据公司所处的发展阶段，公司估价模型也可以分为两类，即公司自由现金流量稳定增长模型和公司自由现金流量二阶段模型。

1）公司自由现金流量稳定增长模型。公司自由现金流量稳定增长模型下公司价值的计算公式为：

$$V=\frac{FCFF_1}{WACC-g} \tag{10-9}$$

式中，V 为公司的价值；$FCFF_1$ 为预期下一期的 $FCFF$；$WACC$ 为加权平均资金成本；g 为 $FCFF$ 的永久增长率。

2）公司自由现金流量二阶段模型。公司自由现金流量二阶段模型下公司价值的计算公式为：

$$V=\sum_{t=1}^{n}\frac{FCFF_t}{(1+WACC)^t}+\frac{FCFF_{n+1}}{(WACC_n-g_n)(1+WACC)^n} \tag{10-10}$$

式中，V 为公司的价值；$FCFF_t$ 为第 t 期公司自由现金流量；$WACC$ 为公司高速增长阶段的加权平均资金成本；$WACC_n$为公司稳定增长阶段的加权平均资金成本；g_n 为公司自由现金流量的稳定增长率。

4. 其他估价方法

（1）期权估价法。期权是一种赋予持有人在某给定日期或该日期之前的任何时间以固定价格购进或售出一种资产的权利的合约。只有在期权标的资产的价值超过了看涨期权的执行价格或低于看跌期权的执行价格时，期权才产生收益。当一项资产的收益是某一标的资产价值的函数时，该资产可视为期权。具有期权特性的任何资产的价值都可以用期权估价模型进行评估。期权估价模型由布莱克（Black）和斯科尔斯（Scholes）于 1972 年首先提出，此后得到了极大的发展。由于并购中涉及的期权问题较为复杂，且不是本书重点，这里不再详细论述。

（2）成本法。如果并购后目标企业不再继续经营，可以利用成本法估计目标企业的价值。常用的计价标准有：

1）清算价值。清算价值是指目标企业清算出售，并购后目标企业不再存在时其资产的可变现价值。

2）净资产价值。净资产价值是指目标企业资产总额减去负债总额即目标企业所有者权益的价值。

3）重置价值。重置价值是指将历史成本标准换成重置成本标准，以资产现行成本为计价基础的价值。

成本法对目标企业有形资产净值估算的价格是并购后出售目标企业的最低价格，并购企业由此可以测算并购的风险。成本法对无形资产的估值基本上是无能为力的。

（3）换股合并估价法。如果并购是通过换股进行的，则对目标企业估价的任务就是确定一个换股比例。换股比例是指为换取目标企业的 1 股股份而需付出的并购方企业的股份数量。

在市场经济条件下，股票的市场价格体现了投资者（包括股东）对企业价值的评价，因此，人们通常用股票的市场价格来代表企业价值或股东财富。一般来说，股票的市场价格反映了企业目前和未来的盈利能力、时间价值和风险报酬等方面的因素及其变化，因此，股票市场价格最大化在一定条件下成为企业追求的目标。并购也要服从这个目标，只有并购后的股票价格高于并购前并购方和目标企业的股票价格，并购方和目标企业的股东才能接受。

10.1.3　企业并购的支付方式

任何实施并购的企业都必须考虑采取何种方式完成并购，充分认识不同支付方式的差异，依据具体情况作出决策。实践中，企业并购的支付方式主要有三种，即现金支付、股票支付和混合证券支付。

1. 现金支付

（1）现金支付的特点。现金支付是指由主并企业向目标企业支付一定数量的现金，从而取得目标企业所有权的一种支付方式。

对目标企业的股东而言，现金支付可以使他们即时得到确定的收益，而其他非现金支付方式能给股东带来的收益则要受市场状况、市场深度、主并企业的业绩及交易成本等因素的影响，不确定性较大。现金支付对目标企业股东的不利之处是可能形成即时的纳税义务。

对主并企业而言，现金支付最大的好处是现有的股权结构不会受到影响，现有的股东控制权不会被稀释。但同时，现金支付会给主并企业造成一项沉重的现金负担。主并企业必须决定是动用企业现有的现金，还是专门筹集额外的资金来支付收购费用。

现金收购因其速度快的特点而多用于敌意收购。在已有的并购案例中，现金收购占主导地位。

（2）现金支付的影响因素。采用现金支付时，需要考虑以下问题：

1）主并企业的短期流动性。现金支付要求主并企业在确定的日期支付一定数量的货币，立即付现可能会导致现金紧张，因此有无足够的即时付现能力是主并企业首先要考虑的因素。

2）主并企业中长期的流动性。有些企业可能在很长时间内都难以从现金大量流出中恢复过来，因此主并企业必须认真考虑现金回收率和回收年限。

3）货币的流动性。在跨国并购中，主并企业还须考虑自己拥有的现金是否为可以直接支付的货币或可自由兑换的货币，以及从目标企业收回的资金是否为可自由兑换的货币等问题。

4）目标企业所在地管辖股票的销售利得的所得税法。目标企业所在地的资本利得所得税的水平将影响主并企业现金支付的出价。

2. 股票支付

（1）股票支付的特点。股票支付是指主并企业通过增加发行本企业的股票，以新发行的股票替换目标企业的股票，从而达到并购目的的一种支付方式。股票支付不同于现金支付的主要特点有：

1）主并企业不需要支付大量的现金，因而不会影响主并企业的现金状况。

2）并购完成后，目标企业的股东成为并购后企业的新股东，但一般来说，主并企业的股东在经营控制权上占主导地位。

股票支付的不足之处是，由于目标企业的股东保留自己的所有者地位，因此，股票支付对于主并企业股东来说会使其股本结构发生变化。另一个不足之处是，股票支付所需手续较多，耗时费力，不像现金支付那样简洁迅速。

股票支付常见于善意并购，当并购双方的规模实力相当时，并购成功的可能性较大。

（2）股票支付的影响因素。在决定是否采用股票支付方式时，一般要考虑以下因素：

1）主并企业的股权结构。由于股票支付方式的一个突出特点是它对主并企业的原有股权结构会有重大影响，因此主并企业必须事先确定主要大股东会在多大程度上接受股权的稀释。

2）每股收益的变化。增发新股会对每股收益产生不利影响，如果目标企业的盈利状况较差，或是支付的价格较高，则会导致每股收益减少，进而导致股价下跌。因此，主并企业在采用股票支付方式前，要确定是否会发生这种不利情况；如果发生这种情况，那么在多大程度上是可以接受的。

3）每股净资产的变动。每股净资产是衡量股东权益的一项重要标准。在某种情况下，新股的发行可能会减少每股拥有的净资产，这会对股价造成不利影响。如果采用股票支付方式会导致每股净资产下降，则主并企业需要确定这种下降能否被企业原有的股东接受。

4）财务杠杆比例。发行新股可能会影响企业的财务杠杆比例。因此，主并企业应考虑是否会出现财务杠杆比例升高的情况，以及具体的资产负债的合理水平。

5）当前股价水平。当前股价水平是主并企业决定采用现金支付还是股票支付的一个主要影响因素。主并企业应考虑本公司股价所处的水平，同时还应预测增发新股会给股价带来多大影响。

3. 混合支付

混合支付是指主并企业的支付方式为现金、股票、权证、可转换债券等多种形式的组合。单一的支付工具总是有着不可避免的局限性，通过把各种支付工具组合在一起，能集中各种支付工具的长处而避开它们的短处。比如，与普通股相比，企业债券的资金成本较低，而且向它的持有者支付的利息可以免税。权证和可转换债券为其持有人提供了一种选择权。

复习与思考

说明并购中各种支付方式的特点和影响因素。

10.2 国际财务管理

10.2.1 国际财务管理的特点

国际财务管理是国内财务管理向国际经营的扩展，因此，一国企业财务管理的基本原理和方法也适用于国际企业。但由于国际企业的业务散布多国，财务管理常涉及外汇的兑换和多国政府的法令制度，因此，国际财务管理比国内财务管理更复杂。与国内财务管理相比，国际财务管理具有如下特点。

1. 国际企业的理财环境更复杂

国际企业的理财活动涉及多个国家，而各国的政治、经济、法律和文化环境有很大差异。国际企业在进行财务管理时，不仅要考虑本国的各方面环境因素，而且要密切注意国际形势和其他国家的具体情况。特别要注意如下问题：汇率的变化、外汇的管制程度、通货膨胀率和利息率的高低、资金市场的完善程度、政局的稳定程度等。

2. 国际企业的资金筹集方式更多

无论是国际企业的资金来源还是筹资方式，都呈现多样化的特点，这使得国际企业在筹资时有更多选择。国际企业既可以利用母公司所在国的资金，也可以利用子公司所在东道国的资金，还可以向国际金融机构和国际金融市场筹资，国际企业可以利用这种多方融资的有利条件，选择最有利的资金来源，降低企业的资金成本。

3. 国际企业的资金投放风险性更高

从某种意义上说，从事国际投资活动就是预测风险、避免风险的过程。国际企业除面对国内企业所面对的风险，还要面对国际政治、经济环境中的各种风险，这些风险可以概括为两大类十个方面：

（1）经济和经营方面的风险：汇率变动风险、利率变动风险、通货膨胀风险、经营管理风险和其他风险。

（2）上层建筑和政局变动的风险：政府变动的风险、政策变动的风险、战争风险、法律风险和其他风险。

10.2.2 国际投资

1. 国际投资种类

按不同的标准，可对国际投资作不同的分类，现根据国际上常见的分类标准进行说明。

（1）按投资形式，可分成国际企业直接投资和国际企业间接投资。

国际企业直接投资又称对外直接投资，是指投资者在其所投资的企业中拥有足够的所有权或足够程度的控制权的投资。最初意义上的国际企业直接投资是指在国外建立工厂直接生产或设立商店直接销售的一种经营活动。现代意义上的国际企业直接投资则是指在国外取得经营权的投资，一般是指在国外开设独资企业，兴办合资企业、合作企业。如果股票投资达到了对某企业进行控制的程度，也属于直接投资。

国际企业间接投资又称对外间接投资，是指投资者不直接掌握投资对象的动产或不动产的所有权，或在投资对象中没有足够的控制权的投资。间接投资一般是指各种证券投资。

总之，区分直接投资和间接投资的标志是投资者是否能控制作为投资对象的外国企业。根据国际货币基金组织的规定，拥有外国企业股票超过25%的即为直接投资。各国政府也都根据具体情况确定了直接投资与间接投资的划分标准。

（2）按投资时间长短，可分成长期投资和短期投资。

长期投资一般是指一年以上的投资。在国外兴办合资企业、合作企业、独资企业或持有国外企业发行的证券一年以上的投资，都属于长期投资。长期投资一般所需资金多，投资时间长，投资风险大，因此，必须认真分析投资环境和投资效益，做出科学决策。

短期投资一般是指一年以内的投资，如证券投资、合作经营期不超过一年的投资。

2. 国际投资方式

国际投资方式是国际企业进行投资时采用的具体形式，目前主要有合资投资、合作投资、独资投资、证券投资等。现根据国际企业惯例，介绍各种投资方式的特点。

（1）合资投资。合资投资是指某国投资者与另一国投资者通过组建合资经营企业的形式所进行的投资。这里的合资经营企业通常是指两个或两个以上不同国家或地区的投资者按照共同投资、共同经营、共负盈亏、共担风险的原则建立的企业。

合资投资是国际企业投资的一种主要方式，其主要优点是：

1）可减少公司的投资风险。由东道国公司参与投资，由于东道国投资者对自己国家的经济情况了解得比较多，因而能减少经营风险。

2）由于与东道国投资者合资经营、共负盈亏，外国投资者除可享受特别优惠，还可获得东道国对本国公司的优惠政策。

3）能迅速了解东道国的政治、社会、经济、文化等情况，并学习当地投资者的先进管理经验，有利于加强企业管理，提高经济效益。

合资投资的缺点主要有：

1）所需时间比较长。一般来说，进行合资投资必须寻找合适的投资伙伴，但这比较困难，需要花费较长的时间。另外，在国外设立合资企业，审批手续比较复杂，需要的时间也比较长。

2）很多国家都规定，外资股权不能超过 50%，所以，国外投资者往往不能对合资公司进行完全控制。

（2）合作投资。合作投资是指通过组建合作经营企业的形式所进行的投资。这里的合作经营企业又称契约式的合营企业，是指国外投资者与东道国投资者通过签订合同、协议等形式来规定各方的责任、权利、义务而组建的企业。

合作投资的优点主要有：

1）所需时间比较短。兴办合作企业的申请、审批程序比较简便，合作经营的内容与方式没有固定模式，便于双方协商，达成协议。

2）比较灵活。合作企业的合作条件、管理形式、收益分配方法以及合作各方的责任、权利、义务都比较灵活，均可以根据不同情况，在合作各方协商的合同中加以规定。

合作投资的缺点主要在于，这种企业组织形式不像合资企业那样规范，合作者在合作过程中容易对合同中的条款产生争议，从而影响合作企业的正常发展。

（3）独资投资。独资投资是指通过在国外设立独资企业的形式所进行的投资。这里的独资企业是指根据某国的法律，经过该国政府批准，在其境内兴办的全部为外国资本的企业。

独资投资的优点主要有：

1）独资投资是指由投资者自己提供全部资本，独立经营管理，在资金的筹集、运用和分配上都拥有自主权，不会受到其他干涉。

2）有利于学习所在国的先进技术和管理经验，有利于投资者利用各国税率的不同，通过内部转移价格进行合理避税。

独资投资的缺点主要有：

1）对东道国投资环境的调查比较困难，不太容易获得详细的资料，因而投资者承担的风险较大。

2）在很多国家，独资企业设立的条件都比合资企业严格，这也是独资投资的不利之处。

（4）证券投资。证券投资是指一国投资者将其资金投资于其他国家的企业或其他经济组织发行的证券，以期在未来获得收益的一种投资方式。证券投资是企业从事国际企业经营活动的起点之一。

证券投资的优点主要有：

1）比较灵活方便。证券投资不像合资经营要经过谈判、协商和复杂的审批手续，只要有合适的证券，可以立即进行投资。

2）可以降低风险。国际企业证券在发行时一般要经过公认的资信评估机构确认发行人的资信等级，有的还需经过发行人所在国家的政府担保，因而证券投资的风险一般要比合资、合作、独资投资的风险低。

3）可增加企业资金的流动性和变现能力。国际企业持有证券可随时转让出售变成现金，因而投资于证券比投资于实物资产更具有流动性。

证券投资的缺点是，证券投资只能作为一种获得股利或利息的手段，而不能达到学习国外先进的科学技术和管理经验的目的，也无法控制有关资源和市场。

复习与思考

试说明几种国际投资方式的优缺点。

10.2.3 国际筹资

1. 国际资金来源

与单一的国内企业相比，国际企业有更多的资金来源，最主要的可概括为以下四个方面。

（1）企业集团内部的资金来源。国际企业的经营规模大、业务多，常常在其内部形成国际性的资金融通体系。一些世界著名的国际企业都有几十个子公司，有的甚至可达上百个分支机构。这样，国际企业内部的各经营实体在日常经营活动中都可能产生或获得大量资金，从而构成内部资金的广泛来源。这些来源主要包括：1）母公司或子公司本身的未分配利润和折旧基金；2）企业集团内部相互提供的资金。

（2）母公司所在国的资金来源。国际企业的母公司可以利用它与母公司所在国经济发展的密切联系，从母公司所在国的金融机构和有关政府组织获取资金。

（3）子公司所在东道国的资金来源。国际企业也可从子公司所在的东道国筹集资金。一般来说，多数子公司都在当地借款，在很多国家，金融机构对当地企业贷款的方式同样适用于外资企业。在当地借款既可以弥补投资不足，又是预防和减少风险的有力措施。

（4）国际资金来源。国际企业获得的除集团内部、母公司所在国、子公司所在东道国以外的任何第三国或第三方提供的资金，都可称为国际资金。国际资金的来源主要包括如下三方面：1）向第三国银行借款或在第三国资本市场上出售证券获得；2）在国际金融市场上出售证券获得；3）从国际金融机构获取贷款。

2. 国际筹资方式

国际企业的筹资方式与单纯的国内企业筹资方式相比，既有相同的地方，也有不同的地方。现介绍其中具有国际特色的筹资方式。

（1）发行国际股票。股票是股份公司为筹集自有资金而发行的有价证券，是投资入股和取得收益的凭证。国际股票是指一国企业在国际金融市场或国外金融市场上发行的股票。比如，中国的股份有限公司在美国纽约证券交易所发行的股票、日本公司在我国香港交易所发行的股票、美国公司在英国伦敦证券交易所发行的股票等都属于国际股票。随着世界经济的国际化发展，股票的发行也已超越了国界，出现国际化趋势，许多国际企业都到国际金融市场上发行股票。

与国内企业相比，国际企业在国际或国外金融市场上发行股票有以下几个有利条件：1）国际企业规模大，信誉好，有利于股票发行；2）国际企业业务散布在多国，对国外或国际金融市场情况比较了解；3）国际企业可以通过国外的分支机构在当地发行股票，节约发行费用。

（2）发行国际债券。一国政府、金融机构、工商企业为筹措资金而在国外市场发行的，以外国货币为面值的债券，即为国际债券。国际债券可分为外国债券和欧洲债券两类。

外国债券是指国际借款人（债券发行人）在某国债券市场上发行的、以发行所在国的货币为面值的债券。例如，新加坡公司在日本发行的日元债券、日本公司在美国发行的美元债券等都属于外国债券。

欧洲债券是指国际借款人在其本国以外的债券市场上发行的、不是以发行所在国的货币为面值的债券。例如，日本公司在法国债券市场上发行的美元债券便属于欧洲债券。欧洲债券的特点是：发行人处在某一个国家，发行在另一个国家，债券面值使用的是第三个国家的货币或综合货币单位（如特别提款权）。

（3）利用国际银行信贷。国际银行信贷是一国借款人向外国银行借入资金的信贷行为。

国际银行信贷按其借款期限可分为短期信贷和中长期信贷两类。短期信贷的借款期限一般不超过 1 年，国际企业借入短期资金，一般是为了满足流动资产的需求。中长期信贷的贷款期限一般在1年以上10年以内。中长期借款金额大、时间长，银行风险较大。因而，借贷双方要签订贷款协议，对贷款的有关事项加以详细规定。另外，借入中长期贷款一般要提供担保财产。

国际银行信贷按其贷款方式有独家银行信贷与银团贷款两种。独家银行信贷又称双边中期贷款，它是一国贷款银行对另一国的银行、政府及企业提供的贷款。银团贷款又称辛迪加贷款，由一家贷款银行牵头，由该国或几国的多家贷款银行参加，联合起来组成贷款银行集团，按同一条件共同对另一国的政府、银行及企业提供长期巨额贷款。银团贷款期限一般为5～10年，贷款金额为1亿～5亿美元，有的甚至高达10亿美元。目前，国际企业的中长期巨额贷款一般都采用银团贷款方式，以便分散风险，共享利润。

(4) 利用国际贸易信贷。国际贸易信贷是指由供应商、金融机构或其他官方机构为国际贸易提供资金的一种信用行为。当前，国际上巨额对外贸易合同的签订、大型成套设备的出口，几乎无不与国际贸易信贷结合在一起。因此，国际贸易信贷是国际企业筹集资金的一种重要方式。国际贸易信贷按贷款期限分为短期信贷和中长期信贷。短期信贷是指期限在1年以内的信贷；中长期信贷是指期限在1年以上的信贷。

由于国际贸易中的中长期信贷的目的是扩大出口，故称为出口信贷。出口信贷是发达国家为支持扩大本国产品出口，责成本国银行设立的一种利率优惠的贷款，其目的是向国外推销产品和吸引那些资金不足的进口商进口所需产品。出口信贷主要包括以下两种：

1) 卖方信贷。卖方信贷是指在大型机械或成套设备贸易中，为便于出口商以分期付款方式出售设备而由出口商所在地银行向出口商（卖方）提供信贷。这实际上是出口商从出口商银行取得中长期贷款后，再向进口商提供延期付款的商业信用，以便扩大产品出口。出口商付给银行的利息和其他费用，有的包括在货价内，有的在货价外另加，转嫁给进口商。

2) 买方信贷。买方信贷是指在大型机械设备或成套设备贸易中，由出口商所在国的银行贷款给外国进口商或进口商所在地的银行的信贷。这种信贷有利于进口商迅速筹集资金，扩大出口商出口。

(5) 利用国际租赁。国际租赁是指一国从事经济活动的某单位，以支付租金为条件，在一定时期内向外国某单位租借物品使用的经济行为。国际租赁是一种新兴的融资方式。通过国际租赁，国际企业可以直接获得国外资产，较快地形成生产能力。

10.3 企业破产财务管理

2006年8月27日，第十届全国人民代表大会常务委员会第二十三次会议通过了《中华人民共和国企业破产法》（以下简称《破产法》）并予以公布，自2007年6月1日起施行。《破产法》的实施将进一步规范企业破产程序，公平清理债权债务，有利于保护债权人和债务人的合法权益，维护社会主义市场经济秩序。

《破产法》在第七条明确规定，当破产原因为“企业法人不能清偿到期债务，并且资产不足以清偿全部债务或者明显缺乏清偿能力的”，债务人可以向人民法院提出重整、和解或者破产清算申请，债权人也可以向人民法院提出对债务人进行重整或破产清算的申请。

10.3.1 企业破产财务管理的特殊性

企业一旦进入破产程序，其财务管理也进入非常时期。企业财务必须遵守《破产法》有关法律规定，调整或了结与债权人的债权债务关系，正确处理企业与其他各方的经济利益关系，避免直接破产，保护债权人合法权益，实现公平受偿比例最大化的目标。

由于财务管理目标发生了变化，企业在破产程序实施期间的财务管理与正常期间有所不同，主要表现在以下几个方面。

第一，破产企业的财务管理是一种“例外”性质的管理，即危机管理。企业进入破产程序后，随时有可能被宣告破产。此时财务管理的主要职能是防止财务状况进一步恶化，实施并完成组织重整与和解计划，采取应急对策，纠错、治错，避免破产清算。

第二，破产企业的财务管理内容具有相对性和变异性。企业破产是在一定的理财环境下发生的，随着理财环境的改变，企业可能在瞬间由破产困境转变为盈利顺境。例如，政府有关部门给予资助或者采取其他措施帮助其清偿债务；取得担保；已核销应收账款的收回；外部资源改变；经济政策出台等。因此，破产企业的财务管理内容需要根据环境的变化作出相应的调整或改变。

第三，破产企业的财务活动及破产财产受控于破产管理人，并置于法院的监督之下。企业提出重整与和解申请后，应当向债权人会议提交重整、和解协议草案，该草案经债权人会议通过并报请法院审查认可，自公告之日起具有法律效力。如果企业不执行协议或财务状况继续恶化，或者严重损害债权人利益，债权人会议有权向法院申请终结企业重整与和解，宣告其破产。法院自宣告之日起15 日内成立清算组，清算组负责破产财产的保管、清理、估价、处理和分配，并接受法院监督。破产企业在财务预算、财务决策和财务控制诸环节的管理中必须重视破产管理人的意见。

10.3.2 重整与和解财务管理

1. 重整与和解财务管理的特点

重整是《破产法》的主要创新之一，它是在法院的主持和各利害关系人的参与下，对陷入困境、濒临破产而又具有挽救价值和重建可能的企业进行生产经营整顿和债权债务关系清理，最终使企业重获生产经营能力，避免破产清算并摆脱困境的一种特殊法律形式。重整适用于所有类型的企业法人，是一个独立的破产预防程序。重整、和解与破产清算的有机结合构成了破产程序体系。重整与和解期间，企业的生产经营活动会继续进行，但不同于正常的财务管理活动，其特点主要体现在以下几个方面。

首先，重整期间，债务人要在管理人的监督下自行管理财产和营业事务。管理人可以由有关部门、机构的人员组成的清算组或者依法设立的律师事务所、会计师事务所、破产清算事务所等社会中介机构担任，由人民法院指定。

其次，重整计划与和解协议草案的制定是重整与和解阶段的首要任务，而且必须通过债权人会议并由人民法院裁定认可才能生效。如果企业未能履行重整计划与和解协议，法院将终止重整与和解并宣告其破产。

最后，在重整计划规定的监督期内，债务企业需要向管理人报告重整计划的执行情况和财务状况。

2. 重整计划的制定与执行

重整具有债务清理和拯救企业的双重目的，是一种再建型的制度设计，以促进债务企业复兴为目的，进而实现尽量减少债权人和债务人损失的目的。重整的程序可以分为四个步骤：

第一步，由债权人或债务人向人民法院申请重整。企业法人只要具备明显缺乏清偿能力的可能性，就可以申请进入重整程序。如果是债权人向法院申请债务人破产，在法院受理破产清理后宣告债务人破产前，债务人或出资额占债务人注册资本1/10以上的出资人可以向法院申请重整。

第二步，在人民法院裁定重整的6个月内，债务人或管理人需向债权人会议和人民法院同时提交重整计划草案。

第三步，人民法院在收到重整计划草案的30日内召开债权人会议，对重整计划进行表决，表决通过后10日内，债务人或管理人向人民法院申请批准重整计划，人民法院在收到申请的30日内裁定批准。

第四步，债务人负责重整计划的执行，并在监督期内接受管理人的监督。

如果其中的任何一步没有按要求完成，则重整程序终止，人民法院将宣告债务人破产。

可以看出，重整能否顺利完成，主要取决于重整计划的制定能否获得债权人会议的通过和人民法院的裁定认可。重整计划草案应尽可能完整地勾勒出债务人对未来经营的设想与安排、可行性、对债权人的利益保护程度等，以获得债权人的认可。具体来说，主要可以分为以下几个方面：首先，经营方案的描述与可行性分析，这是企业获得新生的动力所在，也是促成重整程序获得通过的重要基础。其次，清理企业所有的债权并进行分类，在此基础上提出债权调整与受偿方案。这一环节要注意维护债权人的利益，并做到公平对待不同类型的债权人。最后，明确界定重整计划的执行期限与监督期限。

债权人会议讨论重整计划草案时，需要按债权类型分类分组进行表决，如果涉及出资人变更权益事项，则应设出资人组对计划草案进行表决。各表决组均通过计划草案时，即为通过；否则，债务人或管理人应积极同未通过计划草案的表决组进行协商，协商后再次进行表决。如仍未能通过，债务人还可以在重整计划符合公平、公正等原则的条件下，申请人民法院批准计划草案。

重整计划获得批准后由债务人负责执行，并在监督期内接受管理人的监督。监督期满，管理人向人民法院提交监督报告，管理人的监督职责终止。重整计划的利害关系人有权查阅管理人向人民法院提交的监督报告。必要时，管理人可以申请人民法院批准延长监督期限。重整计划对所有债权人和债务人都有约束力，债权人未依照《破产法》的规定申报债权的，在重整计划执行期间不得行使权利；在重整计划执行完毕后，可以按照重整计划规定的同类债权的清偿条件行使权利。如果债务人不能执行或不执行重整计划，管理人或其他利害关系人可以向人民法院申请终止重整计划。终止重整计划执行后，债权人在重整计划中作出的债权调整的承诺即失去效力。债权人因执行重整计划所受的清偿仍然有效，债权未受清偿的部分作为破产债权。

3. 和解协议的签订与执行

和解是指破产程序开始后，债务人和债权人之间就债务人延期清偿债务、减少债务数额、进行整顿事项达成协议，以挽救企业，避免破产，终止破产程序的法律行为。和解制度着眼于债权债务关系的变动，通过债权、债务双方的协商，达成新的偿债协议，从而避免债务企业破产。不同于重整，和解申请一般由债务人提出，既可以直接提出，也可以在人民法院受理后但未宣告债务企业破产前提出。

和解协议应由出席债权人会议有表决权的债权人半数以上同意，并且其所代表的债权额占无担保债权额的 2/3 以上。和解协议通过后，由人民法院裁定后公告，管理人应将财产和营业事务移交给债务人。享有无财产担保的债权人称为和解债权人，和解债权人与债务人一同受和解协议的约束，按照协议减免的债务，自和解协议执行完毕起，债务人不再承担清偿责任。如果债务人存在欺诈行为，或不能执行、不执行和解协议，和解债权人可以请求人民法院裁定终止和解协议，并宣告债务人破产。

10.3.3 破产清算财务管理

1. 破产清算的程序

人民法院宣告债务人破产的，在裁定之日起 5 日内将裁定书送达债务人和管理人，10 日内通知已知债权人，并进行公告。此后，管理人应及时拟定破产财产变价方案，并提交债权人会议讨论。在旧的破产法规中，企业依法宣告破产后，受理破产案件的人民法院指定各方面人员组成清算组，接收破产企业的全部资产和债权，清理破产企业的财产，处理破产企业的善后事宜等。这不仅带有浓厚的行政色彩，而且会造成自受理破产申请到宣告破产之前债务人财产处于无人管理的真空状态。而《破产法》设立了管理人制度，有助于实现破产程序中管理主体的市场化和专业化。

管理人由人民法院指定，债权人会议认为管理人不能依法、公正执行职务或者有其他不能胜任职务情形的，可以向人民法院申请予以更换。管理人的职责主要有：(1) 接管债务人的财产、印章和账簿、文书等资料；(2) 调查债务人财产状况，制作财产状况报告；(3) 决定债务人的内部管理事务；(4) 决定债务人的日常开支和其他必要开支；(5) 在第一次债权人会议召开之前，决定继续或者停止债务人的营业；(6) 管理和处置债务人的财产；(7) 代表债务人参加诉讼、仲裁或者其他法律程序；(8) 提议召开债权人会议；(9) 人民法院认为管理人应当履行的其他职责。

除债权人会议另有决议的，变价出售破产财产应当通过拍卖进行，既可以全部也可以部分变价出售，其中无形资产和其他财产单独变价出售，按照国家规定不能拍卖或限制转让的财产应按国家规定的方式处理。破产财产分配方案应载明以下事项：(1) 参加破产财产分配的债权人名称或者姓名、住所；(2) 参加破产财产分配的债权额；(3) 可供分配的破产财产数额；(4) 破产财产分配的顺序、比例及数额；(5) 实施破产财产分配的方法。经债权人会议通过，并经人民法院裁定认可后，由管理人执行破产财产分配。除债权人会议另有决议的，破产财产的分配应当以货币分配方式进行。破产财产不能满足同一顺序的清偿要求的，按比例分配。破产企业的董事、监事和高级管理人员的工资按照该企业职工的平均工资计算。分配完毕，管理人要及时向人民法院提交破产财产分配报告，并提请人民法院裁定终结破产程序。收到终结破产程序请求之日起15日内，人民法院应作出裁定，裁定终结的，应予以公告。自终结破产程序起10日内，管理人持人民法院的裁定公告到原注册机关办理注销登记。至此，破产清算程序完成。

2. 破产财产的范围及计价

破产申请受理时属于债务人的全部财产，以及破产申请受理后至破产程序终结前债务人取得的财产，称为债务人财产。债务人被宣告破产后，债务人财产称为破产财产。

下列特殊情况的财产仍属破产财产，管理人有权追回。

(1) 人民法院受理破产申请前一年内，涉及债务人财产的下列行为，管理人有权请求人民法院予以撤销：1) 无偿转让财产的；2) 以明显不合理的价格进行交易的；3) 对没有财产担保的债务提供财产担保的；4) 对未到期的债务提前清偿的；5) 放弃债权的。

(2) 为逃避债务而隐匿、转移财产的；虚构债务或者承认不真实的债务的。

(3) 人民法院受理破产申请前6个月内，债务人不能清偿到期债务，并且资产不足以清偿全部债务或者明显缺乏清偿能力，但仍对个别债权人进行清偿的，管理人有权请求人民法院予以撤销。但是，个别清偿使债务人财产受益的除外。

为了正确确定破产财产的价值，以便合理地按价值进行分配，破产财产的计价可以采用账面价值法、重估价值法和变现收入法等多种方法进行。

账面价值法是指以核实后的各项资产、负债的账面价值（原值扣除损耗和摊销）为依据，计算企业财产价值的方法。该方法适用于破产财产的账面价值与实际价值偏离不大的项目，如货币资金、应收账款等货币性资产项目。

重估价值法是指以对财产的原值采用重置成本法、现行市价法等方法进行重估所确定的价值为依据，计算企业财产价值的方法。该方法适用于各项财产价值的确定，如设备、存货等。

变现收入法是指以出售资产可获得的现金收入为依据，计算企业财产价值的方法。

3. 破产债权的范围及计价

人民法院受理破产申请时对债务人享有的债权称为破产债权。依法申报确认时，债权申报期限自人民法院发布受理破产申请公告之日起计算，最短不得少于30 日，最长不得超过 3 个月。此外，人民法院裁定终止重整计划执行的，债权未受清偿的部分作为破产债权。人民法院裁定终止和解协议执行的，和解债权未受清偿的部分作为破产债权。

债权人申报债权时，应当书面说明债权的数额和有无财产担保，并提交有关证据。申报的债权是连带债权的，应当说明。连带债权人可以由其中一人代表全体连带债权人申报债权，也可以共同申报债权。在人民法院确定的债权申报期限内，债权人未申报债权的，可以在破产财产最后分配前补充申报，但是此前已进行的分配，不再对其补充分配。为审查和确认补充申报债权发生的费用，由补充申报人承担。

未到期的债权，在破产申请受理时视为到期。附利息的债权自破产申请受理时起停止计息。

管理人对所收到的债权申报材料进行审查并编制债权表，供利害关系人查阅。债务人、债权人对债权表的记录没有异议时，由人民法院裁定确认；如有异议，可向人民法院提起诉讼。凡是依法申报债权的债权人均为债权人会议成员，有权参加债权人会议，享有表决权。

破产债权的计价是为了确定债权人对破产企业拥有的债权额度，以便为破产财产的公平分配提供依据。破产债权的计价因债权的类型不同而不同。主要有以下几种：

（1）破产宣告日尚未到期的利随本清债权，其债权额为原债权额加上从债权发生日至破产申请受理时的应计利息。

（2）不计利息的现金债权及非现金债权，一般按债权发生时的历史记录金额计价。

（3）以外币结算的债权，按破产宣告日国家外汇牌价中间价折合为人民币金额计价。

（4）索赔债权，赔偿金额由清算组与索赔债权人协商确定。

本章小结

本章介绍了企业并购财务管理、国际财务管理和企业破产财务管理等财务管理专题。

1. 企业并购的主要形式有三种，即吸收合并、新设合并和收购。

2. 目标企业的估价方法中，折现现金流量法在实践中最为常用，主要有股权自由现金流量折现模型和公司自由现金流量折现模型。这两种模型主要是对自由现金流量的限定范围不同，所以在实际应用中使用的现金流量和折现率有所不同。

3. 现金支付、股票支付和混合证券支付是企业并购中最常见的三种支付方式。确定了支付方式后，主并企业就须针对本企业的财务状况和战略目标来进一步规划所需支付资金的筹集方案。

4. 国际投资管理包括国际企业的投资种类、投资方式和投资决策等问题。

国际企业投资有不同的分类：按投资方式，可分成直接投资和间接投资；按投资时间长短，可分成长期投资和短期投资。

国际企业投资方式是国际企业进行投资时所采用的具体形式，目前主要有合资投资、合作投资、独资投资和证券投资等。

国际企业投资决策一般包括如下几步：根据生产经营情况，作出投资决策；进行认真研究和分析，选择合适的跨国投资方式；选用适当的方法，对国际企业的投资环境进行评价；利用国际上常用的投资决策指标，对投资项目的经济效益进行评价。

5. 国际筹资管理主要包括国际企业的资金来源、筹资方式和筹资决策等问题。

国际企业的资金来源主要有：企业集团内部的资金来源；母公司所在国的资金来源；子公司所在东道国的资金来源；国际资金来源。

国际企业的筹资方式包括：发行国际股票；发行国际债券；利用国际银行信贷；利用国际贸易信贷；利用国际租赁。

国际企业筹资决策主要围绕以下几方面内容展开：降低国际企业的资金成本；降低国际企业的筹资风险；优化国际企业资本结构。

6. 重整是在人民法院的主持下由债务人与债权人达成协议，制定重整计划，规定在一定期限内，债务人按一定的方式全部或者部分清偿债务，同时债务人可以继续经营其业务的制度。重整适用于所有类型的企业法人，是一个独立的破产预防程序。

7. 和解是指破产程序开始后，债务人和债权人之间就债务人延期清偿债务、减少债务数额、进行整顿事项达成协议，以挽救企业，避免破产，终止破产程序的法律行为。和解一般由债务人提出。

8. 企业进入破产程序，其财务管理也进入破产清算的非常时期。与正常期相比，破产清算阶段的财务管理以破产程序中破产财产的价值运动为管理对象，破产企业的财务活动及破产财产受控于破产管理人，并置于法院的监督之下。破产清算阶段的财务管理主要包括破产清算的程序、破产财产的范围及计价、破产债权的范围及计价等。

重要名词

并购（merger & acquisition，M&A）
吸收合并（merger）　新设合并（consolidation）
折现现金流量法（discounted cash flow）
股权自由现金流量（free cash flow of equity，FCFE）
公司自由现金流量（free cash flow for the firm，FCFF）
外国债券（foreign bond）　欧洲债券（eurobond）
出口信贷（export credit）　卖方信贷（supplier's credit）
买方信贷（buyer's credit）　破产（bankruptcy）
重整（reorganization）　和解（concession）
清算（liquidation）　破产财产（bankruptcy property）
破产债权（bankruptcy credit）

思考题

1. 什么是并购？
2. 说明目标企业的估价方法。
3. 说明企业并购的支付方式。
4. 国际财务管理的概念是什么？有什么特点？
5. 试对比分析各种国际投资方式。
6. 国际筹资的方式有哪些？
7. 如何理解重整与和解两个法律程序？在使用时要注意什么问题？
8. 破产清算财务管理的工作重点是什么？
9. 如何进行破产财产的分配？

案例题

阅文集团收购新丽传媒

案例资料：2018 年 8 月 13 日，阅文集团（股票代码：00772.HK）发布公告，拟以不超过 155 亿元的价格，收购新丽传媒 100%股权，结算方式为现金加股权。

阅文集团由腾讯文学与原盛大文学整合而成，成立于2015年。作为知名正版数字阅读平台和文学IP培育平台，已成功输出《鬼吹灯》《盗墓笔记》《琅琊榜》《全职高手》《扶摇皇后》《将夜》《庆余年》等网文IP，改编为影视、动漫、游戏等多业态产品。

新丽传媒创立于2007年，主要从事电视剧、网络剧及电影的制作和发行，主要作品包括《我的前半生》《白鹿原》《女医明妃传》《余罪》等，参与电影包括《悟空传》《情圣》《夏洛特烦恼》等。

新丽传媒的股份主要掌握在管理层和腾讯手中。管理层所持新丽传媒的股份作价102.1亿元，以现金加股权结算。交易完成后，新丽传媒创始人曹华益将通过旗下公司持有阅文集团2.24%的股权，新丽传媒其他股东将持有阅文集团1.45%的股权。腾讯所持新丽传媒的股份作价52.9亿元，以股权结算。

值得一提的是，腾讯同时也是阅文集团的大股东，此次收购后，腾讯对阅文集团的持股将进一步增加至54.34%。

案例思考题：

1. 阅文集团收购新丽传媒的支付方式包括哪些？对企业将产生什么影响？
2. 此次并购可能会对有关各方产生什么影响？

附录 1

复利终值系数表（F/P，i，n）

n	i (%)																				
	1	2	3	4	5	6	7	8	9	10	11	12	13	14	15	16	17	18	19	20	25	30
1	1.010	1.020	1.030	1.040	1.050	1.060	1.070	1.080	1.090	1.100	1.110	1.120	1.130	1.140	1.150	1.160	1.170	1.180	1.190	1.200	1.250	1.300
2	1.020	1.040	1.061	1.082	1.103	1.124	1.145	1.166	1.188	1.210	1.232	1.254	1.277	1.300	1.323	1.346	1.369	1.392	1.416	1.440	1.563	1.690
3	1.030	1.061	1.093	1.125	1.158	1.191	1.225	1.260	1.295	1.331	1.368	1.405	1.443	1.482	1.521	1.561	1.602	1.643	1.685	1.728	1.953	2.197
4	1.041	1.082	1.126	1.170	1.216	1.262	1.311	1.360	1.412	1.464	1.518	1.574	1.630	1.689	1.749	1.811	1.874	1.939	2.005	2.074	2.441	2.856
5	1.051	1.104	1.159	1.217	1.276	1.338	1.403	1.469	1.539	1.611	1.685	1.762	1.842	1.925	2.011	2.100	2.192	2.288	2.386	2.488	3.052	3.713
6	1.062	1.126	1.194	1.265	1.340	1.419	1.501	1.587	1.677	1.772	1.870	1.974	2.082	2.195	2.313	2.436	2.565	2.700	2.840	2.986	3.815	4.827
7	1.072	1.149	1.230	1.316	1.407	1.504	1.606	1.714	1.828	1.949	2.076	2.211	2.353	2.502	2.660	2.826	3.001	3.185	3.379	3.583	4.768	6.276
8	1.083	1.172	1.267	1.369	1.477	1.594	1.718	1.851	1.993	2.144	2.305	2.476	2.658	2.853	3.059	3.278	3.511	3.759	4.021	4.300	5.960	8.157
9	1.094	1.195	1.305	1.423	1.551	1.689	1.838	1.999	2.172	2.358	2.558	2.773	3.004	3.252	3.518	3.803	4.108	4.435	4.785	5.160	7.451	10.604
10	1.105	1.219	1.344	1.480	1.629	1.791	1.967	2.159	2.367	2.594	2.839	3.106	3.395	3.707	4.046	4.411	4.807	5.234	5.696	6.192	9.313	13.786
11	1.116	1.243	1.384	1.539	1.710	1.898	2.105	2.332	2.580	2.853	3.152	3.479	3.836	4.226	4.652	5.117	5.624	6.176	6.777	7.430	11.642	17.922
12	1.127	1.268	1.426	1.601	1.796	2.012	2.252	2.518	2.813	3.138	3.498	3.896	4.335	4.818	5.350	5.936	6.580	7.288	8.064	8.916	14.552	23.298
13	1.138	1.294	1.469	1.665	1.886	2.133	2.410	2.720	3.066	3.452	3.883	4.363	4.898	5.492	6.153	6.886	7.699	8.599	9.596	10.699	18.190	30.288
14	1.149	1.319	1.513	1.732	1.980	2.261	2.579	2.937	3.342	3.797	4.310	4.887	5.535	6.261	7.076	7.988	9.007	10.147	11.420	12.839	22.737	39.374
15	1.161	1.346	1.558	1.801	2.079	2.397	2.759	3.172	3.642	4.177	4.785	5.474	6.254	7.138	8.137	9.266	10.539	11.974	13.590	15.407	28.422	51.186
16	1.173	1.373	1.605	1.873	2.183	2.540	2.952	3.426	3.970	4.595	5.311	6.130	7.067	8.137	9.358	10.748	12.330	14.129	16.172	18.488	35.527	66.542
17	1.184	1.400	1.653	1.948	2.292	2.693	3.159	3.700	4.328	5.054	5.895	6.866	7.986	9.276	10.761	12.468	14.426	16.672	19.244	22.186	44.409	86.504
18	1.196	1.428	1.702	2.206	2.407	2.854	3.380	3.996	4.717	5.560	6.544	7.690	9.024	10.575	12.375	14.463	16.879	19.673	22.091	26.623	55.511	112.46
19	1.208	1.457	1.754	2.107	2.527	3.026	3.617	4.316	5.142	6.116	7.263	8.613	10.197	12.056	14.232	16.777	19.748	23.214	27.252	31.948	69.389	146.19
20	1.220	1.486	1.806	2.191	2.653	3.207	3.870	4.661	5.604	6.727	8.062	9.646	11.523	13.743	16.367	19.461	23.106	27.393	32.429	38.338	86.736	190.05
25	1.282	1.641	2.094	2.666	3.386	4.292	5.427	6.848	8.623	10.835	13.585	17.000	21.231	26.462	32.919	40.874	50.658	62.669	77.388	95.396	264.70	705.64
30	1.348	1.811	2.427	3.243	4.322	5.743	7.612	10.063	13.268	17.449	22.892	29.960	39.116	50.950	66.212	85.850	111.07	143.37	184.68	237.38	807.79	2 620.0

附录2

复利现值系数表（P/F，i，n）

n	i(%) 1	2	3	4	5	6	7	8	9	10	11	12	13	14	15	16	17	18	19	20	25	30	35	40	50
1	0.990	0.980	0.971	0.962	0.952	0.943	0.935	0.926	0.917	0.909	0.901	0.893	0.885	0.877	0.870	0.862	0.855	0.847	0.840	0.833	0.800	0.769	0.741	0.714	0.667
2	0.980	0.961	0.943	0.925	0.907	0.890	0.873	0.857	0.842	0.826	0.812	0.797	0.783	0.769	0.756	0.743	0.731	0.718	0.706	0.694	0.640	0.592	0.549	0.510	0.444
3	0.971	0.942	0.915	0.889	0.864	0.840	0.816	0.794	0.772	0.751	0.731	0.712	0.693	0.675	0.658	0.641	0.624	0.609	0.593	0.579	0.512	0.455	0.406	0.364	0.296
4	0.961	0.924	0.888	0.855	0.823	0.792	0.763	0.735	0.708	0.683	0.659	0.636	0.613	0.592	0.572	0.552	0.534	0.516	0.499	0.482	0.410	0.350	0.301	0.260	0.198
5	0.951	0.906	0.863	0.822	0.784	0.747	0.713	0.681	0.650	0.621	0.593	0.567	0.543	0.519	0.497	0.476	0.456	0.437	0.419	0.402	0.320	0.269	0.223	0.186	0.132
6	0.942	0.888	0.837	0.790	0.746	0.705	0.666	0.630	0.596	0.564	0.535	0.507	0.480	0.456	0.432	0.410	0.390	0.370	0.352	0.335	0.262	0.207	0.165	0.133	0.088
7	0.933	0.871	0.813	0.760	0.711	0.665	0.623	0.583	0.547	0.513	0.482	0.452	0.425	0.400	0.376	0.354	0.333	0.314	0.296	0.279	0.210	0.159	0.122	0.095	0.059
8	0.923	0.853	0.789	0.731	0.677	0.627	0.582	0.540	0.502	0.467	0.434	0.404	0.376	0.351	0.327	0.305	0.285	0.266	0.249	0.233	0.168	0.123	0.091	0.068	0.039
9	0.914	0.837	0.766	0.703	0.645	0.592	0.544	0.500	0.460	0.424	0.391	0.361	0.333	0.300	0.284	0.263	0.243	0.225	0.209	0.194	0.134	0.094	0.067	0.048	0.026
10	0.905	0.820	0.744	0.676	0.614	0.558	0.508	0.463	0.422	0.386	0.352	0.322	0.295	0.270	0.247	0.227	0.208	0.191	0.176	0.162	0.107	0.073	0.050	0.035	0.017
11	0.896	0.804	0.722	0.650	0.585	0.527	0.475	0.429	0.388	0.350	0.317	0.287	0.261	0.237	0.215	0.195	0.178	0.162	0.148	0.135	0.086	0.056	0.037	0.025	0.012
12	0.887	0.788	0.701	0.625	0.557	0.497	0.444	0.397	0.356	0.319	0.286	0.257	0.231	0.208	0.187	0.168	0.152	0.137	0.124	0.112	0.069	0.043	0.027	0.018	0.008
13	0.879	0.773	0.681	0.601	0.530	0.469	0.415	0.368	0.326	0.290	0.258	0.229	0.204	0.182	0.163	0.145	0.130	0.116	0.104	0.093	0.055	0.033	0.020	0.013	0.005
14	0.870	0.758	0.661	0.577	0.505	0.442	0.388	0.340	0.299	0.263	0.232	0.205	0.181	0.160	0.141	0.125	0.111	0.099	0.088	0.078	0.044	0.025	0.015	0.009	0.003
15	0.861	0.743	0.642	0.555	0.481	0.417	0.362	0.315	0.275	0.239	0.209	0.183	0.160	0.140	0.123	0.108	0.095	0.084	0.074	0.065	0.035	0.020	0.011	0.006	0.002
16	0.853	0.728	0.623	0.534	0.458	0.394	0.339	0.292	0.252	0.218	0.188	0.163	0.141	0.123	0.107	0.093	0.081	0.071	0.062	0.054	0.028	0.015	0.008	0.005	0.002
17	0.844	0.714	0.605	0.513	0.436	0.371	0.317	0.270	0.231	0.198	0.170	0.146	0.125	0.108	0.093	0.080	0.069	0.060	0.052	0.045	0.023	0.012	0.006	0.003	0.001
18	0.836	0.700	0.587	0.494	0.416	0.350	0.296	0.250	0.212	0.180	0.153	0.130	0.111	0.095	0.081	0.069	0.059	0.051	0.044	0.038	0.018	0.009	0.005	0.002	0.001
19	0.828	0.686	0.570	0.475	0.396	0.331	0.277	0.232	0.194	0.164	0.138	0.116	0.098	0.083	0.070	0.060	0.051	0.043	0.037	0.031	0.014	0.007	0.003	0.002	0
20	0.820	0.673	0.554	0.456	0.377	0.312	0.258	0.215	0.178	0.149	0.124	0.104	0.087	0.073	0.061	0.051	0.043	0.037	0.031	0.026	0.012	0.005	0.002	0.001	0
25	0.780	0.610	0.478	0.375	0.295	0.233	0.184	0.146	0.116	0.092	0.074	0.059	0.047	0.038	0.030	0.024	0.020	0.016	0.013	0.010	0.004	0.001	0.001	0	0
30	0.742	0.552	0.412	0.308	0.231	0.174	0.131	0.099	0.075	0.057	0.044	0.033	0.026	0.020	0.015	0.012	0.009	0.007	0.005	0.004	0.001	0	0	0	0
40	0.672	0.453	0.307	0.208	0.142	0.097	0.067	0.046	0.032	0.022	0.015	0.011	0.008	0.005	0.004	0.003	0.002	0.001	0.001	0.001	0	0	0	0	0
50	0.608	0.372	0.228	0.141	0.087	0.054	0.034	0.021	0.013	0.009	0.005	0.003	0.002	0.001	0.001	0.001	0	0	0	0	0	0	0	0	0

附录 3　　年金终值系数表（F/A，i，n）

n	i (%)																					
	1	2	3	4	5	6	7	8	9	10	11	12	13	14	15	16	17	18	19	20	25	30
1	1.000	1.000	1.000	1.000	1.000	1.000	1.000	1.000	1.000	1.000	1.000	1.000	1.000	1.000	1.000	1.000	1.000	1.000	1.000	1.000	1.000	1.000
2	2.010	2.020	2.030	2.040	2.050	2.060	2.070	2.080	2.090	2.100	2.110	2.120	2.130	2.140	2.150	2.160	2.170	2.180	2.190	2.200	2.250	2.300
3	3.030	3.060	3.091	3.122	3.153	3.184	3.215	3.246	3.278	3.310	3.342	2.374	3.407	3.440	3.473	3.506	3.539	3.572	3.606	3.640	3.813	3.990
4	4.060	4.122	4.184	4.246	4.310	4.375	4.440	4.506	4.573	4.641	4.710	4.779	4.850	4.921	4.993	5.066	5.141	5.215	5.291	5.368	5.766	6.187
5	5.101	5.204	5.309	5.416	5.526	5.637	5.751	5.867	5.985	6.105	6.228	6.353	6.480	6.610	6.742	6.877	7.014	7.154	7.297	7.442	8.207	9.043
6	6.152	6.308	6.468	6.633	6.802	6.975	7.153	7.336	7.523	7.716	7.913	8.115	8.323	8.536	8.754	8.977	9.207	9.442	9.683	9.930	11.259	12.756
7	7.214	7.434	7.662	7.898	8.142	8.394	8.654	8.923	9.200	9.487	9.783	10.089	10.405	10.730	11.067	11.414	11.772	12.142	12.523	12.916	15.073	17.583
8	8.286	8.583	8.892	9.214	9.549	9.897	10.260	10.637	11.028	11.436	11.859	12.300	12.757	13.233	13.727	14.240	14.773	15.327	15.902	16.499	19.842	23.858
9	9.369	9.755	10.159	10.583	11.027	11.491	11.978	12.488	13.021	13.579	14.164	14.776	15.416	16.085	16.786	17.519	18.285	19.086	19.923	20.799	25.802	32.015
10	10.462	10.950	11.464	12.006	12.578	13.181	13.816	14.487	15.193	15.937	16.722	17.549	18.420	19.337	20.304	21.321	22.393	23.521	24.701	25.959	33.253	42.619
11	11.567	12.169	12.808	13.486	14.207	14.972	15.784	16.645	17.560	18.531	19.561	20.655	21.814	23.045	24.349	25.733	27.200	28.755	30.404	32.150	42.566	56.405
12	12.683	13.412	14.192	15.026	15.917	16.870	17.888	18.977	20.141	21.384	22.713	24.133	25.650	27.271	29.002	30.850	32.824	34.931	37.180	39.581	54.208	74.327
13	13.809	14.680	15.618	16.627	17.713	18.882	20.141	21.495	22.953	24.523	26.212	28.029	29.985	32.089	34.352	36.786	39.404	42.219	45.244	48.497	68.760	97.625
14	14.947	15.974	17.086	18.292	19.599	21.015	22.550	24.215	26.019	27.975	30.095	32.393	34.883	37.581	40.505	43.672	47.103	50.818	54.841	59.196	86.949	127.91
15	16.097	17.293	18.599	20.024	21.579	23.276	25.129	27.152	29.361	31.772	34.405	37.280	40.417	43.842	47.580	51.660	56.110	60.965	66.261	72.035	109.69	167.29
16	17.258	18.639	20.157	21.825	23.657	25.673	27.888	30.324	33.003	35.950	39.190	42.753	46.672	50.980	55.717	60.925	66.649	72.939	79.850	87.442	138.11	218.47
17	18.430	20.012	21.762	23.698	25.840	28.213	30.840	33.750	36.974	40.545	44.501	48.884	53.739	59.118	65.075	71.673	78.979	87.068	96.022	105.93	173.64	285.01
18	19.615	21.412	23.414	25.645	28.132	30.906	33.999	37.450	41.301	45.599	50.396	55.750	61.725	68.394	75.836	84.141	93.406	103.74	115.27	128.12	218.05	371.52
19	20.811	22.841	25.117	27.671	30.539	33.760	37.379	41.446	46.018	51.159	56.939	63.440	70.749	78.969	88.212	98.603	110.29	123.41	138.17	154.74	273.56	483.97
20	22.019	24.297	26.870	29.778	33.066	36.786	40.995	45.762	51.160	57.275	64.203	72.052	80.947	91.025	102.44	115.38	130.03	146.63	165.42	186.69	342.95	630.17
25	28.243	32.030	36.459	41.646	47.727	54.865	63.249	73.106	84.701	98.347	114.41	133.33	155.62	181.87	212.79	249.21	292.11	342.60	402.04	471.98	1 054.8	2 348.8
30	34.785	40.588	47.575	56.085	66.439	79.058	94.461	113.28	136.31	164.49	199.02	241.33	293.20	356.79	434.75	530.31	647.44	790.95	966.7	1 181.9	3 227.2	8 730.0

附录 4　年金现值系数表（$P/A, i, n$）

n	i (%) 1	2	3	4	5	6	7	8	9	10	11	12	13	14	15	16	17	18	19	20	25	30	35	40	50
1	0.990	0.980	0.971	0.962	0.952	0.943	0.935	0.926	0.917	0.909	0.901	0.893	0.885	0.877	0.870	0.862	0.855	0.847	0.840	0.833	0.800	0.769	0.741	0.714	0.667
2	1.970	1.942	1.913	1.886	1.859	1.833	1.808	1.783	1.759	1.736	1.713	1.690	1.668	1.647	1.626	1.605	1.585	1.566	1.547	1.528	1.440	1.361	1.289	1.224	1.111
3	2.941	2.884	2.829	2.775	2.723	2.673	2.624	2.577	2.531	2.487	2.444	2.402	2.361	2.322	2.283	2.246	2.210	2.174	2.140	2.106	1.952	1.816	1.696	1.589	1.407
4	3.902	3.808	3.717	3.630	3.546	3.465	3.387	3.312	3.240	3.170	3.102	3.037	2.974	2.914	2.855	2.798	2.743	2.690	2.639	2.589	2.362	2.166	1.997	1.849	1.605
5	4.853	4.713	4.580	4.452	4.329	4.212	4.100	3.993	3.890	3.791	3.696	3.605	3.517	3.433	3.352	3.274	3.199	3.127	3.058	2.991	2.689	2.436	2.220	2.035	1.737
6	5.795	5.601	5.417	5.242	5.076	4.917	4.767	4.623	4.486	4.355	4.231	4.111	3.998	3.889	3.784	3.685	3.589	3.498	3.410	3.326	2.951	2.643	2.385	2.168	1.824
7	6.728	6.472	6.230	6.002	5.786	5.582	5.389	5.206	5.033	4.868	4.712	4.564	4.423	4.288	4.160	4.039	3.922	3.812	3.706	3.605	3.161	2.802	2.508	2.263	1.883
8	7.652	7.325	7.020	6.733	6.463	6.210	5.971	5.747	5.535	5.335	5.146	4.968	4.799	4.639	4.487	4.344	4.207	4.078	3.954	3.837	3.329	2.925	2.598	2.331	1.922
9	8.566	8.162	7.786	7.435	7.108	6.802	6.515	6.247	5.995	5.759	5.537	5.328	5.132	4.946	4.472	4.607	4.451	4.303	4.163	4.031	3.463	3.019	2.665	2.379	1.948
10	9.471	8.983	8.530	8.111	7.722	7.360	7.024	6.710	6.418	6.145	5.889	5.650	5.426	5.216	5.019	4.833	4.659	4.494	4.339	4.192	3.571	3.092	2.715	2.414	1.965
11	10.368	9.787	9.253	8.760	8.306	7.887	7.499	7.139	6.805	6.495	6.207	5.938	5.687	5.453	5.234	5.029	4.836	4.656	4.486	4.327	3.656	3.147	2.752	2.438	1.977
12	11.255	10.575	9.954	9.385	8.863	8.384	7.943	7.536	7.161	6.814	6.492	6.194	5.918	5.660	5.421	5.197	4.988	4.793	4.611	4.439	3.725	3.190	2.779	2.456	1.985
13	12.134	11.348	10.635	9.986	9.394	8.853	8.358	7.904	7.487	7.103	6.750	6.424	6.122	5.842	5.583	5.342	5.118	4.910	4.715	4.533	3.780	3.223	2.799	2.469	1.990
14	13.004	12.106	11.296	10.563	9.899	9.295	8.745	8.244	7.786	7.367	6.982	6.628	6.302	6.002	5.724	5.468	5.229	5.008	4.802	4.611	3.824	3.249	2.814	2.478	1.993
15	13.865	12.849	11.938	11.118	10.380	9.712	9.108	8.559	8.061	7.606	7.191	6.811	6.462	6.142	5.847	5.575	5.324	5.092	4.876	4.675	3.859	3.268	2.825	2.484	1.995
16	14.718	13.578	12.561	11.652	10.838	10.106	9.447	8.851	8.313	7.824	7.379	6.974	6.604	6.265	5.954	5.668	5.405	5.162	4.938	4.730	3.887	3.283	2.834	2.489	1.997
17	15.562	14.292	13.166	12.166	11.274	10.477	9.763	9.122	8.544	8.022	7.549	7.102	6.729	6.373	6.047	5.749	5.475	5.222	4.988	4.775	3.910	3.295	2.840	2.492	1.998
18	16.398	14.992	13.754	12.659	11.690	10.828	10.059	9.372	8.756	8.201	7.702	7.250	6.840	6.467	6.128	5.818	5.534	5.273	5.033	4.812	3.928	3.304	2.844	2.494	1.999
19	17.226	15.678	14.324	13.134	12.085	11.158	10.336	9.604	8.950	8.365	7.839	7.366	6.938	6.550	6.198	5.877	5.584	5.316	5.070	4.843	3.942	3.311	2.848	2.496	1.999
20	18.046	16.351	14.877	13.590	12.462	11.470	10.594	9.818	9.129	8.514	7.963	7.469	7.025	6.623	6.259	5.929	5.628	5.353	5.101	4.870	3.954	3.316	2.850	2.497	1.999
25	22.023	19.523	17.413	15.622	14.094	12.783	11.654	10.675	9.823	9.077	8.422	7.843	7.330	6.873	6.464	6.097	5.766	5.467	5.195	4.948	3.985	3.329	2.856	2.499	2.000
30	25.808	22.396	19.600	17.292	15.372	13.765	12.409	11.258	10.274	9.427	8.694	8.055	7.496	7.003	6.566	6.177	5.829	5.517	5.235	4.979	3.995	3.332	2.857	2.500	2.000
40	32.835	27.355	23.115	19.793	17.159	15.046	13.332	11.925	10.757	9.779	8.951	8.244	7.634	7.105	6.642	6.233	5.871	5.548	5.258	4.997	3.999	3.333	2.857	2.500	2.000
50	39.196	31.424	25.730	21.482	18.256	15.762	13.801	12.233	10.962	9.915	9.042	8.304	7.675	7.133	6.661	6.246	5.880	5.554	5.262	4.999	4.000	3.333	2.857	2.500	2.000

图书在版编目（CIP）数据

财务管理：立体化数字教材版/王化成，佟岩主编. --6 版. --北京：中国人民大学出版社，2020.8
中国人民大学会计系列教材：简明版
ISBN 978-7-300-17052-7

Ⅰ.①财… Ⅱ.①王… ②佟… Ⅲ.①财务管理-高等学校-教材 Ⅳ.①F275

中国版本图书馆 CIP 数据核字（2020）第 150620 号

国家级教学成果奖
普通高等教育“十一五”国家级规划教材
中国人民大学会计系列教材·简明版
财务管理（第 6 版·立体化数字教材版）
主　编　王化成　佟　岩
副主编　黎来芳　于　悦　姚　燕
Caiwu Guanli

出版发行	中国人民大学出版社		
社　　址	北京中关村大街 31 号	**邮政编码**	100080
电　　话	010-62511242（总编室）		010-62511770（质管部）
	010-82501766（邮购部）		010-62514148（门市部）
	010-62515195（发行公司）		010-62515275（盗版举报）
网　　址	http://www.crup.com.cn		
经　　销	新华书店		
印　　刷	北京溢漾印刷有限公司	**版　　次**	2004 年 6 月第 1 版
规　　格	185 mm×260 mm　16 开本		2020 年 8 月第 6 版
印　　张	20 插页 1	**印　　次**	2022 年 6 月第 5 次印刷
字　　数	422 000	**定　　价**	46.00 元

教师教学服务说明

中国人民大学出版社财会出版分社以出版经典、高品质的会计、财务管理、审计等领域各层次教材为宗旨。

为了更好地为一线教师服务，近年来财会出版分社着力建设了一批数字化、立体化的网络教学资源。教师可以通过以下方式获得免费下载教学资源的权限：

在中国人民大学出版社网站 www. crup. com. cn 进行注册，注册后进入“会员中心”，在左侧点击“我的教师认证”，填写相关信息，提交后等待审核。我们将在一个工作日内为您开通相关资源的下载权限。

如您急需教学资源或需要其他帮助，请在工作时间与我们联络：

中国人民大学出版社　财会出版分社

联系电话：010-62515987，62511076

电子邮箱：ckcbfs@crup. com. cn

通讯地址：北京市海淀区中关村大街甲 59 号文化大厦 1501 室（100872）